Uwe Fasshauer

D1671719

Emotionale Leistungsfähigkeit im Kontext beruflicher Bildung

Subjektorientierte Aspekte der Qualität von Teamarbeit an beruflichen Schulen

Die Deutsche Bibliothek – CIP-Einheitsaufnahme

Faßhauer, Uwe:
Emotionale Leistungsfähigkeit im Kontext beruflicher Bildung :
subjektorientierte Aspekte der Qualität von Teamarbeit an
beruflichen Schulen / Uwe Faßhauer. - Bielefeld : Bertelsmann, 2001
    (Berufsbildung, Arbeit und Innovation ; Bd. 5)
    ISBN 3-7639-3003-5

Reihe Berufsbildung, Arbeit und Innovation, Band 5

Geschäftsführende Herausgeber
Peter Gerds, Institut Technik und Bildung, Universität Bremen
Friedhelm Eicker, Institut für Technische Bildung, Universität Rostock

Wissenschaftlicher Beirat
Friedhelm Eicker, Rostock
Peter Gerds, Bremen
Klaus Jenewein, Karlsruhe
Martin Kipp, Hamburg
Joseph Pangalos, Hamburg-Harburg
Günter Pätzold, Dortmund
Klaus Rütters, Hannover
Josef Rützel, Darmstadt
Georg Spöttl, Flensburg
Peter Storz, Dresden

Die Verantwortung für den Inhalt der Beiträge liegt bei den Autoren.

© W. Bertelsmann Verlag GmbH & Co. KG, Bielefeld, 2001
Gesamtherstellung: W. Bertelsmann Verlag, Bielefeld
Umschlaggestaltung: FaktorZwo, Günter Pawlak, Bielefeld

ISBN 3-7639-3003-5

Bestell-Nr. 60.01.338

Inhalt

1   Einleitung und Problemstellung

Noch vor wenigen Jahren konnte Buddrus (1992, 3) wohl zu Recht eine „charakteristische Nicht-Befassung mit den Gefühlen in den Humanwissenschaften" feststellen. Angesichts der Bedeutung für das menschliche Leben sei die quantitativ und qualitativ ungleichgewichtige Beachtung der Gefühle zum Beispiel im Gegensatz zur Kognition in der Pädagogik bemerkenswert. Dies scheint sich in der zweiten Hälfte der neunziger Jahre gründlich geändert zu haben. Im Bereich der so genannten Ratgeberliteratur kann mittlerweile sogar von einem regelrechten Boom gesprochen werden. Die relativ hohe Anzahl von Titeln kann als ein Indikator dafür gelten, dass ein gesellschaftliches Interesse an diesem Thema besteht. Hier zeigt sich eine Problemwahrnehmung, die Sensibilisierung für die praktischen Auswirkungen eines Defizites an *emotionaler Bildung*, auch wenn dies in der universitären (Berufs-)Pädagogik von einigen als Belletristik oder populärer Trend möglicherweise voreilig abgetan wird. Darüber hinaus scheint in die bisherige akademische Zurückhaltung Bewegung gekommen zu sein, denn für die pädagogische und psychologische Fachliteratur ist eine sichtbare Veränderung zu konstatieren. Es kann in Analogie zur kognitiven Wende der Pädagogik in den 1970ern seit wenigen Jahren geradezu von einer „emotionalen Wende" gesprochen werden (Göppel 1999). In diesem Zeitraum veröffentlichten unter anderem der Neurologe Damasio (1995), der Sozialpsychologe Ciompi (1997) und der Psychotherapeut Petzold (1995) ihre grundlegenden, zum Teil interdisziplinären Arbeiten. Es ist also in gewisser Weise eine „Wiederentdeckung des Gefühls" (Petzold) zu verzeichnen, auch wenn einzelne Stimmen in der Pädagogik sich durchaus skeptisch äußern.

Meinen, Wollen und Fühlen können als Grundkonstanten menschlichen Bewusstseins gelten. Sie sind in ihren Auswirkungen wechselseitig eng miteinander verflochten und seit Beginn der antiken Tradition Gegenstand philosophischer Betrachtungen. Entsprechend lang anhaltend ist die pädagogische Reflexion über Affekte. Speziell in der berufs- und wirtschaftspädagogischen Debatte haben Gefühle, Affekte und Emotionen überwiegend als Moment der Lernmotivation eine Rolle gespielt, ebenso die Nutzung und Beachtung von Gefühlen zur Förderung der Persönlichkeitsbildung. Oft wurden Gefühle als „zu disziplinierende Regungen" für den gelingenden Aufbau von allgemeinen Arbeitstugenden problematisiert. Die etablierte wissenschaftliche Teildisziplin der Emotionspsychologie umreißt ihren Gegenstand allerdings nicht definitiv. Dort ist offensichtlich kein Konsens gefunden, wie Emotion exakt zu beschreiben ist. Schmidt-Atzert bringt dieses Definitionsproblem auf den Punkt: „Fast jeder denkt, er versteht, was es bedeutet, bis er versucht, es zu definieren. Dann behauptet praktisch niemand mehr, es zu verstehen" (1995, 18).

In der aktuellen Diskussion um emotionale Kompetenz bzw. Intelligenz ist die enge wechselseitige Verbindung von Denken, Fühlen und Handeln genauso unstrittig wie deren Bedeutung für eine „kluge Lebensführung" und beruflichen Erfolg. Denn eine rationale und fachliche Herangehensweise ist in komplexen Entscheidungs- und Veränderungsprozessen alleine nicht hinreichend für die nachhaltige Zielerreichung. Hinzu tritt die Integration der emotionale Ebene: Soziale Kompetenzen und emotionale Leistungsfähigkeit ermöglichen den erfolgreichen, nachhaltigen Einsatz von Fachkompetenz. Somit geraten mehrere Funktionen von Emotion in den Blick. Auf der Ebene des konkreten Handelns wird sie als emotionale Leistungsfähigkeit dem arbeitsweltlichen Verwertungsinteresse untergeordnet, standardisiert und messbar gemacht. Zugleich ist sie als emotionale Kompetenz und Intelligenz Bestandteil einer ganzheitlichen Subjektauffassung und damit auch Gegenstand beruflicher Bildung.

Emotionalität im Kontext beruflicher Bildung

Die besondere Beachtung der Gefühle findet sich ebenso in demjenigen Bereich der Berufswelt, der traditionell als Facharbeit in Dienstleistung und Produktion bezeichnet wird. Moderne Arbeitsorganisations- und Produktionstechniken fordern und fördern zugleich emotional kompetentes Handeln im Arbeitsprozess. Die bisher als außerfachliche Qualifikation angesehene emotionale Leistungsfähigkeit ist Kern der Soft Skills und wird damit in Teilen der Arbeitswelt als neue Fachlichkeit wichtiger Bestandteil von Ausbildung, zu deren gezielter Qualifizierung Konzepte entwickelt werden (Rützel 1998). Damit sind die im Gegensatz zur beruflichen Fachlichkeit weniger scharf umrissenen sozialen Kompetenzen wie zum Beispiel Team- und Kommunikationsfähigkeit gemeint. Bisher war es üblich, Emotionalität als einen zentralen Aspekt unserer Persönlichkeit zu sehen, der einen individuellen Bereich darstellt und im Arbeitsleben möglichst keine Rolle spielen sollte.

Dieser besondere Teil unserer Subjektivität steht aber zugleich im Zentrum der diskutierten Soft Skills, deren hohe Bedeutung für den Arbeitsmarkt unter anderem durch die Auswertung von Stellenanzeigen durch das Bundesinstitut für Berufsbildung herausgearbeitet wurde (Dietzen / Kloas 1999). Bereits drei Viertel aller Stellenangebote nennen soziale Fähigkeiten im Anforderungsprofil. Emotionale Kompetenz ist also zu einer Zielkategorie beruflicher Bildungsprozesse geworden, sie kann und soll für die Arbeit vor allem in Gruppen bzw. Teams qualifiziert werden. Bereitschaft zum lebensbegleitenden Lernen, Flexibilität, Mobilität, Kooperations- und Kommunikationsbereitschaft sowie Belastbarkeit sind Begriffe aus der Debatte um Schlüsselqualifikationen, die auf das Ziel verweisen, einen universell einsetzbaren, vielseitig verwendbaren Typ von Arbeitnehmer/in zu qualifizieren (Rützel 1996). Dabei kommt es zur Verwertung der Emotionen im nunmehr ganzheitlichen Zugriff auf die „Ware Arbeitskraft". So sollen nicht mehr lediglich Kenntnisse, Fertigkeiten und Loyalität zum Unternehmen in den Arbeitsprozess eingebracht werden, zusätzlich wird der bisher private Bereich des Gefühlslebens dafür instrumentalisiert.

Zugleich erwächst aus dem gesellschaftlichen Wandel auch außerhalb der Arbeitswelt die Anforderung an die Subjekte, emotionale Leistungsfähigkeit zu zeigen, um biografische Brüche in der Pluralität von Lebensstilen und Formen der Partnerschaft zu gestalten und auszuhalten. Zudem lassen gesellschaftliche Veränderungen Formen und Zuspitzungen entstehen, die als Herausbildung emotionaler Leistungsfähigkeit zu beschreiben sind und auf Subjektkonstitution und Biografiegestaltung einwirken. Die „Risikogesellschaft" (Beck 1986) verlangt zunehmend emotionale Kompetenzen zur Gestaltung der individuellen Lebensstruktur. Die philosophische Aufforderung „Erkenne dich selbst!" verweist auf bestehende Subjektpotenziale, von denen ein wichtiger Teil Emotionalität ist. Hinzu tritt nunmehr die Anforderung zum „Erfinde dich selbst!", zur aktiven Konstruktion von (emotionaler) Subjekthaftigkeit.

Wie alle Grundfragen der Berufspädagogik steht emotionale Kompetenz somit im Spannungsfeld von Ökonomie und Pädagogik, von betrieblichen Anforderungen einerseits und Chancen zur Persönlichkeitsbildung andererseits. Die leistungsorientierte Beschreibung von Emotionalität ist ein Indiz dafür, dass nicht nur im Bereich des Managementtrainings die „Spielregeln für Sieger" (Höhler 1991) – Leistungsbewusstsein, Pragmatismus, Geschwindigkeit, Optimierung und emotionale Intelligenz – als Mittel der Erfolgssteigerung gesehen werden. Auf der Ebene der traditionellen Facharbeit entwickeln sich vergleichbare Qualifikationsanforderungen. Die vor allem von westdeutschen Gewerkschaften in den 1970er Jahren propagierte *Humanisierung der Arbeitswelt* scheint ein Stück näher zu rücken – und zieht paradoxerweise in ihrer Konsequenz eine ganzheitliche Verwertung von Persönlichkeit im Arbeitsprozess nach sich. Selbstverwirklichung und völlige Entgrenzung der Arbeits- in die Privatsphäre hinein können als zwei Pole dieses Spannungsfeldes gesehen werden. Es ergeben sich dabei Chancen und Notwendigkeiten, diesen gegenüber der Kognition bisher eher vernachlässigten emotionalen Bereich der Subjektbildung in anderer Form als bisher zum Gegenstand berufspädagogischer Bemühungen zu machen.

In aktuellen Konzepten zur Organisationsentwicklung und im Managementtraining werden die Mitarbeiter/innen als ein wesentlicher Faktor von Leistungssteigerung und Erfolg der Unternehmen gesehen. Genauer betrachtet stehen deren soziale und persönliche Qualifikationen verstärkt im Mittelpunkt wirtschaftlicher Interessen. „Rationell, so das ökonomische Kalkül, sollen im Betrieb nicht nur die maschinell-technisch strukturierten Abläufe sein, sondern ebenso die sozialen Kontakte. Störungen sollen möglichst ausgeschaltet werden. Entscheidungen sollen möglichst effektiv sein, Geschäftsbesprechungen und Konferenzen konfliktfrei und ergiebig, Kundenkontakte erfolgreich. Soziale Techniken, bestimmte Verhaltensmuster sowie ökonomisch erfolgversprechende Haltungen sollen dies gewährleisten" (Geissler / Orthey 1996, 50). Im Hinblick auf emotionales Persönlichkeitstraining scheint die Ausbildung von Führungskräften am weitesten fortgeschritten, trotz mancher Zweifel am Transfererfolg der durchgeführten Kurse für die Unternehmenspraxis. Dabei zeichnet sich ab, dass tief greifende Persönlichkeitsveränderungen in den meist kurzfristig angelegten Trainings kaum zu verzeichnen sind. Allerdings sind unter den Bedingungen verschärfter Konkurrenz oft schon kleine Veränderungen für den Erfolg maßgeblich. Dies gilt nicht nur für die Erwerbsarbeit, sondern zunehmend für die gesamte Lebensgestaltung.

Rahmenbedingungen beruflicher Bildung

Aus berufspädagogischer Sicht ist unter anderem die Entstandardisierung von Erwerbsarbeit festzustellen. Das bisherige (männliche!) Normalarbeitsverhältnis mit einer lebenslangen Tätigkeit im erlernten Beruf bei einem einzigen Unternehmen wird abgelöst durch eine diskontinuierliche Erwerbsbiografie, die Zeiten der Arbeitslosigkeit genauso umfasst wie Phasen der Weiterbildung oder eine weitere Berufsausbildung. Teilzeitarbeit und Gleitzeit, auftragsorientierte variable Arbeitszeiten, geringfügige Beschäftigung, befristete Verträge und Scheinselbstständigkeit lassen den bisherigen Standard zur Ausnahme werden. Die Entstandardisierung von Lebenslagen und Biografiemustern, im Sinne des Verlustes der Orientierung am Lebensmodell der Eltern, kennzeichnet die aktuellen gesellschaftlichen Rahmenbedingungen. Lebenslagen und -stile der Individuen sind nicht mehr unbedingt an die Stellung im Arbeits- und Produktionsprozess gebunden. Es ergibt sich eine wachsende Eigenverantwortung für die Gestaltung der persönlichen Erwerbsbiografie, für die kleinen, individuellen „Erzählungen" über das sinnvolle Ausfüllen von Lebenszeit im oft bruchstückhaften Nacheinander und Nebeneinander der Lebensabschnitte. Ein Bedeutungswandel von Erwerbsarbeit für die individuellen Lebensplanungen und -verläufe ist unverkennbar. Persönlichkeitsentfaltung und Rückbezug auf die eigene Emotionalität sind dabei wichtige Merkmale für das subjektive Verhältnis zur Erwerbsarbeit geworden (Baethge 1994). Diese Entwicklung verweist auf bisher bestehende geschlechtsspezifische Ausprägungen. Junge Frauen mussten sich schon in der Vergangenheit auf fragmentierte Berufsbiografien einstellen (Giesecke u. a. 1995). Vor diesem Hintergrund kann von einer Tendenz zur Feminisierung des Stellenwertes von Arbeit für Lebensläufe von Männern gesprochen werden. Gleichwohl bleibt der Arbeitsmarkt selbst geschlechtsspezifisch segmentiert. Mögliche Relativierungen der hohen subjektiven Ansprüche an Arbeit ergeben sich aus der schwierigen Arbeitsmarktlage insbesondere für junge Erwachsene. Dabei bleibt Arbeit die Grundbedingung aller Lebensführung und damit auch deren Voraussetzung: zertifizierte Qualifikationen, Arbeitsplätze, Bereitschaft und Fähigkeit zu lebensbegleitendem Lernen, Staatsbürgerschaft etc.

Im Spannungsverhältnis von geforderter Individualisierung und herrschender Universalisierung steht dem postindustriellen Gewinn an Möglichkeiten zur Lebensgestaltung das gesellschaftliche Muss zur Selbstverwirklichung bei gleichzeitigem Verlust an Selbstverwirklichungschancen gegenüber. In besonderer Weise eingeschränkt ist die Gelegenheit, die eigene „Erfindung von sich selbst", die eigene Geschichte auf der Bühne der Arbeits- und Berufswelt inszenieren zu können. Im Zeitalter der Patchwork-Identity müssen dabei ständig die unterschiedlichen, zergliederten und fragmentierten Lebensbereiche in der jeweils aktuellen Situation gestaltet und optimiert werden. Es besteht weiterhin eine Anforderung an die Individuen, eine kohärente Biografie zu erleben und zu entwickeln, wobei sie immer weniger auf stabile soziale Modelle zurückgreifen können. Die dafür erforderliche Persönlichkeitsbildung erlebt in der beruflichen Bildung bereits seit einigen Jahren eine Renaissance. Die Diskussion um Schlüsselqualifikationen, die Propagierung subjektiver Didaktiken, der Boom neuer Lehr-/Lernmethoden und die Vielzahl von persönlichkeitsorientierten Weiterbildungstrainings sind dafür Belege (Rützel/Schapfel 1997). Dabei steht nicht mehr die Selbsterfahrung oder die *Humanisierung der Arbeitswelt* im Mittelpunkt, sondern die Steigerung der persönlichen Leistung und des Erfolgs des Unternehmens. Damit wird Persönlichkeitsentfaltung unter dem Vorzeichen ökonomisch verwertbarer Qualifikationen gefordert. Einerseits liegen darin Chancen für die Arbeitnehmer, sich erfolgreich in der Arbeitswelt zu bewegen, da unter den Bedingungen eines traditionellen Arbeitsverständnisses diese Potenziale nicht eingefordert wurden. Andererseits zeigt sich aber auch die negative Tendenz, Menschen auf dieses Leistungskalkül hin auszurichten, neue Abhängigkeiten zu schaffen und aus wirtschaftlichen Beweggründen letzte Reserven einzufordern. Durch den aktuellen ganzheitlichen Zugriff in der Ausnutzung von persönlichen Potenzialen in modernen Arbeitsorganisationen und Produktionstechniken kann sich eine Überschneidung von Ökonomie und Bildung ergeben.

Modernisierungsstrategien beruflicher Bildung

Die Realität des Berufsbildungssystems ist stark geprägt von vielfältigen Reformbestrebungen aller Akteure und Institutionen. Dabei wurden seit den 1990er Jahren drei Strategien zur kontinuierlichen Modernisierung des Berufsbildungssystems verfolgt (Rützel / Faßhauer 2000). Eng miteinander verbunden sind die beiden Strategien der *Flexibilisierung* von organisatorischen und institutionellen Strukturen und *Differenzierung* des Bildungsangebotes. Die vielfach beschriebenen tief greifenden gesellschaftlichen, arbeitsorganisatorischen und technischen Veränderungsprozesse lassen das System der beruflichen Bildung mit seinen komplizierten Abstimmungsverfahren, Ordnungsmitteln und Steuerungsinstrumenten insgesamt als zu starr und unbeweglich erscheinen. Vor allem von außen wurden und werden die Akteure in der beruflichen Bildung gedrängt, flexibel und schnell auf die sich wandelnden Rahmenbedingungen zu reagieren, um mit einem ausdifferenzierten Bildungs- und Qualifikationsangebot den immer spezifischeren Bedarfen der Betriebe, des Arbeitsmarktes und der Individuen gerecht zu werden. Die subjektive Einsicht, dass es so wie bisher nicht weitergehen könne und die berufliche Bildung weder dem Lernenden noch dem Bildungsauftrag gerecht werde, verstärkt auch bei Lehrenden die Gewissheit weiterer Differenzierungsbedarfs des Bildungsangebotes (Baumann u. a. 1995). Dieser bezieht sich auf die Makroebene des Berufsbildungssystems. Hier erfordern Differenzierung und Flexibilisierung beweglichere Träger- und Systemstrukturen, Entscheidungsprozesse, inhaltliche Festschreibungen und eine Verlagerung von Kompetenzen auf die Mesoebene der einzelnen Schulen, Organisationen und Institutionen. Hier werden ebenfalls differenziertere, flexiblere und weniger hierarchische Organisations- und Regelungsstrukturen benötigt.

Als die dritte Modernisierungsstrategie ist die *intensivierte Kooperation* zwischen allen beteiligten Akteuren und Institutionen zur Verbesserung der Effizienz und zur kontinuierlichen Qualitätssicherung zu bezeichnen. Differenzierung und Flexibilisierung erfordern neue Kooperations- und Koordinationsformen zwischen den einzelnen Lernorten und Bildungsträgern auf der regionalen und zunehmend auch auf nationaler und internationaler Ebene. Dabei werden neue Standards sowie Zuständigkeits-, Beteiligungs- und Integrationsformen entwickelt und benötigt. Folglich führt Differenzierung auf der Mikroebene der Akteure zunächst und vor allem zu einer Integration – im Sinne einer Zusammenführung der einzelkämpferischen Lehrenden zu innovativen, eigenverantwortlichen Teams. Mit differenzierenden Maßnahmen stoßen sie beständig an die Grenzen der rechtlichen, institutionellen, organisatorischen, finanziellen und sonstigen Rahmenbedingungen. Sie fordern und fördern somit zugleich die Flexibilisierung auf der Meso- und Makroebene. Für das konkrete Handeln der Lehrenden bedeuten Differenzierung und Flexibilisierung ein hohes Maß an systemischem Denken, anstatt standardisiertes, formalisiertes Denken entlang eingespielter Routinen zu entwickeln. Weiterhin bedarf es eines verstärkt teamorientierten, personenintegrierenden Handelns an Stelle eines funktionsorientierten Handelns „zuständigkeitshalber" sowie eines nicht nur rationalen, sondern auch emotionalen, intuitiven Handelns, das eine besondere Bedeutung in komplexen, offenen und unsicheren Situationen hat.

Neue Anforderungen an pädagogische Professionalität

Emotionalität stellt ein Potenzial dar, das als Selbstkompetenz im Sinne einer erweiterten Berufsfachlichkeit im Arbeitsprozess aktualisierbar und für diesen qualifizierbar sein soll. Dies gilt in verschiedensten Bereichen beruflicher Bildung: Für die Ebene der Führungskräfte und des Managements ist ihre Nutzung eine wichtige Komponente für erfolgreiche Leitungsarbeit und die Leistungsorientierung. Auf der Ebene von Facharbeit in Dienstleistung und Produktion wird sie unter dem Vorzeichen von Kundenorientierung, Teamarbeit und Verantwortungsübernahme in systemischen Rationalisierungskonzepten eingefordert. Für spezielle Zielgruppen beruflicher Bildung, etwa benachteiligte Jugendliche, ist der kompetente Umgang mit Emotionalität eine Möglichkeitsbedingung für das erfolgreiche Durchhalten und Absolvieren der verschiedensten Fördermaßnahmen und Praktika. Diese Entwicklung betrifft ebenso das pädagogische Personal in den beruflichen Schulen, sowohl in der individuellen Biografie als auch im professionellen Handeln. Die Bedeutung von Emotionalität erscheint in schulischen Zusammenhängen mit ihrem doppelten Praxisbezug: dem der arbeitsweltlichen Praxis und erforderten Kompetenzentwicklung der Bildungsnachfrager sowie dem der Professionellen, für deren Praxis die skizzierten Entwicklungen ebenfalls gelten.

Daraus abzuleitende neue Anforderungen an Professionalität werden in beruflichen Schulen an Lehrende gestellt, die in ihrer Ausbildung darauf nicht oder nur ungenügend vorbereitet wurden, die vor allem aber bisher nach anderen Kriterien gearbeitet haben. Diese Anforderungen sind häufig nicht mit Leitbildern und professionellem Selbstverständnis sowie den Berufswahlmotivationen der Lehrenden kompatibel. Darüber hinaus wurden die Lehrenden in ihren Institutionen oft in anderer Weise behandelt, als dies in modernen Schulorganisations- und Teamentwicklungskonzepten angelegt ist. Für die handelnden Menschen bedeutet die erwünschte Flexibilisierung die Anforderung, offen für kurzfristige Veränderungen zu sein, ständig Risiken einzugehen und immer weniger abhängig von festen Regeln und förmlichen Prozeduren zu werden (Sennet 1998). Da-

11

bei erzeugt diese Anforderung nicht nur die Aufmerksamkeit für Chancen, Entwicklungsmöglichkeiten, Aktivität und Initiative, sondern durch den möglichen Identitätsverlust ebenso Angst und Unbehagen. In einem übertragenen Sinn gilt dies auch für die beteiligten Organisationen und Institutionen.

Das System der berufsbildenden Schulen hat eine Kultur entwickelt, die Rahmen und relativ starre Leitlinien in der Hierarchie von oben nach unten (top down) vorgibt. Diese Richtlinien sind zugleich generalisierend und einengend. Sie gelten einerseits für alle gleich, unabhängig von regional-, schul- und subjektspezifischen Besonderheiten. Und sie gelten andererseits für jeden Einzelnen. Dies bedeutet aus systemischer Perspektive, dass ein Ansatz, beispielsweise ein Innovationsprojekt, diese Kultur zu verändern, eine Gefahr für das System darstellt und es darum Widerstände erzeugt, sowohl im System selbst als auch bei den handelnden Personen. Diese Widerstände sind möglicherweise auf der Subjektebene vor allem in der Anfangsphase von Veränderungsprozessen zu erkennen, im weiteren Verlauf auch auf den Team- und Organisationsebenen. Lehrende in der beruflichen Bildung sind mit dieser Entwicklung im Hinblick auf Qualifikations- und Bildungsansprüche sowie besondere Förderbedarfe ihrer Klientel konfrontiert und gefordert. Andererseits gilt der hier postulierte Bedeutungszuwachs der emotionalen Leistungsfähigkeit zugleich für sie selbst, für ihr professionelles pädagogisches Handeln ebenso wie für ihr Handeln in außerunterrichtlichen Situationen. Emotionale Leistungsfähigkeit kann, so die Grundannahme der vorliegenden Studie, als ein Element zeitgemäßer pädagogischer Professionalität aufgefasst werden:

- in dem sich ändernden Rollenverständnis – weg vom Fachwissenschaftler im Schuldienst hin zum Experten, der sich zugleich als Moderator und Gestalter von Lernprozessen versteht;

- in der vermehrt eingeforderten und oft sehr ungewohnten Teamarbeit;

- in der Gestaltung schulischer Organisationsentwicklungsprozesse im Rahmen der sich abzeichnenden Entwicklung beruflicher Schulen von Erziehungsbehörden hin zu Bildungsangebotsschulen und regionalen Kompetenzzentren

- sowie in der Gestaltung von Curriculumentwicklungen, Lernmodulen und -umgebungen.

Problemstellung

Mit der vorliegenden Studie soll *erstens* untersucht werden, ob Lehrende an beruflichen Schulen der emotionalen Leistungsfähigkeit allgemein eine besondere

Bedeutung für ihr Arbeitshandeln zusprechen. *Zweitens* soll der Frage nachgegangen werden, welchen Einfluss die emotionale Leistungsfähigkeit auf das subjektive Gelingen von differenzierenden und flexibilisierenden Veränderungsprozessen, vor allem in der Bewältigung offener und komplexer Situationen, haben kann. Im Feld eines BLK-Modellversuches[1] wird der emotionale Anteil in der Teamarbeit von Lehrenden anhand der subjektiven Einstellungen und Selbsteinschätzungen der Beteiligten untersucht. *Drittens* werden aus der Beobachterperspektive des Forschers die gewonnenen Informationen vor dem Hintergrund des hier entwickelten Begriffs der emotionalen Leistungsfähigkeit zu Typisierungen der Teams verdichtet. Zugleich wird damit ein Beitrag zur subjektorientierten Betrachtung der Qualität von Teamarbeit an beruflichen Schulen geliefert. Unterstellt wird dabei, dass die angestrebte Nachhaltigkeit des Innovationsprozesses in hohem Maße von der Mitarbeiterzufriedenheit und der Prozessqualität abhängig ist. Von besonderem Interesse ist die Untersuchung der subjektiven Wahrnehmungen von Teamarbeit mit dem Ziel, eine Typisierung der unterschiedlichen Teams hinsichtlich der Zielerreichung im Projekt zu ermöglichen.

Ausgehend von diesen Fragestellungen wird eine Kombination verschiedener, aufeinander abgestimmter Erhebungsinstrumente eingesetzt. Eine Prozessbegleitung sichert die Kontinuität in der Erhebungsphase und liefert Hinweise für mögliche Veränderungen der Instrumente und für deren Auswertung. In der Grundkonzeption versteht sich die vorliegende Arbeit als eine explorative Studie, die den Fragestellungen nachgeht und auf Hypothesenbildung und -überprüfung verzichtet. Sie beschreibt Zugänge zur Emotionalität als einer Leistungskategorie, die in der Berufspädagogik noch nicht systematisch entwickelt ist bzw. reflektiert wird. Im folgenden Kapitel werden unterschiedliche Perspektiven auf Emotionalität eröffnet und bisherige berufs- und wirtschaftspädagogische Arbeiten referiert, die Emotion zum Gegenstand haben oder thematisieren. Das dritte Kapitel beschreibt Emotion als eine Leistungskategorie im Kontext beruflicher Bildung. Zeitstrukturen und -rhythmen, mit denen ein Leistungsbegriff untrennbar verbunden ist, werden in ihren Auswirkungen auf emotionale Erfahrung und Bewältigung biografischer Prozesse untersucht. Die Bedeutung von Emotion wird auf drei Ebenen gesehen: unter Kompetenzaspekten, unter didaktisch-methodischen Gesichtspunkten und als Element berufspädagogischer Professionalität. Im vierten Kapitel wird das Untersuchungsdesign mit seinen unterschiedlichen Erhebungsinstrumenten beschrieben und in den Zusammenhang der Evaluation von Prozessqualität gestellt. Die Ergebnisse der Erhebung werden im fünften Kapitel dargestellt und zu einer Typisierung der untersuchten Teams verdichtet. In Kapitel sechs werden abschließend weiter gehende Fragestellungen entwickelt.

2 Emotion: Annäherungen an einen unscharfen Begriff

Für die vorliegende Studie eine tragfähige Beschreibung dessen zu erarbeiten, was *Emotion* genannt werden soll, ist Inhalt dieses Kapitels. Allerdings ist es an dieser Stelle nicht zu leisten, eine Antwort auf die Frage zu geben, was denn nun Emotionen, Gefühle und Affekte objektiv betrachtet genau sind. Anstatt einer Nominaldefinition wird vielmehr der Versuch unternommen, Aspekte des unscharfen Emotionsbegriffes zu bestimmen, die im pädagogischen Kontext zur Beschreibung und Untersuchung der Fragestellungen benötigt werden. Es soll die Vielfalt bestehender Emotionsdefinitionen und -theorien beleuchtet werden, ohne dabei Anspruch auf Vollständigkeit erheben zu können. Im Hinblick auf die weitere Argumentation ist diese Auswahl gezielt zustande gekommen. Im Vordergrund stehen Ansätze, die eine ganzheitliche, komplex-systemische sowie phänomenologische Betrachtung von Emotion ermöglichen und sich beispielsweise weniger auf eine zeitlich-lineare Sicht von Gefühlserleben und -ausdruck oder Hierarchisierungen von kognitiven und affektiven Elementen festlegen lassen.[2] Zugleich soll ein relativ breites Spektrum von Emotionsbegriffen abgedeckt werden, das eher alltagstheoretische, erfahrungs- und erlebnisorientierte Deutungen der Interviewpartner/innen erkennbar werden lässt. Dadurch wird für den weiteren Verlauf der Untersuchung eine Arbeitsdefinition für den zentralen Begriff der Emotion geleistet, ohne den zu erwartenden alltagstheoretischen Verständnishorizont der Akteure im Untersuchungsfeld aus dem Blick zu verlieren.

Aus der Vielzahl der Zugangsmöglichkeiten wird im ersten Abschnitt auf historische, etymologische und philosophische Aspekte verwiesen. Die Vielfalt emotionspsychologischer Ansätze und Theorien wird im zweiten Abschnitt aus der Sicht wirtschafts- und berufspädagogischer Zugänge dargestellt und in ihrer möglichen Bedeutung für das Konstrukt emotionale Leistungsfähigkeit bewertet. Anschließend folgen Aspekte von Emotion aus pädagogisch-therapeutischer Perspektive. Abschließend wird ein konstruktivistisches, auf der „Chaostheorie" basierendes Modell für die Betrachtung von Emotion und der verschiedensten Relationen von Fühlen und Ausdruck sowie Denken und Handeln referiert. Die Entscheidung für diese Konzepte erfolgt auf Grund ihrer komplexen, ganzheitlichen und systemischen Sichtweise, die im Rahmen dieser Studie als problemadäquat erscheint.

2.1 Humanwissenschaftliche Aspekte

Sprachgeschichtlich ist Emotion – für Gefühl, Gemütsbewegung, seelische Erregung – ein Lehnwort aus dem Französischen, dessen lateinische Wurzel *emovere* herausbewegen, emporwühlen ist. In Frankreich bezeichnete es vor dem 18. Jahrhundert eher den Aufruhr des Volkes und nicht den der Gefühle. Die Ableitungen emotional, emotionell, emotionalisieren sind erst im 20. Jahrhundert im Deutschen belegt. Das griechische pathos bzw. lateinische passio wird als Leidenschaft übersetzt und verweist damit auf das Erleiden von äußeren Einwirkungen. Die heute geläufigeren Worte wie Gefühl, Empfinden, Befindlichkeit, Sichfühlen oder Stimmung, Gestimmtheit etc. zeigen eher aktuelle Zustände an, ohne Hinweis auf deren äußeres Verursachtsein. *Fühlen* erscheint im heutigen Sprachgebrauch oft auch im Sinne von Tasten und somit auf der Ebene der Sinneseindrücke. Alltagssprachlich sind sie oft nicht klar von *Meinen* und *Wollen* getrennt. Auf diese präzise Differenzierung gerade im alltäglichen Handlungsvollzug legen insbesondere Autoren und Autorinnen Wert, die im Überschneidungsbereich von Pädagogik und Therapie arbeiten.

Seit Beginn der Neuzeit werden Gefühle nach Dauer und Plötzlichkeit ihres Auftretens unterschieden (Fink-Eitel / Lohmann 1993). Die zeitstabilen, charakterbildenden Leidenschaften stellen dabei den passiven Anteil dar. Betroffen sein, erleiden, Leidenschaft gehen auf die antiken Wurzeln *passio* (pathos) und *affectus* zurück. Im Gegensatz zu diesen *Passionen* stehen die aktuellen, plötzlichen, aktiven *Emotionen*, auf die sich unser heutiger Gebrauch von *Gefühl* stärker bezieht. „Was der Affekt des Zorns nicht in der Geschwindigkeit tut, das tut er gar nicht; und er vergißt leicht. Die Leidenschaft des Hasses aber nimmt sich Zeit, um sich tief einzuwurzeln und es seinem Gegner zu denken" (Kant 1977, 580).

Unsere zeitgenössische Semantik differenziert die Begriffe weiterhin nach ihren Objekten. Auf konkrete Gegenstände, Personen und Sachverhalte bezogene Gefühle wie Freude und Wut sind in ihrer Gerichtetheit Affekte. Dagegen sind Stimmungen und Befindlichkeiten eher gegenstandslose und ungerichtete Gefühlslagen. Die im antiken Pathos angelegte Nähe der Gefühle zu Leid, Schmerz und Krankheit hat die in unserer Tradition eigentlich bis heute gültige, eher negative Konnotation von Gefühlen – im Vergleich zum rationalen, vernünftigen Denken – zur Folge. Ulich / Mayring (1992) verweisen darauf, dass die Perspektive auf Leben als Leiden in den – heute auch im „Westen" einflussreichen – indischen und buddhistischen Philosophietraditionen eine große Rolle spielt. Im antiken europäischen Verständnis entstehen Gefühle im niederen, körperverbundenen Teil der Seele und behindern die Entfaltung der höheren, vernünftigen Seelenbereiche. Schon Aristoteles differenziert in seinen Betrachtungen *Über die Seele* Passionen als aktuelle Gefühlszustände und Tugenden als Persönlichkeitseigenschaften. Tugend sei die Art und Weise, sich gegenüber den Passionen richtig zu verhalten. Emotionalität wird hier bereits im engen Zusammenhang zu vernünftigem, rationalen Handeln und zugleich als Lust und Unlust spendend gesehen und aus Sicht verschiedener Schulen wie zum Beispiel den Stoikern und Kynikern diskutiert (Craemer-Ruegenberg 1993). Aus dieser Bewertung leitete sich – auf Grund des engen Verhältnisses von Anthropologie und Politik – für die antiken Griechen ein Machtmodell ab: Herrscher solle der sein, der sich selbst aktiv und souverän zu beherrschen weiß (Fink-Eitel 1993). Diesen Zusammenhang von Macht und Gefühl, dem *Gebrauch der Lüste* und der *Sorge um sich* hat M. Foucault in seiner Studie über *Sexualität und Wahrheit* ausführlich beschrieben. Bis heute wirkt die Zweiteilung der positiv besetzten Einheit von Vernunft, Aktivität, Herrschaft und Männlichkeit gegen den negativ konnotierten Zusammenhang von Affektivität, Passivität, Weiblichkeit und Unterlegenheit selbst auf den „kalten Blick" einer wissenschaftlichen Betrachtung von Emotionen. „Gefühle und Lüste sind gleichsam die Weiber in der menschlichen Seele. Man erliegt leicht ihrem unsteten, irritierenden, überwältigenden, krankmachenden Einfluß, bietet man nicht die mäßigende Herrschaft der Vernunft gegen sie auf" (Fink-Eitel 1993, 25). Auch für Kant bedeutete es Krankheit des Gemütes, wenn man Affekten und Leidenschaften unterworfen ist, da hierdurch die Herrschaft der Vernunft ausgeschlossen sei. Für ihn ist die Zweckmäßigkeit maßgebend zur Beurteilung von Gefühlen. Die reflektierende Urteilskraft wird dabei den Gefühlen als höheres Vermögen übergeordnet. Affekte – als schnell vergängliches, turbulentes Lust-Unlust-Gefühl – und Leidenschaften – als zeitstabile Neigung – seien irrational, da sie nur schwer über Vernunft zu steuern seien und diese behinderten.

Im Laufe des 19. Jahrhunderts differenzierten sich Pädagogik, Soziologie und Psychologie allmählich als eigenständige Wissenschaften aus der Philosophie heraus. Zugleich entwickelten sich erste emotionspsychologische Forschungen und Systematisierungen. Für diesen frühen Zeitraum können bereits eigenständige Theoriegruppen genannt werden. Als Einzelpersonen werden in diesem Zusammenhang William James (1842–1910) sowie Wilhelm Wundt (1832–1920) als „Väter der modernen Psychologie" gesehen. Weiterhin werden genannt: Franz Brentano (1838–1917), der die Grundlage für die Vermögenslehre, das heißt die Beachtung der Gefühle als eigenständige Vermögen neben Denken und Handeln, legte; und nicht zuletzt Charles Darwin (1809–1882), der neben seinen Grundgedanken zur Evolution in der Biologie auch Gesetzmäßigkeiten im Gefühlsausdruck untersucht hat (Ulich/Mayring 1992, 19).

Allgemeine und spezielle Emotionspsychologie seit den 1970er Jahren

In der Begriffsbestimmung und Theoriediskussion der allgemeinen Emotionsforschung werden bei Ulich/Mayring (1992, 29 ff.) zunächst Gefühlsregungen als kurzfristige, extern ausgelöste, emotionale Zustände von Stimmungen als länger andauernden, ungerichteten Gefühlslagen unterschieden. Es werden also zugleich aktuelle Zustandskomponenten und dispositionelle Bereitschaftskomponenten im psychischen Phänomen Emotion gesehen. Letztgenannte schließen Haltungen gegenüber bestimmten Objekten, die Neigung, in bestimmter Art und Weise zu reagieren, sowie die Empfänglichkeit für emotionale Zustände mit ein. Die gefühlsmäßigen Reaktionsbereitschaften seien in emotionalen Schemata verankert, „deren individuelle konkrete Verfügbarkeit (…) entscheidend mit [bestimmt], ob ein Ereignis für eine Person zum Auslöser für eine Gefühlsregung wird oder nicht" (ebd.). Von Emotion solle erst dann gesprochen werden, wenn aus lebensweltlichen Gefühlen Erlebnistatbestände unter dem Fokus wissenschaftlicher Erkenntnisinteressen geworden sind. Da das einheitliche psychische Geschehen je nach Fragestellung nicht nur als *Berührtsein* zu sehen sei, sondern auch unter den Aspekten bewusster Handlungsimpulse (Motivation), aktueller Gedankeninhalte bzw. handlungsleitender Überzeugungen (Kognition) oder als Handlung zur Umsetzung von Absichten erscheint, ergeben sich die vielfältigsten Emotionsbegriffe. Diesen werden weitere theoretische Begriffe und empirische Daten zugeordnet. Dabei könne nicht auf eine lineare Ursache-Wirkungs-Kette zwischen Motivation, Kognition und Emotion geschlossen werden.

Die Autoren nennen als Übereinstimmung in den bekanntesten Emotionstheorien die Beschreibung von Emotion als leibseelischen Zustand einer Person. Hinzu kommen die subjektive Erlebniskomponente, neurophysiologische Erregung, kognitive Bewertung sowie interpersonale Ausdrucks- und Mitteilungskomponenten. Ebenso gehen die meisten Theorien von einer engen Beziehung zwischen Emotion und Handeln aus (ebd., 35 ff.; vgl. Ulich 1989). Dabei ist nicht davon auszugehen, dass alle Merkmale gleichzeitig ausgeprägt sein müssen. Eine weitere emotionspsychologische Arbeitsdefinition gibt Schmidt-Atzert (1995, 21): „Eine Emotion ist ein qualitativ näher beschreibbarer Zustand, der mit Veränderungen auf einer oder mehreren der folgenden Ebenen einhergeht: Gefühl, körperlicher Zustand und Ausdruck." Insbesondere sei die Trennung zu Stimmungen oft nicht eindeutig. In der Emotionspsychologie sind fünf Gruppen wichtiger gefühlstheoretischer Ansätze zu unterscheiden: evolutionsbiologische, psychophysiologische, behavioristisch-lerntheoretische, kognitive Bewertungstheorien sowie funktionalistisch orientierte Komponenten-Prozess-Modelle. Bei Schmidt-Atzert (1995, 12) wird die Zahl von mindestens 31 Emotionstheorien genannt. Alle Autoren konstatieren, dass die Befundlage zu vielen, durchaus auch grundlegenden Fragen nach wie vor widersprüchlich ist und keine allgemein anerkannte Theorie der Emotionen vorliegt. Piaget (1995) hat erst spät, in den 1950er Jahren, im Rahmen einer Vorlesung seine Ideen über die affektive Entwicklung veröffentlicht. Grundsätzlich sieht er für diesen Bereich die Gültigkeit der gleichen Mechanismen wie in der kognitiven Entwicklung. Für ihn gibt es weder rein kognitive Vorgänge noch rein emotionale, in beiden findet er Anteile des jeweils anderen. Die energetische Komponente des Verhaltens und Denkens wird von den Affekten, die strukturelle von der Kognition repräsentiert. Dabei wird keine kausale Beziehung zwischen ihnen angenommen, wohl aber eine allmähliche Durchdringung. Assimilation und Akkomodation sind für beide Bereiche die wirksamen Strukturgesetze. Dabei erzeugt Affektivität keine Strukturen im Sinne des Schemabegriffes. Zur Parallelisierung der affektiven mit der kognitiven Entwicklung gehört auch die Fähigkeit zur Dezentrierung, das heißt, die aktuelle emotionale Erfahrung mit vergangenen zu vergleichen und für zukünftige perspektivisch über diese hinauszugehen.

	positiv	negativ
Beziehungs-emotionen	Verehrung, Wohlwollen, Vertrauen, Liebe, Zuneigung, Zutrauen	Abneigung, Abscheu, Verachtung, Ekel, Widerwille, Trotz, Groll, Hass, Misstrauen
Empathie-Emotionen	(Mit-)Freude, (Stolz), Schadenfreude, Häme (Petzold [1995, 220] zitiert diese Kategorie als „Sympathie-Emotionen")	Eifersucht, Neid, (Sorge), (Kummer), Bedauern, Mitleid, Mitgefühl, Rührung, (Schuld)
Moralische Emotionen	Stolz	internale Attribution: Schuld, Scham, Reue externale Attribution: Zorn, Entrüstung, Empörung
Ziel-Emotionen: Bewertungsemotionen	Freude, Begeisterung, Glück, Zufriedenheit, Lust	Trauer, Kummer, Langeweile, Leere, Unlust, (Verstimmtheit)
Erwartungsemotionen	Hoffnung, Erleichterung, Befriedigung, Genugtuung, Leidenschaft, (Spannung, Ungeduld), Vorfreude, Lust	Angst, Sorge, Befürchtung, Hoffnungslosigkeit, Entsetzen, Panik, Verzweiflung, Enttäuschung, Frustriertheit, Unruhe, Sehnsucht, Verlangen, Heimweh
Attributionsemotionen	Stolz, Dankbarkeit	Ärger, Wut

Abbildung 1:
Kategorien von Emotionen (Mees 1985)

Im Unterschied zur allgemeinen beschreibt die spezielle Emotionsforschung konkrete Gefühle mit ihren charakteristischen Eigenschaften. Erfolgversprechend sind dabei Klassifikations- und Clusteranalysen (Ulich / Mayring 1992, 131; Petzold 1995, 221). In der Klassifikation von Emotionen wird der Versuch unternommen, aus alltagssprachlichen Begriffen im Wortfeld der Gefühle den impliziten Bedeutungsgehalt zu beschreiben. Die Beschränkung dieses und sicherlich einiger weiterer Klassifizierungsversuche liegt auf der Hand. So ist das subjektive Erleben von Emotionen sicherlich nur sehr willkürlich in die Zweiteilung positiv – negativ zu zwängen und wirft zum Beispiel bei der Bewertung der Schadenfreude als positiver Empathie-Emotion zumindest Fragen auf. Auch die Mehrfachnennung einiger Wörter in verschiedenen Klassen, so zum Beispiel Stolz gleich in dreien, kann als ein Hinweis auf die Problematik dieser Systematisierung gesehen werden. Neben diesem theoretischen, sprachanalytischen Ansatz wurden auch empirische Forschungen in Form von Clusteranalysen unternommen (Schmidt-Atzert / Ströhm 1983, 135). Hierbei wurden Listen mit mehrsprachigen Bezeichnungen für Gefühle, Emotionen etc. auf 56 Begriffe eingeengt. Dieser Katalog mit eindeutig Emotionen beschreibenden Wörtern wurde Probanden präsentiert, die sie ohne Vorgaben von Regeln zu Gruppen (Clustern) sortierten. Als Ergebnis dieser Studie wurden 14 eigenständige Klassen von Emotionen herausgearbeitet, unter anderem Abneigung, Ärger, Neid, Angst, sexuelle Erregung, Unruhe, Traurigkeit, Scham, Freude, Zuneigung und Überraschung. Solche emotionalen Bedeutungsfelder spielen beispielsweise im klinischen Kontext und in der integrativen Therapie eine große Rolle (Petzold 1995, 222).

Soziologische Aspekte

Aus soziologischer Perspektive setzt im frühen 19. Jahrhundert nach und nach die Reflexion der affektdisziplinierenden Mechanismen herrschender Macht- und Rationalitätsstrukturen ein. Der wachsenden gesellschaftlichen Kontrolle über Wahrnehmen und Ausdruck individueller, emotionaler und körperlicher Empfindungen und Bedürfnisse sowie der Verinnerlichung des Fremdzwanges zu einem Selbstzwang gilt das Hauptinteresse der grundlegenden Studie von Norbert Elias (1988) über den *Prozess der Zivilisation*. Die heutigen Formen individuellen Emotionserlebens werden als Folge gesellschaftlicher Regulierungen dargestellt, die sich über Jahrhunderte hin entwickelt haben. Damit sei, so Bottenberg (1995), selbstverständlich nur eine von vielen Faktoren in der geschichtlichen Entwicklung von Gefühlen betrachtet. Deren komplexe Bedingungsstruktur umfasse unter anderem auch die sich verändernden Formen von Mythos, Religionen, Ökonomie, Kunst, Politik, Philosophie usw. Zu bedenken sei weiterhin, dass Gefühle faktisch auf ihre Bedingungen zurückwirken und weitere psychische Aktivitäten involviert sind, wie beispielsweise Motivationen und das Selbst.

Im Verlauf dieser Entwicklung bilden sich gesellschaftliche Normen und Erwartungen für das individuelle Verhalten und Erleben (!) heraus. Diesen Regelungsprozess umfassen nicht nur vernünftige, eben rationale Überlegungen. Die „Rationalisierung selbst, so zeigte sich, und mit ihr auch die rationalere Gestaltung und Begründung der gesellschaftlichen Tabus, ist nur eine Seite einer Transformation, die den *gesamten* Seelenhaushalt umfaßt, die Triebsteuerung nicht weniger als die Ich- und Überich-Steuerung" (Elias 1988, 444, H. i. O.). Der Wandel der psychischen Selbststeuerung beruht wesentlich in den Veränderungen der „Organisation der physischen Gewalt" und dem damit verbundenen verbesserten Schutz der Individuen vor dem „Einbruch jener irregulierbaren Ängste", die das Leben des Einzelnen bestimmen. Die sich wandelnden gesellschaftlichen Regeln für das jeweils erwünschte bzw. verbotene Verhalten der Menschen werden vor dem Hintergrund des Verhältnisses von Ängsten und Organisation der Gewalt deutlich. „Wir sind uns kaum noch dessen bewußt, wie schnell das, was wir unsere ‚Vernunft' nennen, wie schnell diese relativ langsichtige, triebbeherrschte und differenzierte Steuerung unseres Verhaltens abbröckeln oder zusammenbrechen würde, wenn sich die Angstspannung in uns und um uns veränderte" (ebd.). Angstspannung und Lustökonomie sind schichtspezifisch und einem zeitlichen Wandel unterworfen. Zum Verständnis der jeweiligen Verhaltensregelungen genüge es nicht, lediglich die rationalen Ziele und Begründungen zu kennen, „sondern man muß in Gedanken bis auf den Grund der Ängste zurückgehen, die die Angehörigen dieser Gesellschaft und vor allem die Wächter der Verbote selbst zu dieser Regelung des Verhaltens bewegen" (ebd., 445). Im Verlauf des Zivilisationsprozesses sei dabei eine Richtung auszumachen: Die unmittelbaren Ängste des Einzelnen vor den anderen nehmen ab, gleichzeitig nehmen die verinnerlichten Ängste zu. Beide schwanken in ihrer Intensität in zivilen Gesellschaften nur relativ gering, und das Verhalten der Menschen kann einen zivilisierten Charakter annehmen. „Oft genug erschien und erscheint es den Menschen so, als seien die Gebote und Verbote, durch die sie ihr Verhalten zueinander regeln, und ihnen entsprechend auch die Ängste, die sie bewegen, etwas Außermenschliches. Je weiter man sich in die geschichtlichen Zusammenhänge vertieft, in deren Verlauf sich Verbote wie Ängste bilden und umbilden, desto stärker drängt sich dem Nachdenkenden eine Einsicht auf, die für unser Handeln ebenso wie für das Verständnis unserer selbst nicht ohne Bedeutung ist; *desto klarer zeigt sich, in welchem Maße die Ängste, die den Menschen bewegen, menschengeschaffen sind*" (ebd., 446, H. i. O.). Die Möglichkeit zur Empfindung von Gefühlen, wie Lust und Angst, gehörten zum natürlichen Potenzial der Menschen. Stärke, Art und Struktur hängen allerdings niemals davon alleine ab, sondern sie sind bestimmt von der Geschichte und Struktur der Beziehungen zu anderen Menschen sowie der Gesellschaft insgesamt – und verändern sich mit dieser.

Die wachsende ökonomische und soziale Interdependenz der Menschen in unserer arbeitsteiligen, sich funktional immer weiter ausdifferenzierenden Gesellschaft erfordert immer weitere und subtilere Verhaltensregulationen. Im Verlauf des (westeuropäischen) Mittelalters wurde die zunächst vorhandene direkte soziale Kontrolle – im Sinne von Gewalt bzw. eines außerökonomischen Zwangs – zunehmend in die Individuen als Selbstzwang hineinverlagert und diese Kontrollinstanzen für Verhalten, Erleben und Ausdrucksweisen von Emotionen schließlich so weit verinnerlicht, dass sie unbewusst bleiben. Somit sieht Elias grosso modo die Ausdifferenzierung des Ausdrucks von Gefühlen in direkter Wechselwirkung zur Etablierung staatlicher Gewaltmonopole. Zur Errichtung zentraler äußerer Herrschaftsstrukturen war die Verankerung von Herrschaft im Inneren der Menschen nötig und wurde über die Zivilisierung – besser: Zähmung – der Affektäußerungen im Sinne des eingeschränkten Ausdrucks starker Gefühle erreicht. Die Tendenz zur Beherrschung der eigenen menschlichen Natur durch Formen der Selbstkontrolle, wie sie beispielsweise als subtile Dispositive der Macht von Foucault beschrieben wurden oder als Verschränkung von äußeren und verinnerlichten Kontrollen im Freud'schen Konzept der Über-Ich-Bildung, geschieht durch die Kontrolle der Leiblichkeit. Beherrschung der Gefühle und Beherrschung der Körper sind untrennbar miteinander und der gesellschaftlichen Entwicklung verbunden. Dieser Kern der Zivilisationstheorie von Elias stellt für psychologische Emotionstheorien gleichsam ein „Hintergrundparadigma" (Petzold 1995, 200) dar. Die kulturspezifischen Normierungen von Gefühlserleben und -ausdruck erfordern eine entwicklungsbezogene und den soziokulturellen Kontext beachtende Sichtweise, wie sie beispielsweise in Konzepten vorliegen, die sich im weiteren Sinne der Humanistischen Pädagogik zuordnen.

Pädagogische Aspekte

Im geschichtlichen Verlauf der deutschsprachigen pädagogischen Reflexion in der Bewertung von Emotionalität haben sich die Schwerpunkte gleich einem Pendel immer wieder zwischen den Extremen einer einseitig rationalistischen sowie einer einseitig irrationalistischen Position bewegt. Das einseitig rationalistische Leitbild wird als Autonomie der Vernunft beschrieben, „die auch für die eigene Daseinsführung bestimmend sein [soll]. Pflicht und Ordnung, Besonnenheit und Bescheidenheit, Nüchternheit und Fleiß, Mäßigung der Begierde, Bändigung der Affekte, Zügelung der Leidenschaften, Beherrschung der Emotionen gelten als zentrale Tugenden." In der Gegenposition verlässt man sich, was die Erkenntnis betrifft, „auf die Wahrheit des Gefühls, die Logik des Herzens, die intuitive Schaukraft und Ahnung" (E. Weber, zit. nach Hahn 1995, 323). Buddrus rekonstruiert diese Gegenläufigkeit der Exrempositionen anhand der „kleineren pädagogischen Entwicklungslinien" für den Beitrag der Pädagogik im Umgang mit Gefühlen. Dies wird ausgehend von den Positionen der Aufklärung, der Romantik, der pädagogischen Reformbewegungen bis hin zur Pädagogik des Nationalsozialismus dargestellt. In der Phase der Aufklärung erfolgte Erziehung primär über Belehrungen, durch Anleitungen zum Verstandesgebrauch. „Man war z. T. sogar der naiven Überzeugung, daß die ‚Bildung des Herzens' (…) ein Werk der Aufklärung des Verstandes sei" (Weber, zit. nach Buddrus 1992, 23 ff). Vor allem in Deutschland bildete die Romantik eine starke Gegenbewegung zur Aufklärung, auch ohne ausdrücklichen pädagogischen Bezug. Gerade Autoren des *Sturm und Drang* nahmen indirekten, aber dennoch starken Einfluss, da ihre Texte in den Kanon der humanistischen Gymnasien aufgenommen wurden. „Mit der Geringschätzung des Denkens war die Überzeugung verbunden, daß allein die ekstatische Steigerung Außerordentliches und Überragendes hervorbringe, daß starke Gefühle und Leidenschaften den Menschen sicher leiten und seine Stärke ausmachen. (…) Erziehung habe deshalb nicht primär die Aufgabe, den Verstand auszubilden, sondern vorrangig, die ungebrochene Lebenskraft und das überschäumende Lebensgefühl auszulösen, Enthusiasmus und Leidenschaft zu wecken" (ebd., 31). Bei den Romantikern erhielten demnach die Kräfte des Gefühls und der Leidenschaft den Primat vor dem abstrakten Verstand. Nachdem bereits zur Mitte des 19. Jahrhunderts naturwissenschaftliches und technisches Denken die schulische Erziehung und den schulischen Unterricht dominierten – und damit Bildung zuallererst als Anhäufung von Wissen und Schulung des Intellekts verstanden wurde –, entwickelte sich zur Jahrhundertwende eine weitere pädagogische Reformbewegung, die insbesondere als Erlebnispädagogik und Kunsterziehungsbewegung erneut die Bedeutung des Emotionalen für Bildung und Erziehung thematisierte. Allerdings setzten sich diese Impulse nicht ihrerseits als neue Hauptrichtung durch. „Das Erlebnis wende sich innerhalb des seelischen Zusammenhangs vornehmlich an das wertende Gefühl, das durch seine psychische Zentralität und Dynamik auch die Erkenntnis und das Handeln bestimme. Der Erlebnisunterricht will Stimmung und Begeisterung erwecken, Intuition und Phantasie ansprechen, Herz und Gemüt bewegen, lustbetontes Lernen ermöglichen und die Schule mit Frohsinn und Heiterkeit erfüllen" (ebd.). Aus dieser Pendelbewegung zwischen Rationalismus und Irrationalismus ragt die Pädagogik des Nationalsozialismus mit ihrem extremen und wirksamen Gebrauch und vor allem Missbrauch von Gefühlen hervor und liefert bis heute starke Argumente zur Diskussion um die pädagogische Arbeit mit und an Gefühlen.

Trotz der lang anhaltenden, ganzheitlich orientierten reformpädagogischen Impulse auf die berufliche Bildung ist heute, zu Beginn des 21. Jahrhundert, die Beachtung von Emotionalität im Zusammenhang beruflicher Qualifizierungsprozesse immer noch ungewöhnlich. In der „männlich harten" Berufswelt wird sie, von der Facharbeit bis zur Ebene des Managements, als weiche Qualifikation bezeichnet (eben *Soft* Skill) und, wenn überhaupt, nur implizit thematisiert. Gleichzeitig zeichnen sich Tendenzen ab, die diese geschlechtsstereotype Zuschreibung an die Arbeitswelt gewissermaßen von innen her auflösen. Zum einen ist die traditionelle, männlich dominierte schwere körperliche Industriearbeit schon lange nicht mehr strukturbestimmend. Zum anderen erfordern moderne industrielle Produktionen und Arbeitsorganisationen unter anderem durch die wachsende Bedeutung von Dienstleistungen mehr einfühlende, kooperative und vernetzende Kompetenzen zum Beispiel in Beratung, Kundenorientierung und Teamarbeit. Eine Vielzahl der immer wieder aufgelisteten Schlüsselqualifikationen spiegeln diese eher frauenspezifischen Zuschreibungen wider. Neben geschlechtsspezifischen Normierungen erhalten Emotionen weitere bildungstheoretische Bedeutung durch das widersprüchliche Verhältnis von Ökonomie und Pädagogik, von Lernen und Arbeiten in Gruppen- bzw. Teamstrukturen unter dem Druck systemischer Rationalisierung. Auch aus ökonomischer Sicht werden nunmehr Emotionen interessant. Ihr Ausdruck und ihre Wirkung werden auf die Möglichkeit einer gezielten Qualifizierbarkeit hin untersucht und trainiert, um Arbeitsergebnisse zu verbessern und die Arbeitszufriedenheit zu steigern. Auf den Punkt gebracht findet sich dieser Anspruch in einem Anzeigentext für Managementseminare in der Zeit vom 7.10. 99: „Business reframing: moving corporation from hard work to heart work". Schon in den frühen 1990er Jahren zeichnete sich klar die Einsicht ab, dass zum Beispiel Arbeit in Gruppen unter anderem durch die sehr intensive soziale Kontrolle und strenge gruppenbezogene Entlohnung zum „working harder, not smarter" führten. Wenn aber Arbeit des Herzens gefordert ist, und hier ja durchaus nicht im Sinne einer therapeutischen Gefühlsarbeit, bedarf es einerseits des Aufbaus einer entsprechenden Haltung (auch) seitens der Unternehmensführungen, die die hindernden, entfremdenden Distanzen abbaut. Und andererseits ist ein entsprechendes Kontaktverhalten der Subjekte erfordert, die sich dieser „Tyrannei der Intimität" (Sennett 2000) bereitwillig öffnen sollen, „denn verstellte Gebärden, verheimlichte Gründe, verlogene Geständnisse, verspielte Gesten schaffen Unklarheit und schützen das Subjekt vor Zugriffen" (Fach/Ringwald 2000). Sehr offen wird dieser Anspruch auch formuliert. Es geht darum, dass das, was Pädagogen noch als den „Umgang mit sich selbst" (Gamm 1977) thematisierten, nunmehr als die *Kunst, sich selbst zu managen,* beschrieben wird (Drucker 1999) – freilich unter der Prämisse der Höchstleistungsorientierung für das Unternehmen. Hier liegt, bezogen auf die Ebene der beruflichen Arbeit, wesentlich ein Gedanke von Norbert Elias zugrunde, dass sich soziale Verkehrsformen und individuelle Affektlagen wechselseitig durchdringen und abstützen. Einerseits fordern und ermöglichen heutige gesellschaftliche Wandlungsprozesse und systemische Rationalisierungskonzepte Arbeitsstrukturen, in denen Emotionalität wertschöpfend werden

24

kann. Gleichzeitig sind die subjektiven Potenziale herausgebildet worden, und die Bereitschaft ist vorhanden, auch emotionale Kompetenzen in den Arbeitsprozess einbringen zu wollen. Der pädagogische Blick interessiert sich gerade für die subjektive Seite von Emotionen und ihre Reflexivität, denn Gefühle sind unsere ganz persönliche, nicht plan- und steuerbare Basis der Bewertung von erlebten Situationen; sie sind *ein* Bestandteil unserer Identität.

Emotion und Gender

Zwischen Männern und Frauen gibt es kaum einen Bereich größerer Differenz als gerade im Gefühlserleben, dem Umgang mit Emotionalität und im Gefühlsausdruck. Dieser Behauptung würden sicherlich die meisten Menschen spontan zustimmen. Sehr weit verbreitet ist die alltagstheoretische Auffassung, dass Frauen gefühlvoller sind, Emotionen deutlicher zeigen, spezifische Emotionen klarer ausdrücken und eine größere Nähe in persönlichen Beziehungen aufbauen können. Wie sehr bereits in der Semantik bestimmende Einschränkungen für die Bedeutung des Wortes gefühlvoll in Richtung auf positive „weiche", weibliche Emotionen verankert sind, mag daran deutlich werden, dass bei dessen Benutzung sicher nur wenige Sprecher/innen dabei beispielsweise die Beschreibung eines Wutanfalls oder den Gesichtsausdruck panischer Angst beabsichtigen. Obwohl Wut und Angst Gefühle sind. Stereotype Zuschreibung findet sich in Literatur und Film, in der geschlechtsspezifischen Arbeitsteilung sowie in den Aufgaben- bzw. Rollenzuteilungen in Familien. Da alle Beteiligten jeweils geschlechtsstereotype Vorstellungen über sich selbst und über die jeweils anderen bei Interaktionen einbringen, wird bewusst oder unbewusst das Handeln, Wahrnehmen und Erleben beeinflusst. Die zu Grunde liegenden Mechanismen, gesellschaftlichen Gefühlsnormen, rollenspezifischen Erwartungen und Zuschreibungen greifen sozialisatorisch über Familie, Peergroups, Erziehungssystem usw. tief in die Persönlichkeitsentwicklung ein.

So ist es wenig überraschend, wenn Ergebnisse genderorientierter Forschungen darauf hinweisen, dass einige dieser Stereotypen sich auch empirisch belegen lassen. Männer und Frauen zeigen gerade die jeweils ihnen zugeschriebenen und somit „erlaubten" Gefühle besonders deutlich im Vergleich zum jeweils anderen Geschlecht (Brody/Hall 1993)[3]. Unterschiedlichste Studien belegen geschlechtsspezifische Differenzen im Gefühlserleben, im Gefühlsausdruck sowie in der nonverbalen Kommunikation. Auf der Ebene der Stereotype zeigt sich in Befragungen und Selbsteinschätzungen insgesamt eine Mehrheit, die persönlich davon ausgeht, dass die Unterschiede zwischen den Geschlechtern im Gefühlsausdruck deutlicher sind als im emotionalen Erleben. Da die Erforschung des subjektiven *Gefühlserlebens* letztlich auf Selbstbeschreibungen und -einschätzungen angewiesen ist, muss auf Grund des zumindest impliziten Wissens der Befragten um Geschlechterrollen mit einer entsprechenden Verzerrung des Antwortverhaltens gerechnet werden. Einige Studien zeigen altersunabhängig ein intensiveres Fühlen bei Frauen insgesamt, also sowohl bei positiven als auch negativen Emotionen (hier: Angst, Traurigkeit und Freude). Dieser Unterschied fällt unter dem Fokus von Häufigkeit des Gefühlserlebens weniger stark aus. Bei den als negativ apostrophierten Emotionen ergibt sich ebenfalls ein differenzierteres Bild. In Selbstbeschreibungen tendieren Frauen bei nach innen gerichteten „strafenden" Gefühlen wie Schuld, Scham, Traurigkeit, Angst und Furcht zu höheren Werten als Männer. Umgekehrt scheint es bei nach außen gerichteten Gefühlen zu sein, wenn Häufigkeit, Dauer und Intensität bewertet werden sollen. Hier sind die Untersuchungsergebnisse aber insgesamt weniger konsistent, ergeben sich offensichtlich Varianzen auf Grund der unterschiedlichen Ansätze und Methoden der Studien.

Für die geschlechtsspezifische Untersuchung des *Gefühlsausdruckes* steht ein größeres Repertoire an methodischen Zugängen zur Verfügung. Zusätzlich zu den bisher genannten können Daten aus Beobachtungen, beispielsweise spezifisch für verbalen und nonverbalen Ausdruck, herangezogen werden. Die Untersuchung von Geschlechtsstereotypen ergibt insgesamt eine Zuschreibung an Frauen als „emotional", sowohl im Erleben als auch im globalen Ausdruck. Bezogen auf spezifisch nonverbalen Ausdruck glaubt eine Mehrheit, dass Frauen stärkeren Ausdruck in Stimme, Mimik und Gestik zeigen. Auch in Selbstbeschreibungen zeigt sich klar die Tendenz, dass Frauen sich selbst stärker im emotionalen Ausdruck einschätzen, als dies Männer über sich selbst einschätzen (hier: College-Studierende).

Zusammenfassend kommen die Autorinnen zu dem Schluss, dass nicht nur in den stereotypen Zuschreibungen Frauen ein stärkerer Ausdruck sowohl positiver als auch negativer Emotionen zugesprochen wird, sondern in Auswertung der vorliegenden Daten sie es auch wirklich tun. Sie erleben offensichtlich eine größere Bandbreite an Gefühlen und können den nonverbalen emotionalen Ausdruck anderer besser wahrnehmen und deuten. Dagegen zeigen Männer stärkeren Ausdruck und Wahrnehmung bei nach außen gerichteten Emotionen wie Ärger und Wut, sie sind selbstsicherer und zeigen weniger nach innen gerichtete „strafende" Emotionen. Diese Befunde fallen deutlicher bei Beachtung der Intensität von Gefühlen aus als bei der Beachtung von Häufigkeiten und scheinen klarer für den Ausdruck als für das Erleben. Insgesamt seien aber vor allem immer auch die situations- und kulturspezifischen Einflüsse mit zu beachten. Weiterhin konstatieren die Autorinnen eine Konsistenz der vorliegenden Ergebnisse mit Anforderungen an die unterschiedlichen Geschlechterrollen innerhalb der Gesellschaft und eine besondere Rolle der frühkindlichen Sprachentwicklung, die bei Mädchen früher einsetze.

2.2   Wirtschafts- und berufspädagogische Zugänge

Für die wissenschaftliche Disziplin der Berufs- und Wirtschaftspädagogik liegen sehr vereinzelt ausführliche Arbeiten mit dem Gegenstand der Emotion vor. Dazu zählen Hahn (1995) und Sembill (1992), die sich sowohl auf Erkenntnisse der allgemeinen als auch der speziellen Emotionsforschung stützen. Des Weiteren werden in diesem Abschnitt zwei Studien referiert, die Emotion als Einflussfaktor auf die dort thematisierten Fragestellungen berücksichtigen (Bachmann 1999; Forberg 1997). Diese Studien untersuchen im weiteren Sinne Aspekte pädagogischer Professionalität. Kennzeichnend für das Desiderat in dieser Disziplin ist es, dass auch die dezidierte Betrachtung nichtkognitiver Persönlichkeitsmerkmale im Zusammenhang mit Leistung, wie sie beispielsweise von Jungkunz / Kämmerer (1998) angestellt wurde, die emotionalen Aspekte nur implizit erfasst – als „Freude am Unterricht" im Bereich der (intrinsischen) motivationalen Orientierung.[4]

2.2.1   Arbeitsdefinitionen

Arbeitsdefinition bei A. Hahn

Angela Hahn (1995) hat eine der wenigen wirtschafts- bzw. berufspädagogischen Arbeiten vorgelegt, die sich ausdrücklich mit Emotionalität und ihrer Bedeutung für zentrale Fragestellungen dieser wissenschaftlichen Disziplin auseinander setzen. Das von der Autorin zugrunde gelegte Modell von Emotion (ebd., 39 ff.) soll deshalb an dieser Stelle übersichtartig referiert werden. In einer Theorienübersicht werden zunächst Komponenten- bzw. Systemmodelle von Emotion angeführt (Scherer 1990; Ulich 1989; Mandl / Euler 1983), die folgende Bestandteile von Emotion nennen (siehe Abb. 2).

In diesen Komponentenmodellen werden weder Reihenfolgen von Kognition oder Emotion in der Aktualgenese noch Prioritäten bestimmter Komponenten oder gar Kausalbeziehungen zwischen ihnen konstatiert. Insgesamt geben diese Ansätze eine komplexe, nichtlineare Sicht auf das Phänomen Emotion. Hahn kritisiert diese Konzepte, da sie über die bloße Feststellung komplexer Wechselwirkungen nicht hinausreichten und sie nicht präziser herausarbeiteten. Insbeson-

SCHERER	ULICH	MANDL/EULER
kognitive Komponente	Bewertung	kognitive Komponente
neurophysiologische Komponente	neurophysiologische Komponente	physiologische Komponente
expressive Komponente	expressive Komponente	behavioral-expressive Komponente
motivationale Komponente	motivationale Komponente	–
gefühlsmäßige Komponente	subjektive Erlebniskomponente	subjektive Komponente

Abbildung 2:
Komponenten von Emotion

dere die Bedeutung der kognitiven Komponente bzw. des kognitiven Subsystems sei unklar, da es sich auf verschiedenen Analyseebenen wiederfindet. So ist es einerseits als kognitive Struktur in der Persönlichkeit bereits emotional beeinflusst, andererseits wird sie als prozessuale Bewertungskomponente in der Aktualgenese von Emotion vermutet. Die Autorin wendet sich deswegen von systemisch-ganzheitlichen Modellen ab und hält „vorerst an einer zeitlich-linearen Betrachtungsweise" (ebd., 41) fest. In Anlehnung an Gerhards (1988) formuliert die Autorin eine Arbeitshypothese für Emotion: Emotionen entstehen auf Grund kognitiver Bewertungen (Aktualgenese). Dieser Prozess ist von physischen Ereignissen begleitet und führt zu einem subjektiven Gefühlserlebnis, das wiederum an einen emotionalen Ausdruck gekoppelt ist. Der gesamte Prozess hat Wirkungen in den sozialen Raum hinein; Rückwirkungen in den intrapsychischen Bereichen bleiben zunächst undiskutiert. Hahn erweitert das Modell in einem ersten Schritt: Das aktuelle Emotionserleben, der gesamte hier sehr knapp skizzierte Prozess, wird vor dem Hintergrund der bestehenden Persönlichkeitsstruktur gesehen. Mit dem Ziel, „eine möglichst umfassende Antwort auf die Frage ‚Was ist Emotion?' zu erhalten" (ebd., 43), präzisiert Hahn dieses Grundmodell ausführlich. Aktualgenese, Ausdruck, Erleben und die Wirkung von Emotion werden jeweils im Lichte verschiedener theoretischer Ansätze diskutiert.

wAnschließend wird das Grundmodell modifiziert (ebd., 196 f.). Rückkopplungsmechanismen lösen das zunächst lineare Modell auf. Die Wirkung von Emotion bedingt eine Situationsveränderung und schafft damit einen neuen Ausgangspunkt für das zeitlich folgende emotionale Erleben. Die Situationseinschätzung im Verlauf der kognitiv vorbewerteten Aktualgenese wird durch kognitive Strukturen bestimmt, die ihrerseits auf Grund des emotionalen Erlebens ausgelöst wurden. Des Weiteren wird die bestehende Persönlichkeitsstruktur durch emotionales Erleben verändert. Dies geschieht über die Erweiterung und Differenzierung emotionaler Schemata sowie des Gedächtnisteiles der kognitiven Strukturen. Letztere können (erneut) Ausgangspunkt für Begriffsbildung werden. In der Persönlichkeitsstruktur ist also das Verfügen über emotionale Schemata und Ausdrucksmuster angelegt. Emotionalität wird somit wesentlich als *Erleben* und *Ausdruck* ausdifferenziert. Hinzu tritt der Aspekt der kognitiven Kontrolle von Emotionen. „So ergibt sich das Paradox, dass emotionale Kompetenz vom Bezugspunkt her emotional, von der Verarbeitungsweise her auf der Stufe der Kontrolle aber kognitiv sein kann" (ebd., 200). Das Wechselspiel von Kontrolle und Zulassen der Emotionen wird von der Autorin in das übergreifende Konzept von Identität gestellt, das die subjektive Auseinandersetzung mit aktuell bestehenden gesellschaftlichen Emotionsnormen mit beinhaltet. Diese Normen stellen keine statische Grundlage für individuelle Entscheidungen im Umgang mit Emotionen dar. Sie unterliegen einem historischen Wandel und sind geschlechts- und berufsspezifisch unterscheidbar. Abschließend gibt die Autorin folgende *Definition*: „Emotionen sind relativ zeitstabile Persönlichkeitsmerkmale, die in aktualisierter Form des Erlebens einen Modus des Verhaltens neben Handeln und Wahrnehmen darstellen. Die Aktualisierung erfolgt über die unterschiedlichen Wege von kognitiver Vorbewertung, Direktauslösung und Ausdrucksrückkopplung. Emotionales Erleben wird durch Lernen und/oder Reifung mit bestimmten Ausdrucksmustern gekoppelt. Diese Ausdrucksmuster stellen als nonverbale Kommunikationsmittel die zentrale Kategorie des Einbringens von Emotion in soziale Zusammenhänge dar. Erleben und Ausdruck von Emotion wirken wiederum auf kognitive und emotionale Strukturen zurück und beeinflussen entsprechend Denkleistungen und Motivation sowie allgemeines und kommunikatives Handeln" (ebd.). Hahn nähert sich somit wieder einer systemischen, nichtlinearen Sichtweise an. Neuere Arbeiten, beispielsweise von Ciompi, untersuchen die Wechselwirkung zwischen einzelnen psychischen Bereichen und entkräften auf diesem Wege den Hauptpunkt ihrer Kritik.

Hahn leitet aus ihrer Arbeitsdefinition nähere Bestimmungen zu emotionaler Kompetenz als einer wirtschaftspädagogischen Zielkategorie ab. Auf der Grundlage des Modells werden Kompetenzklassifikationen erarbeitet, die nach emotionalem Erleben und emotionalem Ausdruck differenziert sind. Kontrolle und Steigerung von emotionalem Erleben, beispielsweise in der Stressbewältigung, steht der Ausdruckskontrolle und -steigerung, etwa in Körpersprache und Stimme, gegenüber. Der zentrale Aspekt emotionaler Kompetenz ist die Balancierung von Erlebnis und Ausdruck. Diese ist situationsspezifisch und sehr individuell, beispielsweise im Umgang mit gesellschaftlichen Normierungen. Demnach liegen dem Erleben und dem Ausdruck von Emotionen persönliche Entscheidungen dahin gehend zugrunde, dass ein Wechsel zwischen Zulassen und Steigern, Kontrolle und Nichtkontrolle möglich ist. Diese Entscheidungen fallen im Spannungsfeld interner und externer Maßstäbe. So kann dem persönlichen psychischen Wohlergehen die Beachtung gesellschaftlicher Normen entgegenstehen.

Arbeitsdefinition bei D. Sembill

Eine integrierende Sichtweise auf das Verhältnis von Kognition, Motivation und Emotion liefert Sembill (1992) in seiner Studie zu Problemlösefähigkeit, Handlungskompetenz und emotionaler Befindlichkeit mit dem Fokus des (forschenden) Lernens innerhalb eines Projektes zur Angstbewältigung. Der Autor unterscheidet emotionale und motivationale Prozesse, indem er diesen die Bewertung von internen und externen Wahrnehmungsmustern und jenen die Ausführung von Handlungen zuordnet (ebd., 119). Die besondere Rolle von Emotionen in Wahrnehmungsprozessen begründet ihren Einfluss auf die Grundlagen von Denken, Handeln und Lernen. Der Einfluss der emotionalen Befindlichkeit wird unter psychologischen und physiologischen Aspekten spezifiziert. Diese werden aufeinander bezogen und in einem systemisch-integrativen Regulationsmodell zusammengefasst. Unter emotionaler Befindlichkeit versteht Sembill ein „emotional-motivational geprägtes, subjektives und situationsspezifisches Erleben eines Zustandes (…) Dieses Erleben bezieht sich auf Kognitionen i. e. S. Emotionale Befindlichkeit kann sowohl als Auslöser, Begleiterscheinung und/oder Folge dieser kognitiven Prozesse im engeren Sinne auftreten" (ebd., 118). Die Konstrukte Emotion, Kognition und Motivation werden in einer ganzheitlichen Sichtweise auf psychophysische Person-Umwelt-Beziehungen als ein Wirkgefüge angesehen, in dem sich die Elemente gegenseitig konstituieren. Die Bewusstseinsfähigkeit sieht Sembill für alle drei Komponenten prinzipiell als gegeben an. Unter psychologischen und physiologischen Aspekten werden Zweck und Funktionsweise des Konstruktes *emotionale Befindlichkeit* untersucht. Aus *hirnphysiologischer* Sicht zeigt sich, dass bei der Bewertung und Verarbeitung von Informationen zugleich Emotionen und Handlungsbereitschaften entstehen (als raumzeitliche, biophysikalische Erregungsmuster bzw. als das Limbische System insgesamt), insofern „kann es auch keine emotionsfreie Informationsverarbeitung geben" (ebd., 129).

Aus *psychologischer* Sicht zitiert der Autor die Arbeitsdefinition von Kleinginna/ Kleinginna (1981), die diese in Auswertung von über einhundert Definitionen und Emotionsbegriffen vorgenommen haben:[5] „Emotion ist ein komplexes Interaktionsgefüge subjektiver und objektiver Faktoren, das von neuronal/hormonalen Systemen vermittelt wird, die a) affektive Erfahrungen wie Gefühle der Erregung oder Lust/Unlust bewirken können; b) kognitive Prozesse wie emotional relevante Wahrnehmungseffekte, Bewertungen, Klassifikationsprozesse hervorrufen können; c) ausgedehnte physiologische Anpassungen an die erregungsauslösenden Bedingungen in Gang setzen können; d) zu Verhalten führen können, welches oft expressiv, zielgerichtet und adaptiv ist" (Sembill 1992, 130, der sich auf eine Übersetzung von Mandl/Euler 1987 bezieht).

Zu den subjektiven, physiologischen und kognitiven sowie Verhaltenskomponenten werden weiterhin Emotionsgenese und Emotionsbewältigungsstrategien in das Modell aufgenommen. In der Beschreibung der *Emotionsgenese* bezieht sich Sembill auf den systemtheoretisch-konstruktiven Ansatz von Scherer (1981) und Kuhl (1983). Emotionen werden hier nicht als Zustand, sondern als Prozess angesehen. In diesem Prozess läuft eine komplexe Interaktion zwischen kognitiven Bewertungen, physiologischer Aktivation, motorischem Ausdruck sowie motivationalen Komponenten ab. Allen aus diesem Geschehen abstrahierbaren Prüfschritten kommen emotionsgenerierende Funktionen zu. Analog kognitivem Wissen wird auch für Emotionen die Möglichkeit der Routinisierungen bzw. Automatisierungen angenommen, das heißt, dass nach häufigen Durchläufen bestimmter Interaktionen schon „durch einen kaum bewußtseinsfähigen Reiz das komplette Muster ausgelöst werden kann" (ebd., 132). Einen ähnlichen Ablauf nimmt auch Ciompi für die erfahrungsgenerierte Alltagslogik an (s. u.). Wichtigstes Merkmal der von Sembill aufgenommenen Ansicht ist, dass Emotion als ein sich ständig verändernder Prozess aufgefasst wird und nicht als diskretes Ereignis. Das Modell liefert keine Annahme für ein inhaltlich und zeitlich abgrenzbares „Emotionserlebnis". Lediglich seien vereinzelte Beobachtungen im Sinne von Momentaufnahmen möglich und sinnvoll. Die Vielzahl der möglichen Reaktionen läuft im Einzelfall keineswegs automatisch ab. Im von Scherer und Kuhl adaptierten Modell von Sembill gibt es unter anderem Rückkopplungsschleifen der Reaktionen (Handlungen) zur Umwelt (darin eine große Ähnlichkeit zu Hahn). Auch die diesen vorgelagerten Informationsverarbeitungs-Emotions-Pfade können verändernd, relativierend oder gar umkehrend auf die „Momentaufnahme" und die damit verknüpfte Handlungstendenz wirken: „Ein Lachen, das im Halse stecken bleibt, ein Lustgefühl, das in Scham umschlägt, eine unangenehme Anforderung, die längerfristig jedoch Vorteile verspricht (…)" (ebd., 134). Auch hier ist eine gewisse Ähnlichkeit bei Hahn zu finden, die eine Rückkopplung durch emotionales Erleben, das kognitive Strukturen aktivieren kann, auf die Situationseinschätzung der kognitiv vorbewerteten Aktualgenese von Emotionen konstatiert (Hahn 1995, 196). Aus der systemischen Sicht wird der Streit um den Primat von Emotion oder Kognition, wie er beispielsweise zwischen Zajonc und Lazarus geführt wurde, unerheblich. Auch das Problem der Emotionsgenese auf Grund physischer Impulse (peripherer Körperreaktionen) oder auf Grund zentraler Verarbeitungsvorgänge ist nicht mehr prinzipiell, sondern relativ zum Beob-

achtungszeitpunkt beantwortbar. Nach kurzer Zeit dürften zentrale Vermitt-
lungsprozesse dominant sein, nach längerer Zeit steigt der Einfluss der rückge-
koppelten Körperreaktionen und kognitiven Regulationen.

2.2.2 Emotion und professionelles Selbstverständnis

Neben der grundsätzlichen, theoriegeleiteten Begriffsklärung und der Analyse
des Einflusses emotionaler Faktoren in Lernprozessen ist deren Bedeutung für
das Handeln und Erleben der Professionellen im Kontext beruflicher Bildung zu
konstatieren. Im folgenden Abschnitt werden exemplarisch zwei Arbeiten aus
der Berufspädagogik referiert, in denen explizit der Einfluss emotionaler Faktoren zum einen auf das subjektive Erleben des Lehrberufes und zum anderen
auf das professionelle Selbstverständnis von Schulleiterinnen (sic!) untersucht
wird.

Berufszufriedenheit und -belastung bei Lehrenden
an beruflichen Schulen

Ein typisches Merkmal von schulischer Lehrertätigkeit ist auf Grund der Gesamtstruktur als Einzelarbeit die Anforderung, permanent großes Engagement und
Enthusiasmus zu zeigen, ohne dabei ein angemessenes Feedback erwarten zu
können. Bei hoher Identifikation mit der eigenen Tätigkeit, die in der Regel auch
mit einer starken emotionalen Beteiligung einhergeht, besteht über längere Zeiträume die Gefahr des Burnout. Dieser Zustand ist durch emotionale Erschöpfung, Leistungsabfall und Depersonalisierung der Klientel, beispielsweise durch
zynisches und herzloses Verhalten Lernenden gegenüber, gekennzeichnet – und
kann als Gegenteil von Arbeitszufriedenheit gelten Karl Bachmann (1999) untersucht in seiner repräsentativen empirischen Studie Berufszufriedenheit und
-belastung von Lehrenden an berufsbildenden Schulen in Baden-Württemberg.
Bei der genaueren Beschreibung von Arbeitszufriedenheit (synonym verwendet
für Berufszufriedenheit) geht der Autor nach Auswertung einschlägiger Untersuchungen davon aus, dass sie einen emotionalen Zustand darstellt (ebd., 21). Diese Aussage wird allerdings nicht weiter konkretisiert und allgemein von psychischen Faktoren gesprochen. In der theoretischen Strukturierung des Belastungs-
begriffes greift der Autor unter anderem auf ein Modell von Rudow (1995, 50)
zurück. Dieses sieht für die subjektive Belastung neben kognitiven als zweite
Komponente emotionale Belastungen vor, welche im negativen Sinne Angst und
Stress, im positiven Sinne Wohlbefinden und emotionale Stabilität bedeuten
können. Letztere sind die „Basis der pädagogischen Handlungskompetenz, die

in enger Wechselbeziehung zur psychischen und psychosomatischen Gesundheit gesehen wird. Gesundheit und Handlungskompetenz sind Grundstein für eine günstige Persönlichkeitsentwicklung" (Bachmann 1999, 59).

Zu den Belastungsaspekten zählt Bachmann auch psychische Gesundheitsstörungen und referiert eine Studie von Kramis-Aebischer (1995, 209). Dort werden die fünf häufigsten Antworten von Lehrpersonen zu psychophysischen Beschwerden mit „Gefühl . . ." beschrieben: Gefühl von Spannung und Nervosität (45 %), Gefühl der fortwährenden Anspannung (45 %), Überlastungsgefühle (43 %), Gefühl der inneren Verkrampfung (24 %) und das Gefühl eines gestörten inneren Gleichgewichts (23 %). Mit mehr als 10 % Nennungen folgen unter anderem noch Gefühle des Unglücklichseins, der Niedergeschlagenheit und Bedrücktseins sowie das Gefühl ständiger Stimmungsschwankungen. Hier scheinen offensichtlich verschiedene Ebenen unter dem Begriff des Gefühls subsumiert worden zu sein. Ausdruck, Erleben und Interpretationen sind nicht klar voneinander zu trennen. In der Studie von Bachmann spielt die Definition des Begriffs *Gefühl* keine weitere Rolle. Unter dem Belastungsaspekt nennt der Autor als erste von drei Hauptkomponenten des Burnout-Syndroms die emotionale Erschöpfung. Diese zeige sich bereits in ihrer Anfangsphase an emotionalen Reaktionen wie Pessimismus, Schuldgefühle, Apathie etc., die als depressiv bezeichnet werden können. Weitere Symptome für ein Burnout-Syndrom können ebenfalls emotionale Reaktionen sein, zum Beispiel aggressive Tendenzen wie Streitsucht, Misstrauen, Vorwürfe an Schüler etc. (Bachmann 1999, 94). Psychische Faktoren werden in dieser Studie stark beachtet und vor allem im Variablenkomplex „Belastung" durch subjektive Selbsteinschätzungen der befragten Personen erfasst. Eine explizite Definition bzw. eine Beschreibung von *Emotion* oder *Gefühl* wird nicht gegeben. Gleichwohl spielen sie eine besondere Rolle.

Der Autor entwickelt in Auswertung seiner empirischen Studie zwölf thesenartige bildungspolitische Empfehlungen. Einige thematisieren emotionale Faktoren: „1. (…) [dass] besonders jüngere Lehrer/innen mit ihrer ‚Ausbildung im pädagogischen Bereich' unzufrieden sind und sie sich in der ‚Bewältigung von pädagogischen Situationen' höheren Belastungen ausgesetzt sehen. Deshalb sollten Art und Umfang der bisherigen Aus- und Weiterbildung von jüngeren Lehrkräften an beruflichen Schulen besonders im Hinblick auf eine Stärkung ihrer pädagogischen und psychologischen Kompetenz überdacht werden. 2. Die Lebensfragen der Schüler/innen sollten im Unterricht thematisiert werden, insbesondere im Hinblick auf den Umgang mit eigenen und fremden Emotionen, Aggressionen und Depressionen. Dadurch wird es möglich sein, die sehr hohen Belastungswerte aus dem Bereich ‚Belastungen durch Schüler/innen' zum Teil zu senken. (…) 6. Es sind Maßnahmen zu planen und durchzuführen, welche auf eine Weiterentwicklung der Fähigkeiten der Lehrkräfte – etwa Streß und psychische Belastung zu verarbeiten – abzielen. (…) 9. Streß- und Belastungsverarbeitung ist eine Schlüsselqualifikation für Lehrende geworden. Die zukünftige Forschung im Bildungsbereich muß diesem Umstand Rechnung tragen" (Bachmann 1999, 254).

Insgesamt können die Studie von Bachmann und einige der von ihm referierten weiteren Untersuchungen die These belegen, dass die Beachtung und Bearbeitung emotionaler Komponenten zur berufsalltäglichen Handlung und Erfahrung von Lehrenden in der beruflichen Bildung gehören. Sie sind somit Bestandteil pädagogischer Professionalität, werden dagegen in die Reflexion über dieses professionelle Handeln bisher wenig einbezogen.

Rollen- und Führungsverständnis von Schulleiterinnen

Mit ihrer Studie zum Rollen- und Führungsverständnis von Schulleiterinnen (sic!) beruflicher Schulen legt Angela Forberg (1997) eine umfangreiche, berufsbiografisch orientierte Untersuchung vor. In Auswertung eines Fragebogens (Totalerhebung) und von knapp dreißig narrativen Interviews mit Direktorinnen beruflicher Schulen erarbeitet sie eine Typologie des Rollen- und Führungsverständnisses von Schulleiterinnen. Sie identifiziert die Leitbilder der „Pädagogin", der „Managerin", der „Agentin" (im Sinne einer engagierten Vertreterin der Interessen von KollegInnen) sowie das Gegensatzpaar „Frauenfachschuldirektorin" vs. „Gewerbeschuldirektorin". Dabei zeigen sich neben den erwarteten altersspezifischen vor allem auch fachrichtungs-, schulform- und schulgrößenspezifische Differenzen hinsichtlich erfahrungsbezogener Handlungsmuster und Selbstdeutungen. Im Hinblick auf die Anforderungen an das Führungsverhalten resümiert die Autorin, dass das Anforderungsprofil „geprägt [ist] durch eine Betonung der sozio-emotionalen Dimension" (ebd., 221). Diese habe die gleiche Relevanz wie die inhaltlich-funktionale. Als Kategorien dieser sozio-emotionalen Dimension werden genannt: die Förderung fachübergreifender und zwischenmenschlicher Kooperation, ein partnerschaftlicher, kongruenter Kommunikationsstil sowie empathisches Verhalten und Ausdruck von Vertrauen und Wertschätzung. Diese Beschreibung eines „eher ‚menschlichen Führungsverhaltens' " (ebd.) sei in engem Zusammenhang mit der Wahrnehmung von einzelnen Menschen als ganzheitlichen Persönlichkeiten zu sehen, die also Lehrende und Schüler / innen nicht auf ihre Funktionen im System Schule reduziere. Für die Beschreibung von Anforderungen an Kompetenzen und Fähigkeiten werden im Fragenbogenteil der Untersuchung die Kategorien „sozial orientierte", „pädagogisch orientierte" und

„Führungskompetenzen" mit je drei Subkategorien gebildet. Die höchste Zustimmung („trifft genau zu"[6]) im Test entfällt auf die Subkategorie „sozial-kommunikative Kompetenzen" (85 %), gefolgt von „Entscheidungskompetenz" (79 %). Als Drittes werden „pädagogisch-innovative Kompetenzen" (68 %) und eine „persönliche Akzeptanz im Kollegium finden" als wichtige Anforderungen bestätigt. Mit 49 % ist die Zustimmung zu „psycho-emotionale Kompetenz" (weitere 45 % nennen „trifft bedingt zu") noch höher als beispielsweise die zur „Fachkompetenz in beruflicher Fachrichtung/-wissenschaft" (32 %). Gleichauf liegen „persönliche Autorität und Charisma" (49 %). Diese Kategorie ist aber nicht näher beschrieben. Zumindest für Charisma können jedoch implizit Anteile emotionaler Kompetenzen oder Eigenschaften vermutet werden. Die Kategorien für den Fragebogen (einschließlich der Subkategorien) sind Ergebnis der Interviewauswertung. Im Zuge eines textanalytischen Vergleiches wurden sie als typische Merkmale extrahiert (ebd., 153). Eine explizite Beschreibung und Differenzierung der Kategorien „psycho-emotionale Kompetenz" und „sozial-kommunikative Kompetenz" wird nicht geleistet. Als Ergebnis der vergleichenden Untersuchung gemeinsamer Erfahrungshaltungen wurden „Basiskategorien zu den von den Berufsschuldirektorinnen gemeinsam erkannten Anforderungen an das schulische Führungsverhalten ermittelt" (ebd., 156). Die *erste Basiskategorie* umfasst Anforderungen an das Führungsverhalten auf der sozio-emotionalen Ebene:

- soziale Ebene: Konsens finden, fürsorgliches Verhalten, partnerschaftliche Kommunikation pflegen, kongruente Kommunikation pflegen sowie Kooperationen fördern (fachübergreifend, zwischenmenschlich);

- emotionale Ebene: empathisches Verhalten, Vertrauen zeigen, Offenheit zeigen, Wertschätzung ausdrücken sowie Motivation fördern.

Die *zweite Basiskategorie* umfasst Anforderungen an das Führungsverhalten auf der inhaltlich-funktionalen Ebene, die wiederum in die Subkategorien pädagogische Ebene und Ebene der Schulverwaltung/-organisation gegliedert ist, allerdings ohne weitere Begründung für die offensichtliche Gleichsetzung von „inhaltlich" und „pädagogisch".

Insgesamt kann die Studie von Forberg als Hinweis darauf gelesen werden, dass die Beachtung der emotionalen Komponenten im Handeln berufsschulischer Akteure vorhanden ist. Unabhängig davon, wie die verschiedenen Kategorisierungen psycho-emotionaler Kompetenzen im Einzelnen vorgenommen wurden, ist für die vorliegende Studie zur emotionalen Leistungsfähigkeit das Fazit von Forberg zur Bedeutung der psycho-emotionalen Anforderungsebene von besonderem Interesse: „[Es] fiel auf, daß den Anforderungen an das Führungsverhalten

auf der sozio-emotionalen Ebene eine mindestens ebenso hohe Bedeutung zugemessen wird wie den Anforderungen auf der inhaltlich-funktionalen Ebene.
Dieser Trend findet sich in allen Interviewtexten wieder, wenn auch mit unterschiedlichen Gewichtungen, je nach Rollen- und Führungsverständnis" (ebd.,
156).[7] Die besondere Bedeutung emotionaler Kompetenzen für Führungskräfte
wird auch in der Managementforschung betont, in deren Kontext u. a. das Konzept der emotionalen Intelligenz entwickelt wurde.

2.3 Emotion im pädagogisch-therapeutischen Kontext

Im folgenden Abschnitt wird die subjektive Sichtweise auf Emotionen, also deren individuelle Wahrnehmung und Beachtung, im Vordergrund stehen – auch
wenn im Kontext einer wissenschaftlichen berufspädagogischen Studie ein
„Schreiben über Gefühle" und damit die kognitive, rationale Betrachtung bestimmend bleibt. Die Betonung der subjektiven Erlebensweisen von Emotion ver-
schiebt den Fokus der Betrachtung auf den Grenz- und Überschneidungsbereich
von Pädagogik und Therapie. Zur Beschreibung pädagogisch-therapeutischer
Aspekte von Emotion werden die Themenzentrierte Interaktion nach R. Cohn
(TZI) sowie Elemente aus der Integrativen Therapie (Petzold) und der Gestaltpädagogik mit einbezogen.

Analytisch-rationalen Sichtweisen auf Gefühle, wie sie in den bisherigen Abschnitten dargestellt wurden, setzen Autorinnen und Autoren, die sich der Humanistischen Psychologie bzw. Pädagogik zurechnen, allgemein den Eigenwert
der Erlebensweise von Emotionen entgegen. Insbesondere werden Emotionen
nicht als Vorstufen oder zeitlich-lineare Vorläufer kognitiver oder motivationaler
Prozesse verstanden. Erlebte Gefühle und Erfahrungen gelten in diesen Ansätzen als ebenbürtige Wahrheit des Subjektes. „Gefühle sind Mittel des Erkennens. Sie sind nicht etwa Denkhindernisse, sondern einzigartig und unersetzlich
als Träger von Informationen über den Zustand des Organismus-Umwelt-Feldes;
über sie vergewissern wir uns der Angemessenheit unserer Wünsche, darüber
wie die Dinge für uns stehen. Als Erkenntnisse sind sie fehlbar, aber korrigieren
lassen sie sich nicht, indem wir sie ausschalten, sondern nur, indem wir probieren, ob sie sich in die geordneteren Gefühle überführen lassen, die mit vorsätz-
licher Orientierung einhergehen, zum Beispiel wenn aus der ersten Begeisterung
über eine Entdeckung eine feste Überzeugung oder wenn aus geschlechtlichem
Begehren Liebe wird" (Perls/Hefferline/Goodman 1979, 198). Beide, Pädagogik
und Therapie, haben ein gemeinsames Ziel: die Entwicklung und Reifung von
Menschen zu ermöglichen und zu fördern. Sie sind zunächst nur unscharf von-

einander abgegrenzt, aber in ihrer Schwerpunktsetzung unterscheidbar: Pädagogik ist eher an Entwicklungszielen ausgerichtet. Dazu zählen vor allem die Entwicklung von Denk- und Kritikfähigkeit, die Übermittlung von (gesellschaftlich normierten) Werten und die Ausbildung (beruflicher) Handlungskompetenz. Dagegen ist Therapie eher an Wahrnehmung und Lösung von Entwicklungshemmnissen interessiert. In diesem sehr allgemeinen Sinne kann Pädagogik als prophylaktische Therapie bzw. umgekehrt Therapie als nachholende Pädagogik gesehen werden. „Pädagogisch-therapeutisch ist jede Situation, die dem psychisch eingeengten Menschen hilft, Zugang zu sich selbst und anderen zu finden, präziser wahrzunehmen, tiefer zu fühlen, klarer zu denken und sich bezogen auf den anderen auszudrücken. Mit anderen Worten: Eine pädagogisch-therapeutische Situation fördert die Fähigkeit, sich der Welt und sich selbst verantwortlich handelnd zuzuwenden und seiner autonom-interdependenten Wirklichkeit Rechnung zu tragen" (Cohn 1994, 176). Dabei ergibt sich die Schwierigkeit, dass vor allem die Praxis ganzheitlicher Ansätze allein mit Worten nur unvollständig zu beschreiben ist, da dabei die große Bedeutung des Erlebens und der nonverbalen Kommunikation und der körperlichen Ausdrucksformen nur schwer Rechnung zu tragen ist. Viele Interventionen in pädagogisch-therapeutischen Prozessen sind darüber hinaus nur bedingt beobachtbar und beschreibbar, beispielsweise Gestik, Stimmmodulation und Augen-Blicke.[8]

Themenzentrierte Interaktion (TZI)

Im Rahmen dieser Studie wird mit der Themenzentrierten Interaktion ein Ansatz aufgegriffen, der sich ganzheitlichen und wertebezogenen Grundsätzen der Humanistischen Pädagogik verpflichtet fühlt (Quitmann 1996). Der Entscheidung für diesen Bezug auf die Themenzentrierte Interaktion liegen im Wesentlichen zwei Argumente zu Grunde. Zum einen kommt in diesem Konzept der Beachtung von Gefühlen und der Beziehungsebene von Kommunikation eine große Bedeutung zu. Zum anderen kann ihre Grundstruktur als Analyseraster in den hier vorzunehmenden Beobachtungen, Beschreibungen und Bewertungen von Veränderungsprozessen die Komplexität reduzieren, ohne dabei systemische Wechselwirkungen aus dem Auge zu verlieren. Zugleich ordnet sie die handelnden Subjekte nicht einer Sach- oder Systemlogik unter. Im Gegenteil. Die Subjekte sollen in die Lage versetzt werden, selbst Entwicklungen – auch des Globe, hier: der schulorganisatorischen und bildungspolitischen Rahmenbedingungen – zu initiieren bzw. sich an solchen Prozessen aktiv zu beteiligen.

Zur Grundstruktur der Themenzentrierten Interaktion

Im Mittelpunkt der Themenzentrierten Interaktion als Methode zum Leiten von Gruppen stehen vier Elemente des Gruppenprozesses (Abb. 3):

- jede einzelne Person (das Ich)
- die Gruppe und ihre Interaktionen (das Wir)
- die gemeinsame Arbeitsaufgabe (das Thema) und
- die äußeren Rahmenbedingungen (der Globe).

Die TZI strebt eine dynamische Balance dieser einzelnen Elemente an, um die Kommunikation sowie das kooperative Verhalten für die Themenbearbeitung bzw. Zielerreichung zu ermöglichen. Allen vier Elementen wird grundsätzlich der gleiche Stellenwert eingeräumt. Vor allem die thematische Dimension und die Beachtung der äußeren Bedingungen zeichnen die Themenzentrierte Interaktion gegenüber anderen Methoden zur Leitung von Gruppen aus. Cohn selbst war zunächst der Meinung, mit der TZI kein therapeutisches, sondern lediglich ein pädagogisches Konzept entwickelt zu haben (Quitmann 1996, 205 ff.). Ihr Hauptaugenmerk galt der Veränderung von Personen in der Gegenwart und nicht der Aufarbeitung „unerledigter Geschäfte" der Vergangenheit (wie es bei-

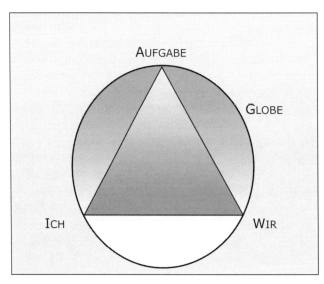

Abbildung 3:
Grundstruktur der Themenzentrierten Interaktion

spielsweise die Gestalttherapie sieht). Die Themenzentrierte Interaktion stellt vor allem ein Konzept zum „lebendigen Lernen" in Schulen, Unternehmen, Verwaltungen und (Non-Profit-)Organisationen dar. Mit zunehmender Erfahrung wurde Cohn jedoch deutlich, dass „das, was ich für Nicht-Therapie gehalten habe, eines ihrer wesentlichen Elemente ist: nämlich das Nicht-Durcharbeiten eines nur ‚angeritzten' unbewußt gebliebenen Konflikts" (ebd.). Im Zentrum der Gruppenarbeit steht das Thema, sei es, wie in schulischen Lehr-/Lernprozessen vorgegeben, durch betriebliche Abläufe und Hierarchien bestimmt oder durch die Gruppe selbst festgelegt. Über das Thema im Mittelpunkt sind das Ich und das Wir der Gruppe miteinander verknüpft und erlauben ein (selbst)erfahrungsorientiertes Arbeiten der Subjekte.

Durch die Themenzentrierung in der TZI wird jedoch insgesamt verhindert, dass das Ich und/oder das Wir auf Dauer in den Mittelpunkt rücken, denn dann wäre eine therapeutische Situation entstanden. „Psychotherapie dient der Auflösung fehlgeleiteter und fixierter Strebungen bzw. der Reaktivierung verschütteter Möglichkeiten; Pädagogik dagegen richtet sich auf die Erfüllung und Erweiterung des ‚freien Potentials' " (ebd.). Beispielhaft kann die Differenz von Pädagogik und Therapie anhand des Postulates: „Störungen haben Vorrang!" (s. u.) verdeutlicht werden. Wird von einem Mitglied der Gruppe eine so verstandene Störung angemeldet (bzw. von anderen beobachtet), entsteht für eine kurze Zeit eine Situation, in der die persönliche Betroffenheit eines Einzelnen das Wir der Gruppe erfasst. Indem diese Betroffenheit jedoch hinsichtlich ihrer Konsequenzen auf den gegenwärtigen Gruppenarbeitsprozess und das Thema der Gruppe und eben nicht die ganze (mögliche) komplexe Dynamik auf Seiten des Einzelnen behandelt wird, bleibt die Gruppe insgesamt in einem pädagogischen Zusammenhang. In solchen Situationen liegt es vor allem in der Verantwortung der Leitung, diese Phase so wahrzunehmen und zu strukturieren, dass Persönliches zugelassen und erlebt werden und zugleich die Gruppe zielgerichtet weiterarbeiten kann. Dieses von der Psychoanalyse übernommene Prinzip „Widerstand vor Inhalt" betrachtete Ruth Cohn „als Weg allen lebendigen Lernens: nicht Lern- und Lebensstörungen zu durchbrechen oder beiseite zu schieben, sondern sie anzuerkennen als Teil der Person" (ebd., 206). Inhalte und Gefühle können somit gleichwertige und gleichberechtigte Themen und Teile des Gruppenprozesses sein. Auch die Aufforderung von Cohn, auf Körpersignale bei sich und anderen zu achten, unterstützt die Bedeutung der Emotionalität, die sich in besonderer Weise körperlich ausdrückt. Somit ist zum einen ein Gegenstandspunkt zur (immer noch) üblichen Vernachlässigung der Körpersphäre in Arbeitsgruppen gesetzt und zum anderen die Beachtung von Gefühlen als bedeutsame Faktoren für den Gruppenprozess gestärkt. Grundlage der weiteren Betrachtung sind die Axiome der Themenzentrierten Interaktion:

- Das existentiell-anthropologische Axiom: „Der Mensch ist eine psycho-biologische Einheit und ein Teil des Universums. Er ist darum gleicherweise autonom und interdependent. Die Autonomie des Einzelnen ist um so größer, je mehr er sich seiner Interdependenz mit allen und allem bewußt wird" (Cohn/Farau 1999, 356 ff.). Physische, intellektuelle und eben emotionale Bedürfnisse und Erfahrungen der Menschen sind untrennbare Grundeinheiten. Dies ist die Basis des holistischen (ganzheitlichen) Prinzips der Themenzentrierten Interaktion.

- Das ethisch-soziale Axiom: „Ehrfurcht gebührt allem Lebendigen und seinem Wachstum. Respekt vor dem Wachstum bedingt bewertende Entscheidungen. Das Humane ist wertvoll; Inhumanes ist wertbedrohend" (ebd.). Damit ist die grundsätzliche Wertorientierung der Themenzentrierten Interaktion beschrieben und die Verantwortung jedes Einzelnen angedeutet.

- Das pragmatisch-politische Axiom: „Freie Entscheidung geschieht innerhalb bedingender innerer und äußerer Grenzen. Erweiterung dieser Grenzen ist möglich!" (ebd.). Cohn führt dazu aus, dass „Freiheit im Entscheiden größer [ist], wenn wir gesund, intelligent, materiell gesichert und geistig gereift sind, als wenn wir krank, beschränkt oder arm sind oder unter Gewalt und mangelnder Reife leiden" (Cohn 1994, 20). Die Freiheit des Entscheidens beinhaltet auch die Notwendigkeit, dies zu tun und Verantwortung zu übernehmen. Das sich hieraus ergebende Paradoxon der Freiheit in Bedingtheit verweist auf die Grundlage humaner Verantwortung. Jeder Handlungssituation sind Grenzen gesetzt, auch und gerade im Rahmen schulorganisatorischer Veränderungen. Das dritte Axiom deutet jedoch auch die eigenen Verantwortung zum stetigen Ausloten der Grenzen an: Wird der vorhandene Spielraum tatsächlich wahrgenommen, und wie wird er genutzt? Im Sinne der TZI liegt es, Einzelnen Mut zur kreativen Ausgestaltung des jeweiligen Freiraumes zu machen.

Diesen Axiomen folgen zwei zentrale Postulate (Langmaack 1994, 120 f.). Diese können als ethische Grundaussagen der Themenzentrierten Interaktion betrachtet werden, nicht jedoch als normative Forderungen, die Handlungsweisen und Verhaltensregeln vorschreiben:

- „Sei dein eigener Chairman!" ist der Ausdruck für das Vertrauen in die Potenziale (gesunder) Menschen, sich selbst zu leiten und zu organisieren und dabei mehr und mehr Verantwortung für ihr Handeln und Fühlen zu übernehmen.

- „Störungen haben Vorrang!" ist Ausdruck für die Wirklichkeit personaler Störungen im Sinne von Betroffenheiten oder Passionate Involvements. Sie können und sollen wahrgenommen und auf ein Mindestmaß reduziert werden.

Axiome und Postulate gelten in der Themenzentrierten Interaktion nicht als absolute Größen oder als technisches Handwerkszeug zur didaktischen Gestaltung von Gruppenprozessen. Im Gegenteil, ihre Verabsolutierung führt zu einer seelenlosen, mechanischen Kommunikation, wäre ihr Missbrauch und „dient dem Geist, den sie bekämpfen möchte" (Cohn/Farau 1999, 364). Mit dem ersten Postulat wird die Verantwortlichkeit jedes Einzelnen für das Gelingen des Gruppenprozesses, aber auch für sein eigenes, persönliches Wachstum betont. In der Konsequenz dieses Postulates liegt es demnach, individuell Verantwortung für Gefühlserleben und Gefühlsausdruck zu übernehmen. Der Psychologe Montada weist, ohne Bezugnahme auf die TZI, darauf hin, „wie häufig wir ein Gefühl durch Wiederholung geeigneter Kognitionen und Interpretationen alimentieren". Bewusste Reflexion dieses Prozesses könne verdeutlichen, „daß wir in vielen Fällen für unseren Ärger, unsere Ängste ebenso verantwortlich sind wie für unsere Gefühlsverdrängungen, die uns auch nicht passieren, sondern um die wir uns häufig mit einiger Anstrengung bemühen müssen" (Montada 1989, 307). Oft manövrierten sich Personen durch unangemessene kognitive Attribuierungstendenzen in Rückkopplungsprozesse zum Beispiel zu negativen Emotionen, die dadurch wechselseitig verstärkt werden. Die Übernahme von Verantwortung für Gefühlserleben und -ausdruck kann im Sinne der Themenzentrierten Interaktion eigenes Handeln motivieren und legitimieren, die eigene Selbstbestimmung und persönliches Wachstum stärken. In seinem Beitrag gibt Montada durchaus TZI-gerechte Perspektiven, wenn es ihm als Wissenschaftler darum geht, „den Raum des Entscheidbaren zu vergrößern. Therapeuten wie Erzieher bemühen sich darum, das scheinbar oder zunächst Unwillkürliche kontrollierbar zu machen. Entsprechend sind ihre Störungsdefinitionen: Hilflosigkeit, Zwanghaftigkeit, Heteronomie, Impulsivität, Affektüberflutung. Die zugeordneten Ziele sind unter Begriffen wie Selbstwirksamkeit, Kontrollierbarkeit, Reflexivität, Problemlösefähigkeit, Selbstverantwortlichkeit, rationale Entscheidungsfähigkeit, Fähigkeit zur Aufdeckung logischer und empirischer Fehler in Annahmesystemen, Ziel- und Sinnerklärung, Ich-Stärke gefaßt" (ebd.).

Die besondere Bedeutung der Emotionalität für den Lern- und Arbeitsprozess in Gruppen – und damit letztlich auch in Team- und Organisationsentwicklungsprozessen – wird in der TZI gesehen. Ein Emotionskonzept im Sinne eines begrifflichen Rahmens zur Genese und qualitativen Differenzierung von Gefühlen, Affekten, Stimmungen etc. liegt allerdings nicht vor. Im Rahmen der Themenzentrierten Interaktion finden sich einige Ansätze, die zur Entwicklung einer möglichen „Theorie der Gefühle und deren Berücksichtigung im Gruppenarbeits- und -lernprozess" beitragen könnten. Dies wäre ohnehin ein umfangreiches, nahezu unmögliches Unterfangen, das die ganze Komplexität entwicklungspsychologischer, persönlichkeitstheoretischer, kultureller, klinischer und naturwissenschaftlicher Ansätze zu integrieren hätte. Bei einigen Autoren und Autorinnen finden sich jedoch in Artikeln und Beiträgen zum Teil grundlegende Aussagen zur emotionalen Dimension des pädagogisch-therapeutischen Konzeptes. Insbesondere wird das Störungspostulat unter dem Aspekt der Emotionalität fokussiert. *Störung* ist eine sehr unglückliche, weil verkürzende und hierarchisierende Übersetzung von „passionate involvements and disturbances take precedence" durch R. Cohn selbst und wird offensichtlich allmählich durch „Betroffenheiten" u. Ä. im praktischen Sprachgebrauch von TZI-Leitenden ersetzt. Aus der Axiomatik, den Postulaten und der Praxis der TZI lässt sich eine Orientierung für ein Emotionskonzept entwickeln.

Aus dem ganzheitlichen Anspruch des existenziell-anthropologischen Axioms ergibt sich die *gleichwertige Bedeutung* von Emotion neben physischen und kognitiven Komponenten der Bedürfnis- und Erfahrungsstruktur. Diese in einer Balance zu halten gilt das Hauptaugenmerk der Themenzentrierten Interaktion. Hierin liegt „das eigentlich Humane in ihm [dem Menschen] (...): seine Liebesfähigkeit und seine intuitiven Fähigkeiten" (Langmaack 1994, 13). In der dialektischen Widerspruchseinheit von Autonomie und Interdependenz ist das Erleben der vielfältigen Beziehungswelten der Menschen aufgehoben. Auf den verschiedensten Ebenen, von der Primärfamilie bis hin zur Berufs- und Arbeitswelt und der Gesellschaft als Ganzer stehen die Subjekte in Kontakt und Abhängigkeit mit anderen. Erleben und Artikulation von Gefühlen sind zum einen *subjektspezifisch,* aber kulturell überformt, wie Elias herausgearbeitet hat, zum anderen sind sie korrespondierend, *sie geschehen zwischen Menschen.* Aus dieser Perspektive erscheint es sinnvoll, ein Konzept anzunehmen, in dem Emotionen vor allem in ihrer Sozial- und Bewertungsfunktion kontextabhängig und lebensalterspezifisch gesehen werden können.

Emotionskonzept der Themenzentrierten Interaktion

Insbesondere der Einfluss des kognitiven Differenzierungsvermögens verändert im Laufe des Lebens auch die Gefühle. Genauso bedeutsam ist der soziale Kontext, die „emotionale Kultur als Erfahrungsraum" (Petzold 1995, 204). Als weitere Einflussgrößen aus dem Globe zählen Faktoren der beruflichen und insbesondere der geschlechtsspezifischen *Sozialisation.* Gerade die Bedeutung unterschiedlicher Ausprägungen von Gefühlstönungen und Erlebensweisen bei Männern und Frauen ist in der pädagogischen Arbeit relevant, aber noch wenig wissenschaftlich untersucht. Aus dieser Sicht ist auch die Diskussion um Primär-, Basis- oder Grundgefühle eher zweitrangig. Wichtiger ist die angemessene Berücksichtigung der emotionalen Kultur, in gewisser Weise des emotionalen Globe.

Gefühle haben eine orientierende, kommunikative und selbstregulierende Funktion. Welche Gefühle in welcher Ausdrucksweise altersspezifisch in den aktuellen Lebens- und Arbeitskontexten zum Tragen kommen und durch die Gruppe bewertet werden (Wir) und welche Bedeutung dies in den subjektiven Theorien der einzelnen Beteiligten hat (Ich), können aus Sicht der TZI relevante Kriterien für ein Emotionskonzept sein. Insbesondere sind Leitende aufgefordert, ihre persönlichen Bedeutungszuweisungen an Emotionen zu klären. Dies ist unter anderem mit der Fähigkeit verbunden, ausdifferenzierte sprachliche Benennungen für Emotionalität in angemessener Weise kommunizieren zu können, auch wenn bestimmte Gefühlserlebnisse nicht mit Worten beschreibbar, sondern zunächst auf nonverbalen Ebenen spürbar und auszudrücken sind.

Aus der ganzheitlichen Beachtung des Menschen als „psycho-biologische Einheit" ergibt sich auch für die Themenzentrierte Interaktion eine leibliche Orientierung. In Anlehnung an Petzold (1995, 222 f.) können einige grundlegende Merkmale für das Emotionskonzept genannt werden:

- Emotionen basieren einerseits immer auf eigenleiblichen Regungen (Puls, Atmung, muskulären Spannungen etc.), die aber nicht jederzeit bewusst gespürt werden, und Empfindungen, die zwar auch ohne Gefühle erscheinen (Durst, Hunger), aber auf Grund genetischer Strukturen und kulturspezifischer Modulationen zu Grundgefühlen entwickelt werden können. Petzold sieht hier Synergieeffekte des Zentralnervensystems, Ciompi würde es vermutlich als Emergenz-Phänomen beschreiben.

- Emotionen haben eine situative Signalfunktion, die zumindest für die „Grundgefühle" Angst, Trauer, Freude und Ekel sogar transkulturell wirksam ist. Eine umfassendere soziale Orientierungsleistung ist durch sie möglich. Emotionen erhalten dadurch auch eine durchaus lebenspraktische Bedeutung, indem sie die unterschiedlichsten Formen sozialer Interaktionen bestimmen. Gerade in der Arbeit mit Gruppen spielen Kontakt, Begegnung, Beziehung und Bindung in spezifisch positiven wie negativen Weisen eine große Rolle.

- Emotionen sind „Wahrnehmungsereignisse", die un-, vor-, mit-, wach- und ichbewusst ablaufen können. Sie sind nach Qualität und Dauer zu differenzieren in Affekt, Gefühl, Leidenschaft, Stimmung, Grundstimmung und Lebensgefühl. Affekt ist nach Petzold ein „situationsabhängiges, kurzzeitiges, bewußtes emotionales Erleben" mit deutlichen leiblichen Regungen. Gefühl dagegen ist ein „situationsspezifisches, längerdauerndes, unbewußtes bis bewußtes emotionales Erleben, auf der Grundlage von eigenleiblich wahrgenommenen, gespürten Regungen und Empfindungen" (ebd., 224).

43

Das Wort *Gefühl* weist auf ein Zusammenwirken unterschiedlichster Komponenten hin. Affekt und Gefühl haben eine unmittelbare, nach innen und zugleich nach außen gerichtete Signal- bzw. Kommunikationsfunktion. Sie sind stets relational im jeweiligen Kontext (das heißt im spezifischen Sinn- und Bedeutungszusammenhang). Die anderen Differenzierungen von Emotionen sind über lange Zeiträume entwickelte Grundmuster, „emotionale Stile", die eher situationsübergreifend oder -unabhängig wirksam sind. Sie können verstanden werden als Ergebnis der Ablösung von Affekten und Gefühlen von ihren Ursprungssituationen und Kommunikationsfunktionen. Insbesondere kommt den selbstreferenziellen Gefühlen, die unter *Lebensgefühl* subsumiert werden, große Bedeutung zu, da Emotionen – und damit die Arbeit mit und an diesen – immer mit dem Leib-Subjekt des Menschen, seinem Selbst verbunden sind. „Im Gefühl erweist sich das Leben und die Existenz des Selbst in leiblicher Konkretheit, Unmittelbarkeit und Verbundenheit" (ebd., 229).

Petzold liefert insgesamt einen komplexen Ansatz für eine Theorie der Emotionen aus der Sicht seiner Integrativen Therapie, in dem körperliches Erleben, emotionale Erfahrung, Wahrnehmungs- und Begriffskognition sowie die soziale Bedeutung in einem engen Wechselverhältnis stehen. Er wendet sich ausdrücklich gegen linear-kausale Erklärungsmodelle für die Aktualgenese von Emotionen. Sein Konzept der „emotionalen Stile" unterstellt einen nichtlinearen Zusammenhang vernetzter Ketten emotionaler Schemata, die in vielfältigsten Korrespondenz-, Resonanz- und Entwicklungsprozessen ihre Informationen „akkumulieren und nicht exakt voraussagbar transformieren können" (ebd., 231).

Auch in der *Gestaltpädagogik* gilt den Gefühlen eine besondere Aufmerksamkeit. Sie gelten als „integratives Gewahrsein eines Verhältnisses zwischen Organismus und Umwelt" (Perls / Hefferline / Goodman 1979). Die Erfahrung und das Erleben von Gefühlen gelten auch in der Gestalttherapie, die wie die Themenzentrierte Interaktion der größeren Gruppe der Humanistischen Psychologie zuzurechnen ist, als eine subjektive Wahrheit mit einer spezifischen, gegenüber kognitiven Aspekten durchaus eigenständigen Eigenwertigkeit und Erkenntnishaltigkeit. Der Intellekt gilt nicht als bewertende und distanziert regulierende Größe gegenüber den Gefühlen, sondern dient zur Gewinnung der aus den Gefühlen ablesbaren, wichtigen Informationen. „Gefühle sind Mittel des Erkennens" und nicht etwa Denkhindernisse (ebd., 199). Somit ergeben sich interessante Aspekte für ein Emotionskonzept der TZI, die aus der Gestaltpädagogik aufgenommen werden können (Schultze 1992; Winschermann 1992). Schon allein der angemessene Ausdruck von Emotionen und deren Gewahrwerden können positive Wirkungen zeigen. Dem Intellekt kommt dabei nicht die Funktion zu, erlebte Gefühle in einer reflexiven Distanzierung zu regulieren, sondern ihren Informations-

44

gehalt auf die aktuelle Situation hin zu untersuchen. Die Identifizierung mit den eigenen Gefühlen, insbesondere mit den unerwünschten, unbequemen und unverstandenen, steht im Zentrum der Gestaltarbeit. Dabei wird nicht zwischen Emotionen, Affekten und Gefühlen differenziert, diese Ausdrücke gelten als synonym. Es deutet sich jedoch eine *Theorie der Gefühle* (Dreitzel 1995)[9] an, die sich an den Phasen des Kontaktprozesses, einem der wesentlichen Bestandteile in der Gestaltarbeit, orientiert. Daraus resultiert ein eher schematisches, idealtypisches Modell von *Kontaktgefühlen*:

Im Vorkontakt, in dem sich aus Interesse, Trieb und Bedürfnis ein bestimmtes Wollen und Wünschen entwickelt, treten eher Attraktions- und Aversionsgefühle auf (ebd., 496): Anziehung – auch erotische –, Sehnsucht, Ekel, Schreck und Furcht, je nach Eigenschaft des Objektes, das als bedrohlich, anwesend, abwesend etc. empfunden werden kann. In der zweiten Kontaktphase, der aktiven „Kontaktanbahnung", kommt Gestaltungslust auf, aber auch Ärger und Aggression bei Widerständen. Diese können bis zur „warmen Wut der notwendigen Destruktion des Alten, die oft in Versöhnung endet, oder bis zur kalten Wut der Beseitigung von unumgehbaren Hindernissen, die leicht in Gewalt umschlägt", reichen (ebd.). In der dritten Phase des vollen Kontakts („Kontaktvollzug") stehen eher weiche Gefühle wie Liebe, Trauer, Freude, aber auch das „Aha-Gefühl einer plötzlichen Klarheit" im Vordergrund. Es sind in dieser Phase Zustandsgefühle, die keine verändernde Motivierung auf die Person ausüben, sondern sie ganz im Hier und Jetzt halten. Die abschließenden „Nachkontaktgefühle" stellen die emotionale Bewertung des abgelaufenen Kontaktprozesses dar. Sie sind freudige Befriedigung, Dankbarkeit oder Ohnmacht und Niedergeschlagenheit bis hin zu Schuldgefühlen, wenn zum Beispiel zur Bedürfnisbefriedigung Mittel und Wege genutzt wurden, die Mitmenschen in unnötiger Weise verletzt haben. Den blockierenden Angst- und Schamgefühlen der Nachkontaktphase kommt in der Therapie besondere Bedeutung zu, „weil sich in ihnen die Macht der Gesellschaft im Individuum psychisch verankert" (ebd. 498).

In dieser Sichtweise auf Gefühle werden ihnen kognitive, das heißt informierende und bewertende sowie motivierende Funktionen zugeschrieben. Letztere sind sehr viel stärker ausgeprägt und werden für viele Kontaktprozesse als unentbehrlich angesehen. Emotionen werden in der Gestaltpädagogik in ihrer doppelten Eigenschaft gesehen, sowohl seelisches als auch körperliches Geschehen zu sein. Der immer vorhandene Körper ist das eigentliche Medium der Gefühle. In der Gestaltarbeit wird dabei unter anderem genutzt, dass der motorische Körperausdruck als Mimik, Gestik, Haltung und Stimme eine Rückwirkung auf das Gefühlserleben selbst hat. Bis zu einem bestimmten Maß ist es dabei unerheblich, ob der Prozess mit dem Ausdruck oder dem Erleben von Emotionen begonnen wird. Die Ursache für emotionale Störungen wird weniger in der Komponente des Gefühlserlebens als vielmehr im Gefühlsausdruck gesucht und bearbeitet. Analog der Sprachfähigkeit gehört das Gefühlserleben zu den anthropologischen Grundfähigkeiten, die sich nur im kontinuierlichen Gebrauch entwickeln. In gewisser Weise stellt Gestaltarbeit eine nachholende bzw. fortführende Schulung der Gefühle dar. Die (Wieder-)Belebung und Ausdifferenzierung des emotionalen Sensoriums und der Ausdrucksmöglichkeiten stehen im Zentrum der Gestaltarbeit. Die emotionale Empfindsamkeit ist „im Grunde das wichtigste diagnostische Instrument des Therapeuten" (ebd., 502). Die Wirkung des Ausdrucks aktueller Gefühle auf andere Personen hängt sehr stark von der Stimmigkeit und Authentizität ab. Realiter werden Kontaktgefühle auch geringer Stimmigkeit eher selten kommuniziert. In der Regel sind es zunächst emotionale Haltungen, in die Erlebens- und Ausdrucksweisen für Gefühle eingebunden sind. Die emotionale Haltung stellt eine Charaktereigenschaft dar, in der sich kulturelle und milieuspezifische Ausdrucks- und Erlebensnormen für Emotionen sowie Introjekte aus der Kindheit widerspiegeln. Die Wiederbelebung der Emotionen wird in der Gestalttherapie mit einem stark körperorientierten Repertoire versucht, vor allem Atem und Stimme werden eingesetzt. Das ausschließliche Reden über Gefühle wird als therapeutisch wirkungslos eingestuft. Ziel gestalttherapeutischen Arbeitens ist die Wiedererlangung der Kontaktfähigkeit zum eigenen Erleben, ohne emotionale Voreingenommenheiten und Habitualisierungen. Damit steht die Gestalttherapie im Übrigen im Gegensatz zu Auffassungen, die eine zunehmend ausdifferenzierte Intellektualisierung der Gefühle zum Ziel der Persönlichkeitsentwicklung haben (Bürmann 1998).

2.4 Emotion und relativer Konstruktivismus

Die bisher geleistete Annäherung an den unscharfen Begriff *Emotion* wird ergänzt und verallgemeinert durch den Ansatz von L. Ciompi. Dieser liefert einen expliziten Bezug auf die konstruktivistische Erkenntnistheorie und stellt eine Gesamtkonzeption als ganzheitlichen, systemischen Ansatz auf Grund der Fraktalität des affektiven Einflusses auf Fühl-, Denk- und Verhaltensprogramme zwischen Individuen und Gruppen dar.

Erkenntnistheoretische Grundlage

Zur Beschreibung der komplexen Wechselwirkungen von Emotion und Kognition, von Fühlen, Denken und Handeln schlägt Ciompi ein chaostheoretisches Modell vor, das auf einen permanenten, selbstorganisierenden Prozess der Erzeugung von selbstähnlichen Strukturen basiert. Dabei kann nach Ciompis Ansicht seine biologisch-evolutionär begründete Sichtweise der geistigen und emotionalen Entwicklung nur konstruktivistisch sein. „Wir können die Welt nicht anders als aus einer bestimmten emotionalen Perspektive, einer kontextgebundenen momentanen Gestimmtheit heraus betrachten" (Ciompi 1997, 284). Weiterer Einfluss haben die Beschränkungen der Sinnesorgane sowie die Logik, die sich aus der erfahrungsgenerierten Struktur der individuellen Eigenwelt ergibt. Die affektiv-kognitiven Koppelungen, die diesen Logiken bzw. Eigenwelten zu Grunde liegen, sind stimmungs-, erfahrungs- und kulturbedingt. Als seine erkenntnistheoretische Grundlage nennt Ciompi den relativen Konstruktivismus. Für den Bezug auf einen relativen Konstruktivismus spreche gerade die postulierte Fraktalität der Psyche. Sie sei damit selbst ein fraktaler Spiegel, der als Teil eines Ganzen immer auch in Theorien und Weltbildern in verzerrter Abwandlung einen Aspekt der Wahrheit, hier durchaus im Sinne objektiver Gegebenheit oder ontischer Realität, enthalte, „da sie selbst ein fraktales Produkt dieses Ganzen ist" (ebd., 285). In Abgrenzung zu radikal-konstruktivistischen Theorien sei an der Viabilität dieser Konstrukte stark zu zweifeln, da sie mit der Leugnung jeglichen Realitätsgehalts von Erfahrung und Erleben auch alle Schranken zur vollen Beliebigkeit beseitigten. Weiterhin lösten sie das menschliche Fühlen und Denken aus dem Ganzen des Naturgeschehens radikal heraus, anstatt Verflechtungen nach allen Seiten aufzuzeigen (ebd., 31). Mit der Leitmetapher eines „obligat beschränkten Horizontes" verweist Ciompi auf die Tatsache, dass jeder Verstehens- und Wissenshorizont unausweichlich begrenzt ist. Insbesondere für das Vorhaben, die affektiven Grundlagen des Denkens mit genau diesem Denken zu erforschen, ergeben sich Einschränkungen. Diese sind in vielerlei Hinsicht gegeben: Wissenschaftstheoretische und philosophische Argumente, aber auch biologische und sinnesphysiologische Gründe grenzen Erkenntnisprozesse ein. Hinzu kommen, und das zu zeigen ist gerade Ciompis Anliegen, auch affektlogische Beschränkungen.

Von naturwissenschaftlichen Argumentationen zur Relativierung der Idee einer absoluten Wahrheit ausgehend, stützt sich Ciompi des Weiteren auf chaostheoretische Zugänge. Bei seinem *Entwurf einer fraktalen Affektlogik* bezieht er sich auf die Variante des Konstruktivismus der genetischen Epistemologie Piagets. Bei der Konstruktion kognitiver Strukturen handele es sich um ein typisch selbstorganisiertes Phänomen. „Insgesamt führt die zunehmende Dezentration unserer Weltsicht unweigerlich zur Verneinung jedes absoluten Wahrheitsanspruchs, ja wohl überhaupt jeder Möglichkeit zur Erkenntnis irgendeiner ontologischen ‚Wahrheit an sich', entsprechend den Positionen sowohl des aktuellen Konstruktivismus wie auch der postmodernen Philosophie" (ebd., 21). Ciompis relativer Konstruktivismus anerkennt, dass es kein sicheres Wissen im Wortsinne geben kann. Alle Welterklärungen sind durch Bedürfnisse und Strukturen beschränkte Konstruktionen, die an keinerlei objektiver, externer Realität überprüft werden können. Zugleich hält er an der Annahme von der Existenz einer solchen Realität aber fest, gerade die beschränkenden Bedürfnisse und Strukturen inklusive der durch sie motivierten Welterklärungen sind Teil eben dieser Realität. Für relative Konstruktivisten ist es möglich, die verschiedensten „Wahrheitstheorien", seien sie animistisch, religiös oder komplex-wissenschaftlich, als viable Lösung für einen bestimmten Zeitraum und in bestimmten Kontexten in einer insgesamt „evoluierenden Gesamtsituation" zu akzeptieren. Weiterhin sind radikal-konstruktivistische Ansätze nicht grundsätzlich gegen solipsistisches Denken, also ego- bzw. anthropozentrische Überschätzungen der Eigenständigkeit menschlichen Denkens, gefeit. Streng logisch ist die Konstruktion des radikalen Konstruktivismus allerdings auch unangreifbar, da ja ein Außenkriterium zur Validierung menschlicher Erkenntnis nicht zu erreichen ist.

Ciompi benennt als mögliche Ursache für die erkenntnistheoretischen Schwierigkeiten einen unangemessen statisch und abstrakten Realitätsbegriff. Schon im Wortsinne sei das lateinische *res* für *Sache* substantivistisch, versachlichend und verdinglichend, von ontologisierendem Charakter. Das Wort *Wirklichkeit* dagegen verweise auf wirken, bewirken, Werk, das Gewirkte und das Gewobene. „All dies bringt viel stärker zum Ausdruck, worum es eigentlich und ursprünglich immer geht: nämlich um Prozess und Wirkung, um Aktion und Interaktion, um Handlung und Handgreiflichkeit (…), im psychischen Bereich also um ein handelndes Erleben des (oder vielmehr *im*) Begegnenden zunächst noch ganz jenseits von jeder Spaltung zwischen Subjekt und Außenwelt" (ebd., 35). Realität wird in dieser Sichtweise zur Summe alles Wirkenden. Dieser dynamischere Begriff von Realität als *Wirk*lichkeit verweist auf die offensichtliche Tatsache der nahezu unendlich vielen Wirkungen, denen Menschen zeitlebens ausgesetzt sind. Von dieser Fülle nehmen wir auf Grund physiologischer Beschränkungen, aber eben auch durch die komplexitätsreduzierende Funktion von Gefühlen nur bestimmte Ausschnitte wahr. Das, was für Individuen als *Realität* erlebt und angesehen wird, hängt in besonderer Weise von affektiven Stimmungen ab. In dieser *wirkenden* Realität sind Individuen zugleich Objekt und Subjekt, Mit*wirkende* im Wortsinne. Damit ist weitaus mehr als das Phänomen der Selffulfilling Prophecy gemeint. Auch bei den harten Fakten in unserer Umwelt werden zum Beispiel durch das vorherrschende Technik- bzw. Naturverständnis Entwicklungen bewirkt. Daraus ergeben sich Anschlüsse für die individuelle Verantwortung bei der Konstruktion von Wirklichkeiten, da diesem Begriff subjektives Erleben, Erleiden, Begreifen und Behandeln nahe liegen. Ciompi geht von einem Realitäts- und Menschenverständnis aus, das Individuen sowohl als Produkt und signifikanter „Sensor der Wirklichkeit" als auch als aktiver (Mit-)Gestalter und Bewirker dieser Wirklichkeit selbst sieht. Zu den immanenten und unterschiedlichsten „Horizontbeschränkungen" zählen ausdrücklich auch die subjektiven.

Damit ist alles Wahrnehmen und Denken unhintergehbar von der Biografie, allgemeiner von der Summe aller Erfahrungen, den Wahrnehmungs-, Aufnahme- und Behaltensfähigkeiten der Individuen geprägt, auch die der Wissenschaftler/innen. Diesen Beschränkungen von Erkenntnis steht zugleich das sich noch beschleunigende Wachstum an Fachwissen gegenüber. Auch Teams und Gruppen sind durch diese Bedingungen beständig an der Grenze zur Überforderung, zumal der Gruppenprozess selbst, die Kollektivierung der Denk- und Arbeitsabläufe an sich neue Komplexität erzeugt. Hinzu kommen affektive Beschränkungen der Kommunikation und Informationsverarbeitung. Passive Gleichgültigkeit bis hin zur aktiven Abwehr alles Störenden durch Aggression und Verachtung sind lange bekannte, gleichwohl die wirksamsten Mittel zur Komplexitätsreduktion in Gruppen.

Kennzeichnend für den konstruktivistischen Ansatz ist, dass von Ciompi der Versuch, Sicherheit im uns zugänglichen Wissen zu finden, nicht unternommen wird. Er gilt ihm definitiv als gescheitert. Bestenfalls ließe sich mehr Verstehen erreichen über das, was wir nicht wissen, und zugleich sei mit dem, was wir wissen, eine hinreichende relative Sicherheit zu erreichen. „Dass wir überhaupt überleben, verdanken wir aller Wahrscheinlichkeit nach einzig gerade diesen Spuren von richtiger Information über das Ganze, die sich in unseren falschen Welterklärungen (mit Einschluß der wissenschaftlichen) verbergen" (ebd., 42). Ein Argument für das Vorhandensein von Orientierungshilfen in dieser nie vollständig zu erkennenden Wirklichkeit stellt auch das versteckte System dar, in dem die wechselnden Welterklärungen und schrittweisen, affektiven (Spannungs-)Lösungen unseres Alltags enthalten sind. Dieses System ist für die Individuen selbst, da sie beständig von ihm umgeben sind, nur sehr schwer und unvollständig zu erkennen. Es sind komplexe Prozesse, mit denen die individuelle Wirklichkeit selbst konstruiert wird. Da es um diese Konstruktion kein bewusstes Wissen gibt, werden sie für objektiv gegeben gehalten.

Für die Untersuchung zur emotionalen Leistungsfähigkeit sind diese Überlegungen leitend. Denn auf Basis dieser Argumentation ist ein Verständnis von Forschung möglich, das einerseits erkenntnistheoretische Begrenzungen von Wissen über die objektive, beobachterunabhängige Wirklichkeit anerkennt, ohne dabei andererseits Ansprüche an Aufklärung dieser Wirklichkeit, und sei sie noch so ausschnitthaft, und bewussten Einsatz dieses Wissens für das subjektive Handeln in dieser Wirklichkeit aufzugeben. Dabei bleibt das grundsätzliche, spannungsreiche Feld zwischen den erkenntnistheoretischen Polen bestehen,

„entweder unsere unpräzisen Ahnungen (mit Einschluß der wissenschaftlichen) als echtes Wissen zu verkennen oder aber umgekehrt eine immerhin phantastische Menge von Information über diese Realität, die von ‚Sensoren‘ aller Art im Lauf der Onto- wie Phylogenese angesammelt worden ist, allzu kleinmütig einfach über Bord zu werfen" (ebd., 43).

Als Ausgangspostulat formuliert Ciompi, dass emotionale und kognitive Komponenten bzw. deren alltagsprachliche sowie philosophische Entsprechungen Fühlen / Denken sowie Affekt / Logik in sämtlichen psychischen Leistungen untrennbar miteinander verbunden sind und nach bestimmten Regeln gesetzmäßig zusammenwirken. Im Mittelpunkt dieses Konzeptes steht die Annahme sowohl einer Logik der Affekte als auch eine Affektivität der Logik. Dieses Postulat ist gestützt auf psychodynamisch-psychotherapeutische Beobachtungen und Alltagserfahrungen (inklusive Introspektionen) einerseits, auf Ergebnisse emotions- und kognitionspsychologischer, neurobiologischer und vergleichend ethologischer Forschungen andererseits. Wesentlich fußt dieser Ansatz auf der Erkenntnis Piagets, dass alle mentalen Strukturen aus Aktionen, also aus sensomotorischen Abläufen (Schemata), entstehen. Die einzelnen Schritte dieser Mentalisierung, das Weiterentwickeln der Schemata im handelnden Erleben und deren zunehmende Verinnerlichung sind im Detail wissenschaftlich noch nicht geklärt. Die Theorie der Affektlogik schließt systematisch ein, dass alle Arten von Aktivität nicht nur kognitive, sondern eben auch emotionale Komponenten enthalten – hier liegt eine wesentliche Differenz zu Piaget, der Affektivität im Wesentlichen auf die energetisierenden Funktionen für Kognition festlegte. Als Ergebnis von Handlungen und Erfahrungen bilden sich spezifische affektiv-kognitive Schemata als Bezugssysteme. Die emotionale Komponente ist untrennbar mit den kognitiven Strukturen und damit auch dem Gedächtnis verbunden. Diese Verbindung ist bei der Entstehung von bedingten Reflexen und bei anderen Lernprozessen gründlich erforscht. „Solche erfahrungsgenerierten affektiv-kognitiven Bezugssysteme oder integrierte Fühl-, Denk- und Verhaltensprogramme (…) reichen in ihrem Komplexitätsgrad von reflexartigen elementaren Abläufen bis zu hochkomplexen Verhaltensweisen mit zahlreichen Abwandlungsmöglichkeiten und Freiheitsgraden" (ebd., 47).

Hiermit ist ein Kriterium für Fraktalität, die skalenunabhängige Selbstähnlichkeit von Strukturen, angesprochen bzw. erfüllt. Beginnend mit dem Saug- und Greifreflex des ersten Lebenstages hört dieser Prozess potenziell nie auf. Grundlegende Prägungen gerade affektiver Art geschehen sicherlich in den frühen Lebensphasen (Kampfhammer 1995). Neue Lerninhalte können aber auch sehr viel später zur Veränderung von Gedächtnisinhalten führen. Die Fühl-, Denk- und Verhaltensprogramme sind in allen Lebensbereichen relevant. Beispielsweise

50

sind sie durch die genetische Epistemologie und behavioristische Lerntheorien auf der Ebene des alltäglichen Handelns und für die technischen Fertigkeiten sowie durch psychoanalytische Theorien und therapeutische Praxis im zwischenmenschlichen Bereich auch gut untersucht. Solche affektiv-kognitiven Bezugssysteme oder Fühl-, Denk- und Verhaltensprogramme bilden auf unterschiedlichsten hierarchischen Ebenen immer wieder die grundlegenden, selbstähnlichen Bausteine der Psyche. Die Selbstähnlichkeit mentaler Strukturen oder Programme auf verschiedenen Ebenen fasst Ciompi in die Metapher eines Wegesystems. Dieses wird durch den Gebrauch selbst angelegt, im Gebrauch ständig verändert und entwickelt. Es stellt, von einigen früh festgelegten Hauptachsen ausgehend, eine komplexe Struktur von Straßen dar – und die stoffliche Entsprechung zu dieser Metapher ist als „neuronale Plastizität" in neuronalen Systemen messbar. Hierbei kommt den Affekten eine Operator-Wirkung zu, das heißt, Emotionen sind in dieses Netzwerk nicht nur als funktionelle Komponenten mit integriert, sondern sie spielen darüber hinaus schon von Anfang an bei seiner Organisation und Strukturierung eine bedeutende Rolle. Die postulierten Fühl-, Denk- und Verhaltensprogramme verbinden nicht nur Emotion und Kognition funktional, sondern integrieren die gesamten Umweltbeziehungen in das mentale Wegesystem über zirkuläre Wechselbeziehungen. Hinzu kommt eine spezifisch somatische (körperlich-leibliche) Dimension. Diese Programme entwickeln sich, ausgehend von angeborenen Grundlagen, selbstorganisatorisch im Handeln (in der Aktion/Erfahrung). Sie werden durch die sich wiederholenden Erfahrungen verfestigt, verändert oder neu konstruiert und in ähnlichen, verwandten Zusammenhängen durch kognitive oder emotionale Auslöser aktiviert.

Begriffsklärung: Affekt

„Ein Affekt ist eine von inneren oder äußeren Reizen ausgelöste, ganzheitliche psycho-physische Gestimmtheit von unterschiedlicher Qualität, Dauer und Bewußtheitsnähe" (Ciompi 1997, 67). Mit dieser Definition werden die für das Postulat der wechselseitigen Beeinflussung von Denken, Fühlen und Handeln relevanten Gemeinsamkeiten aus den bisherigen Beschreibungs- und Definitionsversuchen unterschiedlichster (Teil-)Disziplinen zusammengeführt und zugleich bei strittigen Aspekten geöffnet. Den nicht nur alltagssprachlich kaum voneinander abgegrenzten Begriffen wie Emotion, Gefühl, Stimmung ist gemeinsam, dass sie sich gleichzeitig auf verschiedenen Ebenen manifestieren: der zentralnervösen, peripher körperlich-vegetativen, sensomotorisch-ausdruckspsychologischen sowie auf der subjektiven Ebene des Erlebens. Ciompi sieht hier ein insgesamt recht einheitliches und ganzheitliches psychobiologisches Grundphänomen. Die subjektiven und zwischenmenschlichen Aspekte dieses Grundphänomens werden eher von psychodynamisch orientierten Autoren thematisiert. Die objektivierbaren ausdruckspsychologischen, psychophysiologischen und zentralnervösen Anteile werden eher von Verhaltensforschern und Neurobiologen beachtet und untersucht. Im Sinne der vorliegenden Studie zur emotionalen Leistungsfähigkeit kommen beide Seiten zum Tragen: aus pädagogischer Sicht möglicherweise (das heißt nicht ausschließlich) die Erstgenannten, aus ökonomischer Sicht – unter dem Interesse der Standardisierung, Qualifizierung und Nutzbarmachung – überwiegend die Letztgenannten.

Aus Sicht der verschiedenen, in den bisherigen Abschnitten skizzierten Modelle und Theorien werden zur definitorischen Abgrenzung zum Beispiel von Gefühlen und Stimmungen von den jeweiligen Autoren keine einheitlichen, übereinstimmenden Kriterien bzw. Argumente genannt. Ob Emotionen nun nur zeitlich sehr begrenzte Phänomene sind (Neurophysiologie) oder deren Dauer unbestimmt bleibt und die Gerichtetheit ein Abgrenzungskriterium gegenüber Stimmungen ist, wird ebenso unterschiedlich beurteilt wie der Grad der Bewusstheit, der Emotionen zugeschrieben wird. Ähnlich uneinheitlich wird die Frage der Auslösemechanismen beantwortet. Einige Autoren sehen vorgängige kognitive Bewertungen (appraisel) als unumgänglich an, während andere zusätzlich hormonale, neuronale, pharmakologische und bioelektrische Auslöser einbeziehen und emotionsspezifischen Kognitionen eine wichtige Rolle zuschreiben. Der mangelnde definitorische Konsens unter den verschiedenen Autoren bzw. Teildisziplinen äußert sich im Fehlen anerkannter Oberbegriffe. Sind nun Emotionen ein Teil von Affekten, oder ist es umgekehrt? Einig scheint man sich lediglich über die Uneinigkeit zu sein. Ciompi sieht als eine der wesentlichen Ursachen für diese Uneinheitlichkeit in der Begriffsbildung – neben der Randständigkeit von Forschungen zu biologischen und entwicklungsgeschichtlichen Wurzeln der Affekte –, dass grundlegende Unterschiede zwischen Affekt und Kognition nicht klar erfasst sind.

Dadurch würden immer wieder neue Verwechslungen und Vermischungen von affektiven und kognitiven Phänomenen möglich. „(. . .) das – jedenfalls aus der Perspektive der Affektlogik – einzig wirklich Wesentliche in allen affektiven Phänomenen [liegt] in der Tatsache, dass es sich in jedem Fall um *umfassende körperlich-psychische Gestimmtheiten oder Befindlichkeiten* handelt. Die genauere Erscheinungsform, Prägnanz, Dauer, Bewußtseinsnähe und Auslösung einer solchen Gestimmtheit ist dagegen außerordentlich variabel" (ebd., 66, H. i. O.). Von besonderer Bedeutung ist, dass nach Ciompi alle affektiven Erscheinungen immer auch den ganzen Körper, inklusive des Zentralnervensystems, einschließen. An diesem Punkt ergibt sich eine Nähe zu anderen hier herangezogenen Ansätzen, beispielsweise zu Petzolds Emotionskonzept aus Sicht der integrativen

Therapie – und nicht zuletzt zur lebensweltlichen subjektiven Erfahrung und den persönlichen Alltagstheorien.

Der Vorteil dieser – dafür allerdings sehr allgemeinen – Definition ist es, dass *Affekt* als klarer Oberbegriff ohne jegliche kognitive Elemente genannt wird, in dem alle Charakteristika affektiver Erscheinungen zu erfassen sind. Als eigentliches Medium für Gefühle erscheint der ganze Körper. Die untrennbar mit Affekten verbundenen psychischen, neuronalen und somatischen Komponenten sind mitbedacht. Gleichzeitig können sie unbewusst bleiben und trotzdem körperlich manifest werden, als inneres, subjektives Körpergefühl und von außen beobachtbar als Körpersprache, Gestik, Mimik sowie messtechnisch erfassbare Ereignisse, wie elektrische Hautleitfähigkeit etc. Die pädagogisch wichtige Differenz von *Körper* – im Sinne eines Erkenntnisobjektes, einen Körper zu haben – zu *Leib,* als Subjekt der Erkenntnis, Leib zu sein, wird von Ciompi allerdings nicht thematisiert.

Affekt	Ein Affekt ist eine von inneren oder äußeren Reizen ausgelöste, ganzheitliche psycho-physische Gestimmtheit von unterschiedlicher Qualität, Dauer und Bewusstheitsnähe.
Gefühl	beschreibt eher einen körperlich spürbaren bewussten Affekt.
Emotion	beschreibt eher den kurzfristigen Übergang von einem Affektzustand zum nächsten.
Stimmung	beschreibt eher eine lang andauernde ungerichtete psycho-physische Befindlichkeit, im Sinne einer „Bereitschaft".

Abbildung 4:
Unterbegriffe von Affekt (nach Ciompi)

Die Unschärfe der Unterbegriffe bzw. deren schwierige Abgrenzung gegeneinander wird dabei durchaus als hinnehmbar angesehen. Von zentraler Bedeutung ist die aus dieser Definition resultierende Unmöglichkeit, *nicht* affektiv gestimmt sein zu können! Darüber hinaus ergibt sich der Umstand, immer nur in *einer* affektiven Grundstimmung sich befinden zu können, auch wenn diese eine Mischung darstellen und durchaus von Erinnerungen an andere Gefühle durchzogen sein kann. Ambivalenzen, Stimmungslabilität und Mischstimmungen sind entweder ein schneller Wechsel verschiedener Grundgefühle oder erscheinen als ganzheitliche Gestimmtheiten eigener Prägung.

Typisierung von Grundgefühlen

Das Konzept der Grundgefühle ist vor allem wegen der definitorischen Probleme wissenschaftlich nicht unumstritten. Die Beschreibung von *Grundgefühlen* oder *Primärgefühlen* ist jedoch, trotz kritischer Einwände, in der Emotionspsychologie anerkannt, wenn auch einige Autoren bis zu zehn solcher Kategorien bilden und sich keiner der bisherigen Versuche zur Clusterung oder Klassifizierung von Gefühlen als Konsens durchsetzen konnte. Ciompi stellt einen eigenen Katalog von fünf grundsätzlichen Gefühlsvarianten auf. Ausgehend von der Überlegung, dass die enorme Vielfalt alltagssprachlicher Bezeichnungen von Gefühlen, deren Abwandlungen und Mischungen geradezu ein Beleg für seine These der untrennbaren Verknüpfung affektiver, kognitiver und verhaltensmäßiger Aspekte ist, gliedert er seinen Katalog nach fünf Grund- oder Primärgefühlen: Angst, Wut, Trauer, Freude und Interesse. Der Angst-Katalog umfasst 20 Gefühlsbezeichnungen, der Wut-Katalog 60, der Trauer-Katalog 44, für Freude findet er 70, für Interesse 25 und abschließend für die sechste „Reste"-Kategorie weitere 32 Varianten, zusammen immerhin 251 verschiedene Bezeichnungen.

Grundgefühl	Ausdifferenzierung (Auswahl)
Angst	Furcht, Grauen, Unsicherheit, Sorge, Misstrauen, Mutlosigkeit
Wut	Ärger, Mut, Neid, Empörung, Zähigkeit, Geduld, Verlässlichkeit
Trauer	Pessimismus, Frustration, Enttäuschung, Unlust, Langeweile
Freude	Empathie, Liebe, Lust, Begeisterung, Heiterkeit, Gelassenheit, Muße
Interesse	Aufregung, Erstaunen, Ungeduld, Aufmerksamkeit, Neugier

Abbildung 5:
Katalog der Grundgefühle nach Ciompi

Insbesondere die Differenzierung in Angst, Wut, Trauer und Freude gilt als wissenschaftlich gut gesichert. Diese Einteilung wird unter anderem durch Messungen (Elektroenzephalogramm) und der vergleichenden Verhaltensforschung (Mimik, Körpersprache) gestützt. Die Vielfalt der menschlichen Gefühle kann einerseits als Ergebnis der Mischung der benannten Grundgefühle, andererseits aus ihrer potenziell unendlichen Kombinierbarkeit mit kognitiven Komponenten gesehen werden. „So werden elementare Grundaffekte offensichtlich auch dadurch ein Stück weit verändert und differenziert, dass sie sich an bestimmte kognitive Oberbegriffe wie etwa an eine soziale Gruppe oder Partei, an ein Land, an ein ganzes Glaubenssystem heften" (ebd., 82). Ein weiteres Argument für die kognitive Beeinflussung ist die ethnologische Beobachtung, dass Gefühle ohne sprachlichen Ausdruck nicht existieren. Prägende soziale Einflüsse auf Gefühle sind evident. Zur Entstehung der großen Vielfalt tragen demnach drei Faktoren bei: die Affektmischungen, kognitiv-sprachliche und soziale Einflüsse sowie evolutionäre Differenzierungen.

Definition von Kognition

Es zeichnet sich kein Konsens unter den verschiedenen Teildisziplinen, Fachrichtungen und Autoren darüber ab, was denn eigentlich unter Kognition zu definieren sei. Beschreibungen reichen von elementaren Wahrnehmungen und Informationsverarbeitungen bis hin zu komplexen Denkprozessen. Ursächlich dafür sind nach Ciompi die Vermengung emotionaler und kognitiver Komponenten, die Überbetonung kleiner Unterschiede bei gleichzeitiger Vernachlässigung der Gemeinsamkeiten von Theorieansätzen und Modellen sowie der geringe Stellenwert der evolutionären Wurzeln des biologischen Grundphänomens. Für ihn liegen die wesentlichen Gemeinsamkeiten der verschiedenen Theorieansätze im Erfassen und weiteren neuronalen Verarbeiten von sensorischen Unterschieden, Varianzen bzw. Differenzen. Dabei ist das Erkennen von Gleichheiten impliziert, allgemeiner gesprochen geht es um das Erfassen von Relationen. Dieser Prozess ist wesentlich immateriell und abstrakt, steht also in einem klaren Gegensatz zur körperverbundenen Affektdefinition. Anstelle einer ganzheitlich psycho-physischen Gestimmtheit mit enger Verbindung zum Körper(er)leben geschieht bei Kognition die reine Informationsverarbeitung. Auch scheint sich als Ergebnis der neueren neurophysiologischen Forschungen abzuzeichnen, dass selbst viele sicher der Kognition zuzurechnende Prozesse ebenso unbewusst ablaufen können wie affektive Prozesse. Dabei sind aus Sicht der Affektlogik auch im Unbewussten kognitive und affektive Komponenten untrennbar miteinander verbunden. Eine analytische, systematische Trennung zu Affekten gibt Ciompi mit folgender Definition für Kognition: *„Unter Kognition ist das Erfassen und weitere neuronale Verarbeiten von sensorischen Unterschieden und Gemeinsamkeiten beziehungsweise von Varianzen und Invarianzen zu verstehen"* (ebd., 72, H. i. O.). Vorteil dieser Definition sei es, dass sie kompatibel zur evolutionären Perspektive und zu neurophysiologischen Forschungsergebnissen sowie frei von Vermischungen mit affektiven Komponenten ist.

Eine Grenze, an der kognitive Prozesse im engeren Sinne, zum Beispiel als Gedächtnisleistungen, beginnen, ist allerdings kaum zu ziehen. Phylogenetisch betrachtet bezeichnen Affekt und Kognition zwei gleich ursprüngliche Komponenten, die sich immer weiter ausdifferenziert haben. Die affektive zielt dabei grundsätzlich auf den gesamten Organismus in einer spezifischen psycho-physischen Gestimmtheit oder Bereitschaft. Die kognitive Komponente dagegen weist in Richtung auf eine ständig zunehmende neuronale sensorische Information in einem zunehmend komplexer organisierten Zentralnervensystem. Beide tragen untrennbar zur Viabilität bei, die eine durch das primär körperliche Umsetzen und Konkretisieren des Erlebten, die andere durch Symbolisieren, Abstrahieren und Kodieren (ebd., 75).

Definition von Logik

Basierend auf dem griechischen *logos*, der vernünftigen Rede, hat der Begriff der Logik, als Kunst des Denkens oder richtigen Schließens, heute im Wesentlichen zwei Bedeutungen. Zum einen ist dies in einem engeren Sinn die formale Logik, die Lehre von den formalen Beziehungen von Denkinhalten, deren Beachtung im tatsächlichen Denkvorgang zur Sicherung der Richtigkeit (Identität, Widerspruchsfreiheit und ausgeschlossenes Drittes). In einem erweiterten Sinne sind mit Logik folgerichtige oder gewohnte Verbindungen von Sachverhalten, Handlungen und Verhaltensweisen gemeint. Es geht in diesem Verständnis demnach weniger darum, wie korrektes Denken ablaufen *sollte*, als darum, wie in konkreten Zusammenhängen tatsächlich gedacht *wird*. Auf diese erweiterte Perspektive von Logik bezieht sich Ciompi. Da er eine organisierende Wirkung von Affekten auf das Denken postuliert, es also ausschließlich zu affektspezifischen Weisen des Denkens kommt, anerkennt er, wie andere konstruktivistische Autoren auch, die gleichberechtigte Existenz vieler Logiken und damit letztlich das gleichzeitige Vorhandensein unterschiedlicher *Wahrheiten* in Interaktionsprozessen. Auch durch formallogisch widerspruchsfreie Argumentationen ergeben sich je nach Auswahl und Gewichtung affektiver Komponenten unterschiedliche Schlussfolgerungen. Dies geschieht nicht nur kulturabhängig, sondern ist zum Beispiel auch innerhalb einer Wissenschaft möglich. Der Modus der Verknüpfung kognitiver Elemente begründet eine Logik. Dabei ist Ciompis Grundthese, eines seiner Postulate, dass *jede* Art von Logik eigentlich auch eine Affekt-Logik ist, da „sowohl die Auswahl wie auch die Verknüpfung von kognitiven Elementen zu einer operationalen Logik im definierten Sinn immer affektiv und (in einem weiten Sinn) historisch-situativ mitbestimmt ist" (ebd., 78). Ciompi schließt sich der These von Maturana / Varela an, die die reziproke strukturelle Kopplung zwischen wesensmäßig unterschiedlichen Phänomenbereichen postuliert haben, ursprünglich um eine klare Abgrenzung der Position des forschenden Beobachters zum beobachteten Gegenstand entwickeln zu können. Die eigenen Vorstellungen des Beobachters, die hirnphysiologischen Vorgänge selbst und das beobachtbare äußere Verhalten gehören demnach je einem eigenen Bereich von Phänomenen an, die nach je spezifischen Regeln organisiert sind. In einem bestimmten Interaktionsbereich beeinflussen sich diese Phänomene wechselseitig und gleichen ihre Strukturen und dynamischen Organisationsformen an. Ciompi erweitert die These vom Beobachterbereich dreifach: auf innerpsychische Vorstellungen insgesamt, von neurophysiologischen Vorgängen auf den biologischen Phänomenbereich als Ganzen und vom beobachtbaren äußeren Verhalten auf den Bereich der sozialen Interaktionen.

Die bisher unversöhnlich gegenüberstehenden Positionen von der qualitativen Eigenständigkeit psychischer Phänomene einerseits und des biologischen Reduktionismus (basierend auf einem positivistischen Verständnis von Naturwissenschaft) andererseits will Ciompi verlassen. Er sieht innerpsychisch geistige Aktivitäten in einem Zwischenraum angesiedelt. Es handelt sich um ein immaterielles Beziehungsgefüge, das auf Grund seiner hohen Komplexität die Eigenschaft aufweist, weit über seine materiellen Träger hinaus emergieren zu können. „Sowohl der psychische, der soziale wie der biologische Bereich organisieren sich nach ihren je eigenen Gesetzmäßigkeiten selbst, und gleichzeitig beeinflussen sie sich in ihrer Struktur dort, wo sie interagieren, fortwährend gegenseitig" (ebd., 91). Die Affekte selbst stellten wechselwirkende Beziehungen zwischen der innerpsychischen, sozialen und biologischen Ebene her.

Affekte als Operatoren von Kognition

Mit dem physikalischen Begriff des Operators, also einer Kraft, die auf bestimmte Variablen einwirkt und sie verändert, versucht Ciompi die organisierende und integrierende Wirkung der Affekte zu beschreiben. Dabei werden allgemeine und spezielle Mechanismen unterschieden. Sie stellen beide keine Störungen des logischen oder rationalen Denkens dar, auch wenn dies der traditionellen Auffassung entspricht, sondern sind untrennbar mit ihm verbunden.

A) Allgemeine organisatorisch-integratorische Mechanismen

Affekte sind die entscheidenden Antriebskräfte und Motivatoren aller kognitiven Dynamik (Ciompi 1997, 94 ff.), und dies sowohl in beschleunigender, initiierender als auch in bremsender Hinsicht. Insbesondere das Wort *Emotion* verweist auf diese mobilisierende, in Bewegung bringende Dimension der Affekte (s. o. Abschnitt 2.1). Alle weiteren Mechanismen sind mehr oder weniger eng mit diesem wichtigsten verbunden.

Der *Fokus der Aufmerksamkeit* wird permanent durch Affekte bestimmt und gelenkt. Aus der andauernd vorhandenen Flut von kognitiven Wahrnehmungen und Denkverbindungen werden diejenigen herausgefiltert, die zur momentanen

Grundstimmung passen. Besondere Bedeutung kommt dabei der durchschnittlichen, alltäglichen Gestimmtheit zu: „Mobilität und potentielle Breite des Aufmerksamkeitsfokus sind in diesem Zustand von relativer Affektflachheit also besonders groß; während intensivere Affekte ihn sowohl verengen wie vertiefen" (ebd., 96). Eine ähnliche Operatorwirkung der Affekte ergibt sich für die Interaktionen in Gruppen. Aus der Einschränkung der affektgeleiteten Aufmerksamkeit folgt eine bestimmte Wirklichkeitserfassung oder Logik. Affekte wirken als *Filter zu unterschiedlichen Gedächtnisspeichern* sowohl für die Eingabe als auch für das Abrufen bereits gespeicherter Inhalte. Kognitive Inhalte, die durch gleiche affektive Gestimmtheiten verbunden sind, werden in dieser Kombination gespeichert und sind in der spezifischen Gestimmtheit leichter abrufbar. Dieses zustandsabhängige Speichern und Erinnern ist für jeden alltäglich erfahrbar. Eine weitere allgemeine Operatorwirkung von Affekten ist die Schaffung von *Kontinuität*. Sie bewirkt eine den Zusammenhängen angemessene Kohärenz in Denken und Verhalten. Auch experimentell lassen sich Kognitionen, die zeitunabhängig voneinander an gleiche Affekte geknüpft wurden, beim Einstellen dieser Affektstimmung (hypnotisch, pharmakologisch) zusammen und gleichzeitig remobilisieren. Sie werden offensichtlich im Gedächtnis bevorzugt miteinander verbunden. Darüber hinaus bewirken Affekte eine *Hierarchie der Denkinhalte.* Sie stehen damit im Zusammenhang mit Wollen / Willen.[10]

Zusammenfassend gesehen sind diese allgemeinen Operatorwirkungen der Affekte wichtige *Komplexitätsreduktoren.* Durch die genannten kontextangepasst mobilisierenden, selektionierenden, hierarchisierenden, Kohärenz und Kontinuität schaffenden Filterwirkungen der Affekte wird die Informationsflut aus extern-sensorischen und inneren Quellen beschränkt, damit die subjektive Handlungs- und Entscheidungsfähigkeit gesichert ist.

B) Spezielle organisatorisch-integratorische Mechanismen

Anhand einiger Beispiele aus dem Katalog der fünf Grundgefühle können spezielle Operatorwirkungen gezeigt werden. Das Grundgefühl *Interesse* bewirkt eine allgemeine psycho-physische Anregung und damit indirekt eine Fokussierung der Aufmerksamkeit mit einem *Hin-zu*-Bewegungsimpuls. Es stellt den gesamten Körper auf Aktivität ein. Dagegen bewirken *Angstgefühle* einen *Hinweg-von*-Impuls bis hin zur Flucht. *Wut* und *Aggressivität* dienen zur Sicherung physiologischer, aber auch psychologischer Grenzen und damit dem Aufbau von Identität (auch kollektiv). Diese Grenzen sollen bewahrt und gesichert, aber auch ausgeweitet werden. Sie sind darüber hinaus ein häufiges Mittel zur Überwindung von dysfunktional gewordenen emotionalen Bindungen. Ein ebensolches Mittel ist die *Trauer.* Der Trauerarbeit (Freud) auszuweichen, in die Verdrängung zu gehen, bringt sowohl auf der individuellen als auch der kollektiven

Ebene keine Lösung. *Freude*, Liebe und andere lustbetonte Gefühle wirken dagegen als sehr starke bindungschaffende Attraktoren und stellen Kohärenz zwischen kognitiven Inhalten aller Art her. Da wir ständig in irgendeiner Art affektiv gestimmt sind, haben die beschriebenen allgemeinen und speziellen Operatorwirkungen der Affekte auf das Denken eine kontextabhängige, flexible Modulation unserer kognitiven Aktivitäten zur Folge. Diese Anpassungsleistungen geschehen überwiegend unbewusst und nehmen laufend bisher gesammelte Erfahrungen affektkonform in die aktuelle Informationsverarbeitung mit ein. Durch die Operatorwirkung der Affekte kommt es demnach kontext- und stimmungsabhängig zur Ausbildung jeweils spezifischer Logiken. Anhand der fünf Grundgefühle können Beispiele für die so entstehenden „affektiv-kognitiven Eigenwelten" angeführt werden:

Angst und Angstlogik. Die Angst als Grundgefühl spielt sich in den unterschiedlichsten Formen, von der normalpsychologischen bis hin zu neurotischen und psychotischen Extremen, ab. Sie wirkt als tief in das Alltagsdenken abgesunkene Lebensangst wohl als Motor für (fast) alle geistigen Aktivitäten. Analog der o. a. Definition von Affekten führt Ciompi aus Biografien, Selbstzeugnissen und literarischen Texten Beispiele für unterschiedliche Dauer und Qualitäten von Ängsten an, die auch sehr variable Wirkungen gezeigt haben. Zentraler Punkt für eine typische Affektlogik ist die Wahrnehmung und Verknüpfung von lauter angstselektionierten Kognitionen. Zugleich bilde sich aus der Wiederholung von immer wieder ähnlichen Einzelelementen ein zunehmend dichter werdendes Netz von affektspezifischen Fühl- und Denkweisen, „die sich insgesamt schließlich zu einer ausgesprochenen Eigenwelt – einer durch je eigentümliche Inhalte gekennzeichnete Art des Fühlens und Denkens – verdichten und dadurch gleichzeitig abgrenzen von anderen möglichen Weisen, dieselbe Wirklichkeit zu erfassen" (ebd., 82).

Wut und Wutlogik. Von besonderem Interesse ist für die Affektlogik die enge Verbindung von individuellem Fühlen und Denken mit kollektiven Parallelprozessen. Dabei steht nicht nur das Destruktive der Ärger- bzw. Wutlogik im Zentrum der Betrachtung. In ihr wird zugleich auch eine wirksame konstruktive Ordnungskraft gesehen, die (evolutionär gesprochen: lebenswichtige) Grenzen und Strukturen schaffen kann.

Trauer und Trauerlogik. Die Funktion der Trauer ist das Lösen der Kognition von dysfunktional gewordenen Bindungen an bestimmte Objekte. Verengung der Aufmerksamkeit, Verlangsamung, Autoaggression (Melancholie), Hoffnungslosigkeit und Depression sind dafür Merkmale. Das aktuelle Erleben ist rückwärtsgewandt auf Vergangenes bezogen, wobei es tendenziell zur Verringerung der konstruktiven, kreativen kognitiven Fähigkeiten kommen kann.

Freude, Lust- und Liebeslogik. Sie ermöglicht eine Öffnung und Weitung der Wahrnehmung und des Denkens. Der Bewusstseinsfokus ist spielerisch weit, mobil und kreativ. Das Erleben ist präsentisch im Hier und Jetzt. Des Weiteren ist die soziale Bindewirkung positiver Gefühle sehr ausgeprägt, und diese Grundstimmung erhöht die konstruktiven, kreativen kognitiven Fähigkeiten.

Aus der Gegenüberstellung unterschiedlicher Grundtypen, beispielsweise von Ärger – Angst einerseits und Freude – Interesse andererseits, ergibt sich ein Beleg für die konstruktivistische These der Pluralität von Wirklichkeiten. „Die Sichtweisen der Wirklichkeit, die sich aus den gedrückten Stimmungen einerseits und den gehobenen Stimmungen andererseits ergeben, sind miteinander nicht vereinbar" (ebd., 200). Diese Unvereinbarkeit ergibt sich auch neuropsychologisch, da sich ein Individuum nie gleichzeitig in zwei gegensätzlichen affektiven Grundstimmungen befinden kann. Lediglich ein schneller Übergang ist möglich. Von besonderer Bedeutung ist dabei die Alltagslogik, da sie die vorherrschende Denkweise in mittlerer Stimmung und Entspanntheit und mit relativ schwachen Affekten koppelt.

Eine Verbindung zu charakteristischen kognitiven Inhalten ist gegeben. Diese werden als *selbstverständlich* und *durchschnittlich* empfunden und sind weitgehend automatisierte kognitive Operationen. Die Bereiche des Denkens, Fühlens und Handelns unterscheiden sich in den verschiedenen Typen von Affektlogik. In unterschiedlichen affektiven Stimmungslagen werden jeweils andere kognitive Inhalte verstärkt wahrgenommen, gespeichert und erinnert. Bei der Dauer einzelner affektbestimmter Auffassungsweisen ergibt sich eine große Bandbreite, vom kurzen, plötzlichen Jähzorn bis hin zu (pathologischen) Angst- und Depressionszuständen, die über Wochen und Monate anhalten können. Noch sehr viel stabiler sind die überwiegend unbewusst gewordenen selbstverständlichen Vorannahmen, Wertvorstellungen und Mentalitäten. Sie bestimmen die übliche Alltagslogik und damit das individuelle Fühlen, Denken und Verhalten. Auch formale Merkmale unterscheiden die Typen von Affektlogik. Beweglichkeit und Tempo kognitiver Prozesse variieren sehr stark mit der affektiven Gestimmtheit. Eine Folge davon ist beispielsweise das unterschiedliche Zeiterleben. Von großer Bedeutung ist die Möglichkeit, in allen verschiedenen Affektzuständen, in allen Typen der Affektlogik, formallogisch korrekte Schlüsse ziehen zu können, aus denen allerdings grundlegend verschiedene Denkweisen resultieren können. Daraus resultieren in der Konsequenz unterschiedliche *Wahrheitssysteme*. Dieser Aspekt der affektiven Beeinflussung der Konstruktion von Wirklichkeit ist bei konstruktivistischen Autoren insgesamt wenig berücksichtigt.

Allgemeine Operatorwirkungen
Aufmerksamkeitsfokussierung: Breiter Fokus bei wenig intensiven Affekten, Verengung und Vertiefung bei intensiven Affekten.
Gedächtnisfilter: Durch die Zustandsabhängigkeit wird bei gleichen Affektlagen bei Speichern und Erinnern der Zugang erleichtert.
Kontinuität: Stimmungsabhängiges und zeitunabhängiges Schaffen von Kohärenz in Denken und Verhalten.
Hierarchisierung der Denkinhalte.
Spezielle Operatorwirkungen
Konstruktion von affektiv-kognitiven Eigenwelten: Angstlogik, Wutlogik etc.
Stimmungsabhängige Geschwindigkeit kognitiver Prozesse führt u. a. zu unterschiedlichem Zeiterleben.
Initiierung körperlicher Aktivitäten, beispielsweise Bewegungsimpulse.

Abbildung 6:
Operatorwirkungen von Affekten auf die Konstruktion von Wirklichkeiten (nach Ciompi)

2.5 Resümee

Es wird in der vorliegenden Arbeit mit dem Begriff der *emotionalen* Leistungsfähigkeit gearbeitet. Nicht nur die alltagssprachliche Geläufigkeit des Wortes gibt hierfür den Ausschlag, sondern auch, dass emotionspsychologische und pädagogisch-therapeutische Ansätze *Emotion* als Oberbegriff formulieren.[11] Petzold spricht von „emotionalen Stilen", die untrennbar mit der Art und Weise des Wahrnehmens, Denkens, Handelns und Kommunizierens verbunden seien. Hier ist eine Übereinstimmung zu Ciompis Konzept der chaostheoretisch basierten fraktalen Affektlogik auszumachen, auch wenn beide Autoren nicht aufeinander Bezug nehmen. Die Definition von Emotion als Oberbegriff zu Affekt, Gefühl etc. bei Petzold ist kompatibel zu der Beschreibung von Affekt als Oberbegriff bei Ciompi. Dessen sehr allgemeine, die Gemeinsamkeiten der verschiedensten Ansätze aufnehmende Definition von Affekt legt es nahe, beide Oberbegriffe als inhaltlich zu größeren Teilen übereinstimmend anzusehen.

Die von Ciompi herausgearbeitete Selbstähnlichkeit der Affektwirkungen ist skalenunabhängig, also auf individueller Ebene, in Gruppen und großen Verbänden bis hin zu gesellschaftlichen Phänomenen beobachtbar und zumindest im Bereich der Grundgefühle innerhalb eines kulturellen Raumes zeitstabil. Diese Eigenschaft von Emotionen bewirkt letztlich sowohl eine große Flexibilität in Fühlen, Denken und Verhalten als auch die alltäglich spürbare, im Wortsinne bemerkenswerte Konstanz, mit der sich Individuen in erprobten Bahnen bewegen. Ist dieses Beharren auf Grund sich wandelnder (äußerer) Bedingungen nicht mehr möglich, kann es in der subjektiven Wahrnehmung zu Konflikten und Krisen kommen, die sich gegebenenfalls von einzelnen Individuen ausgehend durch das kollektive Erleben von Gruppen ausbreiten. Typische psychosoziale Krisen laufen auch in Teams formal betrachtet analog zu nichtlinearen Phasensprüngen in natürlichen oder technischen Systemen ab. Dies kann beispielsweise bedeuten, dass ein bestimmter emotionaler Konflikt in einem Gruppengeschehen, der einige Zeit latent vorhanden ist, durch permanente Wiederholungen, durchaus auch unbeabsichtigte, und Verstärkung zum plötzlichen Ausbruch kommen kann. Besonders charakteristisch für solche Prozesse ist die hohe Sensitivität für Anfangsbedingungen und kleinste Einflüsse in der kritischen Phase kurz vor dem sprunghaften Umschlagen des Prozesses. Schon feinste Differenzierungen zu Beginn eines Teamprozesses können im weiteren Verlauf erhebliche Unterschiede produzieren und geringe, zufällige Außeneinflüsse den Prozess verändern. Daraus ergibt sich unter anderem eine mögliche Sensorwirkung der Emotion für auftretende Unterschiede. Dies ist eine Möglichkeitsbedingung für die flexible Feinpassung sozialer Systeme an ihre sich permanent verändernde Umwelt, die Absicherung der dynamischen Balance zwischen der Gruppe und dem sie umgebenden Globe.

Die Attraktorwirkung der Grundgefühle auf Denken und Verhalten, die Konstruktion von affektiv-kognitiven Eigenwelten, auf die sich alles Fühlen, Denken und Handeln unter dem Vorzeichen einer bestimmten emotionalen Befindlichkeit hin bewegt, gilt nicht für die Feinstrukturen. Diese sind innerhalb des vorgegebenen Rahmens durch kleinste und zufällige Außenwirkungen andauernd situationsadäquat abwandelbar. Daraus resultiert auch die längerfristige Prognoseunfähigkeit solcher Systeme, obwohl kurzfristige Vorhersagen durchaus zutreffend sein können. Der Einfluss der affektiven Operatoren zielt letztlich auf eine stimmige Informations- und Komplexitätsreduktion ab, im Sinne des jeweiligen individuellen oder kollektiven Eigeninteresses. Dabei korrespondiert die große Zahl von Gefühlsvarianten und deren stufenlose Bandbreite an Intensitäten, von akuten Zuständen bis hin zu unterschwelligen, unbewussten Formen mit den Varianten von Formen und Inhalten des Denkens. Am unspektakulären Ende dieser Reihe ist die Alltagslogik zu finden. Ihre halb oder ganz automatisierten Fühl-, Denk und Verhaltensmuster sind durch die routinisierten Wiederholungen bis ins Unbewusste, Unreflektierte abgesunken. Die Alltagslogik ist somit keineswegs affektneutral, ein Umstand, der in der Regel erst bedeutsam ist, wenn sie beispielsweise in sozial-kommunikativen Prozessen in Frage gestellt wird.

Das absichtsvolle, bewusste Verlassen von Verhaltens-, Denk- und Gefühlsroutinen wird in Innovations- und Veränderungsprojekten angestrebt, insbesondere

Emotion	Wird hier, wie in emotionspsychologischen und pädagogisch-therapeutischen Ansätzen, als **Oberbegriff** verwendet. Ein sich permanent verändernder leib-seelischer Prozess, der in komplexen Wechselwirkungen zu Kognitionen, Motivationen und Handlungen steht. Enthält kognitive, neurophysiologische, expressive, motivationale, gefühlsmäßige Komponenten. Sie sind subjektspezifisch und kulturell überformt. Es besteht die Möglichkeit der Routinisierung/Automatisierung, die Denkinhalte im Sinne der „Alltagslogik" emotional beeinflussen. Ist Wahrnehmungsereignis mit energetisierender, orientierender und bewertender Funktion. *Situationsübergreifende,* zeitstabile emotionale Stile werden individuell geprägt. Veränderliche gesellschaftliche Normierungen für Ausdruck und Erleben. Wird in dieser Studie **weitgehend synonym mit Gefühl** benutzt.
Gefühl	*Situationsspezifisches,* länger dauerndes, unbewusstes oder bewusstes emotionales Erleben. Eigenleibliche Regungen / Empfindungen; Körper / Leib als eigentliches Medium. Kontextgebundene Signal- und Kommunikationsfunktion. Orientierende Sozial-, Selbstregulations- und Bewertungsfunktionen. Verantwortungsübernahme für eigene Gefühle ist möglich. Grundgefühle: Angst, Wut, Trauer, Freude, Interesse.
Affekt	Gerichtet auf Personen, Sachverhalte, Objekte. Aktuell, plötzlich, aktiv – im Gegensatz dazu Passionen / Leidenschaften: zeitstabil, charakterbildend, passiv. *Situationsabhängiges,* kurzzeitiges, bewusstes emotionales Erleben. Von Reizen ausgelöste ganzheitliche Gestimmtheit unterschiedlicher Dauer, Bewusstheitsnähe und Qualität.
Stimmung	Länger andauernde ungerichtete Gefühlslage.

Abbildung 7:
Arbeitsdefinitionen

für Teambildungs- und Organisationsentwicklungsprozesse. Bestehende alltägliche Ansichten und Verhaltensweisen sind hier tangiert, werden aufgebrochen, bewusst gemacht und in Frage gestellt. Der pädagogisch-didaktische Paradigmenwechsel und die tief greifenden Veränderungen in den organisatorischen Strukturen, wie sie für die berufliche Bildung insgesamt als Ergebnis der Modernisierungsstrategien aufgezeigt wurden, erzwingen einen Wandel im professionellen Selbstverständnis des pädagogischen Personals. Damit einher können bei vielen Beteiligten emotionale Umstellungen gehen, vor allem dann, wenn der Wandel zum einen mit Prestige- und Machtverlusten sowie persönlichen Identitätskrisen gekoppelt ist. Zum anderen können sich durch Veränderungsprozesse auch lustvolle, affektiv-kognitive Spannungslösungen ergeben. Dies setzt freilich Unlustspannung voraus, die bewusst empfunden wird. Widersprüche und unangenehme Unstimmigkeiten sind ein wichtiges Motiv für Veränderungen. Hier ist im Sinne des pragmatisch-politischen Axioms von Cohn auf die Bedeutung emotionaler Reife oder Kultur als Möglichkeitsbedingung für Entscheidungsfreiheit und Verantwortungsübernahme hinzuweisen. Der Umgang mit Gefühlen, den eigenen wie denen der anderen, ist bedeutsam für das professionelle Handeln von Lehrenden einerseits als Leitende in Gruppenlern- und Arbeitsprozessen, andererseits als Akteure / Subjekte in Entwicklungsprozessen der eigenen Organisation.

Der professionelle, pädagogisch verantwortliche Umgang mit Gefühlen setzt die offene Begegnung mit ihnen bei sich selbst wie bei anderen voraus. Die kritische Reflexion auf den gesellschaftlichen Kontext, auf die Seite derjenigen, die vom veränderten Umgang mit Emotionen in arbeitsweltlichen und professionellen Kontexten profitieren könnten, ist unabdingbar. Insbesondere dann, wenn es um die gezielte Beeinflussung von Emotionalität zum Beispiel durch pädagogische und beratende Interventionen zur Funktionalisierung von Emotionen geht. Dabei kann es selbstverständlich nicht um völlige Steuerung und / oder Kontrolle der Gefühle gehen. Das wäre manipulativ und damit letztlich unmenschlich. Vielmehr ist dies als Aufforderung zum situationsadäquaten Umgang mit Emotionalität zu lesen: mit der eigenen im Sinne des Chairperson-Postulates und mit der anderer im Sinne des „Störungs"-Postulates der Themenzentrierten Interaktion. Dies wird ergänzt durch die anzustrebende Balance der zwei unterschiedlichen „Seelen, der emotionalen und der rationalen, deren Verflechtungen und unterschiedlichen Weisen des Erkennens uns durch die Welt leiten" (Goleman 1996, 26).

Gefühle sind zeitlebens die wichtigsten Antriebskräfte für innere Veränderungen von Menschen und ihrer Verhältnisse zueinander.

3   Emotionale Leistungsfähigkeit

In der Pädagogik gibt es allgemein, vor allem im Hinblick auf die Bildungspolitik, eine lang anhaltende Auseinandersetzung um die Einschätzung und Bewertung der Leistung des Gesamtsystems und des Leistungsbegriffes. Quantifizierende Untersuchungen wie die abgeschlossene TIMSS oder die laufende PISA-Studie sind hierfür aktuelle Stichworte.[12] In Bezug auf die Lernenden als Individuen wird häufig ein Gegensatzpaar Leistung – Bildung oder auch von Leistung – Freude genannt. Auf allen Ebenen wird insbesondere um die Frage der Messbarkeit von Leistungen und deren Qualitätskriterien sowie um deren Standards gerungen. Mit diesem Kapitel erfolgt nunmehr eine Annäherung an gesellschaftliche und arbeitsweltliche Rahmenbedingungen, die es erfordern, Emotionalität als Leistungskategorie zu fassen. In diesen Zusammenhang wird auch das populäre, teilweise idealisierende Konzept emotionaler Intelligenz (Goleman) und Kompetenz gestellt. Der Umgang mit der eigenen wie der fremden Emotionalität findet sich im Überschneidungsbereich von Sozial- und Selbstkompetenz. Diese beschreiben im Großen und Ganzen Fertigkeiten, Fähigkeiten und Einstellungen in sozial-kommunikativen Situationen. Im Hinblick auf das Untersuchungsfeld und die Problemstellung wird die Bedeutung emotionaler Leistungsfähigkeit im professionellen pädagogischen Handeln, auch in außerunterrichtlichen Tätigkeitsbereichen von Lehrenden, beschrieben.

3.1   Emotion im Kontext fremdbestimmter Autonomie

Jenseits physikalischer Selbstverständlichkeit sind auch in der Berufspädagogik die Begriffe Arbeit und Leistung mit dem der Zeit untrennbar verbunden. Wer mehr leisten will oder soll, muss schneller arbeiten oder länger – oder beides. In zunehmendem Maße erstreckt sich die Selbstverantwortung und -organisation auch im Bereich der Arbeitswelt auf das Zeitmanagement – entsprechende Kurse in der Erwachsenenbildung haben Hochkonjunktur. Einer größer werdenden Zahl von Beschäftigten droht die Übersicht im Labyrinth der oft nur noch virtuellen Terminkalender verloren zu gehen, weil Beschleunigung, permanente Effizienzsteigerung und die Lust am Wandel längst auf das so genannte Privatleben übergreifen. Arbeitszeiten werden länger, die Pausen und Urlaube kürzer, Überstunden erreichen ein Rekordniveau nach dem andern, die gearbeitete Zeit wird intensiver und endet nicht mehr an dem, was einst als Feierabend galt. Dagegen gewinnt das früher als lästig empfundene feste Zeitkorsett traditioneller Arbeitsgesellschaften für die Drop-outs einen neuen Reiz. Gerade die erzwungene arbeitslose Erfahrung leerer, unerfüllter und damit unstrukturierter Zeit lässt den festen Rahmen, der sich aus Arbeit ergibt, besonders vermissen. Und in vielen sozialpädagogischen Betreuungen wird diese Struktur künstlich wiederbelebt. Im „rasenden Stillstand" (Virilio) – sich selbst beschleunigend durch den Aufbau bisher nicht gekannter Informationsnetzwerke und medialer Allgegenwärtigkeit – entstehen Bedürfnis und Zwang, überall und jederzeit online, das heißt in Echtzeit, dabei zu sein. Die hochtechnologische Überwindung von Zeit und Raum, der beschleunigte Wandel der Lebens- und Arbeitswelten bedingen die Zerstörung dessen, was bisher als Charakter, Identität und Gefühl beschrieben wurde (Senett 1998). Dieses Phänomen ist in eine gesellschaftliche Situation eingebettet, in der die Subjekte nach wie vor aufgefordert sind, ihre eigene Geschichte kohärent, im Sinne einer zusammenhängenden Einheit, zu erleben und zu erzählen. Gleichzeitig stehen dafür aber immer weniger soziale Strukturen zur Verfügung. Der bis heute postulierte, in sich zentrierte Mensch mit einer klar erkennbaren Persönlichkeit, einem einzigen durchzuhaltenden Charakter entspräche nicht unserer Natur. „Angefangen bei Wissenschaftlern, die sich mit der Erschaffung künstlichen Lebens befassen, bis hin zu Kindern, die in eine Reihe virtueller Rollen ‚hineinschlüpfen', werden wir Belege dafür finden, daß sich die Art und Weise, wie wir personale Identität erzeugen und erleben, grundlegend verändert hat" (Turkle 1998). Auf den Punkt gebracht wird die Aufforderung *Erfinde dich selbst!* durch die Konstruktion von Ichs im Cyberspace. Die dort gewonnenen „Erfahrungen" tragen in gleicher Weise zur Selbstdeutung bei wie diejenigen aus dem so genannten echten Leben, wie dies Sherry Turkle für die virtuellen Gemeinschaften im Internet belegt.

Zeitrhythmen und postindustrielle Zeitkultur

Die Selbstwahrnehmung der eigenen Situation, der eigenen Gefühle und Lebensgeschichte, kurz: des eigenen Rhythmus hat in einem permanenten *Immer-mehr-immer-schneller* keinen Platz mehr. Um sie (wieder) zu ermöglichen, geht es nicht nur vordergründig um Entschleunigung und die „Entdeckung der Langsamkeit" (Nadolny), sondern ebenso um die Wiedergewinnung des Gespürs für die Differenz von Kairos und Chronos – wie sie in unserer antiken Tradition angelegt ist: die Fähigkeit, Kairos leben zu lassen, den guten Augenblick, den die alten Griechen sehr wohl von Chronos, der alltäglich fließenden Zeit, zu unterscheiden wussten. Gerade für die Selbstwahrnehmungsfähigkeit, für die emotionale Bildung ist die Einsicht in die Produktivität von Muße zentral. In dieses widersprüchliche Verhältnis ist die Möglichkeit zur Qualifizierung emotionaler Kompetenz unauflösbar verwickelt. Einerseits braucht sie gezielte Auszeiten aus den Zeitzwängen des Verwertungsprozesses, gleichzeitig wird sie genau dort wieder produktiv werden, zum Beispiel zur Verbesserung der Effektivität und Effizienz von Teams.

66

Die konfliktträchtige Steuerung sozialer Systeme – seien es nun ganze Betriebe oder einzelne Teams und Gruppen – ist zu komplex, um lediglich mit sozialen Techniken gelingen zu können. Für diese Prozesse gibt es keine eindeutigen Arbeitsregeln in Form von standardisierbaren Methoden, im Sinne von Verfahren, die mit vorhersehbarer Wirkung und berechenbarer Fehlerquelle einsetzbar wären. Gerade die Lösung von Konflikten erfordert eine eigene Zeit. Steht diese nicht zur Verfügung, werden sie zumindest unterschwellig präsent und virulent bleiben, sie werden so oftmals noch mehr Zeit und Energie absorbieren. Hier haben ökonomische Beschleunigungswünsche eine – nicht immer klare – Grenze. Permanente Aktivität, ständige Bearbeitung von externen Anfragen und die Anforderung, keine Gelegenheit verpassen zu dürfen, erfordern zusehends die lebenspraktische Fähigkeit, den eigenen individuellen Rhythmus, die eigene Innenzeit und die eigenen Tempobedürfnisse kennen zu lernen. Dies gilt nicht nur für Freiberufler, Selbstständige und Tele-Heimarbeiter, die nur auf den ersten Blick keinen vorgegebenen, fremdbestimmten Arbeitsrhythmus zu beachten haben, sondern auch für die im traditionellen Bereich der Facharbeit Beschäftigten. Die Fähigkeit zur Zeiteffizienz und zum Zeitmanagement werden dort immer stärker gefordert – nicht nur auf der Ebene der Tages- und Wochenarbeitszeit, sondern zunehmend auf der Ebene der Lebenszeit. Chancen und Risiken für die eigene Biografie müssen von jedem Einzelnen wahrgenommen und entschieden werden, wobei immer weniger auf tradierte Regeln, Institutionen oder Gewohnheiten zurückgegriffen werden kann. Auch das Scheitern verantwortet jede und jeder individuell. Dabei wird es zugleich immer schwieriger, fundiertes Wissen über die komplexen gesellschaftlichen Zusammenhänge, in denen entschieden werden muss, zu erlangen (Beck/Beck-Gernsheim 1994).

Diese Prozesse sind oft stark emotional besetzt oder begleitet. Es gilt, mit der Angst, eventuell Chancen zu verpassen, umzugehen – den Kairos nicht zu erkennen – und den Mut aufzubringen, an bestimmten Punkten den bisherigen Gang des eigenen Lebens – den Chronos – zu unterbrechen. Dafür muss die traditionelle, scheinbar Sicherheit gebende und selbst erst relativ neu erworbene industrielle Zeitkultur, der lebenslang planbare Gleichtakt des Taylorismus, überwunden werden. Wie bereits Ulrich Beck (1986) gezeigt hat, ist die Erwerbsarbeit längst entstandardisiert. Menschen in Normalarbeitsverhältnissen werden immer mehr zur Minderheit, und in einigen Branchen sind die technologischen Innovationszyklen schon auf die Dauer einer Facharbeiterausbildung verkürzt. Die postindustrielle subjektive Zeitsouveränität ist Bestandteil der fremdbestimmten Autonomie. Sie eröffnet Chancen der Selbstverwirklichung und Bildung, nötigt aber dazu, diese Chancen auch zu nutzen, und erzeugt damit gleichzeitig als Flexibilisierung auch Risiken und Unsicherheiten. Für die handelnden Menschen bedeutet Flexibilisierung die Anforderung, offen für kurzfristige Veränderungen zu sein, ständig Risiken einzugehen und immer weniger abhängig von festen Regeln und förmlichen Prozeduren zu werden. Dabei erzeugt diese Anforderung nicht nur die Aufmerksamkeit für Chancen und Entwicklungsmöglichkeiten, sondern durch den möglichen Identitätsverlust ebenso Angst und Unbehagen. Die neuen Kontrollinstanzen wirken subtiler, verlagern das Risiko des Scheiterns ausschließlich auf die Subjekte zurück und sind schwerer zu durchschauen (Sennett 1998).

Aus den Veränderungen der beruflichen Wirklichkeit werden immer neue Forderungen an die Persönlichkeit der Arbeitnehmer/innen abgeleitet. Sie sollen sich stets weiterentwickeln, sowohl auf Änderungen reagieren als auch selbst gestaltend eingreifen. Individuelle Dispositionen werden dabei zum Ausgangspunkt allen beruflichen Handelns und zugleich einem steten Wandel unterworfen. Die Frage nach sich ändernden Qualifikationsanforderungen in einer immer stärker in Fluss geratenen Arbeitswelt greift in den Bereich von persönlichen Voraussetzungen. Der Maschinenbediener, der zum Teammitglied wurde, ist aufgefordert, eine neue Identität zu entwickeln. Neben der Fähigkeit zur Kooperation mit Teammitgliedern, externen Arbeitskräften und Vorgesetzten bedeutet dies, dass auch in der Identitätsbildung der Arbeitnehmer erhebliche Änderungen erforderlich werden. Die Identifikation mit dem Team und ein neuer Leistungsbegriff, der neben das Individuum gleichberechtigt die Gruppe in den Mittelpunkt rückt, sind hier wichtige Gesichtspunkte (Rützel 1998).

Hervorstechendes Merkmal der neuen Arbeitszeitorganisation ist ihr nahezu völliger Verzicht auf Langfristigkeit und Festlegungen. So genannte fluktuierende Belegschaften arbeiten in wechselnden Teams, immer weniger auf festen Stellen, sondern in Projekten, wie früher bereits Künstler oder Tagelöhner. Hinzu kommen betriebliche und örtliche Mobilität, die in besonderer Weise die emotionale Leistungsfähigkeit zur Bewältigung dieser Rahmenbedingungen – durch den Verlust von persönlichen Bindungen, dem Entwerten der persönlichen Vergangenheit und somit des eigenen Gewordenseins – herausfordert und prägt. Gerade die emotional wichtige Erfahrung von Vertrauen – als besonderem Bestandteil sozialer Bindungen – braucht relativ lange Zeiträume zur Entwicklung, die im enger werdenden Zeitrahmen moderner Produktionen aber kaum noch gegeben ist. Unter den Bedingungen verschärfter Konkurrenz, in denen die geforderte hohe Flexibilität die eigenen Wurzeln als Hindernis erscheinen lässt, verkörpert sich die schwache Beziehung als Stärke. „Distanz und oberflächliche Kooperationsbereitschaft sind ein besserer Panzer im Kampf mit den gegenwärtig herrschenden Bedingungen als ein Verhalten, das auf Loyalität und Dienstbereitschaft beruht" (Sennett 1998, 29). Diese „Zeitlosigkeit" der postindustriellen Arbeitswelt, die Verknappung, Verdichtung und Flexibilisierung von Zeitstrukturen, berührt unser Gefühlsleben im Innersten. Die Botschaft lautet ganz klar: Sei beweglich und schnell, halte den Schein für wichtig, sei oberflächlich! Kontrolliere deine Emotionen! Aber nicht um deiner selbst willen, sondern aus Gründen deiner Funktionalität im Arbeitsprozess, der Leistungssteigerung des Teams. Grundzüge dieser Entwicklung hat Erich Fromm Mitte der 1970er Jahre unter dem Begriff des Marketing-Charakters reflektiert. Dessen oberstes Ziel sei die vollständige Anpassung, um unter allen Bedingungen des Persönlichkeitsmarktes begehrenswert zu sein. Der Mensch dieses Typus habe noch nicht einmal ein Ich, an dem er festhalten könnte, das ihm gehört und das sich nicht verändert. Der Marketing-Charakter ändert sein Ich ständig nach dem Grundsatz: Ich bin so, wie du mich haben möchtest. „Menschen dieses Charakters haben als einziges Lebensziel die permanente Bewegung und das Streben nach größtmöglicher Effizienz ihres Tuns, die Frage des *Wozu* wird nicht beantwortet. Sie haben ihr großes, sich ständig wandelndes Ich, aber keiner von ihnen hat ein Selbst, einen Kern, ein Identitätserleben" (Fromm 1997, 181).

Vom „Erkenne dich selbst!" zum „Erfinde dich selbst!"

Die postindustrielle Zeitstruktur, die im Kern als Flexibilisierung zu beschreiben ist, hat erhebliche Auswirkungen auf die langfristigen Aspekte unserer emotionalen Erfahrungen. Ganz allgemein hängen unsere Beziehungen zu anderen und die ethischen Begründungen unserer wertenden Entscheidungen in besonderem Maße von inneren Gefühlen und Sehnsüchten, unserem emotionalen Gewordensein ab. Die Versuche, das von vielen als beängstigend empfundene Tempo des wissenschaftlich-technischen, arbeitsorganisatorischen und sozialen Wandels unter ethische Kontrollansprüche zu stellen – und ihn möglichenfalls zu entschleunigen –, sind Reaktionen auf die postindustrielle Zeitkultur und selbst Teil von ihr.

Die um ein Vielfaches ausgeweiteten Lebensmöglichkeiten erzeugen zugleich ein Unbehagen, dass alle Bemühungen um Selbsterkenntnis nicht mehr zu einem festen Kern, etwas Bleibendem, Feststehendem in uns selbst, in den Subjekten führen. „Ich ist ein anderer" (Rimbaud) wird zum Leitsatz auf der Suche nach den eigenen emotionalen Grundlagen. Der Anspruch an die Subjekte ist es, sich erkennbar bleibend zu verändern, wie es in der bekannten Keuner-Geschichte deutlich wird: „Ein Mann, der Herrn K. lange nicht gesehen hatte, begrüßte ihn mit den Worten: ‚Sie haben sich gar nicht verändert.' ‚Oh!' sagte Herr K. und erbleichte" (Brecht). In unserer pluralisierten Gesellschaft bedeutet dies aber nicht, lediglich aus immer mehr werdenden Möglichkeiten auswählen zu können, sondern ebenso auswählen zu müssen! In dieser „riskanten Freiheit"

(Beck / Beck-Gernsheim 1994) sind die Einzelnen auch einzeln dem Risiko des Scheiterns ausgesetzt. Gerade für berufsbiografische Entscheidungen gibt es viele Möglichkeiten, Scheinfreiheiten aufzusitzen oder sich in Sackgassen zu begeben. Die Frage nach dem „Wer will ich sein?" ist mit dem bedrängenden Zweifel verknüpft, die falsche Wahl getroffen zu haben, dass es nicht vielleicht besser wäre, lieber doch ein anderer zu sein. Und sicher würde manche/r gerne das delphische Orakel anrufen, das in der griechischen Antike half, Entscheidungen zu finden und ethische Normen zu benennen. Aber schon damals stand das „Erkenne dich selbst!" am Anfang der mehrdeutigen Ratschläge der Priesterschaft. Das „Erkenne dich selbst!" unserer philosophischen und pädagogischen Tradition behält im Zeichen der emotionalen Leistungsfähigkeit seine Bedeutung. Selbstwahrnehmung ist deren zentraler Bestandteil, denn nur ein Subjekt, das um sich selbst weiß und sich selbst durchhält und für die anderen in den verschiedensten Situationen erkennbar bleibt, kann moralisch handeln und zur Verantwortung gezogen werden. Gleichzeitig reicht dies immer weniger aus, und das konstruktivistische „Erfinde dich selbst!" tritt als weitere Anforderung verstärkt hinzu. Subjektentwicklung ist jedoch dann fundamental bedroht, wenn sie sich allein auf den Leistungsgedanken stützt. Die zentrale Anfrage des „Erkenne dich selbst!", damit verbunden die Aufforderung, sich selbst zu finden, kann in der Rastlosigkeit der Leistungsorientierung nur schwer gelingen. Zeit zu haben zur Muße, zur kreativen Entspannung, zur Reflexion bedeutet auch, verantwortlich mit ihr umzugehen. Damit das „Erfinde dich selbst!" im Sinne einer konstruktiven Gestaltung der eigenen Biografie gelingen kann, ist die innere Verarbeitung der abgelaufenen biografischen Abschnitte nötiger denn je. Es verweist auf eine offene Zukunft, deren mehr oder weniger unbekannten Anforderungen umso eher in die Selbstformung einbezogen werden können, je mehr eine Selbstkompetenz aufgebaut werden kann, für die emotionale Leistungsfähigkeit ein wichtiger Bestandteil ist.

Zu dieser Selbstkompetenz gehört in zunehmendem Maße die Fähigkeit zur Selbstdarstellung, Präsentation und Inszenierung der verschiedenen Ichs zur jeweils passenden Gelegenheit. Hohe fachliche Qualifikationen reichen offensichtlich nicht alleine aus, um begehrte Berufswege einschlagen zu dürfen. Die Werbung für sich selbst, für die eigene Ware Arbeitskraft gehört ebenbürtig dazu – und wird in Assessment-Centern auf die Stichhaltigkeit ihrer Versprechen überprüft. Aus heutiger Sicht wird es wichtiger, die eigenen konkreten Handlungen im sozialen Umfeld daran zu messen, welche Geschichten, Beschreibungen, Projektionen und Bilder (Images) durch sie erzeugt werden und ob wir subjektiv mit dem Feedback leben können und wollen. Zur gelungenen Selbstkompetenz gehört weiterhin, die hierfür nötige Erinnerungsarbeit kritisch zu leisten. Zeitliche Distanz oder negative emotionale Besetzungen verschiedener biografischer Abschnitte können zur Uminterpretation, Projektion und Verdrängung führen, die sowohl das „Erkenne dich selbst!" als auch das eher auf Zukünftiges gerichtete „Erfinde dich selbst!" beeinträchtigen. Konstruktivistische Theorien, in der Pädagogik zum Mainstream geworden, nehmen diese Entwicklungen auf. Das traditionelle Subjekt-Objekt-Schema wird abgelöst, die konstruktiven, aktiven und selbstschöpferischen Anteile von Wissen, Erkennen und Sprechen werden betont, die Suche nach einer objektiven Wahrheit einer „wirklichen Wirklichkeit" wird aufgegeben. Das bedeutet aber auch, dass nichts bleibt, an dem man sich eindeutig und langfristig festhalten und orientieren kann. Zu dem Postulat, die Wirklichkeit sei, so wie wir sie wahrnehmen, unsere Erfindung (v. Foerster), gehört auch die Erfindung unserer Eigenwahrnehmungen und Emotionalität bzw. unseres Selbst. Das „Erfinde dich selbst!", die Generierung verschiedener Identitäten aus einem Lebenslauf heraus, wird zur Notwendigkeit, um im beschleunigten Wandel unserer Arbeits- und Berufswelt im Rahmen postindustrieller Zeitstrukturen überhaupt bestehen zu können – *viabel* zu sein in der herrschenden Terminologie der Biologen.

Aus arbeitsmarktpolitischen und gesellschaftlichen Gründen wird es nötig, emotionale Leistungsfähigkeit zu qualifizieren. Und pädagogische Konzepte können sich nicht gegen das sich (vermeintlich) unwiderruflich Entwickelnde stellen. Aus bildungstheoretischer Perspektive sind dabei Grenzsetzungen auf Grund ethischer Grundhaltungen bedeutsam, die die völlige Auslieferung der Subjekte an den globalisierten Arbeitsmarkt und die bis in die Tiefen der Persönlichkeit reichenden Anforderungen zumindest als Problem im Reflexionshorizont der Berufspädagogik halten und beschreiben können. Der strukturelle Wandel in Gesellschaft und Arbeitswelt hat weitreichende Folgen für die Gestaltung von Lernkonzepten in der beruflichen Bildung, die den individuellen Anforderungen gerecht werden wollen. Auf Grund der Entwicklungsdynamik steht die Entfaltung arbeitsprozessrelevanter Selbstkompetenzen im Vordergrund. In intentionalen Lernprozessen sollen Kommunikations- und Kooperationsfähigkeit, kognitive Flexibilität und Selbstreflexion gefördert werden. Wichtiger Bestandteil dieser Kompetenzen ist der Einsatz und der Umgang mit der eigenen Emotionalität einerseits. Hinzu kommt andererseits die Wahrnehmung und Reaktion auf die Emotionalität der anderen Beteiligten.

In besonderer Weise zeigt sich diese Entwicklung in dem wachsenden Bereich der personenbezogenen Dienstleistungen. Bereits in den frühen 1980er Jahren hat die amerikanische Soziologin Hochschild (1990) die private Gefühlsarbeit, die intime Beziehungen regelt und in einem überwiegend sozialisatorischen Prozess entsprechende gesellschaftliche Normen für emotionales Erleben und emotionalen Ausdruck internalisiert, als „emotion work" beschrieben. Im Kontrast dazu steht die arbeitsweltlich unter den Prämissen der Serviceorientierung und Profitmaximierung eingeforderte „emotion labor", in der der Gefühlsausdruck wirtschaftlichen und marktkonformen Normierungen unterliegt. Dienstleister/innen sollen zum Zwecke des authentischen Ausdruckes sogar ein bestimmtes Gefühlserleben ausprägen. Damit wird das prinzipielle menschliche Vermögen, zwischen innerem Gefühlserleben und äußerem Gefühlsausdruck bewusst differenzieren zu können, unter ökonomische Verwertungsinteressen gestellt. Die aktive Überwindung der Diskrepanz von erlebten Gefühlen und Gefühlsnormen ist als Teil der emotionalen Kompetenz auch bei Hahn beschrieben. Gerade für Face-to-face-Beziehungen in Servicetätigkeiten wird die Herstellung der angemessenen Gefühle und des kommerziell erwünschten Ausdrucks zur *„Arbeit* wie jede andere auch; eine Arbeit freilich, die weder in gängige Arbeitskonzepte (…) noch in typische Anforderungssysteme paßt (…) Es wird eine spezifische *Form* von Arbeit geleistet, nämlich *Emotionsarbeit"* (Haubl / Rastetter 2000, 21, H. i. O.). Gerade in der Emotionsarbeit der personenbezogenen Dienstleistung erscheint die Ware Arbeitskraft in ihrem Doppelcharakter als Tausch- und Gebrauchswert auf zwei Beziehungsebenen: Neben der Marktbeziehung zwischen Dienstleister und Kunden wird immer auch eine persönliche Beziehung hergestellt, denn der Dienstleister muss sich in die Person des Kunden einfühlen, seine Wünsche und Stimmungen, seine Eigenheiten und Charakteristika erkennen. Diese Ebene erfordert in gewisser Weise Vertrauen, Sympathie und Ehrlichkeit – die paradoxerweise aber eben von der Ebene der Marktbeziehung geprägt ist. Um die Anforderungen emotionaler Dienstleistungsnormen zu bewältigen, ist Emotionsarbeit auch durch Vorspielen von Gefühlen geprägt. Dieses Oberflächenhandeln bedarf andauernder Anstrengungen und Lernprozesse, unabhängig davon ob es als „faking in good faith" oder „faking in bad faith" im Hinblick auf die möglichen Widersprüche zwischen einerseits den eigenen Interessen und Werten und andererseits geschäftlicher Gefühlsnormen geschieht. Die Emotionskontrolle als wichtiger Aspekt der Emotionsarbeit hat dabei durchaus positive Seiten. Sie erlaubt es eben auch, eine innere Distanz zur Arbeit allgemein und zum Kundenverhalten im Speziellen zu wahren und damit einen Rest an Autonomie. Ohnehin scheinen sehr rigide betriebliche Emotionsnormen, die nahezu keinerlei Handlungsalternativen offen lassen, die Ausnahme zu sein. Die völlige Beschneidung von emotionalen Handlungsspielräumen würde allzu sehr auf den Widerstand der Beschäftigten stoßen, sie nicht zu selbstständigen und motivierten Mitarbeiter / innen werden lassen – und damit letztlich das Verwertungsinteresse unterlaufen (Rastetter 1999, 378).

Erfordert wird also die gezielte Qualifizierung von emotional kompetentem Handeln, Lernen und Arbeiten – im Team, in der Gruppe, in Beratung und Verkauf sowie in der Präsentation. Dass sich diese Entwicklungstendenzen hin zu einer leistungsmäßigen Erfassung von Emotionalität im Arbeitsprozess auch auf das professionelle Handeln von BerufspädagogInnen auswirken, wird im folgenden Abschnitt gezeigt.

3.2 Sozialkompetenz und emotionale Intelligenz

Der aus der juristischen Fachsprache entlehnte Begriff der Kompetenz, im Sinne eines *Zuständigseins* und *Von-Amts-wegen-befugt-Seins*, verweist auch im berufspädagogischen Kontext auf einen institutionellen Zusammenhang beispielsweise für Ausbildung und Prüfung. Weiterhin wird das Wort Kompetenz durchaus auch synonym zu *Können* verwendet, etwa in dem Sinne, dass eine Person, die für etwas zuständig ist, diese Anforderungen auch mit den entsprechenden Fähigkeiten und Fertigkeiten bewältigen kann. Mit den Begriffen Kompetenz und Performanz wird linguistisch grundsätzlich zwischen einer kognitiven Tiefenstruktur von Handlungen oder Texten und der jeweiligen empirisch wahrnehmbaren Oberflächenstruktur unterschieden. In der Sprachtheorie Chomskys liegt die Verfügbarkeit von grammatikalischen Regeln oder Regelsystemen dem Verstehen und Generieren einer prinzipiell unendlichen Vielzahl von sprachlichen Ausdrücken (Sätzen) zugrunde. Auf der Ebene der Performanz, also den Erscheinungsformen der Kompetenzen, wirken Letztere immer in gewisser Weise unvollständig oder formal nicht korrekt. So gibt es beispielsweise nur sehr wenige Menschen, die in freier Rede oder gar im Dialog mit anderen grammatikalisch fehlerfrei sprechen können. Trotzdem sind wir in der Rückschau in der Lage, die begangenen Fehler als solche zu erkennen, es liegt demnach keine mangelnde (grammatikalische) Kompetenz vor. Dabei handelt es sich nicht um bewusstes Wissen, sondern um „funktionierendes Können" (Linke u. a. 1991, 92) im Sinne eines eher intuitiven, unbewussten Wissens. An einem weiteren Beispiel anhand der Grammatik ist dies gut zu zeigen: Während schon 10-jährige Kinder in ihrer Muttersprache grammatikalisch richtig sprechen, können selbst Erwachsene in der Regel nicht begründen, *warum* bestimmte sprachliche Ausdrücke als richtig oder falsch gelten. Aus Sicht der linguistischen Theorie einer generativen Grammatik (Chomsky) steht also *Kompetenz* der *Performanz* gegenüber. Stark vereinfacht ist Kompetenz als die prinzipielle Handlungsfähigkeit eines Menschen und Performanz als der Gebrauch dieser Fähigkeit zu sehen (Lenzen 1993, 877; Linke u. a. 1991, 90 f.). Streng genommen ist manche Fähigkeit, die als emotionale Kompetenz beschrieben wird, innerhalb dieses Modells eigentlich emotionale *Performanz*, vor allem wenn es um Gefühlsausdruck, Stimmungsmanagement oder um Sozialkompetenzen wie Konfliktlösungsfähigkeit etc. geht.

Kompetenz ist als interne bzw. mentale oder kognitive Komponente von Persönlichkeit beschrieben worden. Persönlichkeit wiederum gilt als relativ zeitstabiles, komplexes Bündel von Merkmalen, anhand dessen sich Personen in ihren individuellen Weisen des Erlebens und Verhaltens unterscheiden (lassen) können. Im Begriff der Persönlichkeit sind kognitive und physische Merkmale genauso mit eingeschlossen wie affektive: Gefühle, Emotionen, Einstellungen, Motivationen, Interessen, Werte sowie komplexe, auch unbewusste Mechanismen, die in ihrer Wechselwirkung Verhalten und Denken von Menschen bestimmen. Der fast synonym verwendete Begriff des Charakters betont insgesamt stärker die zeitstabilen, statischen Komponenten. Kompetenz- und Persönlichkeitsentwicklung sind somit definitorisch eng miteinander verbunden. Performanz im Sinne einer aktualisierten Kompetenz ist dagegen das von außen zumindest mittelbar beobachtbare Verhalten, genauer gesagt das Handeln, da im Kontext des Konstruktes emotionaler Leistungsfähigkeit insbesondere intentionale Prozesse eine Rolle spielen.[13]

3.2.1 Sozialkompetenz

„Überzeugende Persönlichkeit mit einem hohen Maß an sozialer Kompetenz" – diese Formulierung ist so – oder zumindest so ähnlich – mittlerweile als Anforderungsprofil in vielen Stellenanzeigen zu finden. Auch auf umgekehrtem Wege, als Bestandteil vieler Bewerbungen, könnte diese Formulierung genutzt werden. Es sind damit ganz reale, unverzichtbare Anforderungen für die Arbeit in Teams, die oft projektorientiert angelegt und / oder interdisziplinär bzw. überfachlich zusammengesetzt sind. Diese Kompetenzen sollen nicht nur im engeren betriebswirtschaftlichen Sinne zur Gestaltung der Kommunikation innerhalb eines Betriebes und nach außen in den Kundenbeziehungen zur Geltung kommen. Auch im alltäglichen Leben, in der Bewältigung prekärer Situationen und biografischer Entscheidungen sowie in der Wahl und Gestaltung persönlicher Haltungen, Werte und Überzeugungen kommt ihnen verstärkt Bedeutung zu. Dies umso mehr, als andere, traditionelle Formen, Strukturen und Institutionen der gesellschaftlichen Kommunikation und ethisch-moralischen Wertsetzungen offensichtlich an Bedeutung verlieren. Hieraus resultiert die häufig unbestimmt formulierte Anforderung an das (Berufs-)Bildungssystem im Allgemeinen, zur Entwicklung von Sozialkompetenz verstärkt beizutragen.

Dabei wird das Wort Sozialkompetenz eher – und durchaus mit positiver Konnotation – für eine lose Sammlung von Fertigkeiten, Fähigkeiten und Kenntnissen genutzt, die als Zielbeschreibungen aufzufassen sind. Es wird weniger ausgedrückt, was Sozialkompetenzen sind, als was sie sein sollten bzw. wann und wo sie einzusetzen sind. Sozialkompetenzen, Soft Skills und Schlüsselqualifikationen sind auch im wissenschaftlichen Bereich der berufs- und wirtschaftspädagogischen Fachliteratur nur unscharf voneinander getrennt und normativ unbestimmt. Je nach Autor/in und Argumentation werden einzelne Aspekte oder Kompetenzen aus einer mittlerweile umfangreichen Liste ausgewählt. In dieser Unschärfe zeigt sich aber auch ein gewisser Konsens darüber, dass situativ, in Abhängigkeit beispielsweise von Bedarf und Unternehmenskultur, verschiedene Aspekte sozialer Kompetenzen – die im Übrigen häufig nur im Plural genannt werden, weil es eine oder gar *die* soziale Kompetenz nicht geben kann – größere Bedeutung erhalten. Das Spektrum reicht von allgemeiner Menschenkenntnis und Empathie bis hin zu Vertrauenswürdigkeit, Interaktionsfähigkeit, Durchsetzungsvermögen, Integrationsfähigkeit und die Fähigkeit, sich und andere für ein (gemeinsames) Ziel zu begeistern. Diese Liste lässt sich schnell um Begriffe wie Ambiguitätstoleranz, Gruppenorientierung, soziale Verantwortung[14], Rollentoleranz, soziale Sensibilität, soziale Intelligenz, Offenheit und Konfliktfähigkeit erweitern. Das Konstrukt Sozialkompetenz wäre damit immer noch nicht hinreichend geklärt und auf den Begriff gebracht. Bei näherer Betrachtung wird ersichtlich, dass sich das Konstrukt Sozialkompetenz aus vielerlei Quellen speist (Friede 1994). Handlungstheoretische, bildungsökonomische[15], persönlichkeitstheoretische Zugänge und die Analogie zum linguistischen Kompetenzbegriff nach Chomsky haben dabei große Bedeutung. Da die unterschiedlichen theoretischen Bezüge in der Regel nicht expliziert werden, viele Autoren sich zugleich auf mehrere beziehen und vor allem Schlüsselqualifikationen, Soft Skills und Sozialkompetenzen bisweilen auch synonym benutzt werden, ist eine begrifflich klare Unterscheidung bzw. ein Konsens über eine genaue Definition von Sozialkompetenz nicht in Sicht.

Nicht nur auf Grund der Unschärfe und der damit unterstellten Beliebigkeit ist das Konzept der sozialen Kompetenzen kritisiert worden (Miller/Drescher 1994; Euler 1997). Insbesondere die Diagnose und Prüfungsproblematik von Sozialkompetenzen, zum Beispiel in Personalauswahlverfahren und in Personalentwicklungsmaßnahmen, stellt noch viele offene und strittige Fragen – bis hin zur These, dass Sozialkompetenz sich einer operationalisierten Messbarkeit entziehe. Gerade in seiner Unbestimmtheit kann aber der eigentliche Nutzen des Begriffes liegen, da er auf komplexe Prozesse angewandt werden soll, die durch situative Offenheit, hohen Vernetzungsgrad vieler Akteure, zirkuläre Kausalitäten und mögliche Ungleichzeitigkeiten charakterisiert sind.

An dieser Stelle werden Sozialkompetenzen in Analogie zum linguistischen Kompetenzbegriff vorwiegend als inneres Vermögen im Kontext von Persönlichkeits-

entfaltung und als Fähigkeit zur Metakommunikation gesehen. In dieser pragmatischen Sichtweise werden emotionale und motivationale Faktoren von Sozialkompetenz hervorgehoben, wie beispielsweise Selbstsicherheit und -wirksam-
keit sowie „soziale Intelligenz" (Thorndike 1920). Dazu gehört weiterhin, dass
die subjektiven Anforderungen, Wünsche und Forderungen klar geäußert werden können, positive wie negative Gefühle wahrgenommen und situationsad-
äquat ausgedrückt, Gespräche initiiert, geführt und beendet werden können. Zu
diesem Katalog an Fähigkeiten tritt noch die Wahrnehmung und Beachtung von
persönlichen Motiven, Zwecken und Interessen. Eine Person kann als sozial kompetent beschrieben werden, wenn „sie sich durchsetzen kann, wenn sie hilfsbe-
reit ist, wenn sie auf Bedürfnisse anderer eingehen kann, wenn sie aus früheren
Erfahrungen lernt, wenn sie ein Interesse an sozialen Aktivitäten und Kultur hat
und wenn sie sich als selbstwirksam und verantwortungsvoll sieht" (Friede 1994,
619).

Sozial-kommunikatives Handeln

Für ein konstruktivistisches Grundverständnis von sozial-kommunikativem Handeln ist die Beachtung der möglichen Differenz von Bedeutungen wichtig, die
einerseits zwischen der Äußerung des Senders und andererseits der Bedeutung,
die die Empfänger diesen Äußerungen zusprechen, entstehen kann. Da über
emotionalen Ausdruck – insbesondere körpersprachlich, also über Gestik, Mimik
und Körperhaltung – schnell viel Information mitgeteilt wird, spielt die These eine besondere Rolle, dass die Bedeutung nicht allein in der Information oder dem
sie tragenden Signal enthalten ist, sondern immer vom Empfänger selbst konstruiert und interpretiert wird. Die Gefahr des Missverständnisses und der Störung wächst in dem Maße, in dem die Differenz aus Sozialisation und soziokul-
tureller Herkunft zunimmt. Der konsensuelle Bereich, in dem Verständigung gelingen kann, muss immer wieder neu abgesichert und im Kommunikationsprozess selbst erzeugt werden. „Je häufiger die Situationen werden, in denen unsere
Bedeutung eines Wortes zur Intention eines Sprechers zu passen scheint, desto
stärker neigen wir dazu, sie für *die* konventionelle Bedeutung schlechthin zu halten – und wir vergessen dabei unweigerlich, dass ein derartiges wie oft auch immer auftretendes Passen keinesfalls beweist, daß unser Verständnis tatsächlich
mit einer vom Sprecher gemeinten Bedeutung übereinstimmt" (Glasersfeld
1997, 92). Auch auf der nonverbalen Ebene können vokal, zum Beispiel durch
einzelne Laute und Prosodie, wie nonvokal, über Gestik und Mimik, Informationen ausgesendet werden, über deren Bedeutung nicht ohne weiteres Konsens
zwischen den Interaktionspartnern bestehen muss.

Weite Verbreitung und Anerkennung hat die Beschreibung von vier Ebenen jeglicher Äußerung und Interpretation durch F. Schulz von Thun (1998) gefunden. Sach-, Beziehungs-, Selbstkundgabe- und Absichtsebene sind in allen Kommunikationen – bei durchaus individuell und situationsspezifisch unterschiedlichen Gewichtungen – untrennbar miteinander verbunden. Das Gelingen von Kommunikation hängt sehr stark davon ab, dass die Beteiligten voneinander wissen, auf welcher Ebene sie argumentieren bzw. dass sie dies nicht ohne weiteres auf der gleichen tun. Das eigene Selbstkonzept des Empfängers spielt dabei eine besondere Rolle. Als Deutungsschlüssel zum Dekodieren der kommunizierten Signale prägt es die Interpretation von Nachrichten. Beispielsweise wird ein Mensch mit negativem Selbstbild oder geringer Selbstwirksamkeitserwartung dazu neigen, Botschaften so zu interpretieren, dass wiederum negative Erfahrungen bestärkt werden. Ganz im Sinne der in Abschnitt 2.4 referierten Fühl-, Denk- und Verhaltensprogramme kann sich eine solche emotionale Tönung durch den ganzen Kommunikationsprozess hindurchziehen. Verstärkt wird dieser Effekt, wenn in der Rekonstruktion der Nachricht auf Seiten des Empfängers nicht zwischen Wahrnehmung, Interpretation und möglichen eigenen gefühlsmäßigen Betroffenheiten unterschieden wird. So gibt es aus dieser konstruktivistischen Sicht nicht nur eine Verantwortung des Senders für den Inhalt der Nachricht, sondern in besonderer Weise eine eigene Verantwortung des Empfängers für dessen innere Reaktion auf sie.

Der grundsätzlichen Beschreibung von Sozialkompetenz als sozial-kommunikatives, inhalts- und situationsadäquates Agieren ermöglichender Teil von Handlungskompetenz liegt ein konstruktivistisches Kommunikationsverständnis zugrunde (Euler/Reemtsma-Theis 1999). Sozialkompetenzen, als Teilmenge der Handlungskompetenzen aufgefasst, stellen relativ zeitstabile Verhaltensmöglichkeiten von Individuen dar. Unter den Bedingungen konkreter Situationstypen kann somit ein regelmäßiges, relativ stabiles Verhalten auf Grund dieser charakteristischen Verhaltensdispositionen erwartet werden. Die formale Betrachtung von Handlungskompetenz schließt die Differenzierung in *Verhaltenskomponenten* als Art der Aktivität und *Inhaltskomponenten* im Sinne eines Gegenstandes, auf den sich die Verhaltenskomponente bezieht, ein. Hier werden bei weiterer Differenzierung die oben angeführten vier Ebenen der Kommunikation wieder sichtbar. In die Beschreibung von Sozialkompetenzen durch deren Verortung unter das allgemeinere Konstrukt der Handlungskompetenzen fließen auch die Inhalts- und Situationskomponenten mit ein. Sozial-kommunikatives Handeln ist ein zielgerichtetes Handeln, das auf personale Objekte hin ausgerichtet ist. Sozialkompetenzen bilden für dieses Handeln die Bedingungsmöglichkeit. Unstrittig ist der Umstand, dass Sozialkompetenzen nur für jeweils spezifische Kontexte und konkrete Typen von Situationen aufgebaut und angewendet werden und sie nicht ohne weiteres auf andere Kontexte übertragbar oder gar universell in allen sozialen Interaktionssituationen anwendbar sind. Die Autoren bestimmen in diesem Modell sozial-kommunikativen Handelns – unter besonderer Berücksichtigung des Risikos von Missverständnissen und Kommunikationsstörungen – zwei wesentliche, wechselseitig miteinander verknüpfte Schwerpunkte, zwischen denen auch im Verlauf einer Kommunikation gewechselt werden kann:

Der *agentive Schwerpunkt* beschreibt in diesem Modell das unmittelbare kommunikative Geschehen in sozialen Handlungssituationen. Der ständige Wechsel von Artikulationen und Interpretationen zwischen den Beteiligten verläuft als zirkulärer Prozess praktisch störungsfrei, sodass kein Wechsel auf die reflexive Ebene nötig wird. Inhaltlich lassen sich die o. a. vier Ebenen analytisch unterscheiden. Im agentiven Schwerpunkt sozial-kommunikativen Handelns kommen somit die Kompetenzen zur Artikulation und Interpretation von Äußerungen aller Art auf der Sach-, Beziehungs- und Absichtsebene sowie der Selbstkundgabe zum Tragen.

Im *reflexiven Schwerpunkt* dieses Modells stehen vor allem Kompetenzen zur Klärung situativer und personaler Faktoren in ihren Bedeutungen und Ausprägungen im Vordergrund. Die Reflexion über abgelaufene sozial-kommunikative Handlungen wird in der Regel dann erfolgen, wenn jene in besonderer Weise als gelungen, schwierig oder gar als unmöglich wahrgenommen wurden. Zur (nachträglichen) Klärung können prinzipiell Faktoren unterschieden werden, die einerseits als äußere Bedingungen, andererseits als Persönlichkeitsmerkmale aller Beteiligten, also auch der eigenen Anteile, quasi als innere Bedingungen gelten können.

Zu den äußeren, *situativen* Bedingungen gehören neben den raum-zeitlichen Rahmenbedingungen die „Nachwirkungen aus vorangegangenen Ereignissen" sowie die sozialen Erwartungshaltungen an die Kommunikationspartner (ebd., 178). Als wichtiger Punkt wird die Klärung von Wirkungen genannt, die sich aus der Gruppenzusammensetzung ergeben können. Hier spielen unter anderem gruppenpsychologische Aspekte wie Macht, Führung, Status eine Rolle oder – unter Rückgriff auf Watzlawick u. a. – die Unterscheidung von symmetrischen Beziehungen als Streben nach Gleichberechtigung und Verminderung von Unterschieden zwischen den Partnern einerseits und komplementären Beziehungen andererseits, die auf sich ergänzenden Unterschiedlichkeiten aufbauen. Eine weitere gewichtige Rolle dürfte die – von den Autoren nicht erwähnte – Freiwilligkeit der Mitarbeit in solchen Gruppen spielen. Bei der Klärung der Ausprägungen und Bedeutungen von inneren, *personalen* Bedingungen spielen fachliche Grundlagen, Setzung von Handlungsprioritäten und die normative, wertbezogene Ausrichtung des Handelns eine Rolle.

Besondere Beachtung kommt im Sinne der vorliegenden Studie der Klärung der (eigenen) emotionalen Befindlichkeit sowie des Selbstkonzeptes zu. Sie stellen Voraussetzungen dar, ob und in welcher Weise zum Beispiel bestimmte Gefühle oder moralische Grundhaltungen in die Kommunikationssituation eingebracht werden. Unmittelbar aus dem alltäglichen Erleben ist die Wirkung von emotionaler Befindlichkeit auf Situationen kommunikativen Handelns einsichtig. Unter Bezugnahme auf die oben ausgeführten Thesen Ciompis zur emotionalen Tönung aller handlungsleitenden Kognitionen, also zum Beispiel im Sinne der *Alltagslogik*, soll dieser Zusammenhang hier nur angedeutet werden. In deren Konsequenz liegt es, dass Handlungsplanungen und -steuerungen relativ flexibel und offen gestaltet werden, da nur ein schwaches emotionales Anregungspotenzial vorhanden ist. Je stärker die negativ besetzte emotionale Beteiligung ausfällt, umso rigider, unbeweglicher werden die Handlungen an schon einmal durchgeführte, erfolgreich erprobte Handlungsweisen gekoppelt. Diese können situativ aber völlig unangemessen sein. Im Hinblick auf gelingendes sozial-kommunikatives Handeln, das heißt zur Vermeidung von Kurzschlusshandlungen, Abbruch der Kommunikation durch Rückzug und andere Formen massiver Störungen, ist es entscheidend, Kompetenzen zur bewussten und differenzierten Wahrnehmung der eigenen Gefühlslage aufzubauen, um dann auf die Gefühle und deren Äußerung auch beim Gegenüber gezielt Einfluss nehmen zu können. Die im Laufe der Ontogenese erfahrungsgeneriert gewonnenen und ausdifferenzierten emotionalen Schemata stehen nicht automatisch allen Individuen in gleichem Maße zur Verfügung und bedürfen spezifischer Lernprozesse. So wie im Bereich der Grundemotionen oder Basisgefühle von weitgehenden interindividuellen Übereinstimmungen – zumindest innerhalb eines gemeinsamen gesellschaftlich-kulturellen Kontextes – auszugehen ist, sind emotionale Differenziertheit und Wahrnehmungsfähigkeit sowie der bewusste Umgang mit Emotionalität von großen individuellen Unterschieden geprägt.

Insbesondere der Zusammenhang von emotionaler Differenziertheit und Selbstbeherrschung, wie er unter anderem in einer Untersuchung von Sokolowski (1993) festgestellt wurde, ist bei der Reflexion auf die personalen Bedingungen von Interesse. „Da die emotionale Differenziertheit ein Maß dafür ist, wie viele Befindlichkeiten eine Person innerhalb ihres Emotionserlebens voneinander unterscheiden und beobachten kann, kann man auch vermuten, dass Personen mit einer hohen emotionalen Differenziertheit beim emotionalen self-monitoring präziser und feiner Veränderungen an sich bemerken. So dürfte die personenspezifische Fähigkeit zur Selbstbeherrschung und Emotionskontrolle in starkem Maße von der Höhe der emotionalen Differenziertheit einer Person mit beeinflußt werden" (ebd., 90 ff., zit. nach Euler / Reemtsma-Theis 1999). Dabei unterscheiden sich im Übrigen emotional hoch und niedrig Differenzierte nicht hinsichtlich ihrer Verbalisierungsfähigkeit, also der Verfügbarkeit von Emotionswörtern.

Das könnte bedeuten, dass nicht die Verbalisierungsfähigkeit, die auf Grund dieser Ergebnisse von Sokolowski selbst nicht als Erklärung emotionaler Differenziertheit genügt, sondern eher die Fähigkeit zur Stimmigkeit und selektiven Authentizität zur gelingenden Gestaltung derjenigen Komponenten von Kommunikation beiträgt, die erheblichen emotionalen Einflüssen unterworfen sind. Weitere Einflüsse können sich aus den vielfältigsten Persönlichkeitsmerkmalen und Charakterstrukturen ergeben, beispielsweise wenn Menschen mit hoher emotionaler Differenziertheit und einem entsprechenden sprachlichen Ausdrucksvermögen sich aus Unsicherheit heraus entschließen, sich eben in einer konkreten Situation nicht zu äußern.

Für die Reflexion der personalen Komponenten sozial-kommunikativen Handelns ist das *Selbstkonzept* der Personen von besonderer Wichtigkeit. Allgemein wird als Selbstkonzept die relativ situations- und zeitstabile Selbstwahrnehmung und -deutung von Individuen bezeichnet. Es hat im Zusammenhang des reflexiven Schwerpunktes sowohl eine klärende als auch eine handlungsleitende Funktion. Die Reflexion des eigenen Selbstbildes kann Erklärungen für die in einer kommunikativen Situation ausgelösten Emotionen liefern bzw. das auslösende Moment selbst genauer bestimmen und damit zur emotionalen Differenziertheit und angemessenem emotionalem Ausdruck beitragen. Selbstkonzeptrelevante Themen, Probleme und Situationen erhöhen allgemein die Handlungsbereitschaft. Problematisch ist allerdings schon der reflexive Zugang des eigenen Selbstkonzeptes. Die richtige Einschätzung des Selbstbildes der Kommunikationspartner ist in besonderem Maße von der Vertrautheit und Offenheit der Situation sowie von der Selbstklärung möglicher Übertragungen und Projektionen, die im Modell von Euler / Reemtsma-Theis nicht genannt werden, abhängig. Die geübte Unterscheidung von Wahrnehmung, Interpretation und eigenen Gefühlen ist somit als ein weiterer wichtiger Bestandteil sozial-kommunikativen Handelns zu sehen.

Die beiden Komponenten im reflexiven Schwerpunkt, die Klärung von Ausprägung und Bedeutung der situativen und personalen Bedingungen führen in der gelingenden Kommunikation zur „Stimmigkeit" (Schulz von Thun 1998, III, 306). In einer idealtypischen Betrachtungsweise liegt in der Stimmigkeit die doppelte Entsprechung der kommunikativen Situation vor: zum einen in der Angemessenheit mit dem Gehalt der Situation, dem systemischen Kontext, sowie zum anderen in der Übereinstimmung mit dem eigenen Selbstkonzept, dem personalen Aspekt der Situation. Entsprechend einem Vier-Felder-Schema ist sozial-kommunikatives Handeln gemäß dem eigenen Selbstkonzept *stimmig*, wenn es authentisch ist und situationsadäquat. *Daneben* ist es, wenn zwar authentisch, aber nicht situationsgerecht gehandelt wird. *Angepasst* bezeichnet die fehlende Authentizität in einer situationsgerechten Handlung, und *verquer* ist das Verfehlen sowohl der Authentizität als auch der Situationsentsprechung. Auslösendes Moment für Kommunikationsstörungen ist das Verfehlen der doppelten Übereinstimmung von Selbstkonzept und dem Gehalt der Situation.

Grundlegend für das vorliegende Modell ist die These, dass nur dann aus dem agentiven Schwerpunkt der Kommunikation, der sich kontinuierlich zwischen Artikulation und Interpretation bewegt, in die Reflexion personaler und/oder situativer Komponenten gewechselt wird, wenn es zu besonderen Ereignissen, in der Regel Störungen, Irritationen, Deutungsschwierigkeiten sowie das Modell ergänzend: emotionalen Betroffenheiten, im Ablauf kommt. Der umgekehrte Vorgang, von der Reflexion zurück in die Aktion, bedarf spezifischer Kompetenzen, die als Handlungsregulation, -kontrolle oder -steuerung thematisiert werden (Euler/Reemtsma-Theis 1999, 189). Diese Kompetenzen sind charakteristisch dafür, Handlungsabsichten auch bei auftretenden Schwierigkeiten umsetzen zu können. Der Fähigkeit der Emotionskontrolle kommt dabei – vor allem unter dem Aspekt der Motivation und Misserfolgsbewältigung (coping) – eine besondere Bedeutung zu. Emotionale Differenziertheit trägt dazu bei, einen kognitiven (reflexiven) Zugriff auf die ausgelösten Gefühle zu erlangen und möglicherweise deren Einfluss auf Aufmerksamkeits- und Motivationskontrolle zu steuern. Die Fähigkeit und Bereitschaft, Kommunikationsstörungen wahrzunehmen, sie zu identifizieren und reflexiv zu bearbeiten, gehören somit ebenfalls zu den Teilkompetenzen, mit denen das Verständnis von Sozialkompetenzen in diesem Modell konkretisiert wird.[16]

Das referierte und stellenweise ergänzte Modell beschreibt Sozialkompetenzen als Bedingungsmöglichkeiten für sozial-kommunikatives Handeln allgemein. Es ist somit als Analyseraster und Reflexionshilfe sowohl in pädagogischen als auch arbeitsweltlichen Kontexten geeignet. Gerade durch die Beachtung situativer und personaler Bedingungen, das Klären subjektiver emotionaler Anteile sowie die Offenheit gegenüber möglichen Einflüssen aus bisherigen Kommunikationen ist es kompatibel zu dem in Abschnitt 2.3 beschriebenen Kommunikationsmodell der Themenzentrierten Interaktion – es kann als dessen zeitgemäß reformulierte Konkretisierung gelesen werden. Gerade darin liegt seine Stärke aus berufspädagogischer Sicht, es ist auf kommunikative Situationen im Kontext beruflicher Bildung speziell für Lehr-/Lernprozesse und für die Teamarbeit anwendbar. Weiterhin anerkennt es die große Bedeutung emotionaler Anteile und Betroffenheiten in allen Kommunikationen, die affektive Tönung aller Wahrnehmungen und Interpretationen.

Emotionale Kompetenz

Die berufspädagogische Diskussion um emotionale Kompetenz schließt sich an die abflauende Debatte über Sozialkompetenz und Schlüsselqualifikationen an. Im Unterschied zu *Qualifikation* meint hier *Kompetenz* die Fähigkeit, vorhandene Potenziale eigenständig weiterentwickeln und auf bisher unbekannte Situationen und Probleme anwenden zu können. Allgemein werden Kompetenzen als Bedingungsmöglichkeiten für das konkrete Verhalten und Handeln von Menschen in biografischen und arbeitsweltlichen Zusammenhängen gesehen. Im Mittelpunkt stehen dabei überwiegend die kognitiven, motivationalen und psychomotorischen Aspekte. Die emotionalen Anteile werden seitens der Berufs- und Wirtschaftspädagogik sowohl im Zusammenhang mit Arbeits- und Geschäftsprozessen als auch im Kontext der pädagogischen Professionalisierung des ausbildenden Personals weniger beachtet. Sie erscheinen bestenfalls implizit bei der Beschreibung von Selbst- oder Ich-Kompetenz.

Bezüge zur Emotionalität hat die Beschreibung von Kommunikationskompetenz. Im Modell von Watzlawick u. a. (1990), auf das sich insbesondere konstruktivistische Autoren stützen, spielen auf der Beziehungsebene Erwartungen und Einstellungen zwischen Menschen eine Rolle, indem Empfindungen, Gefühle und Stimmungen kommuniziert werden. Störungen auf der Beziehungs- und Gefühlsebene erscheinen als harte inhaltliche, vielleicht sogar blockierende Debatten.[17] Diese sind die Spitze des Eisberges. Der oberflächlich sichtbare kleinere Teil steht in dieser „Titanic"-Metapher für die Aufgaben- bzw. die Sachebene in der Zusammenarbeit von Menschen. Der unsichtbare, zunächst unergründete und deshalb problematische größte Teil sind die sozialen und vor allem emotionalen Faktoren, an denen eine produktive Zusammenarbeit unterzugehen droht. Unausgetragene Konflikte, unausgesprochene Probleme und Störungen schlagen als Missverständnisse, Mobbing, abnehmende Motivation und verlangsamte Lernprozesse – auch für das ganze Team – auf der Inhaltsebene durch. In einer solchen Situation liegen emotionale Kompetenzen in der Fähigkeit der Selbstwahrnehmung, der bewussten nonverbalen Kommunikation, dem Einfühlungsvermögen für die möglichen Betroffenheiten der anderen und der Wertschätzung den anderen Team- oder Gruppenmitgliedern gegenüber. Dabei ist von besonderem Interesse, wie Menschen, in unserer Zeit der „Patchwork-Identity" zu unterschiedlichen Gruppenzugehörigkeiten genötigt, den damit verbundenen Rollen- und Normenwandel für Emotionalität subjektiv erleben und ausdrücken. Im beruflichen Bereich zählen emotionale Kompetenzen oft schon zu den schlüsselqualifikatorischen Mindestanforderungen. Offenheit, Einfühlungsvermögen, Frustrationstoleranz, Belastbarkeit, soziale Sensibilität, realistische Selbsteinschätzung und die Fähigkeit zur Konfliktbewältigung werden dort unter Kommunikations- und Teamfähigkeit subsumiert. In der von H. Beck (1995) erstellten Liste der häufigsten Umschreibungen von Schlüsselqualifikationen nehmen diese beiden Fähigkeiten immerhin die Positionen zwei und fünf ein. Im Bereich der Personalauswahlverfahren und der betrieblichen Kompetenzentwicklung finden sich weitere emotionale Kategorien, unter anderem: Intuition, emotionale Stabilität, besonnene Reaktionen auf persönliche Angriffe, aktives Zuhören, Selbstsicherheit und Gespür für emotionale Zusammenhänge (Albrecht 1997).

3.2.2 Emotionale Intelligenz (EQ)

Zuerst wurde die Abkürzung *EQ* in den 1980er Jahren durch Reuven Bar-On zur Beschreibung verschiedener Aspekte dieser Fähigkeiten eingesetzt. *Emotionale Intelligenz* als wegweisender Begriff ist dann durch die Arbeiten von Peter Salovey und John Mayer veröffentlicht worden (Salovey/Mayer 1990 und Mayer/Salovey/Caruso 2000). Schließlich wurde dieses Konzept durch die Bücher des Psychologen und Wissenschaftspublizisten Daniel Goleman weltweit bekannt und einem breiteren Leserkreis zugänglich (Goleman 1996 und 1999). Emotionale Intelligenz sei eine der zentralen Voraussetzungen für Erfolg und für den beruflichen und persönlichen Erfolg sogar bedeutsamer als der IQ, die kognitive Intelligenz. Darin liegt möglicherweise auch der (ökonomische) Erfolg dieses Konzeptes begründet. Es suggeriert zumindest ein Versprechen, dass für jede/n sehr schnell persönliche und berufliche Leistungsfähigkeit zu verbessern sowie schnelle Erfolgs-, Zufriedenheits- und Effektivitätssteigerungen möglich sind. Bei Goleman – und wohl auch bei den meisten der zahlreichen Publikationen in seinem Gefolge – liegt dabei kein Intelligenzbegriff im engeren Sinne zugrunde, der auf operationalisierbare und messbare Komponenten eines wissenschaftlichen psychologischen Konstruktes aufbaut. Vielmehr ist es ein erweitertes Verständnis, das eher wichtige Fähigkeiten und Leistungsdispositionen im „Umgang mit sich selbst" (Gamm 1977) und in der Gestaltung von Beziehungen zu anderen umfasst.

In der berufspädagogischen Diskussion werden mit Schlüsselqualifikationen und Soft Skills schon seit einigen Jahren Fähigkeiten beschrieben, die emotionale Intelligenz implizieren. Die Fokussierung als EQ erlaubt dabei nicht nur eine genauere Beschreibung und Standardisierung, sondern verdeutlicht die mögliche Veränderbarkeit durch gezielte Schulung. Die emotionale Intelligenz als Leistungsbegriff zu fassen bedeutet, wie beim IQ, sie auch von den Einzelpersonen zu lösen und zu verallgemeinern. An dieser Stelle kann nicht auf eine allgemein anerkannte Definition von Intelligenz Bezug genommen werden, die bisher nicht vorliegt und nach Lage der Dinge – die Diskussionen sind gut 100 Jahre alt –

auch nicht vorliegen wird. Im Zusammenhang dieses Kapitels geht das Verständnis von Intelligenz über das, was die Tests messen, also eine statistisch-test-psychologische Sicht, hinaus. Intelligenz ist in die Gesamtstruktur des Subjektes eingebettet und gleichzeitig von vielen äußeren Einflüssen und Umständen geprägt. Keine Lern- oder Bildungsleistung, auch nicht schulischer und beruflicher Erfolg sind von ihr allein abhängig. Intelligenz stellt ganz allgemein einen Bedingungskomplex für bestimmte Leistungen dar, wobei hier der Schwerpunkt auf die Problemlösefähigkeit gelegt wird, also die Kompetenz, Schwierigkeiten in neuen Situationen erkennen und überwinden zu können. Der Intelligenzbegriff ist ein Leistungsbegriff. Vereinfacht ausgedrückt werden traditionell kognitive Potenziale gemessen, die eine zukünftige erfolgreiche Bewältigung von Anforderungen, Aufgaben oder Problemen ermöglichen bzw. erwarten lassen. Auch emotionale Intelligenz ist ein Leistungsbegriff und direkt auf beruflichen Erfolg bezogen. Er entstammt einer US-amerikanischen Forschungstradition, die anfänglich vor allem das erfolgreiche Handeln von Führungskräften untersuchte. Mittlerweile hat sich das Untersuchungsinteresse auch auf andere Berufsfelder und Hierarchieebenen ausgedehnt. Ein Zusammenhang zwischen Maßen kognitiver und emotionaler Intelligenz sind empirisch nicht begründbar (Boyatzis / Goleman / Rhee 2000).

Dem einheitlichen Konzept von Intelligenz als rein kognitiver Größe stellt Goleman, in enger Anlehnung an Howard Gardner, ein multiples gegenüber, in dem ein ganzes Spektrum von Intelligenzen gleichberechtigt nebeneinander steht. Zur bisherigen akademischen Spielart der verbalen und mathematisch-logischen Geschicklichkeit treten räumliche, kinästhetische sowie musikalische Fähigkeiten. Hinzu kommt, und das ist für die Einordnung der „Intelligenz der Gefühle" bedeutsam, die „personale Intelligenz" mit ihren innerpsychischen und zwischenmenschlichen Seiten (Goleman 1996, 60). Basierend auf diesem Konzept, dessen Schwerpunkt weiterhin bei der Kognition, eben der Kognition über Gefühle, bleibt, entwickelt Goleman seine „andere Art von Intelligenz". Ihm geht es dabei neben den physiologischen Voraussetzungen um die Intelligenz der Emotionen und dass Intelligenz an die Emotionen herangetragen werden kann, also emotionale Bildung und Schulung der Gefühle („self science curriculum"). Als ein Ergebnis seiner Untersuchungen zu den Kriterien erfolgreichen Führungshandelns im Topmanagement von 188 internationalen Unternehmen hält er fest, dass die emotionale Intelligenz eine doppelt so große Bedeutung hatte wie die Einflussgrößen fachliche Fähigkeiten und Intelligenzquotient. Dies galt in der Untersuchung für alle Hierarchieebenen (Goleman 1999, 28). Dabei wird unterstellt, dass das Niveau der fachlichen Kompetenzen bei den Befragten nicht nur annähernd gleich, sondern eben auch als sehr hoch anzusehen ist.

In Anlehnung an Salovay/Mayer (1990) werden fünf zentrale Elemente emotionaler Intelligenz beschrieben. Dabei ist für Goleman von besonderem Interesse, dass diese komplexe Form der Intelligenz durchaus nicht allein durch genetische Anlagen determiniert, sondern sehr wohl durch Förderung und „Bildung der Gefühle" für jeden Einzelnen zu entwickeln ist. Die zentralen Aspekte emotionaler Intelligenz und deren Bedeutung für bzw. Verbindung zur beruflichen Bildung und Teamarbeit sollen hier kurz skizziert werden:

Selbstwahrnehmung und Selbstreflexion. Die eigenen Emotionen zu erkennen ist die Basis für emotionale Intelligenz. Die permanente Beobachtung und Beachtung der eigenen Gefühle ist von großer Bedeutung für das subjektive Erkennen und Verstehen seiner selbst. Die differenzierte Wahrnehmung der eigenen Gefühlslagen im Sinne einer Bewusstheit und Achtsamkeit ist die Voraussetzung für die sprachlichen Ausdifferenzierungen im Kommunikationsprozess. Bestimmte Handlungen, konkretes Verhalten im Gruppenarbeitsprozess und die eigene Arbeitsleistung unterliegen bzw. sind bestimmt von emotionalen Einflüssen, die selbstreflexiv zu beurteilen sind. Es kann Klarheit darüber gewonnen werden, was subjektiv über eigene Entscheidungen wirklich gedacht und erlebt wird. Im Grunde reicht dies bis hin zur biografischen Reflexion der individuellen Berufswahlentscheidung. Diese Komponente der emotionalen Intelligenz hilft auch, die eigenen Werte und Überzeugungen zu verstehen und das persönliche Handeln an ihnen auszurichten sowie die Wirkungen der eigenen Gefühlslagen und des Gefühlsausdrucks auf andere bewerten und berücksichtigen zu können.

Auf die Selbstwahrnehmung baut die Fähigkeit auf, *Gefühle angemessen* zu *handhaben.* Wem es gut gelingt, etwa mit Angst oder Gereiztheit umzugehen, bleibt in den entsprechenden Situationen entscheidungs-, arbeits- und leistungsfähig. Dieses Moment der *Selbstkontrolle bzw. Selbststeuerung* ermöglicht es zum Beispiel, anstehende Veränderungen positiv zu bewerten und mitzutragen. Im Sinne eines Stimmungsmanagements beschreibt dieser Aspekt emotionaler Intelligenz auch die Fähigkeit, sich nicht von starken emotionalen Impulsen bzw. Grundstimmungen überfluten zu lassen. *Emotionen* auf das Erreichen eines Zieles hin *ausrichten* zu können ist zentral für erfolgreiches Handeln. Aufmerksamkeit, Kreativität und vor allem *Selbstmotivation*, im Zusammenhang mit emotionaler Selbstbeherrschung, also dem Unterdrücken impulsiver Handlungen und dem Aufschieben von Gratifikationen, sind dadurch zu verbessern. Die Arbeit wird produktiver und effektiver. Wichtiger Bestandteil emotionaler Intelligenz ist demnach der Umgang mit Misserfolgen und Enttäuschungen.

Empathie, die Fähigkeit, sich einfühlend auf andere Menschen zu beziehen, hilft beispielsweise, die sozialen Kosten der Teamarbeit zu senken. Gleichwohl besteht die Gefahr, in einen unerwünschten Altruismus abzugleiten. In diesem Zusammenhang geht es nicht darum, sich mit den Emotionen anderer zu identifizieren und diese zufrieden zu stellen, das Ergebnis wäre Handlungsunfähigkeit. Die Fähigkeit, auch mit versteckten, unausgesprochenen Signalen umzugehen, sie in Überlegungen und in Entscheidungsprozessen mitzubedenken und zu berücksichtigen, erleichtert das Managen von Problemen, Wünschen und Bedürfnissen Einzelner im Team. Diese Komponente der emotionalen Intelligenz macht auch die Existenz und Wirksamkeit kultureller und ethischer Unterschiede bewusst.

Zentraler Punkt ist der *Umgang mit Beziehungen*, die soziale Kompetenz, mit den Emotionen anderer umzugehen und Netzwerke aufzubauen. Diese interpersonale Fähigkeit ist nicht nur Grundlage von Beliebtheit, sondern auch von effektiver Leitung auf allen Ebenen der arbeitsorganisatorischen Hierarchie. Überzeugungskraft und Leitungsfähigkeit sind Ergebnisse dieser Komponente emotionaler Intelligenz, deren wesentliche Eigenschaft „zweckbezogene Freundlichkeit" ist. Durch sie sollen andere Menschen dazu gebracht werden, sich in die gewünschte Richtung zu bewegen – ob es sich dabei nun um die Zustimmung zu einer neuen Marketingstrategie oder um die Begeisterung für ein neues Produkt handelt (Goleman 1999, 35).

Zurzeit scheinen nur wenige geeignete quantitative Instrumente für den EQ in Form von Fragebogen analog der Vielzahl von Intelligenztests vorhanden zu sein, wie dies beispielsweise an dem von Goleman im Internet verbreiteten Test zu sehen ist.[18] Der innere Zusammenhang der verschiedenen Komponenten emotionaler Intelligenz ist empirisch noch wenig gesichert. So kann zum Beispiel eine hohe Empfindsamkeit für die Gefühle anderer mit einem gering ausgeprägten Repertoire an Ausdrucksmöglichkeiten für die eigenen Gefühle einhergehen. Es werden allerdings auch Fragebogen angeboten, die auf die Nennung von Messwerten verzichten (Steiner 1998, Cooper / Sawaf 1997). Deren Aussagekraft und Wissenschaftlichkeit kann an dieser Stelle nicht diskutiert werden. Bei der Bearbeitung dieser Tests ist jedoch der mögliche Einfluss des vermeintlich erwünschten Antwortverhaltens groß. Darüber hinaus ist es fraglich, ob mit einer solchen rein kognitiven Zugangsweise überhaupt empirisch genaue Auskünfte über Emotionalität bzw. den intelligenten Umgang mit ihr zu erhalten sind. Auch wenn in Assessment-Centern der Zugang zu Positionen des Managements schon seit vielen Jahren durch eine umfassendere Persönlichkeitsprüfung reglementiert und dies firmenspezifisch für einige Bereiche von Facharbeit, vor allem in der Personalauswahl für kaufmännische Berufe, übernommen wird, stellt die kognitive Intelligenz wie seit Jahrzehnten den entscheidenden Faktor in der Bewertung möglicher Leistungsfähigkeit dar. Goleman definiert emotionale Kompetenzen als erlernbare Fähigkeiten, die auf emotionaler Intelligenz basierend zu herausragenden Arbeitsleistungen führen. Umgekehrt betrachtet liegt emotional intelligentes Handeln dann vor, wenn eine Person diejenigen Kompetenzen zeigt, die Selbstbewusstheit, Selbstmanagement und soziale Fähigkeiten ausmachen, und dies in angemessener Weise, Häufigkeit, Dauer und nicht zuletzt Effektivität geschieht. Basierend auf früheren Ansätzen und in Auswertung empirischer Daten aus unterschiedlichen Untersuchungen wurde nunmehr ein Modell emotionaler Intelligenz entwickelt, das fünf zentrale Komponenten beschreibt und mit insgesamt 25 Kompetenzen operationalisiert.

Selbstwahrnehmung

ist die Basis für alle weiteren Komponenten. Zu ihr gehören die Kompetenzen: emotionale Bewusstheit, realistische Selbsteinschätzung und Selbstvertrauen.

Selbstregulierung

Zu ihr gehören auf der Kompetenzebene: Selbstkontrolle, Vertrauenswürdigkeit, Gewissenhaftigkeit, Anpassungsfähigkeit, Leistungsorientierung, Optimismus und Initiative. In dieser Beschreibung steht die Selbstkontrolle im Vordergrund. Gefühle angemessen zu handhaben, eigene wie die der anderen, ist der Kern dieser Komponente emotionaler Intelligenz bzw. der aus ihr abgeleiteten Kompetenzen. Emotionen auf ein Ziel hin ausrichten zu können ist zentral für erfolgreiches Handeln. Aufmerksamkeit, Kreativität und vor allem Selbstmotivation, im Zusammenhang mit emotionaler Selbstbeherrschung, also dem Unterdrücken impulsiver Handlungen und dem Aufschieben von Gratifikationen, sind dadurch zu verbessern. Wichtiger Bestandteil emotionaler Intelligenz ist demnach auch der Umgang mit Misserfolgen und Enttäuschungen. Das in dieser Studie eingesetzte Erhebungsinstrument (Abschnitt 4.4.1) umfasst überwiegend Skalen, die auf diese Komponenten emotionaler Intelligenz abzielen: positive Selbstmotivierung, Stimmungsmanagement, Zielvergegenwärtigung, Misserfolgsbewältigung, negative Emotionalität.

Empathie

Auf der Ebene der Kompetenzen gehören hierzu vor allem das soziale Bewusstsein, es auch in einer Organisation mit Menschen zu tun zu haben. Die Fähigkeit, sich einfühlend auf andere Menschen zu beziehen, hilft beispielsweise, die sozialen Kosten der Teamarbeit zu senken. Die Fähigkeit, auch mit versteckten, unausgesprochenen Signalen umzugehen, sie in Überlegungen und in Entscheidungsprozessen mitzubedenken und zu berücksichtigen, erleichtert das Managen von Problemen, Wünschen und Bedürfnissen Einzelner im Team. Diese Komponente der emotionalen Intelligenz macht auch die Existenz und Wirksamkeit kultureller Differenz und unterschiedlicher ethischer Grundhaltungen bewusst und nutzt sie produktiv im Sinne der Aufgabenstellungen bzw. Ziele.

Soziale Fähigkeiten

Zugehörige Kompetenzen sind: andere in der Entwicklung ihrer Potenziale zu unterstützen, „Leadership" zu zeigen, Einfluss zu nehmen sowie Kommunikation und Konfliktbewältigung zu gestalten. Zentral ist der Umgang mit Beziehungen im Teamwork und in der Kooperation. Diese interpersonale Fähigkeit ist nicht nur Grundlage von Beliebtheit, sondern auch von effektiver Leitung auf allen Ebenen der arbeitsorganisatorischen Hierarchie. Überzeugungskraft und Leitungsfähigkeit sind Ergebnisse dieser Komponente emotionaler Intelligenz, deren wesentliche Eigenschaft Goleman (1999, 35) auf den Punkt bringt: „[Sie ist] zweckbezogene Freundlichkeit." Durch sie sollen andere Menschen dazu gebracht werden, sich in die gewünschte Richtung zu bewegen.

Abbildung 8:
Operationalisierung von Komponenten emotionaler Intelligenz
(in Anlehnung an Boyatzis/Goleman/Rhee 2000)

Insbesondere an dem Kompetenzbündel *soziale Fähigkeiten* kann die Kritik am Goleman'schen Konzept ansetzen, da hier die Möglichkeit für Manipulationen offen zu Tage tritt. Schon Erich Fromm hat in „Haben oder Sein" auf eine negative Seite hingewiesen: „Ich habe die Bezeichnung ‚Marketing-Charakter' gewählt, weil der einzelne sich selbst als Ware und den eigenen Wert nicht als ‚Gebrauchswert', sondern als ‚Tauschwert' erlebt. Der Mensch wird zur Ware auf dem ‚Persönlichkeitsmarkt'. (…) Obwohl das Verhältnis von beruflichen und menschlichen Qualitäten einerseits und der Persönlichkeit andererseits als Voraussetzung des Erfolges schwankt, spielt der Faktor ‚Persönlichkeit' immer eine maßgebliche Rolle. (…) *Der Mensch kümmert sich nicht mehr um sein Leben und sein Glück, sondern um seine Verkäuflichkeit"* (Fromm 1997, 180 ff.; Göppel 1999). Und der Erfolg auf diesem Persönlichkeitsmarkt hängt nicht zuletzt davon ab, wie anziehend, wie sympathisch die Verpackung gestaltet ist, wie der oder die Betreffende gestimmt ist und ob man „die richtigen Leute" kennt, also ein soziales Netzwerk nutzen kann. Das Selbstbild der Subjekte wird durch die Erfahrung stark beeinflusst, dass möglicherweise Eignung und Qualifikation allein nicht ausreichen, um sich erfolgreich auf dem Markt zu präsentieren und zu behaupten. Die Individuen sind zugleich Verkäufer und zu verkaufende Ware. Im Gegensatz zum IQ, der auch in speziellen Trainings als kaum veränderbar anzusehen ist, wird von Goleman und anderen hervorgehoben, dass sich emotionale Fähigkeiten und soziale Intelligenz gezielt qualifizieren lassen. Dabei gelingt keine kurzfristige charakterliche Veränderung, wohl aber der kompetentere Umgang mit Emotionen und Konflikten.

Ebenfalls auf Grund umfangreicher empirischer Arbeiten kommt Bar-On (2000) zu einem Komponentenmodell, das auf einen erweiterten Begriff *sozialer und emotionaler* Intelligenz rekurriert (s. u. Abschnitt 4.2). Für die Struktur der einzelnen Faktoren wird konstatiert, dass ein Überschneidungsbereich zwischen der seit vielen Jahrzehnten untersuchten sozialen Intelligenz (Thorndike) und dem neueren Konzept emotionaler Intelligenz besteht. Zusammenfassend beschreibt Bar-On, dass soziale und emotionale Intelligenz auf vielen, sich wechselseitig beeinflussenden emotionalen, personalen und sozialen Fähigkeiten aufbaut und die Fähigkeit zur Bewältigung täglicher Anforderungen beeinflusst. Diese Faktoren sind im Einzelnen (ebd., 385):

Intrapersonaler EQ. Zu diesem Faktor zählen die Selbstachtung, eine realistische Selbsteinschätzung, die Bewusstheit über eigene emotionale Zustände im Sinne der Fähigkeit, eigene Emotionalität wahrzunehmen und zu verstehen. Selbstbehauptung und -sicherheit ergeben die Fähigkeit, die eigenen Emotionen in Bezug auf selbstgesteckte Handlungsziele und deren Umsetzung hin zu orientieren. Diese Tendenz zur bestmöglichen Umsetzung der eigenen Fähigkeiten und

Fertigkeiten kann insofern als Streben nach Autonomie beschrieben werden, als die Reaktionen, Meinungen und Einstellungen anderer für das eigene Handeln wenig relevant sind.

Interpersoneller EQ. Empathie, die Fähigkeit, die Emotionen anderer wahrzunehmen und zu verstehen und ein Verantwortungsgefühl in sozialen Kontexten auszuprägen. Hierzu zählt die Beziehungsfähigkeit, das Aufbauen und Aufrechterhalten zwischenmenschlicher, auch intimer Beziehungen.

Stressmanagement. Hierunter fällt die psychische Belastbarkeit, die Fähigkeit zum Umgang mit Emotionen unter stressenden Bedingungen. Dieser EQ-Faktor ist ein Maß dafür, ab welcher „Schwelle" eine Situation als stressend erlebt wird, inwieweit die Verfügbarkeit über stressbewältigende Strategien vorhanden ist und die subjektive Bewertung der Situation diese noch als bewältigbar einstuft. Impuls- und Selbstkontrolle sind dabei wichtige Fähigkeiten im Umgang mit den kognitiven, emotionalen und physiologischen Stresssymptomen.

Anpassungsfähigkeit. Hierzu zählen die Fähigkeiten, eigene Gedanken und Gefühle realistisch zu überprüfen, sowie die Flexibilität zur (eigenen) Veränderung. Hinzu kommt die Problemlösungsfähigkeit, um effektiv und konstruktiv Schwierigkeiten mit persönlichem und sozialem Hintergrund zu bewältigen. Dies bedeutet zunächst, eine Situation als problematisch für sich selbst und / oder andere wahrzunehmen, Widerstände zu identifizieren und Strategien zu deren Lösung und die Zielerreichung zu kennen und anwenden zu können.

Allgemeine Grundstimmung. Darüber hinaus wird sozial und emotional intelligentes Verhalten durch weitere fördernde bzw. bei deren schwacher Ausprägung hemmende Eigenschaften beeinflusst, unter anderem durch Optimismus und Freude im Sinne des o. a. Grundgefühls.

Aus den in Nordamerika bei Erwachsenen erhobenen Daten ergibt sich ein interessanter Unterschied in der Altersabhängigkeit zwischen kognitiver und emotionaler Intelligenz (Bar-On 2000, 367). Während der IQ bereits nach dem zweiten Lebensjahrzehnt langsam zu sinken beginnt, scheint der EQ bis ins fünfte Lebensjahrzehnt zu steigen. Dieser Befund stützt die Annahme, dass der EQ in gezielten Qualifizierungsmaßnahmen veränderbar und trainierbar ist.[19]

Insgesamt wurden mit diesem EQ-Test keine prinzipiellen geschlechtsspezifischen Unterschiede für emotionale und soziale Kompetenz gefunden. Jedoch ergeben sich für einzelne Faktoren differenzierte Ausprägungen, die zwar in der Regel kleine, aber beachtenswerte Effekte darstellen. Frauen scheinen dabei eher größere interpersonale Fähigkeiten zu zeigen als Männer, während diese höhere Werte für intrapersonale Fähigkeiten, Stressmanagement und Anpassungsfähigkeit zeigen. Genauer betrachtet zeigen die Werte für Frauen eine höhere Wahrnehmung von Emotionen, sie zeigen mehr Empathie, bauen besser persönliche Beziehungen auf und haben ein höheres soziales Verantwortungsgefühl. Männer dagegen erscheinen im Test selbstsicherer und selbstständiger. Darüber hinaus sind sie flexibler, problemlösungsfähiger und scheinen optimistischer und erfolgreicher in der Stressbewältigung zu sein. Auch unter einem soziologischen Fokus wird die zunächst angenommene geschlechtsspezifische Differenz von positiver Valenz bei Frauen und eher negativen Valenzen (Aggressivität und Einschüchterung) bei Männern in der Emotionsarbeit relativiert. Nicht die emotionsorientierten Tätigkeiten an sich, sondern deren subjektive Wahrnehmungen und Interpretationen machten aus ihnen Männer- bzw. Frauenarbeit. Von der starken Ausbreitung des Dienstleistungssektors werden beide Geschlechter erfasst. Über die geschlechtsspezifischen Anforderungen, Erwartungen und Folgen von Emotionsarbeit gibt es noch ebenso Forschungsbedarf wie über die gesellschaftlichen Bewertungsmuster (Rastetter 1999, 382).

3.3 Leistung und Emotion in der Berufsbildung

Die Diskussion um Leistung steht zumindest im schulischen Kontext in einem eigentümlichen Spannungsfeld. Einerseits werden in allen Schulformen selbstverständlich Leistungsbeurteilungen seit langer Zeit vorgenommen, wenn es um die notenmäßige Bewertung schulischer, das heißt überwiegend kognitiver Leistungen von Lernenden durch Lehrende geht. Genauso selbstverständlich werden im subjektiven Erleben von Schüler/innen die Lehrenden in vermeintlich gute und schlechte eingeteilt. In dieser Einteilung kommen am schlechtesten eigentlich diejenigen Lehrenden weg, die als durchschnittlich, harmlos etc. empfunden und erinnert werden oder gar unbemerkt bleiben, da sie nur durch wenige und schwache Impulse das Erleben und die eigene Entwicklung als Lernende anregten. *Diese* Seite von schulischer Leistung ist wohl bekannt, sei es aus mehr oder weniger leidvollen Erfahrungen oder bereits reflektierter Schul- und Lernbiografie – und die Diskussionen um sie sind so alt wie die organisierten Bildungs- und Erziehungsprozesse selbst. Andererseits ist nunmehr seit einigen Jahren das Gesamtsystem Schule Gegenstand von Leistungsmessungen und -bewertungen. Diskussionen um Qualität sowie um die Bestimmung von deren Kriterien und Standards haben sich vor allem auf Grund der gesellschaftlichen Umbruchsituation intensiviert.

Seit den späten 1990er Jahren gibt es offensichtlich erneut ein gesteigertes öffentliches Interesse an der Qualität von Bildung und eine verstärkte, kontroverse

Debatte der politischen, professionellen und wissenschaftlichen Akteure um die Leistungsfähigkeit von Lernenden und Lehrenden. Insbesondere für den Bereich der allgemein bildenden Schulen stellen die Veröffentlichung der Ergebnisse einer internationalen Vergleichsstudie zu mathematisch-naturwissenschaftlichen Basiskompetenzen (Baumert/Lehmann 1997) und eine in Berlin gehaltene Rede des damaligen Bundespräsidenten eine Zäsur dar. Diese Rede des Staatsoberhauptes, seit Jahren die erste, die sich hauptsächlich mit Bildungsfragen beschäftigte, löste eine breite und kontroverse Debatte aus (exemplarisch: Rutz 1997). Insbesondere seine These, dass es keine Bildung ohne Anstrengung geben könne und somit die Verbannung von Noten aus den Schulen „Kuschelecken" schaffe, aber eben keine Bildungseinrichtung, die auf die Anforderungen des nächsten Jahrhunderts vorbereite, wurde breit diskutiert. Dass Lernanstrengungen einerseits Spaß machen können, lag möglicherweise noch im Horizont des Redners. Dass andererseits (s)eine unreflektierte Übernahme der Leistungsdefinition einer nicht näher benannten „Wirtschaft" oder eines ebenso unklaren „Standorts Deutschland" auch Angst, Resignation, Wut und Entmutigung bedeuten kann, war sicher nicht mehr in seinem Blickfeld. Das laute Echo auf diese Rede verhallte allerdings erstaunlich schnell, der vom Redner intendierte Impuls („Ruck") für die Bildungspolitik ging von ihr wohl nicht aus. Länger anhaltend ist das Echo auf die TIMSS-Studie und deren Nachfolgerin PISA (Programme for International Students Assessment). Insgesamt hat sich die Aufmerksamkeit für bestehende und aktuelle quantitative empirische Studien und Verfahren zur Bewertung der Produkte schulischer Arbeit erhöht. Das Pro und Contra der politischen, pädagogischen und methodologischen Debatte um die TIMSS-Studie äußerte sich sowohl in einer Polarität von Produkt- vs. Prozessorientierung als auch in der Spannung von Ökonomie und Pädagogik. Diese Spannung besteht zwischen dem antizipierten zukünftigen betrieblichen Verwertungsinteresse und einer ganzheitlichen Persönlichkeitsentwicklung, die insbesondere für Kinder und Jugendliche unter dem vermeintlichen Schutz des verwertungsfreien Bildungsauftrages von Schule steht. Der Fokus der Debatte liegt dabei auf der kognitiven Leistung der Lernenden sowie Methoden ihrer Erfassung und Bewertung im Sinne von Diagnostik und Evaluation (exemplarisch: Beutel/Vollstädt 1999). Für ein pädagogisch orientiertes Verständnis von Leistung – und eben nicht überwiegend orientiert an vermeintlichen wirtschaftlichen Interessen – zeichnen sich hier einige Eckpunkte ab: Es gibt eine grundsätzliche Leistungsbereitschaft der Menschen, leistungsfähig sein (zu wollen) ist gewissermaßen eine anthropologische Grundkonstante, und der Leistungsbegriff enthält eine emanzipatorische Komponente (Linke 1999). Die Bestimmung schulischer Leistung steht im Zusammenhang mit Normen, ist mit der Vergabe von Zutrittsberechtigungen für bestimmte berufliche und gesellschaftliche Bereiche verbunden und hat infolgedessen eine selektionierende Funktion. Insofern ist sie klar outputorientiert und folgt fachlichen bzw. disziplinären Anforderungen. Leistung ist aber auch ein Prozess individuellen und sozialen Lernens, dessen Förderung vor allem die Ermutigung von Menschen bedeutet, sich der „Bequemlichkeit der Unmündigkeit" (Jürgens 1999) zu entziehen. Sie hängt mit dem Verhalten eines Menschen, seinem Umgang mit anderen zusammen und enthält insofern auch Wertanforderungen im Sinne gemeinsam geteilter ethischer und moralischer Prinzipien. Entsprechend diesem Prozesscharakter sollen Leistungsbeurteilungen in erster Linie die Funktion eines Feedbacks für den Lernprozess und weniger die einer Endkontrolle wahrnehmen (Groeben 1999). Emotionalität wird in dieser stark an Lernzielen und -ergebnissen orientierten Debatte dort eine Bedeutung zugesprochen, wo ganzheitliche Ansprüche an die Gestaltung lernintensiver, möglichst selbsttätiger Lernarrangements Gegenstände und Aufgaben erfordern, die neben kognitivem und analytischem eben auch soziales und emotionales Lernen erfordern und fördern. Emotionalität wird insbesondere als wichtiger Faktor für eine gute Lern- und Arbeitsatmosphäre gesehen, vor allem dann, wenn es beispielsweise in Gruppenarbeiten schwierig, konfliktträchtig und anstrengend wird.

Auf der Makroebene beruflicher Bildung sind neben diesen beiden Zäsuren die bereits seit einiger Zeit geführten Debatten über Differenzierung und Flexibilisierung, um neue Berufe, Modularisierung und Lernfeldorientierung etc. als Anzeichen für die hohe Bedeutung von Qualitäts- und Leistungsfragen in der Praxis beruflicher Bildung zu nennen. Bereits seit Ende der 1980er Jahre wurde durch die Implementierung systemischer Rationalisierungskonzepte und Qualitätssicherungsstrategien die Arbeitswelt grundlegend gewandelt. Damit einher gingen die Dezentralisierung der betrieblichen Organisationsstrukturen, die Abflachung von Hierarchien sowie eine verbreitete Einführung von Teamarbeitsstrukturen. Die sich in dieser Entwicklung etablierenden Standards für die Entwicklung und Sicherung von Qualität wurden nach und nach auf die Aus- und Weiterbildungsabteilungen der Betriebe sowie freier Träger angewendet. Auch im Bereich der Fördermaßnahmen der Bundesanstalt für Arbeit gab es in den frühen 1990er Jahren mit dem Qualitätserlass einen starken Impuls zur Sicherung von Effizienz und Effektivität (Rützel 2000). Mittlerweile hat diese Entwicklung das „System Berufsschule" erreicht, das sich qualitätssichernden Organisationsentwicklungen stellen muss. Diese werden ebenfalls die Verlagerung von Entscheidungskompetenzen, größere Eigenständigkeit und Verantwortung auf schulischer Ebene sowie die Entwicklung von Teamarbeitsstrukturen und neuen Formen der Kooperation mit sich bringen. Auswirkungen für das subjektive Erleben und Empfinden dieses Prozesses werden exemplarisch in Kapitel 5 beschrieben.

Emotionale Leistungsfähigkeit als Gegenstand beruflicher Bildung

Als Zielkategorien beruflicher Bildung haben Schlüsselqualifikationen sowie Handlungskompetenz als Bündel von Fach-, Sozial- und Humankompetenz die berufliche Tüchtigkeit und Mündigkeit weitgehend abgelöst. Insofern emotionale Leistungsfähigkeit als Bestandteil von Sozialkompetenz aufgefasst werden kann, ist sie bereits Gegenstand beruflicher Bildung – schulisch und außerschulisch. Emotionale Leistungsfähigkeit hat auf Grund des Bedeutungszuwachses von personenbezogenen Dienstleistungen, Beratung und Service sowie Teamarbeit einen schlüsselqualifikatorischen Charakter. Dies können die übergreifenden Kataloge sozialer Kompetenzen mit deutlichen Bezügen zu Emotionalität belegen. Sie ist weiterhin formal-rechtlich überall dort als Zielkategorie verankert, wo in Gesetzestexten, Rahmenrichtlinien und Verordnungen von „ganzheitlichen Ansätzen" oder Ähnlichem gesprochen wird, da aus gutem Grund unterstellt werden kann, dass damit neben kognitiven und motivationalen auch die Förderung emotionaler Anteile der Persönlichkeit gemeint ist. Darüber hinaus verweist Hahn (1995, 25) darauf, dass in der Praxis von Personalauswahlverfahren Bewertungskriterien im Bereich der Emotionalität einen gewissen Stellenwert haben, auch wenn sie beispielsweise in den Konzeptionen von Assessment-Centern eher implizit genannt werden.

Gelingende Kommunikation und Konfliktbewältigung basieren stark auf Wahrnehmung, Ausdruck und Klärung von Gefühlszuständen. Diese Fähigkeiten zu entwickeln und dafür auch Möglichkeiten des sprachlichen Ausdrucks zu finden, um beispielsweise in Konflikten nicht sprachlos zu werden, konkretisiert die allgemeine Zielkategorie. Emotionen liefern viele Informationen über die aktuelle Situation, die rein kognitiven Prozessen (zunächst) nicht zugänglich sind. Gelänge es Subjekten, diesen Informationsgehalt beispielsweise zur Selbstreflexion zu nutzen, könnte nicht nur eine angemessenere Kontrolle möglicherweise daraus resultierender Vor-Urteile, sondern auch eine Verfügung über Entscheidungsspielräume gewonnen werden (Montada 1989). So ist im Kontext von Forschungen zu bzw. Programmen gegen Burnout-Symptomatiken die Übernahme von Verantwortung für die eigene gefühlsmäßige Einstellung zu belastenden Situationen als ein wichtiger Weg der Problemlösung anerkannt. Ähnliches gilt für Konfliktlösungsmodelle und Mediation. Dem liegt die Annahme zugrunde, dass Subjekte kognitiv bewertende Entscheidungen für und gegen konkrete Emotionen treffen können (appraisals), um Unterscheidungen von und Verständigung über Emotionen zu ermöglichen. Aufklärung über Gefühle, ihre Funktionsweisen, ihre Stimmungsabhängigkeit etc. kann dazu beitragen, mehr eigene Verantwortung zu übernehmen und angemessene Entscheidungen zu treffen. Emotionen könnten weniger als Widerfahrnisse gesehen werden, wie es in der Bezeich-

93

nung *Passion* oder in Selbstbeschreibungen zum Ausdruck kommt: „Für mich ist Emotionalität eher einfach kein Thema. Das ergibt sich. Es passiert etwas" (Interview K, 178; s. u. Abschnitt 5.3). Damit würde das pädagogische Ziel verfolgt, Entscheidungsfreiräume für Subjektentwicklung zu gewinnen und zu vergrößern, Autonomie und Selbstverantwortung zu stärken sowie Handlungsorientierung zu geben. Die konkrete Bedeutung, die dem kompetenten, aufgeklärten und verantwortlichen Umgang mit (der eigenen) Emotionalität im Hinblick auf berufliche Bildung zugesprochen wird, variiert mit dem zugrunde liegenden Bildungsbegriff und Selbstverständnis. Angesichts der Vielzahl von Theorieangeboten im erziehungswissenschaftlichen Diskurs ist eine Übereinstimmung darüber, was *Bildung* denn sei, nicht vorhanden und wohl auch nicht zu erwarten (exemplarisch: Langewand 1995, 74). Es kann wohl aber ein Konsens dahin gehend unterstellt werden, dass nicht die schiere Ansammlung von Fachwissen und sportlichen, musischen etc. Fertigkeiten Bildung ausmacht, sondern zumindest auch Achtung, Empathie, Selbstreflexion und -beherrschung *gebildete* Menschen in ihrer Subjektentwicklung auszeichnen. Bildung der Gefühle bedeutet nicht zuletzt auch, sich über mögliche gesellschaftliche Normierungen emotionalen Erlebens und Kommunizierens autobiografische Bewusstheit zu verschaffen. So wirken beispielsweise starke und zum Teil im Umbruch befindliche geschlechtsstereotype Erwartungen auf die emotionale Entwicklung ein, die Männern geringere Empathiefähigkeiten und sprachliche Ausdrucksmöglichkeiten von Emotionen zuschreiben.

Die Entwicklung emotionaler Kompetenz in gezielten, möglicherweise gar durch Rahmenpläne geregelten Bildungsgängen erscheint als schwierig, vielleicht sogar als unmöglich. Das soll nicht bedeuten, in fatalistischer Einstellung alle pädagogischen Bemühungen von vornherein aufzugeben. Denn im Sinne einer „Schulung der Gefühle" (Goleman) oder eines Trainings zur Verbesserung emotionaler Intelligenz werden in einem pragmatischen Zugang Konzepte entwickelt und erprobt, die ausdrücklich die Förderung emotionaler Kompetenz erreichen wollen. Für die pädagogische Arbeit mit Kindern und Jugendlichen stellt Goleman eine Reihe solcher Konzepte für ein „self science curriculum" vor. Dabei wird von ihm ausdrücklich gesehen, dass im Bereich sozialer Kompetenzen es vor allem auch auf eine entsprechende Kultur der einzelnen Schule ankomme, in der sich die Lernenden wahrgenommen, respektiert und damit auch sicher fühlen könnten. An diesem Punkt sei ein erweiterter Auftrag an Schule erforderlich, um erzieherische Defizite aus den Familien auffangen zu können. Dies wird in der deutschen Diskussion vereinzelt kritisch gesehen. Unter anderem gerate eine solche Arbeit von Lehrenden an Schulen unter Therapieverdacht und würde zugleich deren wichtigstes Kriterium, die Freiwilligkeit von Äußerungen zur Emotionalität, außer Kraft setzen. Weiterhin wird der Verlust rationaler Ansprüche von und an Unterricht befürchtet (Giesecke, H. 1998 und 1999, Heitger 1994). Bezogen auf die berufliche Bildung ist davon auszugehen, dass diejenigen Arbeitsorganisationen einen Erwerb solcher erwünschten Persönlichkeitsmerkmale fördern, die Verantwortungsübernahme, kooperative Entscheidungen und eine dialogorientierte Kommunikation zu ihrer Unternehmenskultur gemacht haben (vgl. Hoff / Lempert / Lappe 1991).

Letztlich geht es in der Schulung der Gefühle um das Erreichen einer dynamischen Balance zwischen Emotionalität und Rationalität: weder hilflose Auslieferung an Affekte noch eine Rationalität, die auf die energetisierende und orientierende Mitwirkung von Emotionen verzichtet – und damit unmenschlich würde. Goleman (1996, 26) hat dies treffend in die bekannte Metapher der zwei Seelen gefasst: „Meistens arbeiten diese beiden Seelen, die emotionale und die rationale, harmonisch zusammen, und die Verflechtung ihrer ganz unterschiedlichen Erkenntnisweisen geleitet uns durch die Welt. (…) Gewöhnlich besteht ein Gleichgewicht zwischen emotionaler und rationaler Seele; die Emotion wird einbezogen und durchdringt die Operationen der rationalen Seele; und die rationale Seele entwickelt die Eingaben der Emotion weiter und legt dann und wann ihr Veto ein." Der Fortschritt seit Goethe ist zumindest der, dass mit naturwissenschaftlich anerkannten Untersuchungen die Integration von Emotion und Denken – als Basis für den vernünftigen, rationalen und kompetenten Umgang der Subjekte mit Umwelt und Mitmenschen – belegbar geworden ist (exemplarisch: Damasio 1998; Hülshoff 1999).

Didaktisch-methodische Überlegungen

Emotional kompetentes Handeln von BerufspädagogInnen hat einen Einfluss auf die fachlichen Leistungen der Lernenden. Lehrende, die sich in das Erleben ihrer Lernenden einfühlen können und das achtende, wertschätzende Ernstnehmen dieser Wahrnehmungen im eigenen Handeln kommunizieren, zeigen förderlichere didaktische Aktivitäten (Tausch 1999). Verallgemeinernd lässt sich sagen, dass die Handlungen von einfühlsamen und achtungsvollen Lehrenden weniger dirigierend sind und eine intensivere Arbeitsatmosphäre erreichen. Tausch verweist in diesem Zusammenhang auf eine ganze Reihe deutscher und US-amerikanischer Studien, die belegen, dass Schüler / innen in solchen Kontexten weniger Ängste und Aggressivität zeigen und ein höheres Niveau an Denkprozessen sowie in der Qualität mündlicher Beiträge erreichen. Sie zeigen Vertrauen, kooperieren häufiger und sind persönlich zufriedener. Allerdings wiesen nur ca. 20 % der Lehrenden dieses Verhalten im Unterricht auf. Als Gründe für diesen relativ geringen Anteil werden unter anderem die starke Orientierung an fachlichen Inhalten und Zielen und die subjektiv als gering eingeschätzte Bedeutung der Beziehungsebene für den Unterricht genannt. Ein weiterer wichtiger Faktor, der sozial kompetentes und emotional intelligentes Handeln von Lehrenden erschwert, ist ganz allgemein der permanente Stress, unter dem ihre Arbeit zu leisten ist. Gerade Empathie erfordert Entspanntheit, Aufnahmebereitschaft und wird nicht zuletzt durch körperliche Fitness und Gesundheit gefördert. Speziell in diesen Bereichen gilt Lehrerarbeit als hoch belastend, führt zu Unzufriedenheiten, inneren Kündigungen und Burnout-Symptomatiken (Bachmann 1999).

Neben dem konkreten Handeln der Lehrenden, ihrem professionellen Selbstverständnis und ihrer persönlichen Haltung beeinflussen weitere, emotionale Faktoren im Unterricht die Leistungsfähigkeit der Lernenden. Aus einer Vielzahl psychologisch orientierter Forschungen über Lehr-Lern-Prozesse geht hervor, dass zur Stimmung der Lernenden passende Inhalte besser behalten werden. Sie werden auch besser erinnert, wenn die Stimmung der späteren Situation derjenigen in der Lernsituation entspricht. Bei diesem stimmungsabhängigen Lernen und Erinnern kommt es zu einer affekt- und kontextabhängigen Auswahl von Gedächtnisinhalten bei gleichzeitiger Verdrängung von affektinkonformen Erinnerungen (Ciompi 1997, 275). Auch scheint unstrittig, dass bei Auftreten starker Gefühle die inhaltliche, thematische Aufgabenbearbeitung zugunsten der Gefühlsbearbeitung reduziert wird. Hier findet das Störungspostulat der Themenzentrierten Interaktion seine wissenschaftliche Fundierung (s. o. Abschnitt 2.3). So kommen Achtenhagen u. a. (1988, 64)[20] zu dem Schluss, dass die Leistungsdaten in den von ihnen untersuchten Lehr-Lern-Prozessen in höherem Maße mit emotionalen Variablen kovariieren als mit kognitiven. Darauf aufbauend wird beispielsweise bei der Evaluation von selbstorganisierten, handlungsorientierten Lernprozessen in der beruflichen Bildung Emotionalität als ein wichtiger Faktor berücksichtigt. In zahlreichen Untersuchungen, auch außerhalb pädagogisch orientierter Lernforschung, ist die Stimmungsabhängigkeit kognitiver Prozesse empirisch belegt. Emotionen wirken als Filter für Wahrnehmung, Gedächtnis, Denken, Beurteilen und Entscheiden. Sie beeinflussen somit sowohl die Inhalte als auch den Prozess der Informationsverarbeitung. So liegen Ergebnisse vor, die die Vereinfachung kognitiver Prozesse bei guter Stimmung, deren größere Flexibilität und Kreativität nahe legen. Forschungen zur Lateralisierung sehen tendenziell durch positive Emotionen die Aktivierung rechtshemisphärischer Prozesse des intuitiven ganzheitlichen Denkstiles aktiviert. Auch die Systematik kognitiver Prozesse, die Verarbeitungskapazität und -motivation ist stimmungsabhängig. Negative Emotionen fördern beispielsweise tendenziell ein linkshemisphärisches, analytisch-detailorientiertes Denken (Bless 1997). Auch wenn im Einzelnen widersprüchliche Ergebnisse bzw. Interpretationen vorliegen, scheint doch unstrittig zu sein, dass es einen konkreten Zusammenhang von Stimmung und Gedächtnis sowie Stimmungseinflüsse auf soziale Urteile und den Prozess der Urteilsbildung gibt. Im zwischenmenschlichen Beziehungssystem haben Emotionen durch sensible Wahrnehmung und angemessenen Ausdruck eine regulierende und bewertende Funktion. Nähe und Distanz, Sympathie und Antipathie werden sehr schnell über nonverbalen emotionalen Ausdruck kommuniziert. Der Zusammenhang von Emotionen und Bewertungen gilt auch in (großen) Gruppen, für die eine „kollektive fraktale Affektlogik" (Ciompi 1997, 237 f.) konstatiert wird, die bis hin zur Bildung von Stereotypen und Vorurteilen reichen kann.

In den verschiedenen Ansätzen und Modellen wird jedoch die Art und Weise dieser Zusammenhänge zum Teil sehr unterschiedlich gesehen. So liegen beispielsweise hinsichtlich des Einflusses schlechter Stimmung Befunde vor, die zum Teil auf bessere und zum Teil auf schlechtere Leistung hindeuten. So kann bei schlecht gestimmten Personen die daraus resultierende systematischere und aufwendigere Wissensverarbeitung durchaus zu besserer Leistung führen. Andererseits beschränken schlechte Stimmung und Depressivität die Verarbeitungskapazität, und es resultieren daraus schlechte Leistungen. Auf Grund eigener Experimente interpretiert Bless (1997) diese widersprüchlichen Befunde in der Fachliteratur dahin gehend, dass schlecht gestimmte Personen weniger stark allgemeine, globale Wissensstrukturen heranziehen. Je nachdem wie groß deren Einfluss auf die Lösung gestellter Aufgaben und Probleme ist, wirkt sich die Stimmungslage unterschiedlich aus. Für eine an Fachwissen orientierte Situation ergibt sich eher eine schlechte Leistung, während unter dem Aspekt des sozialen Lernens das Nichtheranziehen von Stereotypen in der Personenwahrnehmung auch als gute Leistung interpretiert werden kann. Der scheinbare Widerspruch klärt sich insofern, als in unterschiedlichen Zusammenhängen offensichtlich eine definitorische Differenz der Bewertungen für gut oder schlecht vorliegt. Dieses Problem durchzieht im Übrigen die ganze Debatte um Leistungsfähigkeit. Die Qualitätskriterien unterscheiden sich durchaus und zum Teil erheblich, ebenso die in der Diskussion oft nicht transparenten Interessenlagen und Machtverhältnisse. An dieser Stelle kann nur darauf verwiesen werden, dass es auch in der didaktisch-methodischen Gestaltung von Lehr-Lern-Arrangements unter Berücksichtigung von Emotionalität keinen Königsweg geben kann. So ist es beispielsweise nicht zulässig, umstandslos davon auszugehen, dass das, was Lehrende als emotional oder stimmungsmäßig „gutes Lernklima" beschreiben, auch wirklich die lernförderlichste Variante darstellt. Gerade im Hinblick auf das soziale und emotionale Lernen können beispielsweise konfliktreiche Situationen die lernhaltigsten sein (exemplarisch: Glasl 1997).

Die besondere Bedeutung der Beachtung emotionaler Komponenten wird in der Pädagogik insgesamt auf der Ebene der Berufsbelastungen von Lehrenden, der

Qualität von Unterricht sowie der Wissens- und Kompetenzentwicklung auf Schülerseite gesehen. Differenzen werden sichtbar, wenn es um die Frage einer eigenen Didaktik emotionalen Lernens geht. Befürwortern einer „emotionalen Unterrichtsgestaltung" (Astleitner 1999; Arnold 2000), die sich unter anderem auf das self science curriculum von Goleman stützen, stehen auch skeptische Positionen gegenüber (Giesecke 1999; Grimmer 1993).

Trainingskonzepte für emotionale Kompetenz

Ob emotionale Leistungsfähigkeit als Zielkategorie beruflicher Bildungsprozesse sinnvoll angenommen werden kann, hängt nicht zuletzt davon ab, ob sie überhaupt durch gezielte Lernerfahrung veränderbar ist. Unter Rückgriff auf die Emotionstheorie Leventhals bejahen Döring-Seipel / Sanne (1999) diese grundsätzliche Frage und stellen ein Seminarkonzept für Führungskräfte vor. Lernen bedeute in diesem Zusammenhang die Veränderung emotionaler Schemata (Auslösesituationen und Reaktionsparameter) sowie die Veränderung emotionaler Konzepte und subjektiver Theorien über Emotionen durch konkrete Erfahrungen. Emotionale Schemata stellen ein erfahrungsgeneriertes Repertoire emotionaler Reaktionen und Bewertungen dar, das sich aus einem bestimmten Set von angeborenen Reiz-Reaktions-Verbindungen heraus entwickelt hat. Sie werden unwillkürlich, also unbewusst, durch passende Informationen (Sinnesreize) ausgelöst. Im Laufe der Entwicklung verdichten sich die emotionalen Erfahrungen zu einem Kern an kognitiven Konzepten über Emotionen, die bewusst zugänglich sind und gegebenenfalls auch sprachlich ausgedrückt werden können. Eine beabsichtigte Veränderung solcher Schemata setzt zunächst ihre situative Auslösung voraus, um sie dann mit neuen Erfahrungen zu konfrontieren, die wiederum in das bestehende Schema integriert werden oder dieses selbst verändern (Assimilation und Akkomodation). Diese Strategie ist zeitaufwendig. Die emotionale Intelligenz lässt sich zwar beeinflussen, aber da sie auf lebenslang erworbenen Erfahrungen basiert, geschieht dies eben nur sehr langsam. Folgerichtig enthalten verschiedene Trainingskonzepte eine Lernumgebung, die für die Entwicklung emotionaler Intelligenz neben kognitiven Zugängen starke erfahrungsorientierte Elemente bereitstellen.

Im Sinne einer langfristigen Veränderung ist emotionale Kompetenz erlernbar. Hierzu ist insbesondere für den Bereich der Führungskräfte, aber auch in der Benachteiligtenförderung, eine Vielzahl von Konzepten entwickelt worden, die in ihrer didaktisch-methodischen Gestaltung einige Gemeinsamkeiten aufweisen. Die systematische Untersuchung von Bedingungen des Erfolges von Unternehmen und Führungspersonal hat in den USA eine gewisse Tradition. Bereits in den frühen 1970er Jahren begann der Havard-Professor David McClelland – Doktorvater von Goleman –, Methoden zur Vorhersage beruflichen Erfolgs zu entwickeln. Die von ihm gegründete Unternehmensberatung lieferte mit ihren weltweit entwickelten Competence-Modellen auch die Datenbasis für Golemans Untersuchungen. Auf Basis eines hohen Niveaus fachlicher Kompetenz sei der Unterschied im Erfolg überwiegend auf emotionale Intelligenz – Selbstvertrauen, Leistungsorientierung, Vertrauenswürdigkeit, Empathie und Teamfähigkeit – zurückzuführen und sehr viel weniger auf IQ und Berufserfahrung.

Die Diagnose des Ist-Zustandes zu Beginn der Fördermaßnahme, des Trainings oder der Weiterbildung erfordert eigentlich eine Messung der emotionalen Intelligenz analog zur Bestimmung der kognitiven Intelligenz in IQ-Tests. Ob dazu ein Fragebogen aus der Tradition quantitativer empirischer Sozialforschung, wie er von Goleman im Internet angeboten wird, alleine ausreicht, muss stark bezweifelt werden. Die Bestandsaufnahme kann beispielsweise im Rahmen eines Entwicklungsassessments zusätzlich mit dem Instrument eines Fragebogens vorgenommen werden. Die so erhobenen Daten werden in ausführlichen Ergebnisberichten aufgearbeitet. Hinzu kommen Selbst- und Fremdeinschätzungen zu den Kompetenz-Ausprägungen emotionaler Intelligenz (360° Feedback). Die Datenerfassung wird gegebenenfalls durch ein Interview ergänzt. Diese sollten von Personen durchgeführt werden, die auch den weiteren Prozess begleiten, um die in der Gesprächssituation entstehende Vertraulichkeit und Intensität für den Aufbau einer Beziehung nutzen zu können. Im Hinblick auf die intendierten Veränderungen der emotionalen Kompetenz kommt es zunächst auf ein sensibles, behutsames Feedback der erhobenen Daten an. Erst wenn diese subjektiv als zutreffend einzuschätzen sind, werden die befragten Akteure auch zum „emotionalen Lernen" bereit sein. Dies bedeutet unter anderem, dass die Befragenden selbst über ein hohes Maß an emotionaler Kompetenz verfügen müssen. Oft sehen Konzepte des Managementtrainings vor, das Modell emotionaler Intelligenz zu vermitteln und die Verbindung von Selbstwahrnehmung und Selbstregulation erfahrbar und erlebbar zu machen. Nicht nur für das unter Mitarbeit von Goleman entstandene Hay-Konzept „ist [das Training] so angelegt, dass der Einzelne Gründe für individuelle Veränderungsnotwendigkeiten erkennt und auf Basis seiner eigenen Wertvorstellungen in die Planung von Entwicklungsaktivitäten einsteigt" (Peters 2000, 19). Nach den Seminaren können und sollen die geplanten Verhaltensänderungen erprobt sowie in einen selbstgesteuerten Lernprozess überführt werden. In einer nachfolgenden Trainingseinheit stehen Strategien für soziale Wirkungen emotionaler Intelligenz im Vordergrund. Am Ende kann für die Teilnehmenden ein individueller Entwicklungsplan stehen, der analog einem Förderplan in sozialpädagogischen Prozessen klare, realistische Ziele enthält und die begleitende Unterstützung, zum Beispiel durch einen Coach oder durch Supervision, regelt.

Entsprechend der nur längerfristig zu erzielenden Erfolge emotionalen Lernens sehen Trainingskonzepte als wichtige Faktoren für die weitere Arbeit an den persönlichen Veränderungsprozessen neben Feedback und Übung langfristige Unterstützung und ausreichend Zeit für den Aufbau an Erfahrungen vor. Eine wirksame Unterstützung kann eine freiwillige, selbstgesteuerte Referenzgruppe sein, die sich aus Teilnehmenden des Trainings rekrutiert und ähnlich einer kollegialen Fallsupervision arbeitet. Die gemeinsame vertrauensvolle und ehrliche Arbeit in einer solchen Gruppe kann wichtiges Feedback und eine Entschleunigung des Lernens ermöglichen – gleichwohl ist sie vermutlich für die meisten Akteure sehr ungewohnt und selbst durch Rivalität und Ängste gekennzeichnet. Hohe Anteile an Selbstwahrnehmung, erfahrungsorientierten Methoden und Fremdeinschätzungen sind in den Trainingskonzepten wesentliche Bestandteile, die im Wechsel mit rein informierenden input-Phasen stehen (Döring-Seipel / Sanne 1999). Beachtet wird dabei auch das Einstellen einer dynamischen Balance für die Wahrnehmungsfähigkeit zwischen emotionalen Signalen und der Aufgabenstellung. So wichtig die Aufmerksamkeit für emotionale Informationen bei der Bewertung und Deutung aktueller Situationen ist, darf sie dennoch nicht zur Handlungsunfähigkeit führen. Ziel ist es letztlich, Veränderungsimpulse zu geben, die einerseits auf der persönlichen Ebene die Wahrnehmung emotionaler Prozesse schulen und ein selbstgesteuertes emotionales Lernen initiieren können. Andererseits sollen mit Blick auf die Organisationen und Institutionen veränderte Kommunikationsstrategien und Entscheidungswege angeregt werden.

3.4 Emotionale Leistungsfähigkeit und pädagogische Professionalität

Seit den frühen 1990er Jahren zeichnet sich eine wachsende Bedeutung professions*theoretischer* Arbeiten in der Pädagogik allgemein, zunehmend aber auch in der Berufs- und Wirtschaftspädagogik sowie in der Erwachsenenbildung ab. Ein Ausdruck dieser Entwicklung ist nicht zuletzt die professions*politische* Konferenz der Deutschen Gesellschaft für Erziehungswissenschaft (DgfE) im Jahre 1999 in Dortmund. Entstammten ursprünglich professionstheoretische Ansätze vor allem soziologischen Diskursen, hat sich darauf aufbauend mittlerweile eine eigenständige erziehungswissenschaftliche Theoriebildung etabliert. Insbesondere die Diskussion um Qualität und Quantität der Lehramtsausbildung hat diesen Diskurs auch für die Berufspädagogik motiviert. Zu den anfänglich übergewichtig erscheinenden statuspolitischen Argumentationen sind dabei mehr und mehr Aspekte der Wissensverwendungsforschung (Dewe u. a. 1992), die Beschreibung spezieller Handlungslogiken der pädagogischen Professionellen im strukturellen Ort der Theorie-Praxis-Vermittlung (Oevermann 1996) wie auch systemtheoretische Bezüge, die das professionelle Handeln von Berufspädagogen im Überschneidungsbereich von Wirtschafts- und Bildungssystem verorten (Kurtz 1997), aufgenommen worden. Somit steht nicht mehr nur die Verwissenschaftlichung der Lehramtsausbildung bzw. die Frage nach der oder den angemessenen Bezugswissenschaften allein im Vordergrund. Vielmehr gewinnt gerade die Wechselwirkung zwischen erziehungs- bzw. fachwissenschaftlichen Theorien und pädagogischer Praxis durch das Handeln der Professionellen an Beachtung. Die sich auf verschiedene pädagogische Handlungsfelder und unterschiedliche Theorietraditionen beziehenden professionstheoretischen Ansätze sind vielfach beschrieben worden.[21] Ziel ist es zum einen, eine vertiefte Rationalität zu erreichen, das heißt, professionelles Handeln aufzuklären und mit wissenschaftlichen Aussagesystemen Reflexionshilfen zu gewinnen. Zum anderen liefert dieser Diskurs eine produktive Selbstbezüglichkeit der Disziplin im Sinne einer Selbstvergewisserung sowie Differenzierung und Abgrenzung, wobei insbesondere der „wechselnde Theorieimport" (Gieseke, W. 1996) aus anderen Sozialwissenschaften als Ausdruck der Unsicherheit des eigenen Gegenstandsbereiches kritisch betrachtet wird.

Mehr oder weniger im Zentrum der meisten Beiträge in der Debatte über pädagogische Professionalität stehen Vermittlungs- und Beratungsprozesse sowie die Gestaltung kommunikativer Situationen. Dabei wird in der Regel die für diese Interaktionen konstitutive Ebene der Beziehungen und Gefühle nicht systematisch angeführt oder gar als Gegenstand thematisiert. An dieser Stelle wird auf Elemente des strukturanalytisch-funktionslogischen Modells professionellen Handelns zurückgegriffen (Oevermann 1996), das charakteristische Tätigkeiten von Professionellen in der personenverändernden Arbeit mit Anwesenden in den Mittelpunkt stellt. Dieser Ansatz geht der Frage nach, welche Aufgaben die Professionellen im System der gesellschaftlichen Arbeitsteilung wahrnehmen. Profession wird somit strukturell von den Tätigkeits- und Problemfeldern her gesehen und allgemein in der dialogischen Vermittlung von Theorie und Praxis verortet. Professionelle bieten auf Basis von Fachwissen und Erfahrungswissen, von hermeneutischer Sensibilität und Verständnis des Einzelfalls stellvertretende Problemdeutungen und gegebenenfalls stellvertretende Entscheidungen an. Damit ist professionelles Handeln als Beziehungspraxis („Arbeitsbündnis", Oevermann 1996, 115) zum Klienten zu fassen, dessen leibliche und / oder psychosoziale Beschädigungen gemildert, beseitigt oder – mit Blick auf pädagogische Konstellationen – vorbeugend vermieden werden sollen. Konstitutiv für jede professionelle Praxis ist die Bearbeitung von individuellen und kollektiven Krisen und die Erzeugung neuer Handlungsmöglichkeiten. Dem professionellen Handeln stehen dabei keine wissenschaftlichen oder technischen Problemlösungen zur Verfügung, die den therapeutischen oder pädagogischen Prozess vollständig determinieren oder prognostizieren könnten. Die Anwendung wissenschaftlicher Erkenntnis kann Empfehlungen erarbeiten und nachträglich praktische Entscheidungen rekonstruieren und evaluieren, sie kann nicht die Entscheidungskrise von Klienten lösen. „Genau darin unterscheidet sie sich von der professionalisierten therapeutischen Praxis. Deren Kompetenz endet nicht bei der Bewältigung lebenspraktischer Krisen, sondern sie beginnt dort" (ebd., 139). Sowohl Einflussnahmen auf die Persönlichkeitsentwicklung als auch Lehr-/Lernprozesse sind demnach nicht standardisierbar, da der Vollzug der Persönlichkeitsveränderung oder des Lernens letztlich in der Verantwortung der Subjekte bleibt, ihnen kann beispielsweise das Lernen selbst nicht abgenommen werden (Kurtz 1998, 110 ff.). Die Förderung von Lern- und Entwicklungsprozessen ist dabei „immer auf rekonstruierende, nachvollziehende Verstehensleistungen angewiesen" (Lempert 1999, 416, H. i. O.).

Zur therapeutischen bzw. pädagogischen Kompetenz gehört es dann, in dieser Rekonstruktion fördernder und hemmender Bedingungen des Prozesses auch eigene Anteile beispielsweise an Konflikten zu klären und insbesondere die Möglichkeit von Projektionen und Gegenübertragungsphänomenen zu beachten. Letztere ergeben sich aus der für diese Prozesse grundlegenden widersprüchlichen Einheit von Rollenhandeln und Handeln als ganzer Person. Die zugleich diffuse und spezifische Beziehung zum Klienten ist primär für das professionalisierte Handeln im Modell der Therapie (Oevermann 1996, 115 ff.). Der Therapeut stellt sich – und das ist Teil seiner berufsmäßig ausgeübten Rollenbeziehung – als Projektionsfläche und Übertragungsobjekt zur Verfügung, um durch das Nachspüren der im Prozess aufkommenden Empfindungen und Gefühle zu einem Sinnverständnis der Symptome des Patienten zu gelangen. Zur professionellen Kompetenz wiederum gehört es, diese Emotionalität zu kontrollieren, sie idealerweise in der Praxis dem Klienten gegenüber nicht zu äußern. Die Gegenübertragungsgefühle können zu einem „äußerst wichtigen Abkürzungsmechanismus" für das intuitive Verstehen der latenten Sinnstrukturen und damit einer erfolgreichen stellvertretenden Deutung werden. Diese „Abkürzungsleistung des psychischen Apparates" macht es erst möglich, die Komplexität der Kommunikationen in Lehr-/Lernprozessen zu bewältigen, und ist auf den durchschnittlichen, wahrscheinlichsten Fall ausgelegt – ganz im Sinne der Alltagslogik von Ciompi. Problematisch werden Übertragungsgefühle insbesondere in konflikthaften Situationen, im pädagogischen aber durchaus auch im Teamentwicklungsprozess, wenn eine der involvierten Personen Emotionen aus anderen, früheren Konfliktkonstellationen überträgt. Dabei werden die spezifischen Beziehungen im aktuellen Konflikt und die geltenden Regelungsverfahren verletzt. Ein „erwachsener" Umgang mit Rollendefinitionen, die Beachtung von Nähe- und Distanzbedürfnissen und letztlich eine rationale Konfliktlösung werden unmöglich (ebd., 119).

Für die zentrale pädagogische Aufgabe der dialogischen Gestaltung von Lehr-/ Lernsituationen unter Bedingungen des Technologiedefizites kann die Bedeutung emotionaler Leistungsfähigkeit an dem professionstheoretischen Modell Oevermanns anknüpfen. Dass eine zeitgemäße pädagogische Professionalität verstärkt auch außerunterrichtliche, fach- und hierarchieübergreifende Prozesse der Planung, Kooperation sowie Team- und Organisationsentwicklung mit umfasst, liegt außerhalb dieses Modells. Es hat aus berufspädagogischer Sicht seine Begrenzung zunächst dort, wo es sich in der Analogiebildung von Therapie und Pädagogik idealiter an der Tätigkeit freiberuflicher Psychoanalytiker bzw. schulpädagogischer Arbeit mit Kindern vor dem Ende der pubertären Lebensphase orientiert (ebd., 146).

Zumindest letztgenannte Begrenzung wird von Kurtz (1997) überschritten, indem als professionelle Funktion im Überschneidungsbereich der gesellschaftlichen Subsysteme Wirtschaft und Bildung die Vervollkommnung von Personen aller Altersgruppen konstatiert wird. Als spezifische professionelle Kompetenz nennt auch Kurtz das Verstehen des konkreten Falls in seinen Besonderheiten, was die Verfügung über subjektive Theorien voraussetze, die wiederum auf Erfahrung, Sensibilität und situativer Intuition beruhe. Diese Kompetenzen – und bei erfahrenen Berufspraktikern wohl zunehmend auch Routinisierung und Habitualisierung – sind vor allem auf Grund der hohen Komplexität und des großen Zeitdrucks, unter dem Professionelle ständig Entscheidungen zu treffen haben, unabdingbar. Der Autor fokussiert professionelles Handeln auf verschiedenen Ebenen des Wissens. Dem universitär vermittelten fachlichen Erklärungswissen steht das situativ praktisch notwendige Entscheidungswissen gegenüber. Erst durch das den Interaktionssituationen zeitlich nachgelagerte, begründete Rekonstruieren entstehe ein Begründungswissen, das zur gelingenden Falldeutung beiträgt (Kurtz 1998, 111). Dass insbesondere die vorauslaufende „situative Intuition" und die „Sensibilität des Professionellen" in der Interaktion in besonderer Weise auf Emotionalität, deren Wahrnehmung und Ausdruck basiert, wird vom Autor nicht ausgeführt.

Das Ansinnen professionstheoretischer Ansätze, die Rationalität pädagogischen Handelns zu steigern, steht zunächst scheinbar der in dieser Studie untersuchten Bedeutung von Emotionalität entgegen. Emotionale Leistungsfähigkeit, so sollte jedoch deutlich geworden sein, bedeutet nicht emotionales Handeln oder dessen Vermeidung. Vielmehr geht es um die Schaffung von Klarheit über die Bedeutung von Emotionalität, die Ermöglichung eines kompetenten Umgangs mit ihr, das bewusste Wahrnehmen und Ausdrücken von Emotionen und Stimmungen, ihr gezielter Einsatz zur Zielerreichung und Leistungssteigerung sowie das Nutzen ihrer orientierenden und energetisierenden Funktionen für das professionelle Handeln in offenen, komplexen und zeitkritischen Situationen – auch im außerunterrichtlichen Arbeitsbereich. Gegenstand ist die Aufklärung emotionalen Handelns, um bewusste Reflexion zu ermöglichen sowie rationale, kognitive Kenntnisse über das subjektive emotionale Handeln und Erleben zu gewinnen. Hier steht demnach die Beachtung der Mikroebene berufspädagogischen Handelns im Vordergrund (Abbildung 9), die vor allem durch das konkrete Handeln in Lehr-/Lernsituationen, Kooperationen mit internen und externen Partnern sowie weiteren außerunterrichtlichen Tätigkeiten geprägt ist. Für diese Ebene sind insbesondere auch die Lehrenden als Subjekte von besonderer Bedeutung, denn persönliche Empathie, emotionale Kompetenz und Intuition sind keineswegs ausreichend, wenn sie nicht in eine Struktur des professionellen Informationsaustausches eingebettet sind. Kooperationen, Gruppen- und Teamarbeit sowie Supervisionen sind als Bestandteil pädagogischer Arbeit zu werten, und Professionalisierung impliziert den Aufbau einer Kultur der Zusammenarbeit. Aus dieser differenzierteren Perspektive wird die Professionalität von Berufspädagogen deutlich, wenn in einem weiteren Sinne die (vorbeugend) therapeutische und dialogische Dimension pädagogischer Praxis betrachtet wird, die sich in der Widersprüchlichkeit des Handelns „ganzer Personen" und gleichzeitiger Beschränkung auf das Rollenhandeln von Funktionsträgern im sozialen System Berufsbildung vollzieht.

	Elemente	Theoriebezug
Mikroebene	Lehrende; Lernende; Unterricht	Handlungslogik; Interaktion; Problem- und Fallbearbeitung
	Kooperationen; Teamarbeit mit KollegInnen	keiner
Mesoebene	Lehrplan; Lernfeld; Organisationsentwicklung der konkreten Schule; regionale Vernetzung; Teamarbeit zur Entwicklung innovativer Lehr-/Lernkonzepte	Berufssoziologie
Makroebene	Berufsbildungssystem; andere gesellschaftliche Teilsysteme; Beamtenrecht; Politik . . .	indikatorisch-merkmalorientiert; Statuspolitik; Systemtheorie; Strukturfunktionalismus

Abbildung 9:
Ebenen pädagogischen professionellen Handelns

Professionalisierung als Prozess: einige Konstanten in der Diskussion um die Lehrerbildung für berufliche Schulen

Als wichtige Konstanten in der bildungspolitischen Debatte um Lehrerbildung können die Faktoren Verwissenschaftlichung der Ausbildung, Leitbilder, das

Theorie-Praxis-Verhältnis, der Ausbildungsort sowie standespolitische Argumentation gelten (Rützel/Faßhauer 1999):

- *Verwissenschaftlichung:* Spätestens in den 50er/60er Jahren stellte sich mit fortschreitender Verwissenschaftlichung von Produktion und Dienstleistungen auch die Frage nach der *Verwissenschaftlichung der Lehrerbildung.* Ausgehandelt wird bis heute, welche fachlich bzw. fachwissenschaftliche Ausbildung angemessen ist. Dabei geht es sowohl um die inhaltliche Orientierung der fachlichen Ausbildung, z. B. der Orientierung an Bezugs- bzw. Ingenieurwissenschaften oder an einer „lehramtsspezifischen Fachlichkeit", als auch um den Anteil der fachlichen Inhalte am Gesamtumfang der Ausbildung. Dem entsprechen hohe fachliche Anteile und eine Marginalisierung von Berufspädagogik, Erziehungs- und Gesellschaftswissenschaften sowie der (Fach-)Didaktik im Studium.

- *Leitbild:* Dagegen wird als zweiter Konstante im *Leitbild des Pädagogen* der Erziehungs- und Vermittlungsseite des beruflichen Bildungsprozesses Priorität eingeräumt. Damit ist auf die wichtige Frage der berufspädagogischen, didaktisch-methodischen und gesellschaftswissenschaftlichen Inhalte und Anteile der Ausbildung verwiesen. Merkmale dieses Leitbildes sind hohe quantitative Anteile und ein breites Spektrum an Berufspädagogik, Erziehungs- und Gesellschaftswissenschaften und an (Fach-)Didaktik in der Ausbildung, die als Kern angesehen werden, um den die Ausbildung gruppiert ist.

- Die dritte Kernfrage betrifft das *Theorie-Praxis-Verhältnis* in der Ausbildung und der Lehrtätigkeit. Es geht darum, wie die fachlichen und pädagogischen Kompetenzen auf die Praxis des Lehrens und Lernens, aber vor allem auf die Berufspraxis der Auszubildenden bzw. Weiterbildungsteilnehmer bezogen werden soll und kann. In Verbindung damit sind u. a. Fragen nach der Auswahl und didaktisch-methodischen Aufbereitung der Inhalte, Verknüpfungen der Inhalte durch die (Fach- bzw. Berufs-)Didaktik, interdisziplinäre Studienanteile oder Projektstudien, nach Anteilen und Formen von Praxisstudien und nach dem Zugang von erfahrenen „Praktikern" zum Studium gestellt.

- *Ausbildungsort:* Seit Beginn der Lehrerbildung wurde viertens die Frage des *Ausbildungsortes* kontrovers diskutiert und unterschiedlich entschieden. Dem Leitbild des Fachmanns folgend wurde in den 20er Jahren die Lehrerbildung in Baden, Württemberg und Sachsen an Technische Hochschulen verlegt, während Hamburg und Thüringen dem Leitbild des Pädagogen folgend das Gewerbelehrerstudium an die Universität verlagerten. Bayern und Preußen richteten dagegen Berufspädagogische Institute ein, um der aus ihrer Sicht unguten Verwissenschaftlichung des Studiums entgegenzuwirken. Anfang der 70er Jahre war die Akademisierung der Gewerbelehrerbildung in Deutschland durchgesetzt. Mit den „10 Thesen des Wissenschaftsrates zur Bildungspolitik", die eine teilweise Verlagerung der Lehrerbildung für berufliche Schulen an Fachhochschulen empfehlen, setzte 1993 die Debatte um den Ort der Lehrerbildung erneut ein. Die vor allem von der „Kommission Berufs- und Wirtschaftspädagogik in der Deutschen Gesellschaft für Erziehungswissenschaft" vorgetragene Kritik sieht in dieser Verlagerung einen Angriff auf die erreichte Qualität und Professionalität.

- *Standespolitik:* Aus den Kontroversen um den institutionellen Ort der Lehrerbildung wird schließlich auch ersichtlich, dass immer auch *standespolitische Interessen* im Spiel sind. Angestrebt wurden mit der Akademisierung die Gleichwertigkeit der Qualifikation und die Gleichstellung in der Besoldung mit den Gymnasial- und Handelslehrern. Außerdem sollte die formale Gleichstellung der beruflichen mit der allgemeinen Bildung durchgesetzt werden. Eine teilweise Verlagerung der Lehrerbildung an Fachhochschulen wird demzufolge nicht nur als Qualitätsminderung angesehen, sondern insbesondere auch als Angriff auf den erreichten Status. Solange die Eingruppierung und der Status an den akademischen Abschluss bzw. die Bildungsinstitution geknüpft sind, ist dies auch eine nicht von der Hand zu weisende und nicht hinnehmbare Konsequenz.

In den derzeit geführten Diskussionen zur Lehrerbildung herrscht seit einiger Zeit Konsens darüber, dass sich vor dem Hintergrund der skizzierten Entwicklungen in den Rahmenbedingungen die Aufgaben und die Funktion von Lehrerinnen und Lehrern in der beruflichen Bildung gewandelt haben (Rützel/Faßhauer 1999). Deren Aufgabe besteht nicht mehr in erster Linie in der Vermittlung von Wissen und im Stundenhalten. Das Bild des Gewerbelehrers als didaktischem Vereinfacher, dessen spezifische Kompetenz darin besteht, wissenschaftliche Aussagen sachlich korrekt auf das Niveau der Schüler zu reduzieren sowie mit methodischen Kniffen den Lernprozess zu steuern und in Gang zu halten, ist längst überholt.

Wie in anderen Berufen ist auch die Tätigkeit der Lehrenden einem Strukturwandel unterworfen. Die Aufgaben verlagern sich vom reinen Unterrichten auf die Ebene der Planung, Koordination und Prozessgestaltung (Rützel 1996). Moderne Lernprozesse sind komplexer geworden und weniger vorbestimmt. Das Ausbildungshandeln dient vorwiegend der Aufrechterhaltung dieser selbstgesteuerten, oft störanfälligen Lernprozesse. Die notwendigen Eingriffe in diese Prozesse sind weder sachlich noch zeitlich voll planbar und müssen situativ gestaltet werden. Vor dem Hintergrund dieses veränderten Verständnisses von Lernen ist es heute die Aufgabe von Lehrenden, Lernsituationen für selbstorganisiertes, selbstständiges und mediengestütztes Lernen zu gestalten sowie Lernprozesse anzuleiten, zu begleiten, zu reflektieren und zu evaluieren. Ferner sollen sie im Team arbeiten, mit externen Partnern kooperieren und sich an Reformvorhaben und Modellversuchen beteiligen. Mit den alten Leitbildern in der Lehrerbildung wird man den neuen Anforderungen nicht mehr gerecht werden können (Rützel/Faßhauer/Ziehm 1996).

Stattdessen bilden heute professionstheoretische Ausarbeitungen die Grundlage dafür, die Anforderungen an das Handeln in unterrichtlichen Situationen zu klären (Faßhauer 1997). Demnach stellt die wissenschaftliche Kompetenz, der Umgang mit Theorie und der enge Kontakt zum Fachwissen der Disziplinen, nur eine Seite pädagogischen Handelns dar. Die darauf abzielende universitäre wissenschaftliche Lehramtsausbildung ist notwendige, aber nicht hinreichende Bedingung für eine zeitgemäße pädagogische Professionalisierung. Neue Anforderungen werden an die pädagogische und didaktisch-methodische, aber auch die fachliche Kompetenz gestellt.

Dies sei am Beispiel der Kooperation kurz erläutert: Lehrer sollen heute mit Kolleginnen und Kollegen (nicht nur der eigenen Schule), mit Ausbilderteams, in Teams aus Vertretern verschiedener Bildungseinrichtungen und mit Teams aus anderen Bundesländern, vereinzelt auch schon international kooperieren. Dabei verschwinden die fachlichen Anforderungen nicht, im Gegenteil. Lehrende arbeiten in diesen Teams nicht mehr mit vermeintlich „unwissenden" Schülerinnen und Schülern, sondern mit ExpertInnen, die teilweise aus anderen Fachgebieten kommen. Darüber hinaus ist zu bedenken, dass Lernende mittlerweile auf bestimmten Gebieten größere Kompetenzen als die Lehrenden mitbringen. Des Weiteren spricht das schnelle Anwachsen des Fachwissens gegen eine Verringerung der Bedeutung fachlicher Anforderungen bzw. Kompetenzen. Das Beispiel der Kooperation verweist aber auch auf die gestiegenen Anforderungen an die pädagogische und didaktisch-methodische Kompetenz. Gelingende Kooperation setzt die Fähigkeit zur Selbstreflexion voraus. Es ist notwendig, die eigene Position wahrzunehmen, zu reflektieren und in den Kooperations- bzw. Gestaltungsprozess einzubringen. Zugleich geht es darum, die Positionen der anderen zu deuten, deren Optionen zu verstehen und diese mit den eigenen Positionen zu spiegeln, damit der Kooperationsprozess aufrechterhalten und die gesetzten Ziele erreicht werden können. Grundlagen hierfür sind Wissen und Erfahrungen im Umgang mit Kooperationsprozessen und Konflikten, mit der Steuerung und Organisation von Gruppenprozessen sowie mit Methoden der Selbstorganisation. Hinzu kommen aber auch Wissen und Kenntnisse über die Kulturen der anderen Gruppenmitglieder und Empathie.

Professionalität wird erreicht, wenn zur fachwissenschaftlichen Ausbildung Handlungskompetenz in Lehr-/Lernsituationen, ein hohes Maß an Selbstkompetenz sowie eine professionelle pädagogische Haltung ausgeprägt werden (s. u. Abb. 10). Zur überfachlichen Handlungskompetenz in Lehr-/Lernsituationen gehört zum einen die vielfach beschriebene Fähigkeit zur Kommunikation mit den Lernenden. In einem erweiterten Sinne ist damit auch Sicherheit und Transparenz in der nichtsprachlichen Interaktion mit zu beachten. Dazu gehören unter anderem Wahrnehmung und angemessener Ausdruck der eigenen Gefühle und denen der Lernenden, Körpersprache, Gestik und Mimik. Zum anderen kommt die Fähigkeit zur sozialen Strukturierung (Bauer 1997) in Form eines angemessenen Leitungsstiles, der Moderation von Lehr-/Lernprozessen und Förderung von Selbstorganisation hinzu. Instrumentelle Fertigkeiten zur Gestaltung von Lehr-/Lernprozessen, also der eigentliche Methodeneinsatz, dürfen dabei kein Selbstzweck werden, sondern müssen im pädagogischen Konzept eingebunden bleiben. Didaktisches Vorgehen sollte schon in der ersten Ausbildungsphase vertieft erfahrbar gemacht werden und in den Rahmen pädagogischer Reflexionen gestellt sein. So kann der Tendenz der Technikzentrierung beim Medien- und Methodeneinsatz entgegengewirkt und die Veränderungen des Lehr-/Lernprozesses selbst durch den Einsatz zum Beispiel multimedialer Techniken thematisiert werden. Zur erwarteten Selbstkompetenz gehört es, die eigene Schülerbiografie aufzuarbeiten und zu verlassen. Analoges gilt für die überdurchschnittliche Einschätzung der individuellen Ausbildungserfahrungen im „eigenen" konkreten Betrieb und Beruf, denen auch Jahre später noch eine hohe Relevanz zugerechnet wird. Dieser subjektive doppelte Rollenwechsel ist durch ein rein kognitives abstudieren eines noch so sinn- und anspruchsvollen Studienplanes nicht möglich. Es bedarf der angeleiteten Arbeit an der eigenen Lern- und Schulbiografie mit ganzheitlichen Methoden, um den eigenen Potenzialen, Motiven, erfahrenen Grenzen und Schwächen „auf die Spur" zu kommen. Eine so verstandene Selbstkompetenz der angehenden Lehrenden umfasst mit der Gewinnung einer realistischen Selbsteinschätzung und der Verbesserung der Selbstwahrnehmungsfähigkeit die Qualifizierung wichtiger Komponenten emotionaler Intelligenz.

Die produktive Gestaltung der Kommunikation in Lehr-/Lernprozessen umfasst auch die Beachtung der Beziehungsebene. Empathie und das Bewusstsein darüber, dass die Lernenden sich nicht lediglich als „Rollenträger", sondern als ganze Menschen mit ihren Erfahrungen, Bedürfnissen und Stimmungen dort einbringen, sind als soziales Bewusstsein ebenfalls Komponenten emotionaler Intelligenz.

Ein langer Prozess der individuellen Ausprägung von Handlungs- und Selbstkompetenz in der situativen Offenheit der Lehr-/Lernsituationen.
Die auf wertenden Entscheidungen basierende Balance von Autonomie und Verantwortung des Einzelnen wie der gesamten Berufsgruppe.
Die Ausprägung einer pädagogischen Haltung im Lehr-/Lernprozess, also eines professionellen Selbstverständnisses, das jenseits der Leitbilder „Fachwissenschaftler im Schuldienst" bzw. „Fachmann im Schuldienst" angesiedelt ist.
Die Bereitschaft und Fähigkeit zur Kooperation mit internen und externen Partnern, also beispielsweise Teamarbeit mit Kolleg(inn)en, Zusammenarbeit mit dualen Partnern, Kolleg(inn)en anderer Schulen und Bildungsträgern.
Insbesondere im Zusammenhang mit schulischen Organisationsentwicklungsprozessen ist weiterhin die Ausprägung eines professionellen Selbstverständnisses angezeigt, das Schule nicht mehr als Behörde, sondern als Bildungsdienstleister mit wichtigen gesellschaftlichen Infrastrukturaufgaben sieht („regionale Kompetenzzentren").

Abbildung 10:
Eckpunkte pädagogischer Professionalisierung

Insgesamt zielen die beschriebenen Anforderungen in Lehr-/Lernsituationen auf eine *pädagogische* Professionalisierung ab. Sie implizieren eine langfristige Herausbildung einer Haltung, also eine Persönlichkeitsentwicklung der angehenden Lehrenden und die Ausprägung eines professionellen Selbstverständnisses jenseits der Leitbilder von Fachleuten und Fachwissenschaftlern. Diese Haltung stellt die Verbindung zwischen instrumentellen Vorgehensweisen und Arbeitstechniken der unmittelbaren pädagogischen Berufstätigkeit und dem Reflexionspotenzial auf Basis wissenschaftlicher pädagogischer Theorien dar. Sie benötigt zur Sicherung der Authentizität des Lehrenden in seinem Handeln die Klärung der eigenen Persönlichkeitsmerkmale, die Reflexion der individuellen Berufswahl und Bildungsbiografie sowie die Verinnerlichung pädagogischer Werte. Diese sind nicht absolut gesetzt, sondern immer wieder neu gesellschaftlich und professionsintern auszuhandeln. Welches Verhalten in Lehr-/Lernsituationen ist erwünscht, inwieweit werden Abweichungen toleriert, welche sanktioniert usf. Gerade durch die oben skizzierte situative Offenheit des Lehr-/Lernprozesses bekommt die Persönlichkeit der Lehrenden einen besonderen Stellenwert. Sie haben selbst verschiedenste Berufsbildungsprozesse durchlaufen, haben selbst prägende Erfahrungen aus ihren Berufen und Betrieben, sehen auf sich selbst rollen- und geschlechtsstereotype Erwartungen bzw. Projektionen gerichtet und stehen mit ihren beruflichen und pädagogischen Idealen im Spannungsfeld zur psychosozialen Wirklichkeit.

3.5   Resümee

Nach den Annäherungen an den unscharfen Emotionsbegriff aus Sicht human-
wissenschaftlicher Theorien wurde das Spannungsverhältnis von Persönlichkeitsentwicklung und gesellschaftlichen Bedingungen, von Subjektbildung und Verwertungsinteressen sowie von Pädagogik und Ökonomie aufgezeigt und unter
dem Fokus des Leistungsbegriffes konkretisiert. Unter den Verwertungsbedin-
gungen systemischer Rationalisierungskonzepte und neuen Formen der Arbeitsorganisation – die ihrerseits von komplexen Faktoren technologischer und gesellschaftlicher Entwicklungen angetrieben sind – kommt es zu einem ganzheitlichen Zugriff auf die Ware Arbeitskraft inklusive ihrer psychischen und emotionalen Anteile. Zunehmend werden Fähigkeiten zur Selbststeuerung, -darstellung
und -veränderung als Arbeitsleistung auf den unterschiedlichsten betrieblichen
Hierarchieebenen eingefordert. Dieser „Trend zum Selbst" (Harney 1992) eröffnet einerseits Freiheitsgrade für autonomes Handeln der Subjekte, ökonomisiert
aber andererseits zugleich personale Qualitäten, die bisher der „privaten Lebensführung" vorbehalten blieben. Leistungsbereitschaft, Eigeninitiative, Selbstmotivation, Verantwortungsübernahme, kurzum: alle Selbst- und Sozialkompetenzen
sind individuelle Potenziale, die eng mit der eigenen Biografie, der Persönlichkeitsentwicklung und Charakterbildung sowie vor allem mit der eigenen Emotionalität verbunden sind und nunmehr als „Emotionsarbeit" (Rastetter 1999) eingefordert werden.

In der entsprechenden berufspädagogischen Reflexion über diese subjektivie-
renden Tendenzen, oft unter dem Fokus auf Schlüsselqualifikationen, Soft Skills,
Metakompetenzen etc., werden Anteil und Bedeutung der Emotionalität in der
Regel nur implizit thematisiert. Die als subjektives Potenzial aus dem Umgang
mit Emotionalität sozialisatorisch erwachsene emotionale Kompetenz umfasst
vor allem die internen Prozesse der Selbstwahrnehmung, Empathie, Selbstregulierung und das Vorhandensein eines sozialen Bewusstseins. Sie steht in engem
Zusammenhang mit den ebenfalls bewusstseinspflichtigen Prozessen des Kon-
trollbewusstseins, des Selbstkonzeptes und der Selbstwirksamkeit. Die knapp
skizzierten gesellschaftlichen und arbeitsweltlichen Bedingungen erfordern den
zielgerichteten, aufgaben- und leistungsorientierten Einsatz der emotionalen
Kompetenz. Emotionale Leistungsfähigkeit beinhaltet sowohl den zweck- und
verwertungsorientierten Einsatz bzw. die Kontrolle von Gefühlen als auch bewusste Entscheidung und Verantwortungsübernahme. Im sozial-kommunikativen Handeln, sei es in der Gestaltung von Lehr-/Lernsituationen, in der Teambildung oder Organisationsentwicklung, wird emotionale Leistungsfähigkeit in der
Balance von Gefühlserleben und -ausdruck, von Kontrolle oder Nichtkontrolle,
Zulassen oder Verbergen erlebbar. Die Klärung der eigenen emotionale Befind-

lichkeit auf Grund der Kompetenz zur emotionalen Differenzierung, Verbalisie-rungsfähigkeit und selektiven Authentizität ist somit im Hinblick auf die gelin-gende Gestaltung sozial-kommunikativen Handelns eine Bedingungsmöglichkeit dafür, den eigenen Gefühlen nicht ausgeliefert zu sein, sondern sie situationsad-äquat steuern und einbringen zu können. Emotionale Leistungsfähigkeit ist so-mit eine wichtige Komponente in Leitungsfunktionen, in der Team- und Organi-sationsentwicklung sowie für pädagogische Professionalität. Sie ist in ihrerseits professionalisierungsbedürftigen Prozessen trainierbar.

Auch wenn man der im ersten Abschnitt dieses Kapitels entfalteten Analyse der Rahmenbedingungen nicht zustimmt, ist emotionale Leistungsfähigkeit ein wichtiges didaktisch-methodisches Gestaltungselement auf der Mikroebene be-ruflicher Bildungsprozesse. Stimmt man jedoch der Analyse gesellschaftlicher und ökonomischer Entwicklungen zu und wenn berufliche Bildung zugleich mehr sein soll als eine pädagogische Anpassung an das ökonomisch und tech-nologisch sich Entwickelnde, so ist die Bedeutung von emotionaler Leistungsfä-higkeit auf zusätzlichen Ebenen zu sehen. Zum einen ist sie berufspädagogische Zielkategorie, insofern diese Anforderungen an die Klientel beruflicher Bildungs-prozesse gestellt werden. Zum anderen ist sie konstitutiver Teil eines erweiterten Verständnisses von professionellem Handeln in berufsbildenden Schulen, das unter den geschilderten Rahmenbedingungen und Modernisierungsstrategien zunehmend auch Teambildungs- und Organisationsentwicklungsaufgaben um-fasst.

4 Untersuchungsdesign

Nach den Annäherungen an den unscharfen Begriff der Emotion und der Beschreibung gesellschaftlicher sowie arbeitsweltlicher Zugriffe auf Emotionalität als einer Leistungskategorie wurden Konsequenzen für professionelles pädagogisches Handeln in berufsbildenden Schulen abgeleitet. Besonderes Augenmerk gilt dabei der außerunterrichtlichen Arbeit von Lehrenden, die auf Grund der skizzierten Veränderungen in den Rahmenbedingungen vermehrt in Planung, Gestaltung und Durchführung von Teambildung und Organisationsentwicklung zu finden sein wird – ohne dabei die zentrale Bedeutung des Unterrichtens zu schmälern. Der theoretischen Verortung emotionaler Leistungsfähigkeit im allgemeinen Kontext beruflicher Bildung folgt nunmehr die explorative Untersuchung der Relevanz, die Lehrende subjektiv der Emotionalität in ihrem professionellen Handeln beimessen. Konkretisiert wird dies für den speziellen, zurzeit noch wenig umfangreichen und eher randständigen Bereich der Teamentwicklung und prozessorientierten Projektarbeit von Lehrenden zur Entwicklung und Implementierung neuer Lehr-/Lernkonzepte im System Berufsschule. Im Feld eines BLK-Modellversuches[22] wird unter dem Fokus der emotionalen Leistungsfähigkeit eine responsive Evaluation der Teamentwicklungsprozesse angestrebt. Im Verlauf der Evaluation ist der Forscher als Prozessbegleiter relativ nah in den Handlungszusammenhang eingebunden, bleibt aber distanziert genug, um die unterschiedlichen Erfahrungen und Entwicklungswege der Teams verallgemeinernd aufzuarbeiten und Transferwissen zu generieren. Der methodische Zugang für die Evaluation erfolgt durch die Kombination unterschiedlicher Erhebungsinstrumente unter den Prämissen qualitativer Forschung, die genügend Offenheit für die theoretischen Unschärfen und die Dynamik der Entwicklung im Feld verspricht.

4.1 Qualitative Forschung

Im empirischen Teil folgt die vorliegende Studie im Wesentlichen den Leitgedanken qualitativer Forschung (Flick 1999). Neben der Gegenstandsangemessenheit von Theorien und eingesetzten Methoden steht hierbei gleichberechtigt die Beachtung und Analyse der verschiedenen Perspektiven auf den Gegenstand sowie die Reflexion des Forschers auf den eigenen Forschungsprozess. Ziel qualitativer Forschungen ist es weniger, bekannte Erkenntnisse, beispielsweise Hypothesen oder Theorien, zu überprüfen, als vielmehr „Neues zu entdecken und empirisch begründete Theorien zu entwickeln" (ebd., 14). Besonderes Interesse gilt den Gegenständen in ihren alltäglichen Kontexten, dem Handeln und der Interaktion der Subjekte im Alltag. Die Offenheit der einzusetzenden Methode muss dafür gewährleistet sein. Die Qualitätsprüfung derartiger Untersuchungen folgt nicht alleine abstrakten Kriterien von positivistisch verstandener Wissenschaftlichkeit, wie dies für rein quantitative Studien sinnvoll ist. Die Gültigkeit der Untersuchung wird unter Bezugnahme auf den Gegenstand bestimmt, die Relevanz des Gefundenen und die Reflexivität des Vorgehens sind weitere Kriterien. „Qualitative Forschung berücksichtigt, dass sich die auf den Gegenstand bezogenen Sicht- und Handlungsweisen im Feld schon deshalb unterscheiden, weil damit unterschiedliche subjektive Perspektiven und soziale Hintergründe verknüpft sind" (ebd., 15). Die Subjektivität von beiden, Forscher und Beforschten sowie deren Kommunikation untereinander, wird nicht als störende Bedingung möglichst gering gehalten, sondern ist wichtiges Element der Erkenntnisgewinnung und Bestandteil des Forschungsprozesses. Anspruch dieser Studie ist es, Erkenntnisse zu generieren, die auch im Feld kommunizierbar sind.

Die Bestimmung von Gütekriterien gilt für die qualitative Forschung allgemein als problematisch (Flick 1999, 239; Mayring 1994, 103). Die traditionellen Testgütekriterien Objektivität, Reliabilität und Validität sind im Kontext quantitativer Forschungen entstanden und orientieren sich am Leitbild natur- bzw. technikwissenschaftlicher Laborversuche und dem entsprechenden Grundverständnis von experimenteller Überprüfung von Hypothesen an der Wirklichkeit. Dass auch in Geisteswissenschaften von *Instrumenten* gesprochen wird, lässt die Nähe zu einem technischen, werkzeug- und messgerätehaften Verständnis erahnen.

Objektivität bezeichnet in einem traditionellen Verständnis die Beobachterunabhängigkeit der erreichten Forschungsergebnisse. Da qualitative Forschung, sowenig für sie insgesamt ein einheitliches theoretisches und methodisches Verständnis auszumachen ist, aber gerade zum Ziel hat, subjektive Sichtweisen von Akteuren in bestimmten Handlungsfeldern zu verdeutlichen, kann dieses Kriterium an Forschungsqualität nicht als angemessen gelten. In einem solchen Verständnis von Objektivität wäre es darüber hinaus nur schwer zu erreichen, die Interaktionen von Subjekten in sozialen Systemen zu erfassen sowie deren implizites Wissen und ihre Alltagstheorien zu verdeutlichen. Im Sinne eines „Nichtvorhandensein[s] von Willkür und Beliebigkeit wissenschaftlicher Entscheidungen" (Schwetz 1997, 101) behält Objektivität eine – allerdings veränderte – Bedeutung. Der Forschungsprozess, die Fragestellungen und eingesetzten Methoden sowie die Kategorienbildung sollen begründet werden, um Transparenz zu schaffen und nachvollziehbar zu sein und somit die Möglichkeitsbedingung für den Ergebnistransfer und die Intersubjektivität zu liefern.

Reliabilität (Zuverlässigkeit) ist ein Maß für die Übertragbarkeit (technischer) Experimente. Im Idealfall soll dasselbe Experiment zum untersuchten Gegenstand in gleicher Form mit dem gleichen Ergebnis (beliebig oft) von anderen Forschenden wiederholbar sein. Sie bezeichnet also Stabilität und Genauigkeit der Messung bzw. die Konstanz der Messbedingungen. Verfahren zur Sicherung und Verbesserung der Reliabilität in der quantativen Forschung können Retests (zweiter Durchlauf der Operation), Paralleltests (anderes Instrument an derselben Stichprobe), Konsistenz- oder Split-half-Tests (Material oder Instrument in zwei Hälften teilen) sein (Mayring 1994, 101 f.). Bezogen auf Instrumente, in deren Zentrum der Dialog, das Gespräch zwischen Forschern und Beforschten steht, ist dieses Kriterium im engeren Sinne nicht erreichbar. Jede kommunikative Situation, auch in qualitativen, leitfadengestützten Interviews, ist unter gleichen Bedingungen prinzipiell nicht wiederholbar! Im Gegenteil: Stereotyp sich wiederholende Aussagen und Beobachtungen sind in der qualitativen Feldforschung geradezu „ein Indikator für bewusst vermittelte Versionen des Geschehens [und kein] Hinweis darauf, wie es wirklich war" (Flick 1999, 240). Um diesem Dilemma zu entgehen, werden zusätzliche Validierungskonzepte vorgeschlagen (s. u.). Die Reinterpretation und damit die Überprüfung der Daten durch andere Forschende kann durch Bestimmen und Einhalten von Konventionen in der Aufzeichnung (z. B. Transkriptionregeln) erleichtert werden, vor allem dann, wenn sie zusammen mit den Ergebnissen veröffentlicht werden. Schulungen von Beobachtern und Interviewern sowie die Überprüfung und Veränderung der Leitfäden nach Probedurchläufen sind weitere Möglichkeiten.

Maße der *Validität* (Gültigkeit) beziehen sich auf die Frage, ob das, was gemessen werden sollte, auch gemessen wird. Zu deren Bestimmung können Außenkriterien dienen, also der Vergleich mit Untersuchungen, von deren Validität man überzeugt ist. Ergebnis dieser Prüfung können Prognosen sein, die im Sinne einer Vorhersagevalidität zu treffen sind. Konstruktvalidität ist die theoriegeleitete Plausibilitätsprüfung der Ergebnisse, ob zum Beispiel die gebildeten Untersuchungskategorien logisch konsistent sind und sich nachvollziehbar aus dem vorliegenden Material und den Bezugstheorien entwickeln lassen. Eine Prüfung der Angemessenheit der operationalen Definitionen bezieht sich beispielsweise darauf, ob und wie gut eine Stichprobe den Gegenstand repräsentiert. Als ein Grundproblem ist der Einfluss der Beobachtung bzw. Messung auf den untersuchten Gegenstand, das beobachtete Phänomen selbst, anzusehen. Dies gilt auch für die qualitative Sozialforschung. Von besonderer Bedeutung sind hierbei das Verhältnis der untersuchten Zusammenhänge mit der Version, die Forschende davon liefern. Diese Interpretationen und Versionen müssen nachvollziehbar im Gegenstand begründet sein. Die spezifischen Konstruktionen sozialer Realität der Forschenden, im Sinne von Interpretationen, Wahrnehmungen und Darstellungen, müssen empirisch in denen der beforschten Akteure begründet sein (Flick 1999, 243). Im Zentrum neuer Validierungskonzepte für die qualitative Forschung steht der Dialog von Forschenden und Befragten. Als „kommunikative Validierung" (Flick 1999, 245) werden die Akteure in den weiteren Forschungsprozess einbezogen. Die Befragten können und sollen zu den vorgelegten Ergebnissen Stellung nehmen, sie an ihren eigenen Aussagen im Erhebungsprozess bzw. in der Interviewsituation überprüfen. In der Konsequenz (vielleicht: im Idealfall) ergibt sich ein iterativer Prozess zwischen Interviewer und Befragtem, der einen Konsens über die Interpretation der Interpretationen zum Ziel haben könnte. Eine solche kommunikative Validierung hat ihre Vorteile in einem Gewinn an Authentizität und der Strukturierung der Aussagen im Hinblick auf die Untersuchungsfragen und Zusammenhänge. Jenseits dessen bliebe die Frage nach den Geltungsbedingungen aber unbeantwortet. Aus der langen Diskussion um die Gütekriterien qualitativer Forschung heraus haben sich andere methodenangemessene Kriterien als hilfreich erwiesen. Unter anderem zählen hierzu:

Triangulation. In Analogie zu geometrischen Verfahren der Navigation und Militärstrategie[23], bei denen zur Bestimmung des eigenen Standortes oder des Zieles verschiedenste Bezugspunkte berücksichtigt und verglichen werden (Lamnek 1988, 232), kommen hier unterschiedliche theoretische Perspektiven, die Kombination verschiedener Methoden, Daten und Forscher/innen zusammen. Dabei liegt die Geltungsbegründung nicht in der Überprüfung der Ergebnisse, sondern in der systematischen Erweiterung und Vervollständigung der Erkenntnismöglichkeiten. Sie stellt deshalb weniger ein Verfahren zur Bestimmung von Gütekriterien und Geltungsbegründungen, sondern vielmehr eine Alternative dazu dar (Flick 1999, 251).

Vetrauenswürdigkeit, Glaubwürdigkeit und Verlässlichkeit werden seit Mitte der 1980er Jahre als neue Kriterien diskutiert (ebd., 252). Zur Erreichung dieser Kriterien werden fünf Strategien referiert: verlängertes Engagement im Feld kombiniert mit Triangulation, peer-debriefing, die Analyse abweichender Fälle, Überprüfung der Angemessenheit von Bezugspunkten für die Interpretation sowie member-checks als kommunikative Validierung.

4.2 Quantitative Messverfahren für soziale Kompetenz

Ein standardisiertes, anerkanntes Verfahren zur Messung sozialer Kompetenzen liegt für den deutschsprachigen Raum nicht vor. Offensichtlich lässt sich mit diesen generellen Begriffen nur sehr unbestimmt arbeiten. Gleichwohl ist Schmidt (1994) zuzustimmen, der mit Blick auf das Konstrukt soziale Intelligenz globalen Aussagen zu dessen Unmessbarkeit nicht folgt. Für spezielle Fragestellungen und Problembeschreibungen in Forschung und Praxis stünden erprobte Messinstrumente zur Verfügung. Allerdings sei keines der bestehenden Verfahren in Deutschland so weit entwickelt worden, dass es als standardisiertes und normiertes Messverfahren für soziale Fähigkeiten angeboten werden kann.[24] Schmidt (1994, 118) ordnet die Messverfahren für soziale Kompetenzen – und aus analytischen Gründen sei darunter auch das hier vorgestellte Konstrukt der emotionalen Leistungsfähigkeit subsumiert – in die Kategorien Leistungstest, Fragebogen und Fremdbeurteilung (Beobachtung).

In der Kategorie *Leistungstest* werden die Antworten auf vorgegebene Fragen als richtig oder falsch ausgewertet und ein Gesamtwert für die Leistungsfähigkeit im Umgang mit sozialen Situationen genannt. Obwohl schon in den 1920er Jahren an US-amerikanischen Universitäten erste *social intelligence tests* (SI) entwickelt wurden, gibt es bis heute nur wenige und auszugsweise Adaptionen ins Deutsche. Hauptkritikpunkt an diesen SI-Tests ist ihre geringe (prognostische) Validität. Diese ist vor allem dem Umstand geschuldet, dass sie versuchen, soziale Fähigkeiten situationsunabhängig zu messen. Das Problem dürfte sich verschärfen, wenn es um die Fokussierung von Emotionen im Sinne dieser Studie geht, da deren Situationsabhängigkeit und Kontextgebundenheit in den hier referierten emotionstheoretischen Ansätzen als ein zentrales Merkmal in besonderer Weise herausgestellt wurde. Die Anzahl von *Fragebogenverfahren*, die als (standardisierte) Persönlichkeitstests und zur Überprüfung vorgegebener Selbstbeschreibungen eingesetzt werden, ist mittlerweile nahezu unüberschaubar. Sie können an dieser Stelle lediglich für ein schmales Spektrum beschrieben werden. Eine Gruppe von Verfahren beruht auf Selbsteinschätzungen zum eigenen Verhalten in vorgegebenen Verhaltensschilderungen in sozialen Situationen, so beispielsweise der *Interpersonal Competence Questionnaire*, für den eine erprobte deutsche Fassung vorliegt (ebd., 124). Dieser ist in folgende Aufgabenbereiche gegliedert: Initiierung von Interaktionen und Beziehungen; Behauptung persönlicher Rechte und die Fähigkeit, andere zu kritisieren; Preisgabe persönlicher Informationen; emotionale Unterstützung anderer; effektive Handhabung interpersonaler Konflikte. Das aktuelle Verhalten und Fühlen im Zusammenhang mit zurückliegenden Problemlösungsprozessen ist Gegenstand des *Social Problem Solving Inventory* (SPSI) (ebd., 125). Das dort zugrunde liegende komplexe Komponentenmodell zur Lösung sozialer Probleme enthält eine Problemorientierung – als allgemein motivationale Komponente – und spezifische Problemlösefertigkeiten. Die Problemorientierung wird dabei in je eine kognitive, verhaltensbezogene und eben emotionale Subkomponente gegliedert. Letztere umfasst gefühlsmäßige Reaktionen wie Angst, Hoffnung und Begeisterung in Bezug auf ein sich stellendes Problem. Die Tendenz, sich auftretenden Problemen eher gleich zuzuwenden bzw. dies zu vermeiden, gibt die verhaltensbezogene Komponente wider. Wahrnehmungen, Bewertungen und Erwartungen an Lösungsmöglichkeiten stellen die kognitive Komponente der Problemorientierung dar. Zur Problemlösefertigkeit zählen Problemdefinition und -formulierung, Entwicklung von Lösungsalternativen sowie Entscheidung, Ausführung und Bewertung der Problemlösung. Hier ist eine Nähe zu dem o. a. Kompetenz- und Schlüsselqualifikationsbegriff zu konstatieren. Insgesamt geht es in dem SPSI um die Beschreibung, wie sich ein auftauchendes Problem im Erleben der Person widerspiegelt. So könnte sich ein Proband beispielsweise optimistisch des Problems annehmen und mit hohen Erfolgserwartungen problemadäquat agieren. Im Hinblick auf die Messbarkeit einzelner Komponenten von mehr oder weniger kompetentem Verhalten in sozialen Situationen kann ein solches Verfahren erfolgversprechend sein.

Wie bei den SI-Tests liegen auch keine Verfahren vor, die ausschließlich Fragebogen als elaborierte Persönlichkeitstests nutzen. Hauptproblem ist deren gering eingeschätzte Validität, die vor allem auf die hohe Transparenz der Messintention zurückzuführen sein dürfte. Auf Grund der Subjektivität und Verfälschbarkeit der Selbsteinstufungsverfahren werden in der Regel zusätzlich Fremdbeurteilungen und Beobachtungsverfahren eingesetzt. Bei diesen reicht das Spektrum von einer globalen Einschätzung weniger Eigenschaften, wie sie praktisch in jedem Mitarbeiterbeurteilungsbogen zur Anwendung kommt, bis hin zu aufwendigen ausdifferenzierten und standardisierten Beobachtungsverfahren, die unter anderem auf eine intensive Beobachterschulung nicht verzichten können (ebd., 132). Gerade im betrieblichen Bereich werden solche Instrumente im Rahmen von Assessment-Centern verbreitet eingesetzt. Dort werden unter anderem soziale Fähigkeiten wie Einfühlungsvermögen, Kooperations- und Integrationsfähigkeit sowie Informations- und Kontaktverhalten auch in einem Methodenmix aus Beobachtung (Gruppendiskussionen, Rollenspiele, Postkorbübung) und anderen eignungsdiagnostischen Verfahren angewendet (Schuler / Stehle 1992). Insgesamt ergeben sich für die Verfahren zur Bewertung von Verhalten in Gruppendiskussionen Korrelationen mit Maßen der sozialen Kompetenz. Allerdings sei zu konstatieren, dass „Verfahren zur Messung der sozialen Intelligenz höher mit Intelligenztests korrelieren als mit anderen Tests für das intendierte Konstrukt" (Schmidt 1994, 134).

Dieser Forschungsstand ist zumindest im Hinblick auf aktuelle Ergebnisse US-amerikanischer Studien zu ergänzen, in deren Kontext etwa seit Mitte der 1980er Jahre unterschiedliche Verfahren zur Bestimmung emotionaler Intelligenz bzw. Kompetenz entwickelt und erprobt werden (Bar-On / Parker 2000). Obwohl verschiedene Methoden zur Verfügung stehen, um entsprechende Kompetenzen einschätzen und bewerten zu können, wird die Entwicklung eines Fragebogens angestrebt. Dieser sollte nicht nur den Testgütekriterien genügen, sondern auch leicht und vielseitig einsetzbar und möglichst umfassend sein. Zunächst wurden Selbsteinschätzungsfragebogen für den Bereich des Managements und für Führungskräfte erstellt. Diese wurden nach und nach als *Emotional Competence Inventory* (ECI) für eine breitere Anwendung in allen Berufsfeldern und unterschiedlichen Lebensbereichen weiterentwickelt und validiert (Boyatzis u. a. 2000). Dieser Test sei gleichwohl genauer als eine Selbsteinschätzung ("self-report measure") über das eigene emotional und sozial kompetente Verhalten zu verstehen. Ein weiteres quantitatives Instrument wurde durch Reuven Bar-On (2000) entwickelt. Er verweist auf die jahrzehntelangen wissenschaftlichen Arbeiten im Anschluss an Thorndikes Konzept der sozialen Intelligenz, die durch den Erfolg des Buches von Goleman ("enigmatic popularity") Bedeutung behalten. Auf Grund großer Überschneidungen zwischen den beiden Konzepten bezieht er sich auf den erweiterten Begriff sozialer *und* emotionaler Intelligenz. Bereits in den frühen 1980er Jahren wurden erste Erhebungen zum sozial und emotional kompetenten Handeln erstellt, um gegebenenfalls auch Aussagen zu dem darunter liegenden Konzept sozialer und emotionaler Intelligenz zu erhalten. Im Laufe der Jahre wurde das Instrument in 22 Sprachen, darunter auch Deutsch, übersetzt und in 15 Ländern eingesetzt. Darüber hinaus wurden Versionen zur Befragung von Kindern und Jugendlichen erstellt sowie ein halbstandardisiertes Interview und multirate Instrumente entwickelt, deren Validierung und Normierung voranschreitet. Auf Basis des in Nordamerika eingesetzten, normierten und validierten Instrumentes ergibt sich ein Komponentenmodell sozialer und emotionaler Intelligenz ("Bar-On-model", ebd., 385), das empirisch auf seine innere Konsistenz und Reliabilität überprüft ist (s. o. Abschnitt 3.2.2).

Zur Diagnose emotionaler Intelligenz kann auch die Weiterentwicklung bestehender Assessment-Center-Verfahren und Auswertungsmethoden geeignet sein, beispielsweise ein verändertes Interviewkonzept. Der Vorteil dieses Vorgehens ist die Mischung quantitativer und qualitativer Elemente sowie die Kombination von Selbst- und Fremdeinschätzungen. Es ist allerdings insofern nicht unproblematisch, da "der Haken an dieser eleganten Möglichkeit, emotionale Intelligenz in vorhandene Methodenpakete einzubauen, [genau darin liegt,] dass dies ein gewisses Maß an emotionaler Intelligenz auf Seiten des Diagnostikers voraussetzt" (Döring-Seipel/Sanne 1999, 43). Nicht nur im Bereich der Personalauswahlverfahren für Führungskräfte wird versucht, *weiche Qualifikationen* zu bestimmen und zu messen. So sind beispielsweise im Kontext von Programmen zur Förderung benachteiligter Jugendlicher in der Folge des Qualitätserlasses der Bundesanstalt für Arbeit Versuche unternommen worden, die Entwicklung und Verbesserung sozialer Kompetenzen auch quantitativ empirisch überprüfbar zu machen (Bylinski 2001; Hilke 2000). In der betrieblichen Weiterbildung und

Kompetenzentwicklung ist die hohe Bedeutung sozialer Kompetenzen seit Jahren unstrittig. Als problematisch wird dennoch ihre Erfassung und Bewertung gesehen, insbesondere die weitere Entwicklung zuverlässiger Fragebogenverfahren scheint wünschenswert (Albrecht 1997; Weiß 1999). Auf Grund der hier angedeuteten Einschränkungen wird für die vorliegende Untersuchung ein quantitatives Instrument in Kombination mit qualitativen Erhebungsmethoden eingesetzt. Dafür wurden einige Skalen eines standardisierten und erprobten Fragebogens übernommen, der im Forschungskontext zum Zusammenhang von Motivation, Willen und Kognition entwickelt und unter anderem in der Evaluation selbstgesteuerter Lernprozesse eingesetzt wurde (Kuhl / Fuhrmann 1998) (s. u. Abschnitt 4.4.1).

4.3 Untersuchungsverlauf

Nach dieser allgemeinen Übersicht auf bestehende Forschungsansätze und Instrumente, deren Reichweite und Begrenzung folgen nunmehr die Beschreibung des Untersuchungsverlaufes, die Konkretisierung der Fragestellung, des Feldzuganges sowie des Kontextes der Untersuchung. Im Sinne der kommunikativen Validierung werden bereits im Verlauf der explorativen Studie erste Erkenntnisse aus den verschiedenen Zugängen, Einschätzungen sowie subjektiven Interpretationen abgeleitet und an Akteure im Feld übermittelt. Diese Prozessorientierung des Untersuchungsdesigns soll es ermöglichen, Erkenntnisse und Ergebnisse der wissenschaftlichen Analyse mit den Erfahrungen und Alltagstheorien der Akteure im Feld zu konfrontieren, um Orientierung und Reflexionshilfen anzubieten und Transferwissen zu generieren. Anschließend werden die konkret eingesetzten Erhebungsinstrumente beschrieben.

4.3.1 Fragestellung und Feldzugang

Die mangelnde Flexibilität des Berufsbildungssystems gilt in der öffentlichen Wahrnehmung, aber auch unter Fachleuten als eines der großen Modernisierungshindernisse. Die Vielzahl neuer Modelle und Grundlagenpapiere ist ein Indiz hierfür. Trotz der gravierenden Unterschiede in den hinter den Modellen stehenden Interessen sind Differenzierung und Flexibilisierung in allen Konzepten auf den unterschiedlichen Ebenen zentrale Zielkategorien (Faßhauer / Rützel 2000). Durch die weitgehende *Differenzierung* des Lehr-/Lern-Angebotes wird versucht, der Individualisierung von Vorerfahrungen und Lerninteressen gerecht zu werden und lebensbegleitendes berufliches Lernen zu ermöglichen. Effektivere Förderung spezieller Zielgruppen, die verbesserten Rahmenbedingungen für handlungsorientiertes und selbstorganisiertes Lernen werden dabei genauso angestrebt wie die Verbindung von Aus- und Weiterbildung sowie die Schaffung lernortunabhängiger Angebote. In direktem Zusammenhang damit steht die *Flexibilisierung* der Strukturen des Berufsbildungssystems. Mit der Überwindung von Berufs- und Disziplingrenzen, der Vereinfachung von Modalitäten zur Veränderung der Ordnungsmittel, dem schrittweisen Erwerb von Zertifikaten, der Schaffung von Übergängen zwischen Aus- und Weiterbildung soll dies erreicht werden. Hinzu kommen die Regionalisierung des Qualifizierungsangebotes sowie die Entwicklung der beruflichen Schulen hin zu eigenständigen regionalen Kompetenzzentren. So gehören die Flexibilisierung der organisatorischen und die Differenzierung der inhaltlichen Strukturen zu den großen Herausforderungen, die beispielsweise auf der Ebene von Einzelprojekten und Modellversuchen angenommen werden. Diese Anforderungen können auf der Ebene der einzelnen Schule und vor allem aus Sicht der einzelnen Lehrenden mit den bisherigen Verfahren, Strukturen und dem bisherigen professionellen Selbstverständnis nicht mehr bewältigt werden. Kooperationen auf unterschiedlichen Ebenen und die Bildung von Teams sind erfolgversprechende Wege, die aber zugleich einen flexiblen Wandel der subjektiven Einstellungen zu und Vorstellungen von Lehrerarbeit mit sich bringen. Diese flexibilisierenden Veränderungsprozesse können nicht nur mehr Verantwortung und Gestaltungsspielraum für die einzelnen Akteure, sondern ebenso Unsicherheiten und Gefühle der Überforderung mit sich bringen. Alles in allem Prozesse, die stark gefühlsmäßig konnotiert sein können und die beschriebenen Anforderungen an emotionale Leistungsfähigkeit auch auf die Ebene der Lehrerarbeit übertragen. Ähnlich wie in Organisationsentwicklungen von Wirtschaftsunternehmen stellen die differenzierenden und flexibilisierenden Maßnahmen an beruflichen Schulen einen Veränderungsprozess dar, für dessen konstruktive und effektive Bewältigung und Gestaltung nicht zuletzt emotionale Kompetenzen der Akteure gefordert sein werden. Zur Untersuchung emotionaler Leistungsfähigkeit im Kontext beruflicher Bildung bietet es sich also an, gerade eines der Innovationsprojekte zur Flexibilisierung als Feld zugänglich zu machen.

Konkret geschieht dies für den Verbundmodellversuch „Differenzierende Lernkonzepte als Beitrag zur Flexibilisierung und Regionalisierung beruflicher Bildung (Diflex)"[25] der Bund-Länder-Kommission für Bildungsplanung und Forschungsförderung. Ziel des Projektes ist es, das Flexibilisierungspotenzial beruflicher Schulen durch angemessene innere und äußere Differenzierungskonzepte sowie durch neue Organisations- und Kooperationsmodelle auszuschöpfen und zu erweitern. Hierzu werden Schwerpunkte gebildet, die unter einer Gesamtfragestellung in den beteiligten Bundesländern getrennt bearbeitet werden (Rützel u. a. 1999). Unter anderem soll Diflex beitragen zur Individualisierung der Bildungswege sowie einer gezielten Förderung von Begabten und Benachteiligten, weiterhin zur Förderung lebensbegleitenden Lernens und der schnelleren Anpassung des Lernangebotes an die sich wandelnden Qualifikationsbedarfe. Darüber hinaus geht es um die Verbindung von Aus- und Weiterbildung sowie von allgemeiner und beruflicher Bildung durch Vereinfachung von Übergängen und Schaffung von Anschlüssen. Als Voraussetzungen zur Erreichung dieser Ziele werden unter anderem die Organisations- und Teamentwicklung von bzw. in Berufsschulen und die Gestaltung von Lernmodulen für unterschiedliche Zielgruppen, Bildungsgänge und Abnehmer auch mit neuen Lehr-/Lernformen gesehen. Hinzu kommt die entsprechende Kompetenzentwicklung der Akteure.

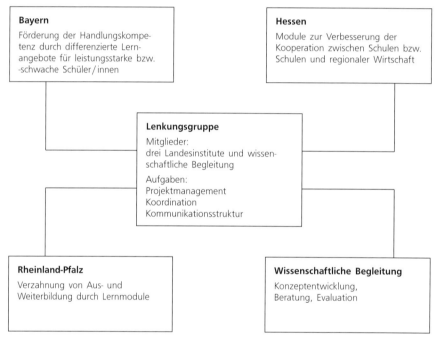

Abbildung 11:
Beteiligte und Arbeitsschwerpunkte in Diflex

Der Feldzugang zur Institution Berufsschule ist formal durch den Modellversuchsrahmen gegeben, da diese Studie in ihren Erkenntnisinteressen sowohl inhaltlich als auch methodisch als eine wichtige Komponente der wissenschaftlichen Begleitung konzipiert und akzeptiert ist. Eine Genehmigung für den Fragebogen an die Lehrenden des regionalen Teilprojektes wurde von der zuständigen Bezirksregierung gesondert eingeholt. Unabhängig von diesen den Forschungsprozess erleichternden Zugangsbedingungen bleiben einige allgemeine

Probleme von Forschung in öffentlichen Institutionen bestehen (Flick 1999, 73). Die Forschung selbst, auch in Form der wissenschaftlichen Begleitung eines Modellvorhabens, ist zunächst eine Intervention in das soziale System Berufsschule und wird von diesem möglicherweise als Störfaktor behandelt. Abwehrreaktionen und Akzeptanzprobleme sind sowohl von dieser Seite her als auch verstärkend durch das Thema der Untersuchung zu erwarten. Aus Sicht der Akteure bleibt der Forscher möglicherweise eine zu Kontrollzwecken von vorgesetzten Stellen geschickte Person, zumindest anfängliche Vorsicht und ein gewisses Misstrauen erscheinen auf der Seite der Akteure als angemessen. Und obwohl der Forschende keine Versprechen über den direkten Nutzen seiner Arbeit für die Akteure im Feld machen kann, bleibt eine Spannung auf Grund der Tatsache, dass den Akteuren im Einzelnen bzw. dem sozialen System als Ganzem vermutlich gute Argumente für eine Ablehnung fehlen.

Im Feld eines regionalen Teilprojektes dieses BLK-Modellversuches werden im Wesentlichen drei Fragestellungen untersucht. Zwei Fragen fokussieren auf die persönliche Sicht der Akteure im Modellprojekt. Sie können als Selbsteinschätzungen Informationen zur Relevanz emotionaler Leistungsfähigkeit im professionellen Handeln sowie zur Beschreibung subjektorientierter Indikatoren für die Prozessqualität beitragen. Abschließend werden drittens aus der Beobachterperspektive des Forschers die erhobenen Informationen vor dem Hintergrund der hier herausgearbeiteten emotionalen Leistungsfähigkeit zu Typisierungen der Teams verdichtet. Konkret sind die Fragestellungen wie folgt formuliert:

- Räumen die Akteure der emotionalen Leistungsfähigkeit eine besondere Bedeutung für ihr allgemeines Arbeitshandeln ein?

- Wie gestalten sich die subjektiven Wahrnehmungen, persönlichen Einstellungen und (Selbst-)Bewertungen der Akteure in Bezug auf den Teamentwicklungsprozess und die Teamarbeit?

- Lassen sich in der Evaluation vor dem Hintergrund emotionaler Leistungsfähigkeit Muster finden oder Typen bilden, die die Benennung fördernder oder hemmender Bedingungen für die Teamentwicklung in Bezug auf die Zielerreichung ermöglichen?

Untersuchungsverlauf und Prozessbegleitung

Ausgehend von den Fragestellungen und dem Konzept einer explorativen Untersuchung wurde in einem regionalen Teilprojekt des Modellversuchs eine aufeinander abgestimmte Kombination verschiedener Erhebungsinstrumente eingesetzt. Im Zentrum stehen dabei leitfadengestützte *Einzelinterviews* mit schulischen Akteuren (Lehrenden) nach etwa zwei Dritteln der Laufzeit des Modellversuchs. In die inhaltliche Gestaltung der Leitfäden wurde im Sinne einer Daten- und Methodentriangulation die Auswertung der anderen Instrumente einbezogen. Fragen zur emotionalen Leistungsfähigkeit von Akteuren des Modellversuchs sind Teil der subjektorientierten Indikatoren zur Bestimmung der Qualität des Modellversuchsprozesses. Hierzu wurden Lehrende im Teilprojekt nach etwa einem Jahr Laufzeit mit einem standardisierten quantitativen Instrument (*Fragebogen*) unter anderem zu ihrem Stimmungsmanagement, ihrer positiven Selbstmotivierung, Zielvergegenwärtigung, Misserfolgsbewältigung und allgemeinem Selbstvertrauen befragt. Zusätzlich wurden offene Fragen zu Arbeitszufriedenheit, dem eigenen Anteil an Entscheidungen und der Möglichkeit der Kritik im jeweiligen Diflex-Team gestellt. Zeitgleich wurden vorstrukturierte *Projekt-Tagebücher* als Reflexionshilfen für die Arbeit im Modellversuch entwickelt und den Akteuren angeboten. Sie waren als Unterstützung für das persönliche Zeitmanagement und als Strukturierungshilfe für ihre Arbeit angelegt. Vor allem sollten sie die Selbstwahrnehmung und -aufmerksamkeit der Akteure für ihre emotionale Befindlichkeit, ihre persönlichen Ressourcen und die möglichen Zusammenhänge zur Arbeitseinstellung (Motivation) anregen und unterstützen, um eine kontinuierliche Selbstvergewisserung über Motive und Ziele zu erreichen. Die Auswertungen dieser beiden Instrumente sind als Vorstudien in die Erstellung des Interviewleitfadens eingeflossen.

Eingebettet sind die drei Erhebungsinstrumente (Fragebogen, Projekt-Tagebuch, Einzelinterview) in eine kontinuierliche *Prozessbegleitung* während des gesamten Projektverlaufes. Diese beinhaltet unter anderem die Teilnahme am Projektmanagement, an Steuerungsgruppen auf Landesebene[26], schulischen Teamsitzungen sowie Gestaltung und Durchführung von Workshops und Tagungen. Die dadurch entstandenen persönlichen Kontakte und Erfahrungen haben die Auswahl und Ausgestaltung der Erhebungsinstrumente beeinflusst. Auch in deren Auswertung kann auf eine Fülle an Kontextinformationen zurückgegriffen werden. Grundsätzlich wird jedes einzelne Team trotz der Vielzahl an Gemeinsamkeiten, der ähnlichen Rahmenbedingungen und derselben rechtlichen Möglichkeiten als ein einmaliges soziales System angesehen. Nachhaltige Problemlösungen und Aufgabenbewältigungen werden letztlich aus diesen konkreten Systemen heraus von den Teammitgliedern entwickelt, erprobt und durchgesetzt.

Erhebungsinstrument	Erhebungszeitraum
Prozessbegleitung	Februar 1999 bis September 2001
Fragebogen an die Lehrenden	September 1999
Projekt-Tagebücher	September 1999
Einzelinterviews	August 2000
Stichtag für diese Untersuchung	15. Dezember 2000

Abbildung 12:
Untersuchungsverlauf

4.3.2 Kontext der Untersuchung: Evaluation von Prozessqualität

Die Untersuchung zur emotionalen Leistungsfähigkeit ist eingebettet in die übergreifende Fragestellung, welche Indikatoren zur Beschreibung von Qualität in berufsschulischen Innovationsprozessen herangezogen werden können, wie diese
zu entwickeln und zu evaluieren sind. Grundsätzlich wird davon ausgegangen,
dass Prozessqualität nicht absolut bestimmbar, also in einem technischen Verständnis messbar zu machen ist. Durch die differenzierte Betrachtung unterschiedlicher Indikatoren sowie den Einsatz des aufeinander abgestimmten Sets
verschiedener Instrumente kann im Dialog von Akteuren und Evaluatoren wider-
ruflich ausgehandelt werden, was die Qualität des laufenden Prozesses ausmacht und wie diese zu bewerten ist. Obwohl Prozessqualität selbst nicht ausdrücklich Gegenstand und Ziel des Modellversuches ist, kommt ihr eine besondere Bedeutung und Beachtung zu. Sie kann als Möglichkeitsbedingung für die
Nachhaltigkeit des Innovationsprozesses gelten, für dessen Verstetigung im Alltag beruflicher Schulen. Dazu tragen einerseits die Zufriedenheit der Akteure,
ihre persönlichen Erfahrungen mit schulischen Veränderungsprozessen und ihre
Reflexion auf das eigene, subjektive Wachstum und den eigenen Kompetenz-
erwerb bei. Andererseits kann auch die gemeinsame Erfahrung der Teambildung[27], das bewusste, reflektierte Durchlaufen eines Prozesses, der sich gegen
die vorherrschende Kultur des Einzelkämpfertums und des Selbstverständnisses
der Schule als einer Behörde richtet, als eine weitere Möglichkeitsbedingung der
Verstetigung und Nachhaltigkeit gelten.

Indikatoren für Prozessqualität

Zur Beschreibung der Qualität von Entwicklungsprozessen wird hier der Begriff
des *Indikators* verwendet. Damit soll verdeutlicht werden, dass für den kommu-

125

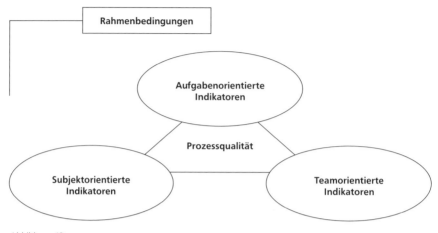

Abbildung 13:
Indikatoren von Prozessqualität

nikativen Prozess innerhalb einer Organisation, eines Teams und allgemein in sozialen Systemen keine normativen, standardisierten oder institutionalisiert-verrechtlichten Parameter zur Verfügung stehen. Indikatoren zeigen Bereiche an, die für die Qualität der Kommunikation der Akteure untereinander und mit ihrem Umfeld von Bedeutung sind. Auf diese haben sowohl die einzelnen Individuen als auch die Teams als solche gleichgewichtigen Einfluss. Der Prozess an sich ist nicht Selbstzweck, sondern auf das Erreichen von Zielen bzw. Aufgaben hin ausgerichtet – technisch gesehen auf die Erstellung eines Produktes. Nicht zuletzt wirken von außen sowohl die unmittelbaren (zeitlichen, räumlichen, finanziellen Ressourcen) als auch die ordnungspolitischen Rahmenbedingungen auf den Verlauf von Innovationen in beruflichen Schulen ein. Für die Entwicklung und Evaluation der Prozessqualität werden die entsprechenden Indikatoren demnach in vier Gruppen gegliedert: aufgaben- bzw. zielorientierte, gruppenorientierte, subjektorientierte Indikatoren sowie Indikatoren für die Wechselwirkung mit den Rahmenbedingungen (Abb. 13). Diese Aufteilung ist rein analytisch und basiert auf der Grundstruktur der Themenzentrierten Interaktion (TZI). Sie ist ein Hilfsmittel, um im komplexen realen Ablauf des Geschehens Transparenz zu schaffen und Reflexionshilfen bereitstellen zu können. Im Prozess selbst stehen die vier Elemente beständig in einer wechselseitigen Beeinflussung und Abhängigkeit, in einer dynamischen Balance. Die angestrebte dynamische Balance erfordert ein prozessorientiertes Arbeiten und klare Strukturen sowohl im Ablauf als auch in der Entscheidungsfindung. Dies sind Möglichkeitsbedingungen für das Entstehen von Vertrauen in das Projektmanagement, in die Qualität des Prozesses und in die gemeinsam erzielten Ergebnisse bzw. deren Erreichbarkeit. Sind die Abläufe für alle Beteiligten transparent und akzeptabel, dann sind Voraussetzungen dafür geschaffen, dass die Akteure sich ernst genommen fühlen und sich verstärkt mit ihren Ideen und ihrem Engagement einbringen. In der Sprache des Qualitätsmanagements ist dies als Mitarbeiterzufriedenheit zu bezeichnen. So einsichtig, ja geradezu banal diese Erkenntnisse sich lesen, so schwierig sind sie im Alltagsgeschäft zu beachten und zur vollen Wirkung zu bringen.

Aufgaben- bzw. zielorientierte Indikatoren

In den Bereich der *aufgabenorientierten* Indikatoren gehören zunächst die angestrebten Modellversuchsziele. Es soll ein flexibles und differenzierendes Lernangebot geschaffen werden, um die Qualität beruflicher Bildung, insbesondere des berufsschulischen Angebotes, sichern und verbessern zu können. Die Nachhaltigkeit der angestrebten Innovationen und deren möglicher Transfer sind weiterführende Zielvorstellungen. In einer kontinuierlichen Kommunikation bedarf es hier eines beständigen Dialoges über den erreichten Stand der Entwicklung, eventueller neuer Teilzielsetzungen sowie der Transparenz des Arbeitsprozesses: Wie sind die Abläufe gestaltet, wie werden Entscheidungen getroffen und umgesetzt, sind die Zielsetzungen allen Akteuren bewusst und inhaltlich klar? Für die Prozessqualität ist es vor allem wichtig, kontinuierliche Kommunikation darüber zu sichern, dass es auch immer (noch) gemeinsame Ziele sind, die in der Projektarbeit verfolgt werden.

Ein zukunftsorientiertes Denken und das Erschließen einer langfristigen Perspektive in Teamarbeit ist für die Akteure ungewohnt. Selbstvertrauen und Mut zu Experimenten und zur Bereitschaft, Risiken einzugehen, die gewohnten schulischen Handlungsabläufe gezielt an einigen Stellen zu verlassen und beispielsweise in anderer Form auf neue Kooperationspartner zuzugehen, werden durch das Erarbeiten einer gemeinsamen Zielvorstellung gefördert. Diese Indikatoren zeigen auch an, ob der Prozess von gemeinsamen Werthaltungen, Verbindlichkeit und Klarheit über die Kernzwecke der Organisation Schule getragen ist. In der Festlegung der Modellversuchsziele und -aufgaben wurde vom Träger bewusst ein relativ weiter Rahmen gesteckt, der von den regionalen Teilprojekten in eigener Entscheidung und Verantwortung zu füllen ist. Dieser Gestaltungsspielraum ist für die meisten Akteure ungewohnt, wird als unstrukturiert, unklar und beliebig wahrgenommen. Orientierung und klarere Vorgaben wurden insbesondere in der Startphase eingefordert. Dabei galt es für die Projektleitung zu beachten, diese Konfliktsituation nicht vorzeitig durch inhaltliche Vorgaben und Benennung konkreter Aufgaben (Arbeitsaufträge) zu lösen. Dies hätte zum einen den erwünschten Teamentwicklungsprozess erschwert, denn es wären keine gemeinsam erarbeiteten Ziele und Aufgaben zustande gekommen, sondern es wäre wie bisher im Sinne einer Umsetzung von (behördlichen) Vorgaben gearbeitet worden. Zum anderen ist die Entwicklung modularer Lernangebote in beruflichen Schulen für alle Beteiligten Neuland, bundesweit gibt es keine orientierenden Vorbilder. Für die konkreten Bedingungen an den beteiligten Schulen sind die ausgewiesenen Experten die dort arbeitenden Lehrenden, kurzum: die eingeforderten klaren Aufgabenstellungen hätten von der Projektleitung gar nicht in der gewünschten Qualität erstellt werden können. In diesem Spannungsfeld zwischen erwünschter Handlungsfreiheit und Offenheit einerseits und verunsicherndem Fehlen konkreter Vorgaben und Strukturen andererseits entwickelten sich bereits die unterschiedlichsten emotionalen Einstellungen und Haltungen, die rückblickend in den Interviews formuliert werden (s. u.).

Gruppenorientierte Indikatoren

Zu den *gruppenorientierten* Indikatoren zählt neben der Teambildung weiterhin die Reflexion der Gruppe auf ihre mentalen Modelle, die unterschiedlichen Entwicklungsphasen sowie das sozial-kommunikative Handeln. Gerade hier scheinen besondere Defizitbereiche der Organisation Berufsschule zu liegen, die stark geprägt sind von einer Kritikkultur und dem „Einzelkämpfertum" der Lehrenden. Besondere Bedeutung für die Prozessbegleitung und -evaluation haben die mentalen Modelle der handelnden Gruppen (Senge 1994). Damit sind die Sichtweisen und Überzeugungen von Menschen und Gruppen über sich selbst, über die jeweils anderen sowie über die Wirkungsmechanismen und Prozesse in ihrer Organisation benannt. Die mentalen Modelle beeinflussen in besonderer Weise Denken und Handeln der Teams, da unbewusste Urteile eng mit gefühlsmäßig-intuitiven Entscheidungen verflochten sein können. Das Bewusstmachen dieser Modelle kann Handlungen und Entscheidungen einer kritischen, rationalen Überprüfung zugänglich machen. Ihre Veränderung kann als Bedingungsmöglichkeit für die Entwicklung der Schulen zu lernenden Organisationen gesehen werden. Diese internen Annahmen, die inneren Bilder, zu denen sich Erfahrungen und Vorurteile verdichten, können den Veränderungsprozess, den der Modellversuch initiieren und verstetigen will, erheblich beeinflussen. Dabei geht es nicht vordergründig darum, ob diese mentalen Modelle im objektiven Sinne richtig oder falsch sind, sondern um deren Klärung. Sie sollen angesprochen und im Dialog herausgearbeitet werden. Dialog meint hier „die Kunst des gemeinsamen Denkens" (ebd., 519), um das Lernen in den Gruppen zu ermöglichen. Im Unterschied dazu steht die Diskussion, der Austausch von Argumenten und Meinungen mit dem Ziel, eine anstehende Entscheidung zu treffen. Auch dies ist eine analytische Trennung, real werden sich Dialog und Diskussion in der Regel wechselseitig durchdringen. Von besonderer Bedeutung sind deshalb Phasen der Meta-kommunikation, des Gespräches über die Kommunikationskultur in der Gruppe. Dabei können Konflikte, Abwehrroutinen und Vermeidungen erkannt und für die Teamentwicklung genutzt werden.

Die Entwicklung von Prozessqualität hängt in besonderem Maße vom bewussten und reflektierten Durchlaufen der Teamentwicklungsphasen ab. Als Reflexions-hilfe wird dabei im Modellversuch auf ein Vier-Phasen-Modell zurückgegriffen (Francis / Young 1982):

Forming-Phase (Orientierung). In dieser Phase steht das Orientierungs- und In-formationsbedürfnis im Vordergrund. Gerade am Anfang des Modellversuches kann das Fehlen von konkreten Vorgaben und die bewusste Erweiterung von Handlungsspielräumen zu Unsicherheiten und Befürchtungen führen. Es werden aber auch Hoffnungen und Wünsche für die anstehende Entwicklung verstärkt thematisiert. Aufgaben, Regeln und geeignete Methoden werden in der Gruppe definiert. Jede(r) Einzelne sucht seine Rolle und Akzeptanz im Team. Tendenziell werden dabei bisherige, gewohnte Handlungsmuster und Normen bestärkt.

Storming-Phase (Konflikt). In dieser Phase sind mehr oder weniger offene Kon-flikte üblich. Es bilden sich Fraktionen, und die Leitung wird kritisiert. Die Aufga-benstellung wird häufig als unrealistisch eingeschätzt und auch emotional abge-lehnt. Es sind Auseinandersetzungen um die verschiedenen Rollen und Positio-nen üblich, und Kontrolle wird als „Gruppendruck" abgelehnt.

Norming-Phase (Ordnen). Widerstände und Konflikte werden überwunden bzw. in konsensuell abgesicherten Methoden bearbeitet. Die Einzelnen haben ihren Platz gefunden, Meinungen und Befindlichkeiten werden offen ausgetauscht. Es bildet sich ein Zusammenhalt, ein Wir-Gefühl heraus, das durchaus idealisierend nach außen bzw. ausgrenzend den anderen gegenüber sein kann. Gegenseitige Unterstützung und Kooperation werden häufiger, es entwickeln sich erstmals neue Arbeits- und Verhaltensweisen. Die Konfrontation der Standpunkte kann allmählich durch eine Konfliktvermeidung abgelöst werden.

Performing-Phase (Arbeiten). Hier steht das Thema, die Aufgabe im Mittelpunkt. Die persönlichen Konflikte sind bearbeitet bzw. zurückgenommen. Die Rollen im Team sind geklärt, die Formen des Umgangs akzeptiert, sodass die Gruppe ziel-gerichtet arbeiten kann; sie tritt nach außen hin geschlossen auf. Lösungsvor-schläge für die gemeinsame Aufgabe werden erarbeitet; Entscheidungen wer-den getroffen und nach außen vertreten und verantwortet. Es ist die Phase der Leistungsfähigkeit eines Teams: ideenreich, engagiert, unterstützend und flexibel sind die Kennzeichen dieses Teamworkings. Eine besondere Rolle spielt das Vorhandensein von Vertrauen zur Erreichung dieser synergetischen Phase von Teamarbeit.

Subjektorientierte Indikatoren

Subjektorientierte Indikatoren geben Hinweise auf Motivation und Engagement der im Prozess Beteiligten sowie deren professionelles Selbstverständnis und emotionale Leistungsfähigkeit. Team- und Projektarbeit verlangen von den Akteuren zusätzlichen Einsatz an Zeit und Energie über das ohnehin hohe Maß der alltäglichen Unterrichtsbelastung hinaus. Des Weiteren sind es für Lehrende an beruflichen Schulen ungewohnte Arbeitsformen. So werden zwischenmenschliche Spannungen und innere Konflikte unvermeidlich sein, und wie diese belastenden Faktoren ertragen und konstruktiv gelöst werden, ist dabei nicht nur eine Frage von Geduld und Durchhaltevermögen. Insbesondere in kreativen Phasen des Prozesses sollten Freude und gute Laune genauso selbstverständlich möglich sein, um die Risikobereitschaft des Teams zu steigern, gemeinsam Neuland zu betreten und dabei Rückschläge und Erfolge zu erleben. Aus subjektiver Sicht der Akteure gilt es, selbst Verantwortung für sich zu übernehmen, persönliche Ressourcen und das eigene Stimmungsmanagement zu beachten und zu reflektieren. Als Elemente emotionaler Leistungsfähigkeit und deren Verbindung zur Teamarbeit im Modellversuch können Selbstwahrnehmung und Selbstreflexion, die Ausrichtung von Emotionen auf das Erreichen des Projektzieles hin, Misserfolgsbewältigung, Bereitschaft zur Veränderung von Denk- und Handlungsroutinen, Bereitschaft zu Konflikten im Team, um eigene Vorstellungen einbringen und durchsetzen zu können, genannt werden.

4.4 Erhebungsinstrumente

4.4.1 Fragebogen an die Akteure

Ziel der Befragung von Modulentwickler/innen im Teilprojekt war es, Hinweise zur persönlichen Motivation, zum Stimmungsmanagement, zur allgemeinen Herangehensweise an offene Problemsituationen und zur Zielerreichung zu erhalten. Der Befragungszeitpunkt lag ein Jahr nach Projektbeginn und damit etwa bei einem Drittel der Laufzeit. Somit konnten bei der Beantwortung erste Erfahrungen aus der Entwicklungs- und Teambildungsphase mit einfließen, ohne durch einen zu großen zeitlichen Abstand rückblickend neu oder umgewertet zu sein. Statements zur Auswertung ausgewählter Skalen der Fragebogenerhebung wurden ein Jahr später Teil des Interviewleitfadens. Der Fragebogen ist in zwei Teile gegliedert. In einem allgemeinen Teil A wurden Skalen eines erprobten und normierten Tests von Kuhl/Fuhrmann (1998) eingesetzt, der unter anderem in der Evaluation von Projekten zum selbstorganisierten Lernen genutzt wird (exemplarisch: Füg/Kirchner 1998). Die theoriegeleitete Auswahl von neun Skalen mit 45 Items[28] hat Komponenten emotionaler Leistungsfähigkeit wie Selbstregulation, Selbstwirksamkeit und Selbstkompetenz im Blick. In einem speziellen Teil B wurden zusätzliche, zum Teil offene Fragen zur Arbeitszufriedenheit, Kommunikation und Motivation mit direktem Bezug zum Modellversuch Diflex gestellt.

Fragebogen Teil A

Der hier in einigen Skalen eingesetzte Fragebogen steht ursprünglich in dem größeren Untersuchungszusammenhang, für eine umfassende Systemtheorie der Persönlichkeit einzelne Funktionskomponenten des Selbst zu erfassen. Konkret versuchen die Psychologen Kuhl und Fuhrmann zu ermitteln, inwieweit ein Fragebogen als Erhebungsinstrument prinzipiell in der Lage ist, zur Erforschung von Selbststeuerungsprozessen beizutragen. Entsprechende Validierungsuntersuchungen haben eine gute Übereinstimmung der Fragebogenmaße mit anderen Methoden zur Messung dieser Funktionen gezeigt: „The empirical correlates (…) provide surprisingly consistent support for the validity of the VCI [Volitional Components Inventory] scales and the theoretical assumptions they are based upon" (Kuhl/Fuhrmann 1998, 33). Bei aller gebotenen Vorsicht, die Ergebnisse der eingesetzten Skalen herausgelöst aus deren ursprünglichem Forschungs- und Theorienzusammenhang zu interpretieren, können dennoch Hinweise auf unterschiedliche Wahrnehmungsweisen von und Herangehensweisen an Probleme und Aufgaben im Projekt erwartet werden. Im Mittelpunkt der dem Instrument zugrunde liegenden theoretischen Überlegungen stehen Motivation und Persönlichkeit als „Koalitionen psychischer Systeme" (Kuhl 2000). Solche psychischen Makrosysteme sind unter anderem Denken, Empfinden, Aufmerksamkeit, Planen, Motivation und Emotion, die alle auch durch affektive Prozesse moduliert werden. Insgesamt geht es dem Autor um eine funktionsanalytische Beschreibung des Selbst und seiner Subkomponenten. Aspekte dieser Theorie der *Persönlichkeits-System-Interaktionen* (PSI) sollen hier skizziert werden, die mögliche Hinweise für einen Zusammenhang von Zielverfolgung und Emotion bei Akteuren des Projektes liefern können (s. o. Abschnitte 3.2 und 3.3). Als höchste Ebene der Koordination von persönlichkeitskonstituierenden Prozessen wird in der PSI-Theorie die *Selbststeuerung* gesehen, die in eine bewusste Willensform der Selbstkontrolle und in eine implizite, nicht bewusstseinspflichtige Selbstregulation gegliedert ist. Die innere Führung einer Persönlichkeit, im Sinne von Willenskraft und einer zentralen Koordination, geschieht im Spannungsfeld von Selbstkontrolle und -behauptung. Eigene Bedürfnisse, Gefühle, Anschauungen, Wünsche etc. entsprechen als Kontextinformationen der Selbstbehauptung. Mit Selbstkontrolle sind vor allem diejenigen innerpsychischen Prozesse gemeint, in denen Handlungen auf Grund ausdrücklicher Absichten veranlasst sind und zugleich der Einfluss eben der übergreifenden Selbst- und Kontextrepräsentationen abgeschwächt wird (Kuhl 2000, 705). Zugunsten des Erreichens eines bestimmten Zieles werden also selbstbehauptende Komponenten vorübergehend unterdrückt. Stichworte hierfür sind Belohnungsaufschub, Versuchungsresistenz und Unterdrückung nichtgewollter Impulse. Geschähe dies auf Dauer, würde jedoch der Zielverfolgung immer mehr die Unterstützung durch positive Emotionen entzogen, da „Selbstkontrolle direkt oder indirekt durch die Hemmung positiven oder die Aktivierung negativen Affekts verstärkt" (ebd., 701) wird. Andererseits würde die alleinige Selbstbehauptung auf Grund der (schnellen) Bedürfnisbefriedigung längerfristig zu erreichende Ziele nicht erreichen können und somit ebenso den Interessen des Selbst zuwiderlaufen. Den an sich positiven Auswirkungen der Selbstkontrolle zur Zielerreichung stehen zunehmend die subjektiven Bedürfnisse entgegen. Im Sinne einer erfolgreichen Selbststeuerung und Zielerreichung bedarf es also einer dynamischen Balance der beiden Komponenten.

Positive Selbstmotivierung: Der Prozess der Selbstmotivierung gilt in der PSI-Theorie als einer der wichtigsten überhaupt, unter anderem weil auf diesem Wege positive Affekte für Handlungen mobilisiert werden, die aus dieser allein möglicherweise nicht zu erhalten wären bzw. nicht ausgelöst würden. Diese Veränderung von Affekten wird durch das implizite Selbst vermittelt, also nicht unbedingt durch das bewusste Ich, sie ist demnach ein selbstregulatorischer Mechanismus. Funktionsanalytisch wird dieser unterstützende Effekt indirekt über die Reduzierung negativen Affekts interpretiert. Dadurch werden rechtshemisphärische Hirnfunktionen des Fühlens und der Selbstregulation und damit eine „umfassendere Einbindung sowohl kognitiver als auch emotionaler Prozesse in die Steuerung von Entscheiden und Handeln" (ebd., 729) ermöglicht. Eine Aktivierung des Selbst geschieht nicht nur in Entscheidungssituationen, sondern kann auch durch negativen Affekt erreicht werden, wenn dessen Intensität noch herabreguliert werden kann. Im Fragebogen finden sich hierzu Items des Typs: „Bei einer schwierigen Tätigkeit kann ich gezielt auf die positiven Seiten schauen."

Stimmungsmanagement: Aus Sicht der PSI-Theorie führt die Verminderung negativer Affekte zu einem anderen Prozess als die Aktivierung positiver Affekte, weil diese das intuitive Verhaltenssteuerungssystem so schnell und nachhaltig beeinflusst, dass weniger Zeit und Kapazität für die Aktivierung des Fühlens bleibt. Die Herabregulierung negativer Affekte geschieht unter Einbezug von Erfahrungswissen, das beispielsweise dem bedrohlichen Charakter einer Wahrnehmung durch angepasste Handlungsmöglichkeiten oder Umbewertungen (Sinnstiftungen) begegnet. Es ist also nicht Abwehr und Vermeidung, zum Beispiel durch das Ausweichen auf positive Situationen, gemeint. Die selbstgesteuerte Emotionsbewältigung geschieht im Sinne einer aktiven Selbstberuhigung. Selbstberuhigung ermöglicht abstrakt gesprochen einerseits die Integration von Empfindungen, die so nicht erwartet waren (Akkomodation), und zugleich deren erwartungsentsprechende Interpretation (Assimilation) (ebd., 737). Im Fragebogen finden sich hierzu Items des Typs: „Ich kann mich gut aufheitern, wenn dann eine Sache besser klappt."

Zielvergegenwärtigung: Die beiden Mechanismen der Selbstmotivierung und -beruhigung können als Antriebskräfte für die Zielerreichung gesehen werden. Sie helfen, für unattraktive Tätigkeiten positive Emotionen zu rekrutieren bzw. bei negativen Anreizmomenten ruhig zu bleiben und das entsprechende Ziel weiterzuverfolgen. Zusätzlich ist es wichtig, dass die angestrebten Ziele auch zu den eigenen generellen Vorstellungen und Wünschen passen und mit dem integrierten Selbst kompatibel sind. Hier sind Fragen der intrinsischen und extrinschen Motivation genauso umrissen wie die Rolle von Selbst- und Fremdbestimmung in der Verfolgung von Zielen. Pädagogisch gesprochen geht es demnach auch um die Autonomie der Subjekte. Die Bildung selbstkongruenter Ziele und entsprechender Entscheidungen wird im Sinne der Selbstregulation durch Aktivierung von Aufmerksamkeit, Motivation und positiver emotionaler Unterstützung gewährleistet. Hinzu kommt die Fähigkeit, negative Emotionen herabzuregulieren, um neue Probleme und Aufgaben als Herausforderung und weniger als Bedrohung annehmen zu können. Inwieweit diese Kompetenzen auch zum Tragen kommen, hängt nicht zuletzt davon ab, wie Stress und Belastungen subjektiv wahrgenommen und kompensiert werden. Im Fragebogen finden sich hierzu Items des Typs: „Ich vergegenwärtige mir öfters am Tag, was ich noch alles tun will."

Allgemeines Selbstvertrauen: Alle Selbststeuerungskompetenzen hängen mehr oder weniger direkt mit dem Selbstvertrauen der Person zusammen. Auf der Grundlage einer realistischen Selbsteinschätzung wird ein hohes Maß an Vertrauen in die eigenen Fähigkeiten und Qualitäten zu einer positiven Grundstimmung führen und die Zielverfolgung unterstützen können. Im Fragebogen finden sich hierzu Items des Typs: „Ich gehe bei den meisten Sachen davon aus, dass sie klappen."

Misserfolgsbewältigung: Einige Komponenten der Selbstregulation beeinflussen die erlebensseitigen Funktionen von Fühl- und Selbsthemmungen (ebd., 703). Insbesondere unter Einwirkung stressender Bedingungen können Konzentration und Aufmerksamkeit für die Umsetzung eines Leistungsmotives gehemmt werden. Die Lösung einer Aufgabe beziehungsweise die Umsetzung von konkreten Handlungsabsichten wird unter anderem durch die perseverierende Konzentration auf Befindlichkeiten beeinträchtigt. Allgemein verändert sich die Handlungsorientierung (action orientation) hin zur misserfolgsbezogenen Lageorientierung (state orientation). Im Fragebogen finden sich hierzu Items des Typs: „Meist dauert es eine Weile, bis ich aus meinen Fehlern lerne."

Negative Emotionalität (Grübeln): Die Lageorientierung nach Misserfolgen durch negative Emotionalität bzw. durch Grübeln beeinträchtigt die Selbstbehauptung. Der dadurch erschwerte Zugang unter anderem zu Selbstrepräsentationen und impliziten Erfahrungskontexten verstärkt Schwierigkeiten gerade dann, wenn die aktuell erwünschte Handlung nicht realisierbar ist. Die Beeinträchtigung solcher Kontextrepräsentationen, im Sinne von Fühl- und Selbstrepräsentationen, kann auch eine gesteigerte Rigidität zur Folge haben. Im Fragebogen finden sich hierzu Items des Typs: „Sorgenvolle Gedanken werde ich nur schwer wieder los."

Entfremdung (von den eigenen Zielen): Die selbstregulatorische Beachtung des allgemeinen Wohlbefindens, die Berücksichtigung der persönlichen Ressourcen trägt mit dazu bei, sich nicht von den eigenen Zielen zu entfremden. Zur Wahrung der Selbstkongruenz von Zielen, im Sinne einer Übereinstimmung von implizitem Selbst, eigenen Wertvorstellungen und bewusst wie unbewusst übernommenen Fremderwartungen, gehört die kritische Überprüfung ihrer Erwünschtheit und Machbarkeit. Auch in neueren Forschungen zur Metakognition kommt dem „Erfühlen" von Rückmeldungen während einer Handlung eine besondere Bedeutung zu. So beispielsweise als Gefühl, über relevantes Wissen zu verfügen, dem Gefühl der Vertrautheit mit der Aufgabe, dem Gefühl der Zuversicht und Zufriedenheit. Damit sind Komponenten von Selbstwahrnehmung und -aufmerksamkeit beschrieben, für die eigentlich die Bezeichnung *Eindruck* exakter wäre (s. o. Abschnitt 2.3). Sie reflektieren auf den Verlauf des Prozesses, sei es nun eine Problemlösung oder ein Projekt wie der Modellversuch als Ganzes, und können sich auf die subjektiven Zuschreibungen von Erfolg bzw. Misserfolg auswirken. Die Schwierigkeit, eigene Präferenzen einzuschätzen, steigt mit der Empfindsamkeit für negative Affekte. Im Fragebogen finden sich hierzu Items des Typs: „Wenn ich unter Druck gerate, spüre ich oft gar nicht richtig, was ich selbst will."

Zwanghafte Perseveration und perzeptive Rigidität: Perseveration ist die Bevorzugung bestimmter stereotyper Verhaltens- und Handlungsweisen im Sinne einer psychischen Trägheit oder subjektiven Wiederholungstendenz. So wird beispielsweise trotz wiederholter Fehlerrückmeldung auf einer bisherigen Lösungsalternative bestanden oder beharrt. Sie ist eng verbunden mit Rigidität. Im Fragebogen finden sich hierzu Items des Typs: „Ich kann problemlos an mehreren Aufgaben abwechselnd arbeiten." Rigidität kann in gewisser Weise als das Gegenteil von Flexibilität gesehen werden. Sie ist ein Festhalten an Gewohnheiten, Einstellungen und Handlungen, obwohl die aktuelle Situation bereits andere Verhaltensweisen erfordern würde. Es handelt sich demnach um die mehr oder weniger weit reichende Einschränkung der menschlichen Fähigkeit, sich von bisherigen Handlungs- oder Denkweisen zu lösen. Perzeptive Rigidität ist konkret bezogen auf bisherige, übliche Wahrnehmungsweisen von Problemen und Herausforderungen, im Sinne einer Trägheit, diese Gewohnheiten aufzugeben. Im Fragebogen finden sich hierzu Items des Typs: „Auf neue Situationen kann ich mich rasch einstellen."

Die für die Untersuchung ausgewählten Skalen zielen auf die drei Bereiche Emotion, Motivation und zielbezogene Aufmerksamkeit. Insbesondere für die beiden erstgenannten Faktoren ist zu konstatieren, dass eine exakte, konzeptionelle Trennung im Rahmen dieser Studie nicht vorgenommen wird. Auch innerhalb der Psychologie gilt diese Unterscheidung als strittig. So weisen Pekrun / Schiefele (1996) darauf hin, dass aus Sicht von motivationspsychologischen Arbeiten Emotion durchaus als Teil von Motivation und umgekehrt aus Sicht emotionspsychologischer Studien Motivation als Bestandteil von Emotion gesehen werden kann. Regulation und Kontrolle von Emotion und Motivation kommt im Hinblick auf die Zielerreichung eine besondere Bedeutung zu. Der Begriff der Regulation impliziert Eigenschaften, die in der Diskussion um emotionale Intelligenz auch als *Selbstmanagement* bezeichnet werden (Selbstbeobachtung und -wahrnehmung, Selbstinstruktion, Zielklärung und -setzung).

Für den Aspekt der Kontrolle gibt es eine Nähe zu den Theorien der Selbstwirksamkeits- bzw. Kontrollüberzeugungen. Eine wichtige Größe für selbstgesteuertes Handeln ist nach diesem Konzept einerseits die Gewissheit einer Person, über die zur Ausführung der geplanten Tätigkeiten nötigen Fähigkeiten auch zu verfügen. Andererseits spielt es eine wichtige Rolle, ob diese Person dann auch davon überzeugt ist, selbst Kontrolle und Einfluss auf diese Handlung zu haben und wirksam eingreifen zu können. Schon die Aufgabenwahl (hier: die Beteiligung an einem offen konzipierten Innovationsprojekt zu Teambildung und Organisationsentwicklung), aber auch die Anstrengungsbereitschaft (Leistungsbereitschaft) sind durch Energie liefernde emotionale Bedingungen beeinflusst.

Selbststeuerung / Zielerreichung	
Selbstkontrolle	**Selbstbehauptung**
. . . ist vergleichbar einer „inneren Diktatur", die zeitweise die zielwidrigen Selbstaspekte unterdrückt (Belohnungsaufschub, Versuchungsresistenz).	. . . ist vergleichbar einer „inneren Demokratie", für eine selbstkongruente Bildung von Zielen in Übereinstimmung zu Gefühlen und Fähigkeiten.
Bewusste Steuerungsprozesse	Nicht bewusstseinspflichtige Prozesse
Eher linkshemisphärische Aktivitäten (sequenziell-analytisch)	Eher rechtshemisphärische Aktivitäten (intuitiv-holistisch)
Bei andauernder Dominanz werden der Zielverfolgung unterstützende Emotionen entzogen.	Bei andauernder Dominanz würden längerfristige Ziele nicht geplant und beibehalten.
Als Ziele werden einzelne, konkret anzustrebende Zustände gesehen.	Als Ziele werden ein Netzwerk akzeptabler Ergebnisse und Handlungsalternativen und sinnstiftende Bezüge zu persönlichen Werten und Bedürfnissen gesehen.
Nähe zu Selbstwirksamkeits- und Kontrollüberzeugungsmodellen	Nähe zu Selbstmanagement-Konzepten

Abbildung 14:
Komponenten der Selbststeuerung (vgl. Kuhl 2000)

Fragebogen Teil B

Der Diflex-spezifische Teil des Fragebogens zielt auf Indikatoren von Prozessqualität, wie sie in Abschnitt 4.3.2 genannt sind. Dabei stehen subjekt- und gruppenorientierte Indikatoren im Vordergrund. Ob sich alle Teammitglieder mit ihren Vorstellungen, Ideen und Wünschen im Arbeitsprozess und in den Ergebnissen wiederfinden, ist ein wichtiges Qualitätskriterium. Ebenso die Arbeitszufriedenheit, wobei die Einschätzung der Zufriedenheit mit der eigenen Arbeit nicht unbedingt mit der im Team gleichzusetzen sein muss. Das Wahrnehmen und Erweitern schulischer Handlungsspielräume gehören zu den Themen des Projektes und zu den erwünschten Ergebnissen. Wie das Erreichen dieser Zielsetzung von den Akteuren bewertet wird, kann möglicherweise mit deren Einschätzungen zu Arbeitsklima (Kritik) und Arbeitsprozess (Entscheidungsfindung) zusammenhängen. Mit diesen Faktoren kann die subjektive Wahrnehmung von Teamarbeit konkretisiert und im Hinblick auf die beabsichtigte Typisierung mögliche teamspezifische Unterschiede und Zusammenhänge herausgearbeitet werden.

4.4.2 Projekt-Tagebücher

Im Rahmen qualitativer Forschungen gelten Tagebücher als anerkannte, subjekt-nahe und prozessorientierte Instrumente. Dies ungeachtet der methodischen Unklarheiten, die vor allem aus Sicht quantitativ-empirischer Verfahren ange-mahnt werden (Wilz/Brähler 1997). Die historischen Wurzeln von Tagebüchern reichen bis in die Antike zurück. Das Leben von Göttern und Königen wurde schon damals in chronologischen Berichten für Gläubige und Untertanen festge-halten. Beginnend mit dem Zeitalter der Renaissance entstanden zunehmend Tagebücher im Zusammenhang von Selbstbeobachtungen der eigenen Tätigkei-ten und Befindlichkeiten. Sie wurden „zu immer genaueren Spiegelungen der intimen, unteilbaren, souveränen Individualität" (Hocke 1963, 16, zit. nach See-mann 1997, 13). Insbesondere prominente Persönlichkeiten, vor allem aber Lite-raten haben ihre Introspektionen in Form von Tagebüchern stilisiert und zum Teil mit der Absicht späterer Veröffentlichung angelegt. Neben diesen privaten, lite-rarischen und oft frei assoziativen Formen des Schreibens finden sich bald auch standardisierte, wissenschaftliche Tagebücher. Insbesondere vom späten 18. bis zum frühen 20. Jahrhundert entstehen beispielsweise viele Tagebücher von El-tern, die aus der Beobachterperspektive die Entwicklung ihrer Kinder verfolgen und dokumentieren. Exemplarisch können die Arbeiten von Piaget, Charlotte Bühler und dem Ehepaar Stern gelten. Diese Tagebücher in Form von Forschungs-aufzeichnungen haben einen großen Beitrag zur Etablierung der Entwicklungs-psychologie als Wissenschaft geleistet (Seiffge-Krenske u. a. 1997). In den Jahr-zehnten des behavioristischen Forschungsparadigmas galten Tagebücher als subjektivistische Methoden und Quellen und waren somit für die wissenschaft-liche Diskussion in Psychologie und Pädagogik nicht anerkannt. Auf Grund des wiederum veränderten Selbstverständnisses der Sozialwissenschaften, das die Fähigkeit des Erkenntnisobjektes Mensch zur subjektiven, selbstreflexiven Er-kenntnisbildung anerkennt, hat die Verwendung von Tagebüchern in der For-schung wieder zugenommen (Seemann 1997, 14).

Als Tagebuch*methode* werden dabei in der Regel vorstrukturierte Unterlagen ausgegeben – mit dem Ziel der wissenschaftlichen Auswertung der von den Un-tersuchungsteilnehmenden ausgefüllt zurückgegebenen Texte. Festgelegt wer-den dabei üblicherweise das Thema, der Umfang der Notizen und der Zeitraum, in denen sie zu erstellen sind. Neben ihrer Funktion als Erhebungsinstrumente werden sie in der Prozessforschung, Therapieevaluation und -unterstützung ein-gesetzt. Selbstbeobachtungsmethoden führen zu einem pädagogischen bzw. therapeutischen Nutzen, da allein die bewusste Beachtung problematischen oder erwünschten Verhaltens Veränderungen im Handeln erzielen kann. Aber auch in nichttherapeutischen Zusammenhängen ist die Veränderungskraft von Selbstbeobachtungen und Reflexion deutlich. Sie sind Teil der permanenten selbstregulatorischen Bemühungen der Individuen, die unter anderem ihre persönliche Selbstwirksamkeit (self-efficacy) beurteilen. Eine Besonderheit von Tagebüchern ist – bei Einhaltung entsprechender Regeln – ihre zeitliche Aktualität. Ereignisse und Befindlichkeiten werden retrospektiv – und oft unbewusst – in veränderter Weise bewertet. Insbesondere alltägliche Ereignisse und Einstellungen sind üblicherweise auch nur schwer zu erinnern, im Gegensatz zu außergewöhnlichen Begebenheiten und Live Events. Je länger die aufgezeichneten Ereignisse zurückliegen, umso größer wird der Einfluss von Erinnerungsfehlern, aktuellen Stimmungen und kognitiven Bewertungen. Eine wichtige methodische Anforderung an Tagebücher im Forschungskontext ist die Berücksichtigung des zeitlichen Aufwandes für die Schreibenden und deren Interesse an einem persönlichen Nutzen durch diese Bemühung. Die Nichtstandardisierung bedeutet gerade den Vorteil dieses Instrumentes, führt aber zu größerem Aufwand der Bearbeitung (und Auswertung). Standardisierung meint hier vor allem, dass für eine Forschungsfrage bzw. eine Stichprobe das gleiche Instrument genutzt wird. Gütekriterien wie Reliabilität und Validität sind schwer einzuschätzen und wohl nur sehr bedingt zu erreichen, auch wenn Vergleiche von Tagebuchaufzeichnungen und Fremdbeobachtungen ergeben haben, dass Tagebücher valide Daten erbringen können (Seemann 1997).

Im Rahmen der Prozessbegleitung wurden die Projekt-Tagebücher[29] zugleich mit dem Fragebogen in vier Modellversuchsteams vom Autor in ihrer Zielsetzung und Relevanz für den Modellversuch erläutert und verteilt. Dabei wurden auch die eigenen, positiven und langjährigen persönlichen Erfahrungen hervorgehoben, die die Entscheidung für den Einsatz und die Gestaltung des Instrumentes motiviert haben. Die Projekt-Tagebücher sollten einige Wochen lang arbeitstäglich geführt und anschließend zu einer (anonymisierten) Auswertung an den Autor zurückgesandt werden. Das Ergebnis dieser Auswertung sollte in einem weiteren Termin der Prozessbegleitung in den einzelnen Teams rückgemeldet und diskutiert werden. Die Tagebücher selbst zielen auf die subjektiven Wahrnehmungen des Veränderungsprozesses und die emotionale Seite der Arbeit im Modellversuch. Die Projekt-Tagebücher haben folgende Funktionen:

- Sie sind das einzige Medium, in dem ohne Absprachen im Team und Rücksichten auf andere alle persönlichen Fragen gestellt, Meinungen, Ideen, Kritiken und Konzepte notiert werden können. Hier erhält die subjektive Sicht auf den Modellversuchsprozess besondere Bedeutung. Sie sollen die subjektive Sicht und Motivation sowohl dokumentieren als auch positiv beeinflussen helfen.

- Sie sollen die Selbstvergewisserung auf die angestrebten Ziele und konkreten Vorhaben erleichtern.

- Sie sind als Hilfen für das eigene Zeitmanagement im Modellversuch angelegt und können als Strukturierungshilfen für die Arbeit im Modellversuch dienen.

- Sie können zur Aufmerksamkeitsfokussierung auf die eigenen, persönlichen Ressourcen, die Befindlichkeit und das Engagement im Projekt beitragen und damit als Anregung und Unterstützung zur „Selbstsupervision" (Hagemann/Rottmann 1999) eingesetzt werden.

- Nicht zuletzt sollte mittels der Tagebücher auch der reale zeitliche Mehraufwand für das Modellprojekt erfasst werden, um Bedingungsmöglichkeiten für die Nachhaltigkeit und den Transfer dieses Innovationsprojektes abschätzen zu helfen.

Die Projekt-Tagebücher sind durch die Kombination eines geschlossenen mit einem offenen Teil so konzipiert, dass sie mit wenigen Minuten Aufwand zu bearbeiten sind und zugleich Raum lassen für längere Notizen und Reflexionen. Jedes fünfte Blatt ist als Wochenrückblick angelegt. Diese Konzeption verbindet zielorientierende und protokollierende Elemente, fördert die Konzentration auf konkrete Handlungen, regt persönliche Zielsetzungen und Reflexionen an (Gräsel 2000). In erster Linie sind die Tagebücher als Unterstützung für die Akteure gedacht, die Bearbeitung ist selbstverständlich freiwillig, und der mögliche Rücklauf bleibt anonym. Die Kodierung wurde so gestaltet, dass die gleichzeitig ausgeteilten Fragebogen den Tagebüchern zuzuordnen sind, ohne dabei auf konkrete Personen schließen zu können.

Teil A: arbeitstäglich	Teil B: wöchentlich
Ich bin heute ganz allgemein in guter Stimmung.[1] Wenn ich an die Schule denke, bin ich heute guter Stimmung.[1] Wenn ich an die Arbeit in Diflex denke, fühle ich mich: (neugierig/gelangweilt/ärgerlich/ resigniert/ängstlich/ich freue mich drauf).[1] Ich bin heute körperlich müde und erschöpft.[1] Ich bin heute durch *private Vorhaben* stark belastet.[1] Ich bin heute durch *berufliche Vorhaben* stark belastet.[1] Platz für Ideen, Anregungen, Kritik oder einfach für Notizen zum Modellversuch und der konkreten Arbeit des Schulteams:	Ich habe in dieser Woche insgesamt für Diflex an Zeit aufgewendet: Was ist der nächste konkrete Arbeitsschritt in Diflex, und bis wann will ich ihn erledigen? Es bereitete mir keine Schwierigkeiten, meine konkreten Vorhaben für Diflex umzusetzen.[1] Ich habe diese Woche das Ausfüllen des Projekt-Tagebuchs als hilfreich erlebt.[1] _____ [1] Jeweils auf einer vierstufigen Bewertungsskala, analog dem Fragebogen

Abbildung 15:
Struktur der Projekt-Tagebücher

139

4.4.3 Themenzentrierte Interviews

Um die subjektiven Sichtweisen der Akteure auf die Bedeutung emotionaler Leistungsfähigkeit möglichst umfassend zur Geltung kommen zu lassen, wird ein offenes Erhebungsinstrument eingesetzt. Der Leitfaden für die halbstandardisierten Einzelinterviews wurde mit Bezug auf Daten, die anderen methodischen Zugängen entstammen, gestaltet und kombiniert. Die Auswertung erfolgte in Anlehnung an die von Mayring (1994) beschriebene qualitative Inhaltsanalyse. Die Gesamtauswertung der Interviews wurde an alle Befragten mit der Bitte um Stellungnahme gegeben, die wiederum in die abschließende Betrachtung eingeflossen sind. Somit sind in der Auswertung dieser Erhebung Elemente der kommunikativen Validierung aufgenommen. Der Befragungszeitpunkt lag etwa ein Jahr nach dem der Fragebogenerhebung und damit gegen Ende des zweiten Drittels der Projektlaufzeit.

Mit Situationsprotokollen, die sich Befragte und Interviewer individuell direkt nach dem Gespräch anfertigten, und einer Stellungnahme (schriftlich oder in einem kurzen Telefoninterview) der Befragten zur ersten schriftlichen Auswertung der Interviewreihe kann dennoch ein befriedigendes Maß an Gültigkeit erreicht werden. Darüber hinaus können metakommunikative Phasen im Interview platziert werden. In den Protokollen sollen Empfindungen und Einschätzungen der Kommunikation dokumentiert werden. Eindrücke über die Person des Gesprächspartners und situative Bedingungen sollen festgehalten werden, um mögliche Kontextinformationen für die Auswertung bzw. Validierung zu sichern. Die Situationsprotokolle verbleiben bei den Befragten und werden nicht durch den Interviewer eingesehen, können aber Gegenstand der späteren Stellungnahme werden.[30]

In den *halbstandardisierten* Einzelinterviews sollen subjektive Theorien der Befragten zum Gegenstand rekonstruiert werden (Flick 1999, 99; Lamnek 1988) und dabei sowohl explizit verfügbare als auch implizit vorhandene Wissensbestände erhoben werden. Für Letztere sind methodische Hilfen und Fragetypen von besonderer Bedeutung. Der zugrunde liegende Leitfaden ist nach Themenfeldern gegliedert, wurde aber nicht unbedingt in einer festen Reihenfolge abgearbeitet. Das Gespräch sollte möglichst mit einer offenen, die Kommunikation erleichternden Fragestellung begonnen werden, um das unmittelbar verfügbare Wissen zu erfassen. Um das implizite und damit nicht unmittelbar zugängliche Wissen der Akteure zu verdeutlichen, können theoriegeleitete Fragen dienen, die ebenso erfahrungsgenerierte Vorannahmen des Forschers berücksichtigen können. Zum Abschluss sollen Konfrontationsfragen stehen, um das bisher Gesagte an möglichen Alternativen zu spiegeln und kritisch zu überprüfen. Der Leitfaden muss demnach für diese Phase einige Optionen bereithalten. Die

Struktur des Interviews folgt also inhaltlichen, theoriegeleiteten Bereichen und vorformulierten Fragen.

Die Gestaltung der Interviews orientiert sich an den Kriterien für halbstandardisierte Interviews und wird anhand der Grundstruktur und den kommunikativen Grundsätzen der Themenzentrierten Interaktion ausgeführt. Ohne den vielfältigen Etikettierungen bestehender Interviewkonzeptionen eine weitere hinzufügen zu wollen, scheint hier die Bezeichnung *themenzentriert* angebracht zu sein. Themenzentriert meint für den vorliegenden Leitfaden einerseits die Gliederung anhand der Grundstruktur der TZI. Im Verlaufe des Interviews werden subjektive Sichtweisen im Hinblick auf das Thema emotionale Leistungsfähigkeit, auf die Gruppe (das jeweilige Diflex-Team) und mit Blick auf sich selbst erfragt und verdeutlicht. Hindernde und fördernde Einflüsse der Organisation Schule und der Rahmenbedingungen des Modellprojektes werden ebenfalls berücksichtigt. Dabei ist es Aufgabe des Interviewers, die dynamische Balance dieser Komponenten zu wahren. Andererseits ist das Einhalten bestimmter Kommunikationsregeln und die Achtsamkeit für mögliche persönliche Betroffenheiten und Problematiken im Sinne des Störungspostulates der TZI eine wichtige Aufgabe. Insbesondere die quasitherapeutische Situation, dem Reden über die eigene Emotionalität in einem Vier-Augen-Gespräch mit einem Außenstehenden, und die Grundthematik des Interviews können das Entstehen solcher Situationen begünstigen.

Auswahl der Interviewpartner	drei pro Diflex-Team: Teamleiter, Koordinatoren und ein/e Modulentwickler/in
Einzelinterview	ca. 60 Minuten (40'–90')
Protokoll	direkt nach dem Interview
Auswertung	z. T. im Zweier-Team
Stellungnahme der Interviewten zur Auswertung	schriftlich (auch E-Mail) bzw. mündlich
Abschließende Auswertung	

Abbildung 16:
Phasen der Interviewerhebung

Allgemeine Ergebnisse der quantitativen Untersuchung wurden in den Interviews thematisiert. Die Akteure konnten und sollten zu ihnen Stellung beziehen und sie, gleichwohl sie im Teil A den traditionellen Testgütekriterien entsprechen, im Sinne einer kommunikativen Validierung überprüfen. Einzelinterviews können, da sie in möglichst offener und dialogischer Form das Wissen und die Sichtweisen der Befragten erfassen sollen, nicht objektiv, das heißt unabhängig vom Interviewer sein. Sie sind aber insofern standardisiert, als eine Vorstrukturierung des Themas durch den Forschenden schon vor der Erhebung stattgefunden hat. Diese Vorstrukturierung ist in den Formulierungen des Leitfadens festgeschrieben. Inwieweit sich die konkreten Interviewverläufe an diesem Schema orientieren, hängt von der jeweiligen Gesprächssituation ab.

Zur Gestaltung der Kommunikation in den Interviews

In der Interaktion zwischen Befragten und Interviewer kommt es zu einem Abstimmungsprozess über Einstellungen und Wissen sowie der mentalen Modelle zum Interviewthema. Die Vorstrukturierung durch den Forscher soll helfen, in der Kürze der zur Verfügung stehenden Zeit den Raum für die Entfaltung der Potenziale der Befragten zu schaffen, sie (und nicht den Forscher) als Experten für die thematisierten Fragen herauszuheben und Vertrauen in den Interviewer aufzubauen (Hoff/Lappe/Lempert 1983). Zwar können äußere und zeitliche Rahmenbedingungen für die Interviews standardisiert werden, in dem alle Interviews in Räumen der jeweiligen Schulen, an normalen Arbeitstagen und mit einer vorher festgelegten Dauer stattfinden. Die eigentliche kommunikative Situation wird jedoch für Personen mit unterschiedlichen Persönlichkeitsmerkmalen, jeweils unterschiedlichem Bekanntheitsgrad mit dem Interviewer, dem persönlichen Hintergrund, der aktuellen Befindlichkeit, der Geschlechterkonstellation, Sympathie und Antipathie etc., höchst unterschiedlich sein. Es soll daher seitens des Interviewers versucht werden, in möglichst gleichem Maße diesen unterschiedlichen Persönlichkeiten, Vorerfahrungen und Deutungsmustern entgegenzukommen. Besondere Bedeutung hat der Anfang der Gespräche. Hier wird nochmals das persönliche und fachliche Interesse des Interviewers erläutert, das Interview in seinem Zusammenhang zum Modellversuch dargestellt, das Aufzeichnungsverfahren und der weitere Ablauf des Interviews und der Auswertung vorgestellt, Anonymität zugesichert und die Form der Anrede geklärt.

Der Interviewer wird versuchen, möglichst offen vorzugehen, das heißt, nach Fragen und Aufforderungen zu Statements genügend Zeit zu lassen, bis die Befragten von sich aus antworten. Auch werden Antworten, vor allem unerwartete, kritische oder problematische (aus Sicht des Interviewers), zunächst paraphrasierend wiedergegeben, um Anteilnahme zu signalisieren und Konsens über die in Frage stehenden Deutungen zu erzielen. Dabei können persönliche Meinungen und Erfahrungen seitens des Interviewers ausdrücklich mit einfließen. Dies kann zum gleichberechtigten Charakter des Gespräches beitragen, indem es die Asymmetrie in der Kommunikation verringert, die durch einseitige Selbstoffenbarungen und -beobachtungen der Befragten gegeben ist. Insbesondere bei

142

Phasen	Formulierungen im Leitfaden
Einstieg	Begrüßung, Ablauf des Interviews klären. Einstiegsfragen, beispielsweise: „Welche Module werden in diesem Schulhalbjahr laufen?" oder ähnliche, je nach Situation
Diflex (Thema)	„Haben Sie den Eindruck, dass durch Diflex der Handlungsspielraum in der Schule für Sie größer geworden ist?" „Wie haben Sie das Fehlen konkreter Vorgaben im Modellversuch erlebt?"
Team (Wir)	„Der Fragebogen hat vor knapp einem Jahr hohe Werte für die Zufriedenheit mit der Teamarbeit und der Möglichkeit für offene Kritik im Team ergeben. Wie schätzen Sie dieses Ergebnis aus heutiger Sicht ein?" „Wie empfinden Sie die Teamarbeit?"
Ich	„Der Fragebogen hat insgesamt hohe Werte für Selbstmotivierung und Stimmungsmanagement ergeben. Wie schätzen Sie dieses Ergebnis persönlich für sich ein?" „Sehen Sie Bereiche in Ihrer Arbeit als Lehrer/in, in denen dem Umgang mit Emotionen besondere Bedeutung zukommt?" „Was bedeutet es für Sie, ,emotional kompetent' zu sein? Wie wichtig ist das für Sie?"
Ausstieg	„Wenn Sie zwei Wünsche frei hätten, was würden Sie sich wünschen (egal wie unrealistisch das auch sein mag): für die Arbeit im Team (Wir) und für sich ganz persönlich als Lehrer /in?" Persönliches Kurzprotokoll, Vereinbarungen

Abbildung 17:
Inhaltliche Struktur des Interviewleitfadens

emotionalen Stellungnahmen und Beschreibungen von Befindlichkeiten, die nicht selbstverständlich, aber im Interview ausdrücklich erwünscht sind, wird das konstruktive Klima des Interviews davon abhängen, ob es dem Interviewer gelingt, diese Aussagen nichtwertend deskriptiv wiederzugeben und nachzufragen. Desgleichen sollte möglichst nicht der Redefluss unterbrochen und Wertschätzung und Verständnis kommuniziert werden. Erst im weiteren Verlauf kommen dann eventuell konfrontative Fragen hinzu, um Meinungen, Deutungen und (implizites) Wissen deutlicher zu klären.

Die Interaktion in diesen Einzelinterviews kann von allen Beteiligten, auch vom Interviewer, als quasitherapeutisch empfunden werden. Dieser Eindruck wird möglicherweise durch das Thema, i. e. die eigene Befindlichkeit und Emotionalität im Zusammenhang mit den subjektiven Wahrnehmungsweisen des aktiv betriebenen schulischen Veränderungsprozesses, verstärkt werden. Im Rahmen der Prozessbegleitung wurde in informellen Rückmeldungen der Untersuchungsteilnehmenden zum Fragebogen und zu den Projekt-Tagebüchern ausdrücklich ein „Therapieverdacht" geäußert bzw. die Absicht einer gezielten Persönlichkeitsveränderung unterstellt und befürchtet. Selbstverständlich ist ein solches Einzelinterview keine alltägliche Kommunikationsform und das Sprechen mit einem außenstehenden, lediglich über die Prozessbegleitung bekannten Interviewer über persönliche Befindlichkeit und die eigene Emotionalität ungewohnt.

Dies gilt ausdrücklich auch für den Interviewer, der sich ja nicht allein auf Grund von Freundschaft und Sympathie diesen eher intimen Themen im Gespräch nähert. Dabei sind zumindest folgende Unterschiede zu einer therapeutischen Situation zu nennen, wobei dem von einzelnen Akteuren geäußerten „Therapieverdacht" die Vorstellung eines traditionellen psychoanalytischen Settings unterstellt wird:

- Der Interviewer wird thematisch stärker strukturieren. Im Gegensatz zu therapeutischen Settings, in denen die Klienten dies weitgehend bestimmen können. Diese wesentliche Differenz erwächst aus dem Thema, insofern Emotionalität ausschließlich in Bezug zum alltäglichen Handeln als Lehrer/in und speziell in Bezug auf die Teamarbeit von Relevanz ist. In der Terminologie Oevermanns gesprochen sind beide, Interviewer und Interviewte/r, nicht diffus, sondern auch dann spezifisch in der Situation vorhanden, wenn es um Emotionen geht.

- Die Initiative zum Gespräch geht vom Forscher aus und nicht von den Befragten, die also nicht von sich aus, z. B. auf Grund eines konkreten Problems oder eines Leidensdrucks, ein professionelles Gespräch suchen. Es besteht somit kein Auftrag und damit auch kein Klienten-Therapeuten-Verhältnis, wohl aber ein Arbeitsbündnis, das von der interviewten Person ein gewisses Maß an Öffnung und Mitteilung erwartet.

- Es steht nur ein vorher festgelegter und sehr kurzer Zeitraum zur Verfügung, während Therapien in der Anzahl der vereinbarten Stunden in der Regel offen sind. Auch wenn Dauer und Häufigkeit keine Kriterien für eine strukturell therapeutische Situation sind, können sie aus der subjektiven Sicht der Befragten eine wichtige Differenz darstellen.

- Es geht dem Interviewer nicht um eine Veränderung von Verhaltens- und Empfindungsweisen. Es bestehen weder ein Auftrag noch ein Interesse daran, den Interviewpartner/innen dabei zu helfen, Lösungen für problematisch empfundenes Verhalten zu finden, wie es Aufgabe eines Therapeuten gegenüber einem Klienten wäre.

- Im Interview spielen weit zurückliegende biografische Erfahrungen oder gar Strukturen in der Primärfamilie keine Rolle, wie es zumindest für psychoanalytische Settings charakteristisch wäre.

- Zwar steht für den Interviewer die persönliche Vorstellungswelt der Befragten im Mittelpunkt, und er wird sich auf deren Verbalisierungen emotionaler Befindlichkeiten und Motivation konzentrieren. Aber er bleibt mit persönlichen Stellungnahmen und Meinungen präsent und wird bei Bedarf, z. B. in problematischen Abschnitten des Interviews, auf die Ebene der Metakommunikation wechseln, um Transparenz für die Situation schaffen zu können.

- Nicht zuletzt fordert der Interviewer ausdrücklich dazu auf, Fragen zum und Kritiken am Interviewverlauf zu äußern und damit auch von Seiten der Befragten gegebenenfalls auf die Ebene der Metakommunikation zu wechseln.

Qualitative Inhaltsanalyse

Die Auswertung der Interviews wird mit Methoden und nach Grundsätzen der *qualitativen Inhaltsanalyse* vorgenommen (Mayring 1994). Dieser liegt allgemein keine strenge Unterscheidung in entweder deduktive oder induktive Verfahren zur Kategorienbildung zugrunde. Vielmehr ist in der Regel ein ausdifferenziertes Kategoriensystem vorgegeben, von dem im ersten Schritt ausgehend vom Interviewleitfaden eine Codierung abgeleitet wird. Die Begriffe *Kategorie* und *Code* werden hierbei synonym verwendet, da die Abgrenzung gegeneinander wie auch zu den Begriffen wie Merkmal, Index, Schlagwort, Subkategorie, Dimension etc. in den verschiedenen Methoden und Theorien variiert, sich zum Teil überschneidet und nur in einer spezifisch methodologischen Betrachtung zielführend ist. So könnten beispielsweise Kategorien ausschließlich als Operationalisierungen von Hypothesen gesehen werden. Im Rahmen der vorliegenden Analyse von Interviews sind Kategorien lediglich festgelegte Bezeichnungen, die im Originaltext nicht unbedingt manifest enthalten sein müssen, das heißt, sie können, müssen aber nicht von den Akteuren selbst stammen. Beide, Kategorie und Code, werden hier aufgefasst als „Werkzeuge zur Phänomenklassifizierung mit der Möglichkeit der Bildung von Unterklassen" (Kuckartz 1999, 95), um Segmente des Gesamttextes identifizieren und analysieren zu können. In den Leitfaden, der das Gespräch strukturiert und lenkt, fließen Erfahrungen und theoretisches Vorwissen ebenso wie Vor-Urteile, im Sinne von vorläufigen Bewertungen, des Forschers in hohem Maße ein und damit zumindest implizit auch vorab gebildete Begriffskategorien. In einem zweiten Schritt kommt im Auswertungsprozess auf Basis der vorliegenden Texte die induktive Kategorienbildung zum Tragen (Kuckartz 1999, 205). Dabei entstammen die Codes dem vorliegenden Material, hier den transkribierten Interviews. Die induktive Arbeitsweise verläuft im Spannungsfeld zweier typischer Prozesse der Codierung: entweder eher zusammenfassend, paraphrasierend und den Text verdichtend (Mayring 1994) oder aber abstrahierender, sich eher vom Originaltext lösend (Grounded Theory; Kuckartz 1999, 77). In jedem Fall ist die Zuordnung von Codes zu bestimmten Textsegmenten eine Interpretationsleistung der Forschenden, die es nachvollziehbar zu begründen gilt und deren Ergebnis, zumindest durch eine Stellungnahme der Befragten, kommunikativ zu validieren ist. Die fehlende Transparenz qualitativer Forschungsprozesse hatte einen Anteil an der überproportionalen Wertschätzung gegenüber rein quantitativen Methoden. Systematisches und methodisch nachvollziehbares Arbeiten steht in der qualitativen Inhaltsanalyse nach Mayring im Vordergrund (1994, 50). Texte werden regelgeleitet analysiert, indem sie segmentiert und schrittweise, anhand eines Kategoriensystems, ausgewertet werden. Dieses wiederum ist selbst theoriegeleitet am Material und im Kontext eines Forschungsdesigns entwickelt worden. Quantitative Auswertungen sind in diesem Vorgehen möglich, der vermeintliche Dualismus zwischen qualitativem und quantitativem Forschungsparadigma wird aufgehoben. Nach qualitativen, vor allem interpretativen Vorarbeiten mit dem theoriegeleitet entwickelten Kategoriensystem, dem Anspruch an Systematik und der Orientierung an Gütekriterien der klassischen Inhaltsanalyse, wird dies deutlich. Für die qualitative Inhaltsanalyse werden Zusammenfassung, Explikation (Kontextanalyse) und Strukturierung als Grundformen beschrieben (ebd., 55 ff.). Zur Auswertung der Einzelinterviews mit Akteuren des Modellversuches wird in der vorliegenden Studie eine inhaltliche Strukturierung der Transkriptionen vorgenommen (ebd., 83). Ziel dieses Arbeitsschrittes ist es, konkrete Themen, Inhalte und Aspekte aus dem Material zu extrahieren und zusammenzufassen. Dabei wird der Originaltext paraphrasierend unter die aus dem Leitfaden entwickelten Kategorien subsumiert, und diese werden gegebenenfalls verändert.

Im Unterschied zu dieser theoriegeleiteten Bildung eines Codierungssystems und dessen Überprüfung am Material schlägt die offene Codierung in Anlehnung an die *Grounded Theory* eine Annäherung an das Material vor, in der möglichst wenig auf „preconceived theories" zurückgegriffen wird (Kuckartz 1999, 77 ff.). Im Mittelpunkt dieser Theorie, die im Kontext US-amerikanischer Feldforschung seit Ende der 1960er Jahre vor allem von Anselm Strauss und Barney Glaser entwickelt und seitdem auch stark verändert wurde, steht das Codieren als eigentlicher Prozess der Datenanalyse. Das systematische Zuordnen von Codes zu Textsegmenten (allgemeiner: zu Phänomenen im Datensatz oder Datenmaterial) geschieht in den Grundformen des offenen, axialen und selektiven Codierens. Dieser Prozess der Codierung, der auch ausdrücklich die Formulierung von Fragen an den Text zulässt, soll zunächst möglichst textnah, dann aber immer abstrahierender erfolgen. Dabei werden auch die Beziehungen zwischen den (gefundenen) Begriffen und Kategorien bzw. Unterkategorien analysiert und zur Theorieentwicklung genutzt. Für die Auswertung der Einzelinterviews mit den Akteuren des Modellversuches wird in einem Arbeitsschritt die offene Codierung eingesetzt. Dabei wird der Text (die Datenbasis) segmentiert, seine Aussagen in Sinneinheiten (beispielsweise Wortfolgen oder Sätze) zergliedert, um sie mit Anmerkungen, Fragen und eben Codes zu versehen. Dabei geht es um ein „Aufbrechen" (Kuckartz 1999, 79) des Textes, um vergleichen, untersuchen, organisieren und kategorisieren zu können. Die Codes können sich aus dem (theoretischen) Vorwissen des Forschers ableiten (conceptual codes) oder Äußerungen der Interviewten direkt übernehmen (in vivo codes). Das vorgeschlagene wortweise Vorgehen, wie es beispielhaft bei Flick (1999, 199) ausgeführt ist, wird auf Grund der vorliegenden Datenmenge aus forschungsökonomischen Gründen in dieser Untersuchung nicht zur Anwendung kommen.

Die induktive Phase der Inhaltsanalyse wird bis zur Sättigung des Kategoriensystems betrieben. Nach dem Durchgang durch eine Teilmenge des Materiales, konkret: des ersten Interviews, werden die gebildeten (Sub-)Kategorien deduktiv auf die weiteren Texte angewendet. Dabei kann die Codierung nochmals weiterentwickelt werden. Auf die Bildung neuer Kategorien aus dem restlichen Textbestand wurde aber nicht zuletzt aus forschungsökonomischen Gründen verzichtet. Der erste Codierungsprozess fand anhand der Transkription des zuerst geführten Interviews in einem Forscherteam aus drei Personen statt. In einem arbeitsteiligen Vorgehen wurde eine offene Codierung (in Anlehnung an die Grounded Theory), eine Inhaltsanalyse mittels der qualitativen Techniken Zusammenfassung und Kontextanalyse sowie eine deduktive Analyse nach Kategorien des Leitfadens (inhaltliche Strukturierung in Anlehnung an Mayring) durchgeführt. Die unterschiedlichen Ergebnisse wurden zu einem Kategoriensystem verdichtet. Anhand dieses ausdifferenzierten Codierungssystems wurde anschließend der gesamte Textbestand analysiert. Es muss allerdings hier konstatiert werden, dass das Auswertungsverfahren in Anlehnung an die Grounded Theory sich in der Forschungspraxis als zu aufwendig erwiesen hat und deshalb nur für das erste Interview in Grundzügen angewendet wurde.

1. Transkription des ersten Interviews	2. Peer-debriefing zur Durchführung des Interviews
3. Weitere Erhebung	4. Auswertung des Materials und Überprüfung der Kategorien
5. Erste Auswertung an die Interviewpartner/innen übermittelt	6. Stellungnahme der Interviewpartner/innen in der abschließende Auswertung berücksichtigt

Abbildung 18:
Arbeitsschritte in der Interviewauswertung

4.5 Resümee

Das für diese Studie erarbeitete Untersuchungsdesign folgt den Kriterien qualitativer Forschung. Es ist zugleich explorativ angelegt, um Zugänge zur Evaluation von Prozessqualität für die Teamarbeit in berufsschulischen Innovationsprojekten zu gewinnen. Im Vordergrund stehen dabei die Fragen: Hat für die Akteure allgemein die Beachtung emotionaler Anteile in ihrer Arbeit eine Bedeutung? Und lässt sich dies speziell in den subjektiven Wahrnehmungsweisen der Teamarbeit wiederfinden, sowohl auf Grund von Selbstbeschreibungen der befragten Akteure als auch in Auswertung und Interpretation der Daten durch den Forscher? Um valide Ergebnisse zu erhalten, werden zu unterschiedlichen Zeitpunkten des Prozesses drei verschiedene Instrumente eingesetzt: Fragebogen und gleichzeitig das Projekt-Tagebuch am Ende der Entwicklungsphase sowie Einzelinterviews ein Jahr später in der Umsetzungsphase des Modellversuches. Der Fragebogen zielt in seinem Teil A auf Komponenten emotionaler Leistungsfähigkeit der einzelnen Akteure. Im Teil B werden deren subjektive Einschätzungen zur Arbeit im Team erhoben. Das Projekt-Tagebuch ist darüber hinaus als unterstützendes Instrument für die Arbeit im Projekt angelegt.

Die Einzelinterviews sollen einen vertieften Einblick in die subjektive Wahrnehmung der Teamarbeit und für die Relevanz emotionaler Anteile im professionellen Handeln der Akteure liefern. Unter dem Fokus der Emotionalität wird diese Untersuchung Ergebnisse zur Beschreibung subjektorientierter Faktoren für die Qualität des Entwicklungsprozesses liefern. Die Prozessbegleitung der Teams durch den Forschenden sichert die Kontinuität der Erhebung und die kommunikative Validierung der Ergebnisse. Die anschließende Auswertung wird zunächst für die einzelnen Instrumente vorgenommen sowie auf die vier untersuchten Teams bezogen. Abschließend werden die Ergebnisse vor dem Hintergrund der emotionalen Leistungsfähigkeit zu Typisierungen der Teams verdichtet.

5 Auswertung

Mit Blick auf die drei Fragestellungen der Studie werden in diesem Kapitel Ergebnisse der Erhebung herausgearbeitet. Dabei kommen den jeweils eingesetzten Instrumenten unterschiedliche Gewichtungen bei der Beantwortung der einzelnen Fragen zu:

- Ob die Akteure der emotionalen Leistungsfähigkeit eine besondere Bedeutung für ihr allgemeines Arbeitshandeln einräumen, wird aus dem Datenmaterial zu den entsprechenden Leitfragen des Interviews erarbeitet.

- Wie sich die subjektiven Wahrnehmungen, persönlichen Einstellungen und (Selbst-)Bewertungen der Akteure in Bezug auf den Teamentwicklungsprozess und die Teamarbeit gestalten, wird aus dem Antwortverhalten zum Fragebogen (Teil B) und den entsprechenden Leitfragen des Interviews analysiert.

- Ob sich in der Evaluation vor dem Hintergrund emotionaler Leistungsfähigkeit Muster finden oder Typen bilden lassen, die die Teamentwicklung in Bezug auf die Zielerreichung charakterisieren, wird in Auswertung aller eingesetzten Instrumente dargestellt.

Systematisch folgt die Gliederung dieses Kapitels zunächst der Chronologie des Untersuchungsverlaufes, indem die Ergebnisse der einzelnen Erhebungsinstrumente in den Abschnitten 5.1 bis 5.3 getrennt dargestellt und interpretiert werden. Daran anknüpfend werden die Teams auf Basis dieser Auswertungen im Einzelnen charakterisiert und resümierend die drei Fragestellungen wieder aufgenommen.

5.1 Fragebogen an die Akteure

Im regionalen Teilprojekt des Modellversuches wurde im Herbst 1999 im Rahmen der Prozessbegleitung allen 25 Lehrenden, die zu diesem Zeitpunkt in Diflex-Teams aktiv waren, ein Fragebogen persönlich übergeben. Der Rücklauf lag bei 13 Fragebogen bzw. 52 %. Da aus allen Teams mindestens drei Fragebogen zur Auswertung zurückgeschickt wurden und sich ein Team komplett an der Befragung beteiligte, kann der Rücklauf insgesamt als zufrieden stellend angesehen werden. Ein Fragebogen ist nicht auswertbar. Die Auswertung des Fragebogens basiert somit auf einer Gesamtheit von n = 12. In der Ermittlung der Testrohdaten für den Teil A – und den daraus abgeleiteten Werten für den %-Rang im Vergleich zur Eichstichprobe – wurde die altersunabhängige und geschlechtsspezifische Tabelle von Kuhl/Fuhrmann angewendet. Um die Daten zu anonymisieren, wurde auf Grund des geringen Frauenanteils sowohl im Test als auch im Feld keine weitere Analyse nach Geschlecht vorgenommen. Der ebenfalls relativ niedrige Anteil an jüngeren KollegInnen in der ohnehin kleinen Testgrupppe erfordert dieselbe Beschränkung, die für beide Testteile gilt. Die Auswertung gliedert sich analog dem Fragebogen in Teil A und B. Zuerst werden jeweils für beide Teile des Fragebogens Gesamteinschätzungen der erhobenen Daten gegeben. Im jeweils zweiten Schritt wird eine teamspezifische Analyse vorgenommen.

Teil A:	Skala
jeweils 5 Items auf einer vierstufigen Skala (0 = trifft gar nicht zu; 1 = trifft etwas zu; 2 = trifft überwiegend zu; 3 = trifft ausgesprochen zu)	Positive Selbstmotivierung
	Stimmungsmanagement
	Zielvergegenwärtigung
	Allgemeines Selbstvertrauen
	Misserfolgsbewältigung
	Negative Emotionalität
	Entfremdung [von den eigenen Zielen]
	Zwanghafte Perseveration
	Perzeptive Rigidität
Teil B:	Zufriedenheit mit der *eigenen* Arbeit in Diflex
je eine Frage auf einer vierstufigen Skala (wie in Teil A)	Zufriedenheit mit der Arbeit im Team
	Persönliche Vorstellungen finden sich im Team wieder
	Möglichkeit zur Kritik im Diflex-Team
	Erweiterung von Handlungsspielräumen in der Schule

Abbildung 19:
Struktur des Fragebogens

5.1.1 Auswertung Fragebogen Teil A

Wie in den voranstehenden Abschnitten dargestellt wurde, können die sich wechselseitig beeinflussenden und bedingenden Faktoren Emotion und Motivation als (potenzielle) persönliche Ressource für den Teamprozess und die Zielerreichung gesehen werden. Der Regulation und Kontrolle von Emotion und Motivation kommt im Hinblick auf die Zielerreichung deshalb eine besondere Bedeutung zu. In diesem Abschnitt werden die von Diflex-Akteuren zurückgesendeten Fragebogen anhand der ausgewählten Skalen analysiert. Als Referenz dient der jeweilige Prozentrang gegenüber dem Teststandard. Dieser Prozentrang drückt aus, wie viele Testpersonen bei der Normierung des Testes einen gleichen oder niedrigeren Testwert für diese Skala erreicht haben. So würde beispielsweise ein Prozentrang von 100 im Fragebogen eines Diflex-Akteurs bedeuten, dass keine Testperson in der Normierung einen höheren Wert erreichte. Umgekehrt würde ein Prozentrang 0 bedeuten, dass alle Testpersonen in der Normierung für diese Skala höhere Werte erreichten.

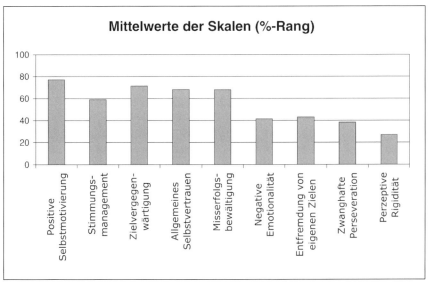

Abbildung 20:
Gesamtauswertung Fragebogen Teil A

I: Globale Auswertung

Im Folgenden werden die Messwerte für die in Abschnitt 4.4.1 erläuterten Skalen genannt und im Hinblick auf die Akteure des Modellversuches interpretiert. Einigen dieser Interpretationen liegt zum Teil die Annahme zugrunde, dass die Werte des Fragebogens sich mehr oder weniger direkt auf die Aktivitäten im Modellversuch beziehen lassen. Für diese Annahme spricht die Verteilung und Bearbeitung des Testes im Kontext des Modellversuches. Zumindest implizit

151

könnte das Antwortverhalten durch die Repräsentation des Projektes beeinflusst sein.

Positive Selbstmotivierung

	Mittel	Min.	Max.
%-Rang Pos. Selbstmotivierung	77,07	30,40	97,60

Insgesamt erreichen die Diflex-Akteure hier mit 77 einen relativ hohen durchschnittlichen Prozentrang. Es kann also bei den Beteiligten von einer starken Aktivierung des Selbst ausgegangen werden. Unter Berücksichtigung allgemeiner Merkmale der Arbeit für die Berufsgruppe Lehrende, vor allem der weit verbreiteten Alleinarbeit, kann ein solcher Wert einerseits als erwartbares Ergebnis gelten. Dies umso mehr, wenn man die Freiwilligkeit der Teilnahme an dem Innovationsprojekt, die darüber hinaus mit zusätzlichem Aufwand an Zeit und Arbeit verbunden ist, mit berücksichtigt. Andererseits ist dieses Ergebnis hoch einzuschätzen, da die dem Test zugrunde liegende Eichstichprobe an einer studentischen Gruppe durchgeführt wurde. Die von der Testgruppe durchlaufene, teilweise jahrzehntelange Dienstzeit hat hier offensichtlich noch nicht zu ersten Symptomen von Burnout oder starken Routinisierungen geführt.

Stimmungsmanagement

	Mittel	Min.	Max.
%-Rang Stimmungsmanagement	59,06	19,00	95,80

Für diese Skala liegen die Diflex-Akteure mit einem Durchschnitt von 59 auch über den Werten des Test-Standards. Qualitativ gesehen ist dieser Skalenwert als kohärent zu dem der Selbstmotivierung zu sehen, da beide Prozesse über die (Herab-)Regulation negativer Affekte laufen können. Die Diflex-Akteure sind demnach gut in der Lage, bei negativen, eventuell frustrierend und leistungshemmend wirkenden Affekten sich selbst aktiv zu beruhigen.

Zielvergegenwärtigung

	Mittel	Min.	Max.
%-Rang Zielvergegenwärtigung	71,36	3,00	100,00

Der relativ hohe Durchschnittswert von 71 zeigt an, dass es den Diflex-Akteuren allgemein gut gelingt, selbstkongruente Ziele zu entwickeln und zu beachten. Im Zusammenhang mit den beiden voranstehenden Skalen wird deutlich, dass die Akteure in der Verfolgung gesteckter Ziele positive emotionale Unterstützung mobilisieren und in der Lage sind, bei negativen Affekten sich aktiv selbst zu beruhigen, um die Arbeitsaufgabe nicht aus den Augen zu verlieren. Zwei Fragebogen liegen sehr weit unterhalb des Durchschnittes.

Allgemeines Selbstvertrauen

	Mittel	Min.	Max.
%-Rang Allgem. Selbstvertrauen	68,11	42,90	86,30

Hier zeigt sich ein hohes Maß an Vertauen in die eigenen Fähigkeiten und Kompetenzen bei den Diflex-Akteuren. Dies kann eine positive Grundstimmung bei der Übernahme neuer, ungewohnter Aufgaben fördern sowie bei Rückschlägen und Misserfolgen stabilisieren.

Misserfolgsbewältigung

	Mittel	Min.	Max.
%-Rang Misserfolgsbewältigung	67,96	34,50	88,70

Der relativ hohe Mittelwert von 68 zeigt einerseits an, dass die Diflex-Akteure sich von Misserfolgen emotional und motivational nicht allzu sehr negativ beeinflussen lassen, zumindest in Bezug auf Dauer und Tiefe des negativen Eindrucks. Andererseits kann dieser Wert auch als Indiz dafür gesehen werden, dass sie gut in der Lage sind, sich von unrealistischen Zielsetzungen zu lösen. Inwieweit im Verlaufe eines Arbeitsprozesses die ursprünglich angestrebten Ergebnisse zunehmend als unrealistisch eingeschätzt werden, hängt von einer Vielzahl von Faktoren, nicht zuletzt von den in der subjektiven Wahrnehmung mit bestimmten Ereignissen verknüpften Emotionen ab. Kommt es bei Misserfolgen zu einer perseverierenden Konzentration auf die dabei als negativ wahrgenommene Befindlichkeit, können Konzentration auf und Aufmerksamkeit für die Zielerreichung gemindert werden. Das ist hier nicht der Fall.

Negative Emotionalität (Grübeln)

	Mittel	Min.	Max.
%-Rang Negative Emotionalität	41,49	9,60	56,50

Der relativ niedrige Mittelwert von 41 lässt im Umkehrschluss die Folgerung zu, dass es den Diflex-Akteuren gelingt, auch in Problemsituationen auf ihren Erfahrungskontext zugreifen zu können. Die sich nach Misserfolgen einstellende, durch negative Emotionalität geprägte Lageorientierung ist nach Dauer und Tiefe des Eindrucks für die Untersuchungsteilnehmenden gut in eine erneute Handlungsorientierung zu überführen.

Entfremdung (von den eigenen Zielen)

	Mittel	Min.	Max.
%-Rang Entfremdung	43,12	14,90	82,10

Der gemessen an der Eichstichprobe unterdurchschnittliche Mittelwert von 43 zeigt, dass die Diflex-Akteure mehrheitlich gut in der Lage sind, sich nicht von den eigenen Zielen zu entfremden. Die zur kritischen Überprüfung der Aufgaben und Ziele auf ihre Erwünschbarkeit und Machbarkeit hin nötige Reflexion auf die eigenen, persönlichen Ressourcen setzt Selbstwahrnehmung und -aufmerksamkeit für Gefühlslagen und Wohlbefinden voraus. Die Schwierigkeit, eigene Wünsche und Vorlieben überhaupt zu erkennen und zu formulieren, steigt mit dem Einfluss negativer Emotionalität. Diese ist aber in der Untersuchungsgruppe ebenfalls unterdurchschnittlich.

Zwanghafte Perseveration und perzeptive Rigidität

	Mittel	Min.	Max.
%-Rang Perseveration	38,33	3,60	78,00
%-Rang Perzeptive Rigidität	27,03	6,00	56,00

Die sehr niedrigen Werte der Untersuchungsgruppe in diesen beiden Skalen lassen im Umkehrschluss die Vermutung zu, dass die Diflex-Akteure gut in der Lage sind, bisherige Wahrnehmungs- und Verhaltensweisen in neuen Situationen zu verändern. Das Festhalten an Gewohnheiten und Einstellungen scheint gering ausgeprägt zu sein.

II: Teamspezifische Auswertung

Die Messwerte der Teams für die einzelnen Skalen sind in den Abb. 21 bis 23 dokumentiert und werden vergleichend interpretiert. Letzteres zum Teil mit Bezügen zu Informationen, die sich aus anderen Erhebungsinstrumenten und der Prozessbegleitung ergeben haben. Dieser Analyse liegt folgender Rücklauf an Fragebogen zugrunde: Team 1: 4; Team 2: 3; Team 3: 3; Team 4: 2 Fragebogen. Weiterhin ist auf eine sprachliche Vereinfachung hinzuweisen, die aus stilistischen Gründen vorgenommen wird. Da die Fragebogen von den Akteuren jeweils alleine bearbeitet wurden und somit die erreichten Werte keine Teamarbeit darstellen oder auf Grund von Absprachen zustande gekommen sind, müsste in der teamspezifischen Auswertung und Interpretation von „den Akteuren des Teams" die Rede sein. Verkürzend wird aus Gründen der Lesbarkeit von „den Teams" etc. geschrieben.

Positive Selbstmotivierung (Mittelwert: 77)
Team 1: 78   Team 2: 60   Team 3: 92   Team 4: 78

Auch diese teamspezifische Sichtweise zeigt, dass die Ergebnisse für alle Teams relativ hoch und für Team 3 sogar sehr hoch sind. Hier ist vor allem die Differenz zwischen den Teams 2 und 3 bemerkenswert. Im Team 3 gab es zum Erhebungszeitpunkt erste und sehr positive Rückmeldungen seitens der Modulteilnehmenden, die wiederum im Team sehr positiv aufgenommen wurden. Mithin könnte diese allgemein gute Stimmung sich in der Skala niederschlagen, die insbesondere die Reduzierung negativer und die Mobilisierung positiver Affekte impliziert. Zeitgleich galt das Modellprojekt im Team 2 bereits in gewisser Weise als „business as usual". Gut ein Jahr nach der Erhebung werden in den Interviews gerade von Mitgliedern des Team 3 in einer Gesamteinschätzung die insgesamt hohen Werte für Selbstmotivierung und Stimmungsmanagement am deutlichsten relativiert (s. u. Abschnitt 5.3.2).

Stimmungsmanagement (Mittelwert: 59)
Team 1: 60   Team 2: 41   Team 3: 75   Team 4: 61

Nur wenig überdurchschnittlich ist das Antwortverhalten in der Skala zum Stimmungsmanagement. Analog zur positiven Selbstmotivierung zeigt sich in dieser Skala eine auffallende Differenz zwischen dem Team 2 (min.) und dem Team 3 (max.), die beide deutlich von dem Mittelwert 59 abweichen. Die relativ hohen Werte für Emotionsbewältigung und aktive Selbstberuhigung in Team 3 können in einer Gesamtbetrachtung des Teams als Hinweis darauf dienen, dass hier eine starke emotionale Bindung an die je persönliche Arbeit zu finden ist. Im Umkehrschluss ließe dies eine größere innere emotionale Distanz im Team 2 vermuten, denn eine sachlichere, rationalere Herangehensweise lässt eventuell herabzuregulierende negative Affekte erst gar nicht in einem Ausmaß entstehen, das die Zielerreichung beeinträchtigen könnte.

Zielvergegenwärtigung (Mittelwert: 71)
Team 1: 88   Team 2: 48   Team 3: 83   Team 4: 54

Der relativ hohe Durchschnittswert von 71 zeigt in dieser teamspezifischen Betrachtung eine eigentümliche Zweiteilung. Die Teams 1 und 3 erreichen sehr hohe, die Teams 2 und 4 ebenfalls fast gleichauf deutlich niedrigere Werte, die eben noch den Durchschnitt der Eichstichprobe darstellen. Dass auch in dieser Skala das Team 2 den niedrigsten und Team 3 einen sehr hohen Wert zu verzeichnen hat, ist konsistent zu den beiden vorausgehenden Skalen. Der relativ hohe Wert der Teams 1 und 3 könnte als ein Hinweis darauf interpretiert werden, dass es den Akteuren hier in besonderer Weise gelingt, positive Emotionen zur Unterstützung der Zielerreichung zu mobilisieren.

Allgemeines Selbstvertrauen (Mittelwert: 68)
Team 1: 69   Team 2: 75   Team 3: 67   Team 4: 59

Hier zeigt sich für alle Teams ein einheitliches Bild, sie liegen nahe am Mittelwert von 68. Alle Akteure können, im Vergleich zum Teststandard, auf Basis eines überdurchschnittlichen allgemeinen Selbstvertrauens im Projekt arbeiten. Ein gutes Vertrauen in die eigenen Fähigkeiten sowie eine positive, optimistische Grundstimmung können als Basis für ein freiwilliges und zusätzliches Engagement gelten. Ebenso positiv kann es sich auf die Bereitschaft auswirken, erkannte Handlungsspielräume zu nutzen und dabei auch bewusst Risiken und erwartbare schwierige Situationen anzugehen.

Misserfolgsbewältigung (Mittelwert: 68)
Team 1: 72   Team 2: 76   Team 3: 69   Team 4: 48

Der hohe Mittelwert von 68 ist in der teamspezifischen Sicht differenziert einzuschätzen. Während die Teams 1, 2 und 3 nahe beieinander liegen, ist er für das Team 4 vergleichsweise niedrig und erreicht „nur" den Testdurchschnitt. Die stärker misserfolgsbezogene Lageorientierung der Akteure kann gegebenenfalls die Umsetzung konkreter Handlungsabsichten beeinträchtigen.

Negative Emotionalität (Mittelwert: 41)
Team 1: 54   Team 2: 28   Team 3: 37   Team 4: 45

Der knapp unter dem Teststandard liegende Durchschnittswert von 41 zeigt bei teamspezifischer Betrachtung eine große Differenz zwischen Team 1 (max.) und Team 2 (min.). Auffällig ist hierbei vor allem der im Vergleich zum Teststandard besonders niedrige Wert für das Team 2. Die Fähigkeit der Akteure zur Selbststeuerung erscheint hier nur wenig durch eine Lageorientierung nach Misserfolg beeinträchtigt zu sein. Möglicherweise spiegelt sich hier die (in den Interviews deutlich werdende) starke fachliche Motivierung und die besondere Relativierung der Bedeutung emotionaler Anteile und der Beziehungsebene für das Arbeitshandeln wider. Auch Vertrauen in die eigenen Fähigkeiten, das in verschiedenen und unterschiedlich erfolgreichen Innovationsprojekten an dieser Schule gewonnen werden konnte, spiegelt sich hier als stabiler Erfahrungskontext wider, der durch negative Emotionen nicht in seiner Wirkung beeinträchtigt wird.

Entfremdung (Mittelwert: 43)
Team 1: 52   Team 2: 45   Team 3: 41   Team 4: 26

Der insgesamt knapp unterdurchschnittliche Wert von 43 im Vergleich zum Teststandard zeigt in der teamspezifischen Sichtweise einen sehr niedrigen Wert für Team 4, während die drei anderen Teams nahe am Mittelwert platziert sind. Die Entfremdung von den eigenen Zielen fällt umso schwächer aus, je besser diese in Übereinstimmung mit grundsätzlichen Überzeugungen, Wertvorstellungen und persönlichen Ressourcen stehen. Die hierfür erforderliche kritische Überprüfung ihrer Erwünschtheit und Machbarkeit ist in Bezug auf das Modellprojekt in diesem Team besonders intensiv geleistet worden. Dies ergibt sich als Erfahrung aus der Prozessbegleitung, aber auch aus Aussagen in den Interviews von und über Akteure des Team 4.

Zwanghafte Perseveration (Mittelwert 38,33)
Team 1: 25   Team 2: 53   Team 3: 48   Team 4: 29

Perzeptive Rigidität (Mittelwert 27,03)
Team 1: 25   Team 2: 34   Team 3: 34   Team 4: 10

Trotz des insgesamt sehr niedrigen Ausprägungsniveaus im Vergleich zum Teststandard für die Skalen zu subjektiven Wiederholungstendenzen und Wahrnehmungsweisen von Problemen sind doch deutliche Unterschiede zwischen den Teams zu erkennen. Während die Teams 1 und 4 für beide Skalen sehr niedrige Werte erreichen und damit das Festhalten an bestimmten Verhaltensweisen als wenig ausgeprägt und die Bereitschaft zur Veränderung von Gewohnheiten und Einstellungen als stark ausgeprägt eingeschätzt werden kann, gilt dies nur bedingt für die Teams 2 und 3.

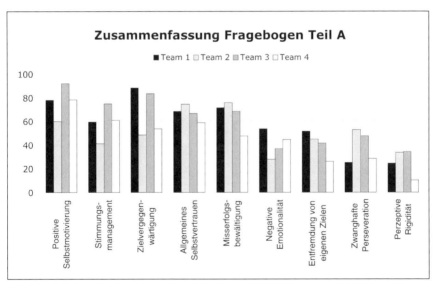

Abbildung 21:
Teamspezifisch alle Skalen (%-Rang)

Insgesamt zeigen die Diflex-Akteure überdurchschnittliche Werte im Vergleich zum Teststandard für diejenigen Skalen, die als selbstregulatorische Komponenten emotionaler Leistungsfähigkeit gelten. Und zwar: positive Selbstmotivierung,

Stimmungsmanagement, Misserfolgsbewältigung und allgemeines Selbstvertrauen. Von zentraler Bedeutung für den Leistungsaspekt ist die Zielorientierung. Für die Skalen der Zielvergegenwärtigung und Misserfolgsbewältigung erreichen die befragten Lehrenden ebenfalls überdurchschnittliche Werte. Die relativ niedrigen Werte für Entfremdung von den eigenen Zielen und die „Ablenkung" durch grüblerische negative Emotionalität bestärken diesen Befund. Die Maße für Perseveration und Rigidität fallen deutlich unterdurchschnittlich im Vergleich zum Teststandard aus. Dies kann im Umkehrschluss als relativ hohe Flexibilität der Akteure für Wahrnehmung und Denken im Hinblick auf Problemlösung und Zielerreichung interpretiert werden. Relativierend wirken auf diese Gesamteinschätzung zum einen die teilweise erheblichen teamspezifischen Unterschiede und die nicht sehr starke Belastbarkeit des Datenmaterials. Letzteres auf Grund der absoluten Zahl an Probanden im Test (n=12), der Anwendung lediglich ausgewählter Skalen dieses Tests, deren innere Konsistenz damit möglicherweise beeinträchtigt ist, sowie des Übertragens der Ergebnisse einer Einzelbefragung auf Gruppen in der teamspezifischen Analyse. Für das Gesamtkonzept der Untersuchung haben sich jedoch aus dieser Auswertung wichtige und belegbare Erkenntnisse erarbeiten lassen.

5.1.2 Auswertung Fragebogen Teil B

I: Globale Auswertung

Mit ihrer *eigenen* Arbeit im Team sind die Befragten für sich „überwiegend" zufrieden (2,00). Etwas größer ist die Zufriedenheit mit der Arbeit im Team insgesamt (2,17). Beide Werte liegen im mittleren Bereich der Skala. Die ungewohnte und bisher wenig praktizierte Teamarbeit erzeugt zumindest in dieser Befragung einerseits keine sehr große Zufriedenheit, wie es beispielsweise auf Grund des vermehrt möglichen produktiven Austauschs mit KollegInnen, eines positiven Gemeinschaftsgefühls oder als willkommene Abwechslung zur Alleinarbeit zumindest denkbar gewesen wären. Andererseits zeigt sich ebenso auch keine bemerkenswerte Unzufriedenheit, wie sie beispielsweise auf Grund des größeren Zeitaufwandes in der Entwicklungsphase des Teams oder wegen eventuell als nervig und unbefriedigend empfundener Grundsatzdiskussionen nahe gelegen hätte. Dass die eigene Arbeit bei Befragungen etwas weniger positiv eingeschätzt wird als die der ganzen Gruppe, ist erfahrungsgemäß nicht unüblich.

Kennzeichnend für den offenen Umgang miteinander, für die Gestaltung des sozial-kommunikativen Handelns in den Teams, ist die sehr hohe Einschätzung der Möglichkeit von Kritik, die mit 2,75 im Mittel nur knapp unter dem Testmaximum von „trifft ausgesprochen zu" liegt. Möglicherweise befinden sich zu diesem relativ frühen Befragungstermin die Teams insgesamt in der Forming- bzw. Storming-Phase ihrer Entwicklung, in der die unterschiedlichen Vorstellungen in die Diskussion eingebracht werden, um Ziele und Standpunkte zu klären sowie den jeweils eigenen Platz im Beziehungsgefüge des Teams zu finden bzw. zu erreichen. Begünstigt wurde diese Entwicklung möglicherweise durch die freiwillige Teilnahme an der Teamarbeit.

Zur Zufriedenheit kann als weiteres Kriterium die Möglichkeit beitragen, eigene Vorstellungen in die Teamentscheidungen einbringen zu können. Dieser Wert (2,33) liegt etwas höher als die allgemeine Zufriedenheit. Dieser Punkt ist als Abgleichen und Austausch mentaler Modelle im Hinblick auf die Zielerreichung sehr positiv zu bewerten. Zugleich ist es ein Hinweis auf die insgesamt vorherrschende vertrauensvolle Grundstimmung in den Teams und die Produktivität der Diskussionen, in denen Ideen und Kritik nicht nur eingebracht werden können, sondern offensichtlich auch berücksichtigt werden. Das Antwortverhalten zu dieser Fragestellung ist ein Hinweis darauf, dass die von den Teams entwickelten Lehr-/Lernangebote und die von ihnen initiierten Entwicklungen in der Schulorganisation als Teamprodukte zu sehen sind.

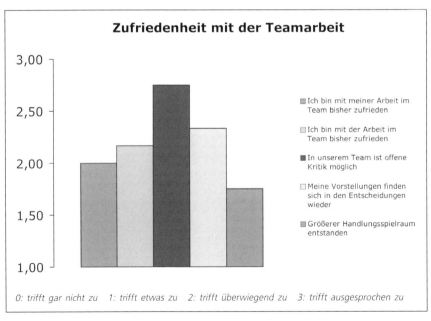

Abbildung 22:
Gesamtauswertung Fragebogen Teil B

Nicht überraschend zu diesem relativ frühen Erhebungszeitpunkt sind die niedrigen Werte in der Einschätzung der veränderten Handlungsspielräume (1,75). Ein Jahr später fällt diese Einschätzung in den Interviews insgesamt positiver aus – mit teamspezifischen Differenzierungen.

II: Teamspezifische Auswertung

Die Zufriedenheit sowohl mit der eigenen Arbeit als auch mit der des Teams ist in allen Gruppen einheitlich als überwiegend zutreffend eingeschätzt worden. Lediglich in Team 3 wird die Zufriedenheit mit der eigenen Arbeit leicht unterdurchschnittlich gewertet. Hier und in Team 2 wird die Arbeit des Teams auch leicht höher eingeschätzt als der eigene Beitrag dazu. Inwieweit sich die eigenen Vorstellungen in den Teamentscheidungen wiederfinden, wird dagegen eher uneinheitlich eingeschätzt. Während auch für diese Skala Team 3, zusammen mit Team 4, die relativ niedrigste Zufriedenheit in ihrem Antwortverhalten zeigt, finden sich die Akteure in Team 2 und vor allem in Team 1 darin deutlich eher wieder. Die insgesamt sehr hohen Werte für die Offenheit der Teams für Kritik, zeigen bei genauerer Betrachtung eine Zweiteilung. Während in den Teams 1 und 3 alle Befragten die maximale Zustimmung signalisieren, sind die Akteure der beiden anderen Teams etwas zurückhaltender.

In allen Teams wird zu diesem Punkt (mit) die höchste Zustimmung gezeigt. Wenn man unterstellt, dass die subjektiv wahrgenommene Offenheit für Kritik auch genutzt wird, um beispielsweise Entscheidungen über das weitere Vorgehen im Modellversuch kontrovers zu diskutieren, können diese Werte als Hinweis auf das Arbeitsklima gesehen werden. Bemerkenswert ist die Diskrepanz im Team 3 zwischen der sehr hohen Einschätzung der Offenheit des Teams für Kritik einerseits und der im Vergleich zu den anderen Teams niedrigsten Einschätzung für den Anteil der eigenen Vorstellungen in den Teamentscheidungen andererseits. Zugespitzt formuliert kann hier der Eindruck entstehen, dass es zwar möglich – und vielleicht sogar von allen gewollt – ist, Fragen, Themen und Probleme anzusprechen, dies aber auf der Entscheidungsebene wirkungslos bleibt. Möglich ist aber auch – im Hinblick auf die skeptische Bewertung der Handlungsspielräume –, dass das Team diskutierte Ansätze und Ideen nicht in die Entscheidungen über das weitere Vorgehen einbezieht, da sie für die Umsetzung als unrealistisch oder zu konfliktträchtig angesehen werden.

Nimmt man die Zustimmung zu den Skalen im Fragebogen B (ohne *Handlungsspielräume*) insgesamt als ein Indiz für die Zufriedenheit mit der Teamarbeit und somit für die subjektive Wahrnehmung des Teamprozesses, hebt sich das Team 1 relativ klar hervor. Dessen Zustimmung zu den Skalen, deren emotional positive Konnotierung vom Forschenden unterstellt wird, liegt bei 2,56. Die anderen Teams folgen eher einheitlich mit Team 2: 2,25, Team 3: 2,17 und Team 4: 2,13.

Relativ niedrig eingeschätzt wird die Vergrößerung der schulischen Handlungs-spielräume auf Grund des Modellversuches. Möglicherweise ist dies eine Reak-tion auf erste Erfahrungen, die in den Teams mit der Umsetzung der von ihnen entwickelten Module gemacht wurden und die oft nicht nur positiv waren. Auch in der Prozessbegleitung ist in dieser Phase des Projektes immer wieder vor al-lem auf die schwierigen, weil unflexiblen Rahmenbedingungen hingewiesen worden. Hierbei stellt Team 4 eine klare Ausnahme dar. Zu dieser Frage ergibt sich die größte Differenz zum Mittelwert. Dieses Team scheint insgesamt auf Rahmenbedingungen zu treffen, die für die eigene Arbeit eher förderlich sind. Bis zum Stichtag der Gesamtuntersuchung (15. Dezember 2000) wird es auch von außen sichtbar, dass sich die Schulorganisation erheblich entwickelt hat.

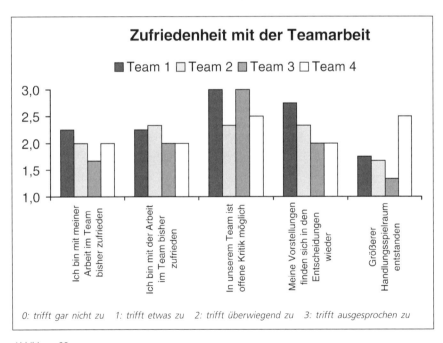

Abbildung 23:
Teamspezifische Auswertung Fragebogen Teil B

5.2   Projekt-Tagebücher

Von den insgesamt 16 ausgeteilten Projekt-Tagebüchern wurde eines zur Auswertung zurückgesandt! Die regelmäßigen Eintragungen in diesem brechen bereits nach wenigen Tagen ab, und nach drei Wochen wurde es ganz eingestellt. Ein weiteres Tagebuch wurde leer zurückgegeben. Rückmeldungen aus informellen Gesprächen mit den Akteuren zeigen, dass das Instrument als unangenehm, kontrollierend, zwecklos und belastend eingeschätzt worden ist. Der zeitliche Aufwand sei arbeitstäglich zu hoch gewesen, und ein direkter Nutzen für die eigene Arbeit wurde nicht gesehen. Einige Rückmeldungen bezogen sich darüber hinaus auf die Randständigkeit des Modellversuches in der eigenen täglichen Arbeit. Nicht jeden Tag habe es Aktivitäten, Gespräche oder Gedanken zum Modellversuch gegeben. Einige merkten an, dass die dem Tagebuch zugrunde liegende Einstellung, zielorientiert auch längerfristig zu planen, Ideen, Anregungen etc. zu notieren, der eigenen „Ad-hoc-Arbeitsweise" nicht entspreche. Es sei zwar wünschenswert, das eigene Zeitmanagement zu beobachten und den Mehraufwand für den Modellversuch zu erfassen, nur sei das Instrument in dieser Form ungeeignet. Die Beachtung der persönlichen Ressourcen, die Wahrnehmung der eigenen Befindlichkeit im Zusammenhang mit privater und beruflicher Belastung wurde bereits bei den einführenden Gesprächen als ungewohnt und wenig bedeutsam erwähnt. Arbeit, die anstehe, sei „halt einfach zu machen, da geht's niemanden was an, wie es mir geht", wie es ein Untersuchungsteilnehmer für sich auf den Punkt brachte. „Zu viel", „zu stressig", „sinnlos" und „bringt nichts" sind einige der Einschätzungen durch die befragten Akteure. Andere nannten Zeitmangel und die diskontinuierliche Arbeit an Themen und Vorhaben des Projektes als Begründung.

Erschwerend hat möglicherweise die gleichzeitige Beachtung verschiedener Ebenen gewirkt. So sollte zum einen die eigene Befindlichkeit allgemein, in Bezug zur Arbeit und darüber hinaus konkret in Bezug zum Modellversuch reflektiert werden, Letzteres detailliert in sechs Unterkategorien. Zum anderen sollten körperliche Ressourcen beachtet werden. Ob die eher negativ konnotierten Vorgaben „müde und erschöpft" die Beantwortung erleichterte, ist zumindest offen. Eine dritte Ebene bildeten die privaten und beruflichen Vorhaben, also zumindest kurzfristig zukunftsorientierte Fragen. Hinzu kamen modellversuchsorientierte Vorhaben und die Reflexion auf das Instrument an sich. Insgesamt kann dies als verwirrend, beliebig, aber auch als zu viel empfunden worden sein. Die nahezu vollständige Ablehnung dieses Instrumentes wurde möglicherweise zusätzlich durch seine insgesamt zielorientierende Form begünstigt. In einer Studie von Gräsel (2000) wurden im Vergleich zu rein protokollierenden Tagebüchern solche mit Zielsetzung in der emotionalen Bewertung deutlich stärker als belastend eingeschätzt. Die Untersuchungsteilnehmenden fühlten sich unter Druck gesetzt bzw. kontrolliert. Die Selbstbeobachtungen im protokollierenden Tagebuch dagegen wurden als interessant und aufschlussreich erlebt und somit die Bearbeitung neutral und sogar als angenehm empfunden.

Der fast völlig fehlende Rücklauf für dieses Erhebungsinstrument lässt keinerlei Aussagen in Bezug auf die emotionale Leistungsfähigkeit der Teilnehmenden zu. Inwieweit Reflexionsanregungen individuell nicht doch als sinnvoll oder zumindest als „des Probierens wert" eingeschätzt wurden, kann hier nicht erfasst werden. Auch liegen keine vergleichbaren Untersuchungen mit oder zur Tagebuchmethode vor, die ihre Teilnehmenden im gleichen Feld und in einer vergleichbaren Altersgruppe rekrutierten. In Auswertung der Rückmeldungen zu diesem Instrument ergibt sich aber zumindest ein Hinweis darauf, dass persönliche Zufriedenheit, die Beachtung der eigenen Ressourcen und Motive sowie die Wahrnehmung der individuellen Befindlichkeit so lange keine Bedeutung haben, wie der Arbeitsalltag der Lehrenden normal verläuft. Dies deckt sich mit Ergebnissen und Interpretationen von empirischen Studien zur Arbeitsbelastung und Burnout-Symptomatik bei Lehrenden (Bachmann 1999).

5.3 Themenzentrierte Interviews

Die Einzelinterviews sind das zentrale Erhebungsinstrument im Untersuchungsdesign. Sie wurden ein Jahr nach der Fragebogenerhebung mit Akteuren aus allen vier Teams des regionalen Teilprojektes durchgeführt. Im Rahmen der Prozessbegleitung wurden alle Teamleiter und KoordinatorInnen sowie je ein weiteres Teammitglied zur freiwilligen Teilnahme aufgefordert. Somit konnten aus jedem Team drei Lehrende vom Autor selbst interviewt werden. Elf Interviews lagen in einem Zeitraum von zehn Tagen, das zwölfte etwa eine Woche später. Damit ist eine Momentaufnahme in Bezug auf den Modellversuchsprozess gelungen. Der Frauenanteil in dieser Befragung lag bei einem Drittel. Wie bereits bei der Fragebogenerhebung wird auch bei der Auswertung der Interviews aus Gründen der Anonymisierung der Aussagen auf eine geschlechts- und altersspezifische Differenzierung verzichtet und die Paraphrasierungen der Interviewtexte entsprechend bearbeitet. Im Sinne der kommunikativen Validierung wurden die vom Forschenden erstellten Zusammenfassungen der Interviews den jeweiligen Gesprächspartner/innen mit der Bitte um Stellungnahme übermittelt. Eine Interviewte machte von dem Angebot Gebrauch, sich das Originalband mit der Gesprächsaufzeichnung zu diesem Zweck auszuleihen. Die Hälfte der Interviewten gab als Rückmeldung, dass sie mit der Zusammenfassung ihres Gespräches einverstanden seien, es fehle nichts und nichts müsse hinzugefügt werden.

Da von der zweiten Hälfte der Untersuchungsgruppe keine Rückmeldungen vorliegen, wird positiv unterstellt, dass zumindest keine gravierenden Einwände ihrerseits vorliegen. Diese somit autorisierten paraphrasierenden Zusammenfassungen der Transkripte sind die Datenbasis für die folgende Analyse.

Der Fokus der Auswertung richtet sich auf die beiden ersten Fragestellungen dieser Studie. Zum einen ist dies die Relevanz, die Akteure für ihr allgemeines Arbeitshandeln der emotionalen Leistungsfähigkeit einräumen. Zum anderen sind es die subjektiven Wahrnehmungsweisen der Teamarbeit durch die Lehrenden. In den Interviews wurde letztgenannter Themenbereich aus verschiedenen Perspektiven betrachten, zu denen jeweils andere Unterthemen angesprochen wurden:

- Welche persönlichen Motive haben die Akteure für ihre Teilnahme am Projekt?

- Wie wird das Fehlen von konkreten Vorgaben empfunden, das sich aus der Konzeption des Modellversuches insbesondere in der Anfangsphase ergab?

- Werden auf Grund des Modellprojektes Veränderungen der persönlichen Handlungsspielräume wahrgenommen?

- Wie wird die Teamarbeit subjektiv wahrgenommen?

- Welche persönlichen Wünsche haben die Akteure für sich selbst als Lehrende und für die Teamarbeit?

Im konkreten Interviewablauf wurden Leitfragen zu diesen Themen ohne feste Reihenfolge gestellt (s. o. 4.4.3). Im Folgenden werden aus allen Interviews die paraphrasierenden Zusammenfassungen der Antworten auf die jeweilige Fragestellung dokumentiert, gegliedert und interpretiert. Sie haben ca. ein Drittel des ursprünglichen Umfanges und stellen den aus dem Textmaterial systematisch erarbeiteten Extrakt dar. Auf eine weitere Verdichtung wurde verzichtet, um an dieser zentralen Stelle der Untersuchung die Authentizität der Texte nicht weiter zu reduzieren und die Individualität der Gesprächspartner/innen ansatzweise spürbar und nachvollziehbar zu machen.[31] Die interviewten Akteure gehören folgenden Teams an:

| Team 1: | F, G, H | Team 2: | D, E, M |
| Team 3: | I, J, K | Team 4: | A, B, C |

5.3.1 Räumen die Akteure der emotionalen Leistungsfähigkeit eine besondere Bedeutung für ihr Arbeitshandeln ein?

Zu diesem Punkt waren im Leitfaden folgende Fragen vorgesehen: „Sehen Sie Bereiche in Ihrer Arbeit als Lehrer/in, in denen dem Umgang mit Emotionen besondere Bedeutung zukommt?" sowie „Was heißt es für Sie, ‚emotional kompetent' zu sein, und wie wichtig ist das für Sie?" In einem Interview (F) wurde dieses Thema direkt angesprochen, und bis auf zwei Akteure (K, M) haben alle unterschiedlich ausführliche Statements zur Leitfrage abgegeben. So kann diese explorative Fragestellung der Studie grundsätzlich mit „Ja" beantwortet werden. Bei näherer Betrachtung der Interviews differenziert sich das Bild. Die Bedeutung von emotionaler Leistungsfähigkeit ist vor allem für die unterrichtliche Arbeit mit Schülerinnen und Schülern gegeben – die ja auch den Hauptteil von professionellem Handeln ausmacht. Für die Arbeit im Team und allgemein für das Handeln der Lehrenden untereinander muss auf Grund der Interviewaussagen dieses „Ja" stärker differenziert und auch relativiert werden. In einem ersten Auswertungsschritt werden die Interviews in drei Gruppen unterteilt (Abb. 24):

- Zur Gruppe I des Analyserasters zählen all diejenigen Interviews, in denen die Akteure ausführliche Aussagen zum Thema gemacht haben.

- In Gruppe II werden all diejenigen Interviewten genannt, die etwas zu diesem Thema sagen, etwa nach Vorgabe eines Beispiels durch den Interviewer.

- Schließlich umfasst die Gruppe III diejenigen Interviewten, für die Emotionalität in diesem Zusammenhang (bisher) kein Thema ist.

Ohne Kausalitäten zwischen einerseits der Ausführlichkeit und Differenziertheit der Darstellung und andererseits der subjektiven Zumessung von Bedeutung im Sinne von Wichtigkeit zu unterstellen, kann diese Einteilung als erste Näherung an die mögliche Sensibilität der Akteure für emotionale Leistungsfähigkeit gelten. Die Interviews sind dabei als eine Momentaufnahme zu sehen. Allein die Beschäftigung mit dieser Frage im Interview könnte Interesse am Thema geweckt, einen Wissenszuwachs bewirkt oder die Aufmerksamkeit für Phänomene im emotionalen Bereich geschärft haben. Weiterhin kann davon ausgegangen werden, dass nicht getroffene Aussagen nicht umstandslos auf fehlende Wahrnehmung der emotionalen Ebene in der allgemeinen Kommunikation oder in der Lehrerarbeit schließen lassen. Möglicherweise haben sich einige Interviewpartner lediglich entschlossen, zu diesem Thema in dieser Situation nichts zu sagen. Eingedenk dieser Rahmenbedingungen und möglicher Einschränkungen ergeben sich Hinweise für die Sensibilität der Akteure für die emotionale Ebene des professionellen Handelns. Für die Einteilung der Interviews in das Analyseraster werden ausschließlich die getroffenen Aussagen zu den entsprechenden Leitfragen zugrunde gelegt und nicht auf Informationen, Erfahrungen und Kontextwissen aus der Prozessbegleitung zurückgegriffen.

	Gruppe I	Gruppe II	Gruppe III
Explorativ	Trifft von sich aus viele Aussagen zum Thema	Trifft einige Aussagen zum Thema, z. T. auf Nachfrage	Trifft wenige Aussagen zum Thema, auch auf Nachfrage
Interview	A, C, E, F, G	B, H, I, J	D, K, M

Abbildung 24:
Bedeutung emotionaler Leistungsfähigkeit

Interviews in der Gruppe I:

Die Frage zur Bedeutung emotionaler Kompetenz beantwortet A sofort mit „ja sicher, sicher" (A, 532) und legt dies am Beispiel des Umgangs mit SchülerInnen der Höheren Berufsfachschule dar. Während die Kollegen in diesen Klassen wohl vor mehr oder weniger großen Problemen stehen und A fragen: „Wieso rennen wir hier gegen eine Wand, und wieso kommst du mit denen klar?" (A, 560), hat A „mit diesen jungen Menschen den besten Kontakt" (A, 558). A reflektiert dabei auf die Ausgangslage dieser Jugendlichen, sie hätten eben noch nie praktisch gearbeitet und als Azubis keine Gelegenheit gehabt, eine betriebliche Sozialisation zu durchlaufen, die ja eben auch viel mehr umfasse als das direkte Handling von Werkzeugen. All das sei für diese Jugendlichen neu und ungewohnt. Auf Grund der eigenen Ausbildungszeit kann A ermessen, wie viele Kompetenzen und Eigenschaften eben nur dort zu erwerben sind, und geht deshalb mit den entsprechenden fehlenden Vorerfahrungen bei den Jugendlichen verständnisvoll um. Gerade in der Höheren Berufsfachschule „hat man ein ganz anderes Rollenverhalten, ein ganz anderes Denken, auch emotional, wie in einer Fachklasse" (A, 568). In den Fachklassen beruht das gute Verhältnis von A zu den Lernenden auch auf der Tatsache, dass A sie als Fachkollegen ansieht und anspricht, A vermittelt auf diese Weise Wertschätzung und Anerkennung. A wird dadurch – so die Selbsteinschätzung – von den Lernenden auch nicht als ein allwissender Oberguru empfunden.

Emotional kompetent zu handeln bedeutet für A zuerst, sich auf die unterschiedliche Klientel einzustellen und anzupassen. Dabei ist es A wichtig, nicht eine Lehrerrolle zu spielen, sondern authentisch zu sein, keinen Unterschied zum Privatmenschen A spürbar werden zu lassen. „Ich flüchte mich nicht in eine Lehrerrolle hinein (…), das spüren die Schüler sehr schnell" (A, 612). Hinzu kommt die schon beschriebene Ansprache der Schüler als Fachkollegen, die ihnen das sichere Gefühl gibt, ernst genommen zu werden. „Und die Schüler [werden hier bei mir] als das gesehen, was sie in der Praxis sind: Facharbeiter; dieses Bewusstsein haben sie auch hier, und in dem Moment habe ich auch keine Probleme mit der emotionalen Bindung" (A, 627). Bei der Nachfrage nach dem Umgang mit Konflikten reflektiert A auch auf die eigene Schulzeit. Nicht zuletzt aus dieser eigenen Erfahrung leitet A das Recht der Schüler ab, auch Grenzen von Lehrern auszutesten, mal zu „pfuschen". „Das haben wir früher gemacht, und von daher freue ich mich, wenn die Schüler meine Grenzen abklopfen" (A, 635). Diese Grenzen verlaufen in etwa bei den Dingen, die sich A als Schüler selbst herausgenommen hat. A spricht den Schülern auch das Recht zu, mal auszurasten, gerade in ihrer Entwicklungsphase auch mal blauzumachen oder wegen Liebeskummer mal eine ganze Zeit dem Unterricht nicht folgen zu können. A nimmt all dies offensichtlich überhaupt nicht persönlich, „ist doch menschlich, das Ganze" (A, 659) – und schätzt deshalb ein, „keine Konflikte mit Schülern" zu haben (A, 649). Auch für die Kontakte zu externen Kooperationspartnern (Firmen) sieht A in gewisser Weise die Bedeutung der Beziehungsebene. Diese haben für A bisweilen den Charakter von Freundschaften. Es sind über Jahre gewachsene Beziehungen, „wir treffen uns ab und zu, gehen auch mal einen trinken, das gehört einfach dazu" (A, 481). Zugleich achtet A darauf, dass es innerhalb des eigenen Kollegiums nicht zu negativen Emotionen wie Neid und Ärger kommt.

C sieht emotionale Kompetenz für Lehrer als „für mich sehr wichtig" an (C, 988). Gerade im Umgang mit wenig motivierten oder fachlich kaum zu motivierenden Schülern komme es darauf an, die von ihnen mitgebrachten „schlechten Gefühle" vergessen zu lassen. Im Gegenzug will C „die wenigen positiven Gefühle, die sie durch ihr alltägliches Leben mitnehmen", herausfinden, aufgreifen und für den Beruf nutzbar machen (C, 991). Unter dem Aspekt, die Schüler, die kein Berufsethos, keine Begeisterung (mehr) mitbrächten, zu begeistern, „da ist emotionale Kompetenz sehr wichtig, nicht mehr wegzudenken für mich" (C, 1005). Als Beispiel für eine ganzheitliche und damit die emotionale Ebene mit einschließende methodische Umsetzung schildert C eine Unterrichtssequenz zum Oberthema „Titanic" (C, 567) anlässlich des Kinofilmes. Hier wurden in sehr anschaulicher, erfahrens- und erlebnisorientierter Weise die Fächer Metalltechnik, Sozialkunde und Religion in einem Gesamtkonzept verbunden. Die Berücksichtigung emotionalen Lernens spielte dabei auch eine Rolle, angefangen von der musikalischen Umrahmung (u. a. mit dem Titelsong des Films) bis hin zu einer Übung, bei der u. a. in den Händen der Schüler schmelzende Eiswürfel das Einfühlen in die Situation der in eiskalter See um ihr Leben schwimmenden Menschen ermöglichen sollten. In dieser Sequenz konnten und sollten die Lernenden beispielsweise auf ihre eigene Verantwortung beim Warten technischer Anlagen (Kfz-Bremsen) reflektieren. Prüfverfahren für Stähle wurden anhand der Untersuchungen zum Hergang der Schiffskatastrophe genauso aufgearbeitet wie die historischen, gesellschaftlichen Gegebenheiten des frühen 20. Jahrhunderts (C, 660). Religiöse und ethische Themen ließen sich nahtlos integrieren, beispielsweise in der Reflexion des Selbstopfers des Filmhelden für seine Geliebte. Die Frage, ob es Bereiche in der Lehrtätigkeit gibt, in denen dem Umgang mit Emotionen eine besondere Bedeutung zukommt, wird von C bejaht (C, 770). Am Beispiel von Kfz-Klassen zeigt C, dass es aus verschiedensten Gründen schwierig ist, die Lernenden fachlich zu motivieren. „Da ist keine Begeisterung richtig dafür da. Man muss sie irgendwo anders abholen. Da sehe ich im emotionalen Bereich eine große Chance" (C, 788). Die Sensibilität der Kollegen für diese Fragen wachse allmählich, wie C an Beispielen des Methodeneinsatzes im Unterricht veranschaulichen kann. Auch im Umgang der Kollegen untereinander sieht C eine Bedeutung in der Beachtung von Emotionalität. Gerade in Konferenzsituationen sei es gut, dass beispielsweise Religionslehrer „einfach mal auf einer emotionalen Schiene etwas ansprechen" (C, 805), auch mal mit Bildern arbeiten. C beschreibt sich selbst als „in der ersten Stufe emotional kompetent, wenn ich Emotionen überhaupt wahrnehmen kann, wenn ich ein Gefühl dafür entwickele, was einen Schüler im Moment gefühlsmäßig beschäftigt" (C, 890). Das sei durchaus bei Kollegen nicht selbstverständlich, im Gegenteil gebe es viele, „die darauf überhaupt keine Rücksicht genommen haben" (C, 896). Zweitens nennt C den Umgang mit Emotionen und veranschaulicht dies am Beispiel eines Kollegen, der auf Grund eines Todesfalles plötzlich anfing zu weinen. „Wie gehe ich damit um? Kann ich das aushalten, kann ich ihm helfen, was mache ich da in dieser Situation?" (C, 907). Wichtig ist für C auch die Beachtung von Emotionalität im Umgang mit schwierigen Situationen im Unterricht, bei Konflikten zwischen Schülern, die durchaus auch handgreiflich werden können. „Mit Emotionen umgehen ist dann sehr entscheidend an der Stelle. Die Frage allerdings, wo man das lernen kann, kann ich nicht beantworten. Vielleicht macht man das eher aus der Erfahrung heraus" (C, 928). In der Konfliktbearbeitung mit Schülern ist es besonders wichtig, die ganze Gruppe mit einzubeziehen, um auch den gegenseitigen Respekt zu fördern. „Dieses Vertrauensverhältnis, was zu diesen Emotionen vor allen Dingen dazu gehört, das tut dann sehr gut, wenn man es auch wiederbekommt, wenn die Schüler das zu schätzen wissen, dieses Vertrauen" (C, 964). Für C ist es wichtig, zunächst einmal einen Vertrauensvorschuss zu leisten, den man irgendwann dann schon zurückbekäme. „Das ist ein ganz wichtiger Faktor, der bei der emotionalen Kompetenz dazugehört. Vertrauen schenken können" (C, 980). Wahrnehmen von und Umgang mit Emotionen machen also für C die emotionale Kompetenz aus.

Die Frage nach der Bedeutung emotionaler Kompetenz im Lehrberuf beantwortet E spontan mit „Absolut. Es ist eine wichtige Voraussetzung, dass die Tür zu den Raumspeichern im Gehirn überhaupt geöffnet wird" (E, 383). Gerade die Motivation von Schülern zu lernen hänge stark von Sympathie und Antipathie gegenüber den Lehrenden ab, gerade im jugendlichen Alter. „Wenn zwei das Gleiche sagen, ist es eben noch lange nicht dasselbe. Die Emotionalität ist sehr wichtig" (E, 397). Emotionalität ist eine wichtige Voraussetzung für den Umgang mit Menschen überhaupt, nicht nur zwischen Lehrern und Schülern. „Ich meine mit Emotionalität, meine Schüler einfach mal zu mögen, sie verstehen, mit ihrem Zorn, mit ihren Nöten, die sie haben. Meine persönliche Erfahrung ist die, dass die meisten Probleme bei den heutigen Schülern darin zu finden sind, dass sie einfach nur Gefühlskälte von zu Hause erfahren haben" (E, 411). Gerade den Verlust von Bezugspersonen will E kompensieren, „in Form von Verlässlichkeit, in Form von Verständnis" (E, 419). Für E ist es wichtig, Vertrauensvorschuss zu geben, und erst wenn der aufgebraucht ist, „ganz rigide" vorzugehen. „Das erwartet die Gruppe auch und klagt es ein" (E, 436). Diese Betonung der erzieherischen Funktionen als Lehrer sieht E deutlich und begründet sie u. a. mit der enormen Verantwortung, die jungen Menschen beispielsweise dann gegeben wird, wenn sie in den Betrieben sehr teure Anlagen zu „fahren" haben. Gerade bei chemischen Anlagen komme darüber hinaus auch noch die Verantwortung für Mitmenschen und Umwelt hinzu, wenn es zu Unfällen kommt. Hier werde in der Arbeitswelt ein Höchstmaß an Verantwortungsbewusstsein verlangt. „Und Verantwortung heißt, dass ich anderen auch (…) Sorgen und Nöte abnehmen kann. Das heißt verantworten: der braucht keine Angst zu haben, dass etwas passiert, weil ich dafür sorge, dass nichts passiert" (E, 446). Dieses Vertrauen muss auf Gegenseitigkeit beruhen können, und Schule stellt den nötigen Schutzraum für eine Entwicklung, die ausdrücklich auch Fehler erlauben sollte. Der kompetente Umgang mit Emotionalität beinhaltet für E das Schaffen dieser Vertrauensbasis. Im Umgang mit Emotionalität, zumal der eigenen, ist es für E von besonderer Bedeutung, „dass eine Führungsperson, ein Lehrer in diesem Fall (…), sich so weit im Griff [hält], dass er seinen Schülern immer ein Vorbild ist" (E, 471). E ist schon bereit, Gefühle zu zeigen im Sinne von Enttäuschung oder Verletzung, nicht jedoch tiefer gehend. „Einfach so ins Gefühlsleben zu gehen, nein. Wenn ich wohin gehe, da habe ich einen Arbeitsauftrag zu erfüllen, wenn ich ihn angenommen habe" (E, 487). Es sei ja geradezu „purer Egoismus", jemanden, dem es gut gehe, mit der eigenen schlechten Verfassung zu konfrontieren, „dann ziehe ich ihn ja mit runter, das ist nicht fair" (E, 494). Im Umgang mit Kollegen „gibt man das schon zu, das ist doch klar, wenn man sich ärgert oder sich (…) nicht wohl fühlt" (E, 500). Hier erwartet E dann auch gegenseitiges Verständnis. Gleichwohl differenziert E hier zwischen den Kollegen, „mit denen ich tagtäglich in Kontakt bin. Da ist es kein Problem" (E, 508). In anderen beruf-

169

lichen Zusammenhängen würde E sich „nicht groß outen gefühlsmäßig"
(E, 511). Im Diflex-Team selbst sieht E keine Notwendigkeit für die Beachtung der
Beziehungsebene, „weil da die Probleme ja alle ohne große Beziehungsebene
zu lösen sind (…) Das ist vielleicht auch wieder ein persönliches Problem"
(E, 521). Auf einer festen persönlichen Basis, wenn „viele Vorleistungen" vorhan-
den sind, zeigt E „Gefühle schon heftig" (E, 525).

Die eigene Motivation von F, an diesem Modellversuch teilzunehmen, liegt auch
in der Überzeugung begründet, „dass sich unsere Schule ganz gewaltig ändern
muss" (F, 645). Dies vor allem auch im Hinblick auf die veränderte Schülerschaft.
Hier zeige sich ein Spannungsfeld von einerseits besseren Lernbedingungen für
die Schüler – nicht nur Frontalunterricht, den ganzen Tag sitzen – und andererseits der Tatsache, dass Lernen nun mal oft „ein Sichquälen" sei. Bei den vielen
Veränderungen im Unterricht und den schulischen Bedingungen im Technologiezeitalter darf „alles, was Seele betrifft" (F, 678), nicht vergessen werden. Konkret
schlägt F beispielsweise gezielte Entspannungsphasen vor. Von sich aus kommt
F auf die Bedeutung von Emotionen für das Lernen und Schule allgemein. „Für
mich ist ganz wichtig (…), auch das sage ich immer, die emotionale Kompetenz.
Wir leben heute in einem Zeitalter, wo die Emotionen immer mehr Bedeutung
gewinnen" (F, 701). Stichworte sind Mobbing am Arbeitsplatz und Stressbewältigung. Letzere schildert F am Beispiel des Berufes Arzthelferin. „Und wenn es
uns nicht gelingt, auch im emotionalen Bereich die Leute weiterzuentwickeln
(…), sieht man das Problem" (F, 717). Der emotionale und der psychomotorische
Bereich sind für F „neue Felder, wo man neue Strukturen bearbeiten müsste, wo
die Schulen sich ändern müssten" (F, 732). Auf das veränderte Schülerverhalten
– „da ist nicht mehr der Schüler, der so alles schluckt, was der Lehrer sagt"
(F, 748) – zu reagieren sei noch problematisch für Schule. Für die emotionale
Komponente sei es auch schwierig, dass es oftmals keine klaren Gruppenstruk-
turen in den Klassen mehr gebe. „Das ist alles so, sage ich mal, ein Nebeneinander-
herleben, Zweckgemeinschaft" (F, 759). Die Frage, was denn einen kompetenten Umgang mit Emotionen ausmache, ist für F „schwierig. Wenn man so ein
Patentrezept hätte, dann wäre es einfach. (…) In irgendeiner Form die Leute vor-
zubereiten, mit Emotionen umgehen zu lernen. Denn Emotionen sind da"
(F, 765). Auch wissenschaftlich sei ja durchaus nicht klar, was Emotionen nun
genau sind, inwieweit sie beispielsweise hormonell bedingt sind und / oder medi-
kamentös beeinflussbar, im Extremfall. Sicherlich sei Lob förderlich. „Ich weiß
nicht, wie (…) Schule im emotionalen Bereich" (F, 782) handeln soll. Analog dazu gebe es Handlungsbedarf im psychomotorischen Bereich, vor allem auf
Grund der Bewegungsarmut von SchülerInnen, die acht Stunden an Tischen zu
sitzen hätten, schreiben und sich berieseln lassen (müssen). „Das geht so weit,
dass die Schüler so apathisch werden. Sie können den größten Quatsch an die

Tafel schreiben, dann schreiben sie das mit, nur dass sie ihre Ruhe haben und zufrieden sind" (F, 791). Eine Veränderung stehe auch in der kollegialen Bewertung an: „Der gute Lehrer ist in seiner Klasse und macht Unterricht und alle sind leise, müsste man total hinterfragen. Der gute Lehrer ist der, der die Emotionen der Klasse richtig kanalisieren kann und die Klasse dazu bringt zu arbeiten, auch wenn er nicht da wäre" (F, 812). Stressbewältigungsseminare wären nach Ansicht von F auch für Lehrende gut und bezieht sich da selbst mit ein. „Auch mal gut, dass es uns gelänge, unsere Emotionen in den Kopf zu bekommen, uns auch einzubeziehen" (F, 829). Die anerkannte Bedeutung emotionaler Kompetenz schmälert für F die große Bedeutung des Fachwissens keineswegs (F, 869). Für F ist es nicht unbedingt Neuland, das Schule zu betreten hätte, um im Umgang mit Emotionen vorwärts zu kommen. „Deshalb sage ich, ich glaube nicht, dass ich für die Schule an Neuland denke. Es ist überall in unserer Gesellschaft (…), wir leben doch in einer emotionalen Gesellschaft (…), muss ich doch auch ein Werkzeug haben für Emotionen. Da muss man doch auch lernen, darauf zu reagieren" (F, 1330). Abschließend schildert F noch einen konkreten Fall eines Konfliktes mit einer Schülerin. Diese hatte über F in einem kränkenden Ton gesprochen. F hat diese Situation vor und mit der ganzen Klasse thematisiert und verdeutlicht, dass es bestimmte Regeln und Formen zu beachten gibt im Umgang miteinander.[32] Auf Nachfrage kann F sich vorstellen, ein solches Stressbewältigungsseminar auch an der eigenen Schule mit bzw. für Kollegen anzubieten (F, 895). F sieht dabei klar die Problematik, da es ja „fast in den tiefenpsychologischen Bereich hinein"gehe, inwieweit die Leute bereit sind, sich zu öffnen. „Bin ich bereit, mit meinen Emotionen offen umzugehen, auch als Lehrer?" (F, 900). Ebenso klar ist es, dass die Methodik einer solchen Veranstaltung nicht lediglich im Reden über Emotionen, deren Systematik etc. bestehen kann. F sieht, dass in Bereichen betrieblicher Fortbildung, auch auf Managementebene, dem Emotionalen Bedeutung zugemessen wird und Schule da durchaus im Hintertreffen ist. Sich selbst sieht F nicht in der Lage, solche Angebote zu machen, „bin ich kein Fachmann dazu. Aber das wäre für den Zukunftsbereich, der emotionale Bereich in der Schule muss an Stellenwert gewinnen. Auch in der Lehrerausbildung" (F, 925). Für F gilt dieser wachsende Stellenwert des Emotionalen auch in gesellschaftlichen Fragen wie Ausländerfeindlichkeit, Gewalt gegen Frauen und Sozialhilfemissbrauch. Alles Themen, die beispielsweise in Unterrichten präsent sind, Schule sei hier „nichts anderes als ein Spiegelbild der Gesellschaft" (F, 955).

Mit Emotionalität umzugehen ist für G „ganz wichtig". „Emotionalität, die ist immer im Spiel, also wenn man unterrichtet immer" (G, 468). G sieht nur wenige Berufe, in denen die Arbeit so stark von Emotionalität geprägt ist wie der eigene. „Ich glaube, dass es wenig Berufe gibt, wo man so oft frustriert nach Hause geht wie als Lehrer" (G, 490). Es gebe „unheimlich viele" Punkte, an denen

171

man als Lehrer emotional angesprochen oder gar getroffen ist. Gerade (vermeintliche) Kleinigkeiten im Unterrichtsprozess würden doch zuerst unwillkürlich auf die eigene Person bezogen Da sieht sich G ständig gefordert „und muss damit fertig werden" (G, 505). Der kompetente Umgang mit Emotionalität bedeutet für G zunächst aufzuklären, „warum reagiere ich jetzt emotional?", Gründe dafür zu erkennen, um besser damit umgehen zu können. Denn „ausschalten kann man sie nicht" (G, 513). Für G ist der kompetente Umgang mit Emotionalität im Unterrichtsgeschehen eigentlich nicht von den Schülern bzw. deren im Vergleich zu früheren Jahren verändertem Verhalten abhängig. Vielmehr sei es eine Frage der eigenen Haltung. „Ich denke, man muss (…) wirklich für sich selber einen Weg finden, und das kann auch einem keiner sagen: Du musst das so machen oder so" (G, 538). Sich selbst hält G schon für fähig, mit Emotionalität im Unterricht umzugehen, „sonst wäre ich, glaube ich, frustrierter". Nur selten komme es vor, dass G diesbezügliche Probleme noch lange nach der Schule beschäftigen. Die Fähigkeit, gut abschalten zu können, die Teilzeitstelle und die Familienorientierung seien hier hilfreich. Im Umgang mit Kollegen spielt Emotionalität „auch eine Rolle". Beispielsweise „jede Kritik, die sieht man dann persönlich, das führt automatisch dazu, dass man emotional reagiert" (G, 576). Das sei aber unter Lehrern wohl insgesamt weniger der Fall als in anderen Bereichen und Berufen, „weil wir ja doch vor der Klasse Einzelkämpfer sind", sich dort die meiste Arbeit abspiele, es ansonsten ja kaum Berührungspunkte zu den Kollegen gebe. Dementsprechend ist Emotionalität unter Kollegen kein Thema, „da wird nicht drüber gesprochen, eher nicht" (G, 628). Sehr wohl aber, wenn es in Klassen schwierig war oder aufreibend, das werde dann auch im Kollegium angesprochen.

Interviews in der Gruppe II:

Die Frage nach der möglichen Bedeutung von Emotionen beantwortet B ganz spontan: „Die Frage verstehe ich nicht" (B, 941). Auf Nachfragen sieht es B als ungünstig an, wenn Lehrende zu starke Emotionen vor ihren Schülern zeigen. B versucht sehr stark, „das immer zu trennen", also Privates und Berufliches, vor allem auch Unterricht und Freizeit. Beim Bier seien die Schüler „immer baff erstaunt, dass ich so cool und so locker sein kann" (B, 965), denn dort trete B ihnen als Mensch gegenüber. Die Rahmenbedingung Schule allerdings verlange eine gewisse Ernsthaftigkeit. „Zu viel Emotionen in die Schule oder sagen wir mal, zu viel Unernsthaftigkeit in die Schule zu zerren, davon halte ich nichts" (B, 970). Diesbezüglich sieht sich B „leider" noch als ein Studierter alter Prägung, dem dafür auch die Zeit zu wertvoll erscheint. Auch die Schüler bittet B, dies als einen Wert zu betrachten, „denn was wir nicht zu viel haben, das ist Zeit"

(B, 976). B schätzt für sich ein, bis auf „ganz wenige Ausnahmen" keine Schwierigkeiten mit Schülern gehabt zu haben, und führt das auf mehrere, in der eigenen Haltung begründete Faktoren zurück. Zunächst sieht B den Unterricht als ein Stück gemeinsame Lebenszeit an: „Das ist ein Stück von eurem Leben, das ist ein Stück von meinem. Wenn wir es uns gegenseitig schwer machen, haben wir beide nichts davon" (B, 1013). Weiterhin nimmt B die Schüler ernst und achtet darauf, sie nicht zu veralbern. Begründet ist diese Haltung in der eigenen Lernbiografie: „Sarkasten habe ich gehasst wie den Tod. Davor hüte ich mich sehr. Obwohl, je älter man wird, muss ich ehrlich sagen, da klingt so ein Zug hinein, so aus allen Lebenstäuschungen (…), aber ich gebe mir immer noch große Mühe" (B, 1029). Eigene Emotionen, B nennt an dieser Stelle Frust und Enttäuschungen, nicht Schülern zu zeigen sei eine Form der Disziplin. „Meine Schulzeit war geprägt von welchen, die haben keine Disziplin. Die mussten ihre Befindlichkeiten ständig den Schülern um die Nase binden" (B, 1037). Angesprochen auf den Umgang mit den eigenen Emotionen in schwierigen Unterrichtssituationen, verweist B vor allem auf Geduld, „eine Geduld, die ich schwer aufbringe" (B, 1055). Hauptsächlich versucht B die Schüler/innen über den Verstand zu erreichen, was im Wesentlichen auch bisher sehr gut geklappt habe. B sieht sich in gewisser Weise als Dienstleister. Gerade in angespannten Situationen werden die Schüler an ihre Berufswahl erinnert, beispielsweise Kfz-Mechaniker zu werden, „ich soll euch dabei behilflich sein" (B, 1097). Insbesondere bei Müdigkeit oder inhaltlich schwierigen Einheiten sieht sich B auch als kreativ und kompetent im Methodenwechsel und in den Veränderungen der Sozialformen von Unterricht. „Ich bin da immer sehr mutig. Ich sage immer: ausprobieren, nicht lange fragen, machen [Lachen]" (B, 1117). Auf die Bedeutung von emotional kompetentem Verhalten unter Kollegen angesprochen, weicht B aus: „Das ist eine Frage, die ich ungern beantworte" (B, 1126). Nach dem Hinweis, dies ja auch nicht zu müssen, gibt B doch einige Einblicke. Erst der Modellversuch habe die schulische Kommunikation zu einigen Kollegen so intensiviert, dass darüber auch private Kontakte wachsen. „In der Fachgruppe (…), in der ich beheimatet bin, kam es nie zu irgendeinem kollegialen Austausch, der die persönliche Ebene berührt hat" (B, 1145). Durch den Modellversuch könne B seine Fähigkeiten für die Schule als solche einbringen. „Das genieße ich sehr. Denn erstmals fällt auch Lob ab" (B, 1167). Konkret die Anerkennung aus dem Munde des Schulleiters hat bei B Eindruck hinterlassen, „dafür habe ich lange gebraucht" (B, 1180). Im Umgang mit Kollegen sieht sich B selbst als wenig sozial kompetent an, was an der (früheren) Außenseiterrolle oder dem Image des Exoten gelegen haben könnte. „Verantwortung zu übernehmen für Kollegen, mit Kollegen gemeinsam in Gremien zu arbeiten, man wollte mich da nicht drin haben" (B, 1202). B achtet mittlerweile darauf, dass sich Privates und Berufliches nicht überschneidet. Gemeinsame Freizeitaktivitäten, „das liebe ich überhaupt nicht. Dann begegne ich meiner Beruflichkeit in meiner Privatsphäre. Und da muss ich ehrlich sagen, da bin ich fast eifersüchtig drauf bedacht, dass das nicht geschieht. Ich will irgendwo wieder Mensch sein [Lachen]" (B, 1232).

H sieht vor allem wegen der teilweise sehr heterogenen Zusammensetzung von Klassen und Kursen – bezogen auf Altersstruktur, Vorwissen, Arbeits- und Lerntempo, Motivation und berufliche Ziele – Gründe dafür, „sehr menschlich mit den Teilnehmern" umzugehen (H, 429). In Unterrichtssituationen emotional kompetent zu sein bedeutet für H zunächst, mögliche Unzufriedenheit von Teilnehmern nicht nur auf sich zu beziehen, auf die eigene Darbietung des Unterrichtsstoffes. Wenn man weiter berücksichtige, dass man selbst, aber auch die anderen „mal einen schlechten Tag" erwischen könnten, ergebe sich „ein ganzes Feld von Faktoren", die für Unzufriedenheit verantwortlich sein könnten, nicht nur die eigene Lehrtätigkeit. „Dann ist man [nicht] in dieser Zwangsjacke", in der dann nichts mehr geht (H, 443). Ein weiterer wichtiger Punkt ist für H das Anerkennen unterschiedlicher Fähigkeiten bei Menschen, ohne dies sogleich zu bewerten oder gar als Schwäche auszulegen. Das Abwerten, das Auslegen als „eine Minderfähigkeit", werde von den betroffenen Personen zumindest unterbewusst registriert „und ruft eben Reaktionen hervor, die den Lernprozess einfach auf jeden Fall erschweren" (H, 457). Anerkennung und Lob spielen also für H eine wichtige Rolle, gerade wenn es darum geht, dass Teilnehmer auch selbst Verantwortung übernehmen. Dann sei es letztlich auch kein Problem zu benoten. H schildert ein Beispiel, bei dem ein Schüler eine schwache Note gut akzeptieren konnte, da er den Eindruck hatte, dass er ernst genommen wurde, Hilfestellungen bekam und so sagen kann: gut, mehr war halt nicht (H, 475). Unter Kollegen, so schätzt H ein, entsteht dann eine positive Stimmung, wenn man gegenseitig die Arbeit anerkennt, auch dann, wenn man es selbst vielleicht ganz anders machen würde. Insgesamt sieht es H so, „dass die Menschen, die emotional miteinander umgehen müssen, gekonnt miteinander umgehen müssen, auch zueinander passen sollten" (H, 535). Theoretisches Wissen darüber, über die Zusammenhänge sei da gar nicht so wichtig. Sollte es nicht passen zwischen den Kollegen, werde sich derjenige, der sich schwächer fühlt, nach und nach abtrennen. Eine Beobachtung, „die ich in vielen Kollegien gemacht habe" (H, 550). Es hänge eben auch von der inneren Haltung, der inneren Einstellung jedes Einzelnen ab, solche Probleme auch persönlich anzugehen. Auf Nachfrage kann sich H nicht vorstellen, dass Formen wie Supervisionen, Teamgespräche, kollegiale Beratungen etc. geeignet sind, Probleme auf der emotionalen Ebene zu bearbeiten. „Das kann ich mir nicht vorstellen, weil der Lehrer ja in der Regel nicht im Team arbeitet" (H, 574).

Zum emotional kompetenten Umgang untereinander gehören für I zunächst die Toleranz und die Fähigkeit zuzuhören, ohne den anderen abzublocken (I, 643).

Eigenschaften oder „Faktoren", „die in der Teamarbeit gefordert sind oder da sein müssen, ansonsten ist die Teamarbeit gar nicht möglich" (I, 646). Gerade Teamarbeit beruhe auf Sympathie und Antipathie, „da ist die Emotionalität schon mit drin" (I, 659). Rein auf rationaler Basis ist Teamarbeit „wahrscheinlich sehr, sehr schwierig". Emotional kompetent zu sein ist für I „genauso wichtig wie die rein fachliche Sache" (I, 667). So ist es für I wichtig, zu den Schülern ein Vertrauensverhältnis dergestalt aufzubauen, dass auch akzeptiert wird, wenn Druck ausgeübt wird, um die (Ausbildungs-)Ziele auch zu erreichen. „(…) das versuche ich zumindest den Schülern klar zu machen, es geht teilweise auch nur über Arbeit, es muss auch mal ein bisschen weh tun, und ein gewisser Druck, Druck jetzt im positiven Sinne, ist einfach erforderlich, um einfach mal die Durchhänger (…) rauszukriegen."

I selbst reagiert ärgerlich, wenn bei Schülern auf Dauer entweder ein „sozial unnormales" Verhalten zu sehen ist oder die Leistungen nicht stimmen und zugleich hohe Ansprüche an Lehrer und Klassenkameraden formuliert werden. Insbesondere in den „harten" Fächern wie Mathematik und E-Technik komme es schon sehr auf die (messbare) Leistung an. Für die technischen Fächer sieht I also konkret weniger Bedeutung für den Umgang mit Emotionen. „Es gibt aber Bereiche, und da glaube ich schon, dass da eine Riesenbedeutung drin ist, und es dürfte auch bei unseren Schülern nicht unter den Tisch fallen" (I, 488). Anders könne sich dies darstellen in sozialen Bereichen, für soziales Verhalten, Sozialkunde, Religion, Ethik etc. Angeregt durch den Artikel (Faßhauer 1999, der als Sonderdruck an alle Akteure der Diflex-Teams in diesem Bundesland verschickt wurde), sind I Bedenken gekommen, „dass das letztlich um des Profites willen, dann auch der Bereich total erforscht wird" (I, 503). Hier sieht I „Riesengefahren", wenn beispielsweise in Kaufhäusern mittels Musik und Düften gezielt die Emotionalität beeinflusst wird, um das Kaufverhalten zu steuern. „Dann kann ich mir schon vorstellen, dass der Bereich da vielleicht in den nächsten Jahren noch so hochkommt, ohne dass es den Leuten bewusst wird. Da ist eigentlich auch die größte Gefahr drin" (I, 515). Dass die Beachtung emotionaler Faktoren sich auch im Produktionsbereich äußert, sei „doch tragisch" (I, 534).

J schätzt die Bedeutung von Emotionen als „sehr hoch" ein, „weil Emotionen uns doch eigentlich wirklich lenken und antreiben, und diese ganze Kopfsache, nur Kopfsache, kann es nicht sein" (J, 900). Wichtige Entscheidungen werden nach J's Ansicht „aus dem Bauch heraus" getroffen und weniger mit dem Kopf. Für sich selbst bedeute dies, „dass ich erst einmal versuchen muss, den Schülern positiv entgegenzukommen". Der Begriff „emotionale Kompetenz" aus der Fragestellung ist für J in dieser Kombination zunächst neu. „Ich glaube, dieser Bereich ist immer unterschätzt worden" (J, 918). Gerade Unterrichte würden noch zu „geschäftsmäßig" ablaufen, das ganze Bemühen richte sich darauf, „vom Kopf her zu vermitteln". Dabei solle der ganze Mensch mit seinen Gefühlen dahinter stehen, damit bei Lernenden keine Blockaden aufgebaut werden.

Interviews in der Gruppe III:

Ob es eine besondere Bedeutung für den Umgang mit Emotionen in der Lehrerarbeit gebe, ist für D eine „schöne Frage" (D, 453). Dabei unterscheide sich der Lehrberuf aber im Hinblick auf die Fähigkeit, mit Emotionen umzugehen, „in keinster Weise" von Berufsgruppen „mit dem gleichen Bildungsniveau in der Industrie" (D, 463). Der kompetente Umgang mit Emotionalität hat nach D's Auffassung mit dem Beruf als Lehrer nichts zu tun, sie entwickele sich eben arbeitsfeldspezifisch. „Die Tatsache, dass ich Lehrer bin, und aus meiner Berufspraxis heraus ergibt sich diese Kompetenz nicht zwingend" (D, 477). Eine mögliche Differenz im Umgang miteinander ergebe sich nicht so sehr auf Grund des Schüler- oder Lehrerseins, vielmehr käme hier auch der Altersunterschied zum Tragen. Kollegen oder Schüler, „es sind beides Menschen (…), die Unterschiede sind eher deshalb da, dass es ein jüngerer Mensch ist und ein älterer, dem man sowieso anders begegnet" (D, 491). Dabei ist es für D nicht wichtig, ob jemand Schüler oder Lehrer ist, „es geht um grundsätzliches menschliches Zusammensein und die Wertschätzung eines Individuums" (D, 506). Relativierend bemerkt D, dass das „so krass" natürlich nicht durchzuhalten sei und es schon einen Einfluss auf den Umgang miteinander habe, ob man sich zum Beispiel aus der Klasse oder Nachbarschaft kenne. So sei es durchaus ein Unterschied, ob ein Schüler durch häufige schlechte Noten oder ein Nachbar durch sein schlechtes Verhalten auffällt. „Dann hab ich da auch andere Emotionen. Aber das lässt sich schlecht vergleichen. Vielleicht weigere ich mich auch, den Zusammenhang zuzugeben" (D, 514).

Zu der Frage nach der Bedeutung für den Umgang mit Emotionalität in der Arbeit als Lehrer/in hat sich K „noch keine Gedanken" gemacht (K, 154). Auf Nachfrage antwortet K, dass Emotionalität das „ganz Normale" (K, 162) sei, das zum Alltag eben gehöre. „Das verarbeitet man, das hat man erlebt, und dann ist es gut" (K, 163). K selbst „geht da immer sehr pragmatisch ran" (K, 165) (sodass die Frage nach der Bedeutung emotionaler Kompetenz eigentlich mit einem Nein beantwortet worden ist). K nennt als Hauptmotivation für die Beteiligung am Projekt die Sacharbeit (s. o.). Anderen Ebenen wird weniger Bedeutung zugemessen. Aus dem Nachgespräch ergibt sich, dass K sehr deutlich und wohl auch konsequent zwischen „privat" und „Arbeit" unterscheidet. Emotionalität wird offensichtlich rein in der Privatsphäre thematisiert. In dieser Richtung ist auch die Aussage interpretierbar, dass K's Verarbeiten und Reflektieren beispielsweise schwieriger Unterrichtssituationen „eher mit anderen" (K, 170) als mit KollegInnen geschieht. Auf Nachfrage erklärt K, „für mich ist Emotionalität eher einfach kein Thema. Das ergibt sich. Es passiert etwas" (K, 178). (Hier wird möglicherweise das Plötzliche, Eruptive an Emotionen erlebt und das persönliche Ausgeliefertsein an ein solches Ereignis, das einfach passiert, das sich ergibt, vielleicht befürchtet.) K verarbeitet solche Erlebnisse und Erfahrungen zum größten Teil mit sich selbst oder privat mit Menschen, „wo ich ungeschützt sein kann" (K, 186). Emotionalität muss für K gerade in beruflichen Kontexten gesteuert werden können. Es gehöre zur Professionalität, Stimmungen nicht herauszutragen, „dass nichts ausufert, dass man keine Kontrolle mehr hat" (K, 192). Diese Angst vor Kontrollverlust steht dabei der Einsicht gegenüber, im Umgang mit SchülerInnen ohne Emotionalität keinen Kontakt aufbauen zu können (K, 201).

Für M ist zunächst die Fragestellung nicht deutlich genug formuliert: „Aha (Pause). Kann man [sic!] das noch mal ein bisschen näher, was man damit meint genau?" (M, 528). Nach Wiederholung und Erläuterung der Fragestellung durch den Interviewer verweist M darauf, ausschließlich mit Erwachsenen in den Kursen zu arbeiten. „Aber jetzt Emotionalität? Können Sie denn mal ein Beispiel?" (M, 534). Direkt auf den Umgang mit schwierigen Situationen im Unterricht angesprochen, antwortet M: „Ja, also da hab ich jetzt ehrlich gesagt nicht so das Problem" (M, 542) und führt dies vor allem auf die Fächer bzw. die fachlichen Themen zurück. Diese liegen alle im Bereich neue Technologien und Computer. Dementsprechend seien die Teilnehmer auch hoch motiviert, und „Schwierigkeiten zwischen Schüler und Lehrer hab ich gar nicht. Auch in der Erwachsenenbildung nicht, nee (…), die sind hoch motiviert über die Technologie" (M, 549). M hat sich bisher noch nicht mit Begriffen wie emotionale Kompetenz bzw. Intelligenz beschäftigt, kennt sie auch nicht. Bedeutsam könnten diese Eigenschaften aus Sicht von M für Klassen- oder Vertrauenslehrer sein, „das bin ich im Moment nicht, deswegen bin ich da auch nicht der Ansprechpartner" (M, 572). M sieht sich als Ansprechpartner für Schüler in fachlichen oder auch beruflichen Fragen. Angesprochen auf die mögliche Bedeutung für den Umgang mit Emotionalität im Verhältnis zu KollegInnen sagt M: „Och, da hat sich auch jeder im Griff, sag ich jetzt mal. Wir treffen uns und gehen sehr kooperativ miteinander um" (M, 612). M schildert ein konkretes Beispiel, wie es gelungen ist (auf M's Initiative hin), über den gemeinsamen Ausbau, Pflege und Wartung eines PC-Pools positiv in Kontakt mit Kollegen zu kommen. Es habe sich ein Team entwickelt, in dem sich jeder verantwortlich fühlt, „und das hat ja zusammengeschweißt" (M, 638). Das sei angenehm und positiv, und alle haben die vielen Stunden Mehrarbeit „auch wirklich gerne gemacht". Im Team ist auch die Aufmerksamkeit für die

Bedürfnisse der Schüler aufgekommen, die bei der Neugestaltung des Raumes mit berücksichtigt worden seien.

Das Analyseraster bezog sich im voranstehenden ersten Schritt vor allem darauf, ob und wenn ja, wie ausführlich die Interviewpartner auf die Thematik der emotionalen Kompetenz eingehen. In einem zweiten Schritt wird untersucht, auf welchen Ebenen sie dies tun (Abb. 25). Dabei wird nicht die Qualität oder der Umfang der Aussagen beurteilt.

Die am häufigsten genannte Ebene ist nahe liegend der Kontakt zu SchülerInnen im Unterricht. Gerade im Umgang mit wenig motivierten oder fachlich kaum zu motivierenden Schülern spielen Empathie, Verständnis für deren Situation und die Gestaltung der Beziehungsebene von Kommunikation eine besondere Rolle, „da ist emotionale Kompetenz sehr wichtig, nicht mehr wegzudenken für mich" (C, 1005). Eine weitere Ebene ist der Umgang der Lehrenden untereinander im Kollegium bzw. im Team, z. B.: „Och, da hat sich auch jeder im Griff, sag ich jetzt mal. Wir treffen uns und gehen sehr kooperativ miteinander um" (M, 612). Eine dritte Ebene ist der persönliche, private Stellenwert, der im Umgang mit Emotionen genannt wird.

Diese Ebene ist von Interesse, da einige Akteure an diesem Punkt bewusst und zum Teil auch sehr konsequent Privat- und Berufsleben trennen und dementsprechend zu unterschiedlichen Bewertungen für die Bedeutung von Emotionalität und für den persönlichen Umgang mit emotionalem Ausdruck kommen (B, E, K), z. B.: „(…) es geht um grundsätzliches menschliches Zusammensein und die Wertschätzung eines Individuums" (D, 506).

In einzelnen Interviews finden sich darüber hinaus auch Aussagen auf allgemein gesellschaftlicher oder arbeitsweltlicher Ebene über den Umgang mit Menschen überhaupt und Verantwortung: „Der braucht keine Angst haben, dass was passiert, weil ich dafür sorge" (E, 446), Stressbewältigung, Mobbing, „Wir leben doch in einer emotionalen Gesellschaft", Ausländerfeindlichkeit, Gewalt gegen Frauen (F).

5.3.2 Welche persönlichen Motive haben die Akteure für ihre Teilnahme am Projekt?

Hierzu waren im Leitfaden folgende Fragen vorgesehen: a) „Der Fragebogen vor gut einem Jahr hat insgesamt hohe Werte für Selbstmotivierung und Stimmungsmanagement ergeben. Wie schätzen Sie dieses Ergebnis persönlich ein?"

Lehrberuf allgemein

Große Bedeutung:
„Ja sicher, sicher!" (A, 532) – „Für mich sehr wichtig" (C, 988) – „absolut" (E, 383) – „Für mich ist ganz wichtig (...), die emotionale Kompetenz" (F, 701) – „ganz wichtig" (G, 468) – „wie in kaum einem anderen Beruf" (G, 490) – Genauso wichtig wie die fachliche Seite (I) – „sehr hoch" (J, 900)

Relativierend:
Emotionale Kompetenz ergibt sich nicht zwingend für die Lehrertätigkeit, es gibt *„keinen Unterschied zu anderen Berufen auf gleichem Bildungsniveau"* (D, 463) – „noch keine Gedanken gemacht" (K, 154)

Umgang mit Schülern

Große Bedeutung:
Keine Lehrerrolle spielen, authentisch sein und sich auf die unterschiedliche Klientel einstellen (A) – Motivation, Konfliktbearbeitung und Vertrauen sowie bei didaktisch-methodischen Entscheidungen (C) – Motivation, Vertrauensvorschuss, sie mögen und akzeptieren; Emotionalität ist Zugang zum Gedächtnis (E) – Veränderte Schülerschaft, auch im Technologiezeitalter darf „alles, was die Seele betrifft", nicht vergessen werden. Konfliktbearbeitung (F) – Emotion ist immer im Spiel, wenn man unterrichtet; für sich selbst einen Weg des Umganges finden (G) – Heterogene Lernvoraussetzungen berücksichtigen, Unzufriedenheiten nicht persönlich nehmen; Verantwortung (H) – Vertrauensverhältnis (I) – Den Lernenden positiv begegnen; der ganze Mensch soll in Lernprozessen angesprochen sein (J) – Ohne Emotionalität kein Kontakt zu den Lernenden (K)

Relativierend:
Zu viel eigene Emotion zeigen im Unterricht, „davon halte ich nichts" (B, 970) – Führungsperson (Lehrende) soll sich immer im Griff haben, Vorbild sein, Arbeitsauftrag erfüllen (E) – Emotionalität in technischen Fächern weniger Bedeutung (I und M) – Begriff ist neu; Emotionalität ist unterschätzt (J)

Umgang mit KollegInnen

Große Bedeutung:
Beachtung der emotionalen Ebene wichtig, z.B. bei Konferenzen und Trauerfällen (C) – Veränderung in der kollegialen Bewertung steht an; Lehrerbildung (F) – Spielt „auch eine Rolle" (G, 576), z. B. Umgang mit Kritik – Arbeit gegenseitig anerkennen; vermeintlich Schwächere ziehen sich aus Zusammenarbeit zurück, wenn es emotional nicht „passt" (H) – Teamarbeit beruht auf Sympathie und Antipathie (I)

Relativierend:
„Das ist eine Frage, die ich ungern beantworte" (B, 1126) – „Da wird nicht drüber gesprochen, eher nicht" (G, 628) – Thematisieren kein Problem bei Kollegen, mit denen man täglich in Kontakt ist. Im Diflex-Team keine Notwendigkeit der Beachtung der Beziehungsebene (E) – Stimmungen nicht heraustragen, „dass nichts ausufert, dass man keine Kontrolle mehr hat" (K, 192) – „da hat sich jeder im Griff" (M)

Umgang mit sich selbst

Wahrnehmen und Umgang mit Emotionalität als zwei Stufen der emotionalen Kompetenz (C) – Grundsätzlich menschlicher Umgang und Zusammensein; Wertschätzung (D) – Zeigt Gefühle „schon heftig", wenn feste persönliche Basis vorhanden ist (E) – Für sich klären, „warum reagiere ich jetzt emotional?" (G, 513), um damit besser umgehen zu können. Eigene Haltung entwickeln – Toleranz, Fähigkeit zu zuhören (I) – Emotionen als Antriebskräfte und Entscheidungsfaktoren (J) – Emotionalität ist das „ganz Normale" (K)

Relativierend:
Privates und Berufliches trennen (B, E und K) – Emotionalität für mich persönlich „eher kein Thema" (K)

Abbildung 25:
Bedeutung von Emotion auf verschiedenen Ebenen

sowie b) „Was war Ihre persönliche Motivation, sich an Diflex zu beteiligen, und wie ist das Team zustande gekommen?" Die zweite Frage wurde nach Auswertung der ersten Interviews nachträglich aufgenommen, um noch konkretere und systematischere Informationen zur Motivation und zum direkten Umfeld der Teamarbeit zu erhalten. Die Aussagen zu diesen Fragen liegen in den Interviews oft dicht beieinander, vermischen sich bisweilen auch.

Aussagen zur Frage a):

Die Fragebogenergebnisse verwundern A nicht. Lachend erklärt er, dass man im Modellversuch „den Rahm abgeschöpft" (A, 407) habe, sich eben daran nur KollegInnen beteiligen, die man nicht weiter motivieren muss. Für das eigene Team sieht A es so, dass alle „aus dem Fachlichen heraus" (A, 410) und auf Grund der sehr guten technischen Ausstattung motiviert sind. Hinzu käme die spürbar hohe Zufriedenheit bei den allermeisten Schülern. Weitere Motivation durch die Schulleitung könne nur darin bestehen, dass sie konstruktiv und fördernd Freiheiten und Handlungsspielräume lasse.

Auf die im Vergleich zur Kontrollgruppe hohen Fragebogen-Werte im Bereich positiver Selbstmotivierung angesprochen, stellt B für sich fest, immer schon „Eigenmittel für mich" gewesen zu sein (B, 885). B sieht die Ergebnisse wohl als Kompliment an und kommt sogleich auf die hohen Kompetenzen in Sachen Marktbeobachtung und technische Innovationen. An dieser Stelle wird B's Motivierung über und wegen der Technik besonders deutlich und die Zufriedenheit über den erreichten Stand der technischen Ausrüstung an der Schule (der unabhängig vom Modellversuch besteht). „Von daher kamen immer tolle Impulse für mich, die allein schon in der Technik begründet sind. (…) Technik ist etwas ganz Tolles und Herausforderndes. Denn wir bauen was Neues auf, was noch nicht da ist" (B, 903). Auf die eigenen Erfahrungen als Schüler reflektierend nennt B weitere Aspekte für die Selbstmotivation und das eigene Stimmungsmanagement. B sieht es dabei vor allem als bedeutsam an, dass Lehrer ihre Schüler nicht ironisch von oben herab behandeln („hänseln"), sie und ihre Leistungen abwerten. „Das ist eine Todsünde aller Lehrer. So Lehrer habe ich gehasst. Ein solcher bin ich nie geworden und werde es auch nie" (B, 1360). Einen guten Teil der eigenen Berufswahlmotivation beschreibt B auch damit, es besser zu machen, sich an positiven Vorbildern, die es ja auch gebe, zu orientieren. In B's Schüleraugen war ein toller Lehrer derjenige, der sie gefordert hat, der was geboten hat und der auch „irgendwo eine Macke gehabt hat" (B, 1376). Gerade diese habe solche Lehrer eben auch im nötigen Maße angreifbar und in Kombination mit der entsprechenden Portion Humor eben auch menschlich gemacht.

Die hohen Fragebogenwerte für positive Selbstmotivierung und Stimmungsmanagement sind für C erfreulich, werden aber in ihrer realen Bedeutung stark relativiert. „Ich würde es sehr schön finden, wenn ich es sehr viel öfter auch spüren würde. Manchmal erzählen ja auch Schüler, und dann spürt man das, ob diese Zahlen stimmen oder nicht. Sie sind manchmal nicht so astrein, also da haben wir noch einen Weg vor uns, wie mit der emotionalen Kompetenz" (C, 1031). Für C war es eines der Hauptmotive in den Lehrberuf zu gehen, „jung zu bleiben", denn dafür brauche es den Kontakt zu jungen Menschen und deren tollen Ideen, „denn ich habe Angst davor, irgendwann selbst in einem festen Gleis zu fahren und für derartige Dinge nicht mehr offen zu sein" (C, 337).

Auf die Frage, wie D die hohen Werte der Fragebogenerhebung zu Selbstmotivierung und Stimmungsmanagement für sich einschätzt, kommt spontan die Antwort: „Vielleicht ist die Frage nicht verstanden worden" (D, 406). Nachdem der Interviewer zwei typische Fragen zu diesen Skalen zitierte, verweist D darauf, dass es „ja immer dieselben [sind], die in der Schule etwas tun, also über den Unterricht hinaus sich engagieren" (D, 423). Dieser Personenkreis bringe eben ein hohes Maß an Selbstmotivation mit. Möglicherweise sei es einfach die innere Unruhe bei diesen Menschen, ein Typ Mensch, der von sich aus sehr aktiv ist. Weiterhin sieht D Lehrende nicht als einen Personenkreis an, den man einfach zu irgendetwas „einfach so verdonnern" kann. Die Beteiligung an Projekten geschehe aus persönlichen Motiven heraus und sei bereits Ausdruck einer hohen Selbstmotivation. So sieht es D auch für sich selbst.

In puncto Selbstmotivierung und Stimmungsmanagement sieht E sich „genetisch vorbelastet und auch erziehungsmäßig vorbelastet", eine gestellte Aufgabe bestmöglich lösen zu müssen. „Und wenn noch Spaß dabei ist, ist es optimal" (E, 351). Bisher habe E auch das nötige Glück gehabt, „alle Arbeiten, wo ich keinen Spaß hatte, sein zu lassen" (E, 359). E ist gerade deswegen aus der Industrie über die Schuladministration zum Lehrdienst gekommen. „Da fühl' ich mich wohl (…), also im Großen und Ganzen bin ich rundum zufrieden" (E, 368).

Für die hohen Fragebogenwerte zur Selbstmotivierung und Stimmungsmanagement sieht F als Grund zunächst die gute Arbeitsatmosphäre, „dass die Leute gut zusammenarbeiten, das ist auch hier [der Fall]. Wenn die Leute Freiheiten haben, etwas zu machen, dann ist das motivierender und das Gefühl, da kann ich mich besser verwirklichen, wie wenn ich alles vorgestellt bekomme" (F, 579). Hinzu komme eine starke fachliche Motivierung der Kollegen, da sie in Diflex stark ihre persönlichen Interessen und aktuelle Themen einbringen könnten, ohne beispielsweise auf neue Lehrpläne warten zu müssen.

„Ich denke, dass wir in Diflex gute, wenn nicht sogar sehr gute Arbeit leisten, und das muss zwangsläufig dazu führen, dass man sich gut fühlt, dass man eigentlich auch eine gute Stimmung hat" (G, 359). Selbstverständlich gebe es auch Zwischentiefs, „Zeiten, wo man ein bisschen frustriert ist", im Großen und Ganzen aber bewirkt Diflex positive Veränderungen an Schulen. Das bringe eine gute Stimmungen mit sich, da man um den eigenen Anteil an diesen Veränderungen wisse. Wenn man auf die freiwillig geleistete, umfangreiche Zusatzarbeit auch eine positive Resonanz bekomme, „dann ist das befriedigend, wenn nicht sogar sehr befriedigend" (G, 376).

Zunächst kann H den Begriff Stimmungsmanagement aus der Leitfrage nicht genau einordnen. „Ja gut, das ist ja auch wieder stark abhängig vom Teilnehmerkreis. Und wenn es vorher eine positve Auswahl war, dann kann ich mir nicht vorstellen, dass hier sehr schlechte Ergebnisse rauskommen" (H, 260). Hohe Motivation und die Fähigkeit, bei Rückschlägen mit depressiven Stimmungen umgehen zu können, sind für H die Voraussetzung, sich auf Innovationsprojekte einzulassen, denn es könne da ja nicht alles erfolgreich verlaufen. So habe es in H's zweitem Modul doch deutliche Schwierigkeiten gegeben.

Die hohen Fragebogenwerte zur Selbstmotivierung und Stimmungsmanagement sind für I wenig überraschend. Der zum Zeitpunkt der Befragung sich schon einstellende Erfolg, die Klärung der anfänglichen Unsicherheit hätten dieses Ergebnis bewirkt. Zu einem anderen Zeitpunkt, beispielsweise gleich zu Beginn des Projektes, „da war ja noch ein gewisser Frust bei vielen zu hören" (I, 432), hätte dies anders ausgesehen. Noch positiver wäre der Test wohl nach dem Workshop im Mai 1999 ausgefallen.

Die Fragebogenergebnisse im Bereich positive Selbstmotivierung und Stimmungsmanagement hält J für „wahrscheinlich realistisch" (J, 941). Eigentlich könne ohne positive Motivierung nichts klappen. Gerade im Unterricht versucht J das umzusetzen, versucht in der Klasse den Schülern gegenüber „freundlich zu sein, entgegenkommend, Interesse an der Sache, dass sie das bekommen. Nicht einfach nur meinen Stoff vermitteln" (J, 961), ohne dabei die Verstandesebene zu vernachlässigen.

K gibt keine Einschätzung zu diesem Fragebogenergebnis. Bemerkenswerterweise wird von K an dieser Stelle die Aufrichtigkeit in der Beantwortung solcher Fragebogen bezweifelt. Ein Gedanke, der bei der Einschätzung der Fragebogenergebnisse zur Zufriedenheit mit der Teamarbeit und zur Möglichkeit von Kritik in den Teams von K nicht geäußert wurde.

Mit den Ergebnissen des Fragebogens zu Selbstmotivierung und Stimmungsmanagement kann M „jetzt recht wenig anfangen" (M, 308).

Aussagen zur Frage b):

Nach einigen Jahren hat sich A neue Herausforderungen gesucht. „Ich habe es ganz einfach gemacht, weil ich es für mich gebraucht habe. Und jetzt mache ich was Neues" (A, 746). Es sei eine Grundhaltung in der eigenen Arbeit, immer wieder neue Wege zu suchen und zu versuchen. „Mein Lebensprinzip als Lehrer war immer: Gehe Wege, die noch keiner gegangen ist" (A, 750). Sind diese erst einmal erkundet und gesichert, überlässt A gerne anderen diese Spur, wird wieder „einer von allen Kollegen (…) So soll es auch sein" (A, 756). Aus dieser pragmatischen und offenen Art, Handlungsspielräume zu erkennen und zu erproben, zieht A auch große persönliche Zufriedenheit und Spaß an der eigenen Arbeit.

Hauptmotivation ist für B nach wie vor die Faszination durch die Technik und vor allem die Gestaltung von Rahmenbedingungen für den Unterricht. „Ich könnte Schule entwickeln (…) Auch dabei helfen, solche Strukturen und Organisationen zu entwickeln. Da könnte ich Herzblut verschwenden. Aber immer jedes Jahr das Gleiche machen, immer wieder jungen Leuten beizubringen, wie man Formeln umstellt (…), das ist ermüdend" (B 521). B ist sich unsicher, wie es letztlich zur eigenen Teilnahme am Diflex-Team kam. Das Engagement im Modellversuch schätzt B für sich als sehr hoch ein, durchaus mit unangenehmen Wirkungen auf die Gesundheit, da die zusätzliche Arbeitsbelastung doch enorm war. Besonders motiviert hat B die (vermeintliche) Konkurrenz zu den anderen Diflex-Teams. „Ich fühlte mich zum Teil gedemütigt, weil wir nichts drauf hatten und keine Ahnung (…) Ich habe richtige Schmerzen da empfunden (…) Da muss halt Gas gegeben werden" (B, 135). Es sei gerade wie eine Sucht, etwas Neues zu machen, einer Herausforderung zu begegnen. „Und mich Herausforderungen stellen, das mache ich schon sehr gerne" (B, 543).

D: „Aaaach, Motivation. Also in erster Linie bin ich mal reingeschlittert. Ganz komische Situation, und dann war man eben Mitglied in der Gruppe" (D, 215). Ausgangspunkt war die Anfrage der Schulleitung, welcher Kollege sich im Rahmen von Fort- und Weiterbildung an einem Kursangebot beteiligen könnte, das auch auf externe Teilnehmende zugeschnitten ist. Auf Grund von technischem Know-how und der vorhandenen Ausstattung sah sich D bzw. der Fachbereich dazu in der Lage. Erst im zweiten Schritt wurde versucht, diese Gruppe über den Fachbereich hinaus zu erweitern. „Es war bei uns an der Schule schwierig, Leute dafür zu begeistern" (D, 233). Für sich persönlich sieht D die eigene Beteiligung nicht zuletzt auch auf Grund der Tatsache, dass „ich nicht nein sagen kann" (D, 243). Die eigene Entscheidung, sich an Diflex zu beteiligen, basiert für D auch auf grundsätzlichen Überlegungen, Überzeugungen und Wertorientierungen. „Wenn ich jetzt das Gefühl hätte, dass ein Projekt entgegen meiner Ethik in irgendeiner Weise verstößt, dann hätte ich da sicherlich Probleme mit" (D, 303). D würde sich auch erneut für die Teilnahme an diesem Modellversuch entscheiden. Gerade im Verlauf des Interviews sei noch mal klar geworden, dass Veränderungen im Unterricht allein allerdings nicht ausreichten, das wäre D nicht genug. „Irgendwie habe ich so eine Neigung dazu, so Entwicklungsarbeit, Schulentwicklungsarbeit zu leisten" (D, 536). Selbstreflexiv sieht D für sich zwei Antriebsmomente: zum einen, „wo pflegt man jetzt sein Ego", und zum anderen „bin ich mir nicht ganz im Klaren, ist es jetzt manchmal auch eine Flucht aus dem Klassenraum" (D, 550). Hinzu kommt die Selbsteinschätzung, jemand zu sein, der es ungern so laufen lässt, sich gerne einmischt, mitbestimmt und mitmacht. „Wenn man denkt, das muss doch auch besser gehen oder anders gehen und das ist so dieser Drang, der mich da immer wieder hinbringt" (D, 586).

Die Hauptmotivation für Diflex ergibt sich für E aus dem bestehenden Schulleitbild. Dort spielen Differenzierung und Flexibilisierung eine besondere Rolle, und es sei nahe liegend, die Möglichkeiten dieses Modellversuches dafür zu nutzen. Der zu erwartende Input von anderen Standorten und von der wissenschaftlichen Begleitung waren weitere Motive (E, 32). Mehr Freiräume zu schaffen ist für E eine wichtige Antriebskraft, „weil man sich wohler fühlt dabei, das Wohlfühlen ist ganz wichtig" (E, 319). Ideen für die Zukunft, im Sinne gesamtgesellschaftlicher Überlegungen und Prognosen, können sich nach E's Ansicht nur in einem „bestimmten geistigen Freiraum" entwickeln. Ein Gedanke, „den man an der Schule nicht verlieren darf. Wir brauchen eine Fehlerkultur, nicht eine Fehlerverhinderungskultur" (E, 337). Gerade Schüler hätten das Recht, sich zu irren, es sei sogar ein Menschenrecht.

Sich selbst beschreibt F „als ein bisschen unstetig, weil ich öfters was Neues will" (F, 49). So kann F mittlerweile auf mehrere Stationen im Berufsleben zurückschauen: zweiter Bildungsweg, Schuldienst an drei beruflichen Schulen und einige Jahre Tätigkeit im Landesinstitut, „weil, ich war immer so ein Unruhegeist" (F, 54). So gehört F auch zu den frühen Initiatoren des Modellversuches, war von Anfang an dabei, als es um die Konzeptentwicklung ging. Diflex war für F wieder eine Gelegenheit, etwas bewegen zu können, verändern zu können, „und das [ist] das Einzige, dass man sagt (...), dass es Lehrer interessant macht. Wenn es zu Monotonie wird, die Arbeit, dass ich sage, ich mach schon dreißig Jahre das Gleiche, das wird öde" (F, 67). Glücklicherweise sei F hier auf Kollegen gestoßen, „zwei fantastische Leute" (F, 74), die die „tollsten Ideen", die F einbringt, „dann halt ein bisschen um[setzen]" (F, 76). Hier kommt F auch Modellversuchserfahrung aus früheren Jahren zugute. „Das Schöne ist, dass man ständig in neuen Sachen rumrühren kann" (F, 93). Die eigene Motivation von F, an diesem Modellversuch teilzunehmen, liegt auch in der Überzeugung begründet, „dass sich unsere Schule ganz gewaltig ändern muss" (F, 645). Dies vor allem auch im Hinblick auf die veränderte Schülerschaft. Gerade im methodischen Bereich habe die Schule noch Aufholbedarf, „wir sind einfach noch nicht vorbereitet, Lernen zu lernen oder die Schülerselbsttätigkeit richtig in den Kopf zu bekommen. Ich auch nicht" (F, 662).

Bereits vor dem Interview beschrieb G die eigene Motivation, sich an diesem Projekt zu beteiligen, „damit man mal was anderes macht wie nur unterrichten". Darauf angesprochen sagt G im Interview: „Ja richtig. Ich meine, man steckt ja doch irgendwo in festgefahrenen Strukturen in der Schule drin. (…) Und wenn man an so einem Projekt mitarbeitet, dann ist man da einfach eingebunden und arbeitet, und es befriedigt mich ganz einfach mehr, wie jetzt nur die Arbeit vor der Klasse" (G, 43). „Bei uns stand eigentlich vor Diflex dieses Modul in erste Linie" (G, 29). Sodass die übliche Reihenfolge im Modellversuch hier eigentlich umgekehrt wurde: Zuerst gab es ein Lernmodul, „dann hat man gesagt, das passt eigentlich in Diflex rein" (G, 36).

Die Hauptmotivation lag für H darin, „dass ich schon immer Unterricht mehr in Kursweise gesehen habe" (H, 45). Weniger das „lehrbuchhafte" Umsetzen von Lehrplänen, sondern vielmehr konkrete Themen projekthaft zu bearbeiten sei das Anliegen. Speziell in der Arbeit mit Computern, im EDV-Bereich, sei es nun mal „das Tun, was einem was bringt, und nicht das Zugucken oder Zuhören" (H, 52), und das sei innerhalb Diflex nun absolut zu verwirklichen. H ist sich zuerst unsicher, wie das Team zustande gekommen ist. Bereits vorher gab es von H's Seite aus Initiativen, beispielsweise in Form von AGs bestimmte Inhalte im EDV-Bereich anzubieten. „Ich war praktisch direkter Ansprechpartner, wenn man auf eine solche Arbeitsweise hinaus will" (H, 70).

Motiviert für die Teilnahme ist I auf Grund der Möglichkeit, hier einmal nicht nur zu klagen, man bekäme für den Unterricht alles aufgedrückt, vorgeschrieben usw., sondern sich selber wirklich mal einzubringen. Bereitschaft vorausgesetzt könnten Kollegen hier schon einiges bewegen. „Aber die Trägheit der Masse ist halt doch noch unheimlich groß, und ich weiß auch nicht, ob 50 % der Kollegen bereit sind, wirklich aus innerer Überzeugung mitzumachen" (I, 61). I selbst ist mit innerer Überzeugung dabei, sieht Diflex als ein Projekt an, das „auch nachhaltig an Schule fortgelebt werden kann" (I, 74). Zustande gekommen sei das

Team auf Initiative des Schulleiters, der auf einer Fachkonferenz die Absicht kundtat, an diesem Modellversuch teilzunehmen. Fachlich habe I noch einen Kollegen, der aber in einer sehr frühen Phase wieder aus dem Projekt ausgestiegen sei. Freiwillig ist I also in dem Modellversuch, „aber mit ein bisschen Zwang, wenn zwei Mann nur da sind, ist die Auswahl nicht ganz so groß [Lachen]" (I, 110). Die weitere Zusammensetzung des Teams habe sich ergeben. „Es kamen nur bestimmte Leute für die Module, die von der Schulleitung vorgesehen waren, in Frage" (I, 124). Dies basierte auf frühen Absprachen bzw. der Tatsache, dass in den angesprochenen Fachbereichen ohnehin schon Konzepte und Ideen ausgearbeitet waren. „Wir hatten unser Modul fast schon stehen, auch im Kopf schon" (I, 130). I würde sich erneut an einem solchen Projekt wie Diflex beteiligen.

Nach Ansicht von J sei der Schulleiter die treibende Kraft gewesen. Nicht nur für Diflex habe er „schon tausend neue Pläne, und wir wissen gar nicht, wie wir es personell schaffen" (J, 27). Für J ist das durchaus problematisch, „seit er hier ist, hat er mich ständig auf Trab gehalten mit irgendwelchen neuen Ideen, die er hatte, Diflex war eine". Dies sei aber „eigentlich gut", da im Gegenzug auch einiges eingeräumt werde [?] und starke Unterstützung komme. Das persönliche Motiv für J, an Diflex teilzunehmen, war, dass das Projekt Sinn mache, um Unterricht effektiver zu machen, „das macht mir eigentlich Spaß" (J, 172). J identifiziert sich mit der Schule und sieht es „als meine Pflicht an", sich diesem neuen Projekt, der zusätzlichen Arbeit zu stellen. „Irgendwo würde ich mich sehr komisch fühlen, wenn ich bei der Sache einfach sagen würde: Nee, mache ich nicht, das ist Arbeit" (J, 200). Für J ist es selbstverständlich, Aufgaben, die angetragen werden, zu erfüllen, solange es in der Schule ist. J würde sicher wieder an Diflex teilnehmen, „ja klar" (J, 1011). J kann sich auch eine Vergrößerung des Teams vorstellen und wünscht sich vor allem, den Schülern ein echtes Wahlangebot machen zu können.

Die Idee und der Anstoß, sich am Projekt zu beteiligen, gingen für K von der Schulleitung aus: „Weil unser Chef gesagt hat: hier, wir können da was machen im [Fach-]Bereich, macht ihr mit?" (K, 48). K selbst ist fachlich motiviert, beteiligt sich „eigentlich von der Sache her" (K, 52) und macht es gerne.

M ist erst nach Beginn des Projektes zum Diflex-Team hinzugekommen. Anlass war die direkte Ansprache durch den Teamkoordinator. Ergänzend verdeutlicht M an dieser Stelle, selbst die Initiative ergriffen zu haben, um ins Team zu kommen. „Ja, ich bin nicht angesprochen worden: willst du teilnehmen bei Diflex, sondern ich hab gesagt: ich würd gerne teilnehmen bei Diflex, weil ich da auch Möglichkeiten sehe" (M, 261). M's Motive sind demnach stark fachliche, da mit der Beteiligung an Diflex M's Spezialthemen eingebunden werden konnten und dadurch sich deren schulinterne Stellung auch verbesserte, mehr Investitionen in diesen Bereich gelenkt werden konnten. Auf Nachfrage nennt M auch den Reiz der Teamarbeit als Motiv, vor allem der fachliche Austausch ist interessant.

Statement zum **Fragebogenwert** Selbstmotivierung und Stimmungsmanagement	– Keine Überraschung (da sich nur ohnehin hoch Motivierte an Modellversuchen beteiligen): A, C, D, H – Zustimmend auf sich selbst bezogen: B, E – Zustimmend wegen Arbeitsatmosphäre: F – Zustimmend wegen Arbeitserfolg: G, I – Relativierend: C (wegen anders lautender Rückmeldungen durch Schüler/innen); D (Frage verstanden?); I (Befragungszeitpunkt); J (wahrscheinlich realistisch); K (aufrichtige Beantwortung?); M (kein Statement)
Persönliche Motivation Selbsteinschätzungen	– Fachlich motiviert (über die Technik): A, B, H, K, M – Neue Herausforderungen suchen und annehmen: A, B, F – Gestaltungsmöglichkeiten nutzen und Freiräume schaffen: A, B, D, E, F, I – Um mehr zu machen als Unterricht: D, G – Andere: C (enger Kontakt zu Jugendlichen), J (Unterricht effektiver machen)
Zustandekommen des Teams	– Schulleitung direkt: D, I, J, K – Schulprogramm/-profil: E – Unklar: B, D („reingeschlittert"), H, M – Eigene Initiative: F

Abbildung 26:
Motive der Akteure

Die hohen Einschätzungen im Fragebogen zu Selbstmotivierung und Stimmungsmanagement werden in drei Vierteln der Interviews positiv bestätigt. Es sei keine Überraschung, da in einem solchen Modellversuch ohnehin hoch motivierte KollegInnen teilnehmen. Die eigene Motivation zur Teilnahme wird am häufigsten (6 Interviews) mit der Möglichkeit zur Gestaltung und dem Ausnutzen von Freiräumen begründet. Ebenfalls häufig benannt (5 Interviews, Doppelnennungen waren möglich) ist die fachliche Motivation über die Technik.

Die meisten und deutlichsten Relativierungen der Fragebogenwerte zu Selbstmotivation und Stimmungsmanagement kommen aus Team 3, das bei der Erhebung ein Jahr zuvor in diesen Skalen die mit Abstand höchsten Werte erzielte. Hier spiegelt sich möglicherweise die Differenz zwischen erfolgreicher Entwicklungsphase und Durchführungsbeginn einerseits und den ein Jahr später deutlich gewordenen Schwierigkeiten, Arbeitsüberlastungen und Frustrationen wider. Dieses Team ist sich einheitlich klar über den Umstand, dass der Schulleiter bzw. die Schulleitung die Initiative für diesen Modellversuch und die Bildung des Teams hatte. Bei allen anderen Teams war dieser Punkt eher nicht eindeutig. Bei der Anzahl von Nennungen zur persönlichen Motivation im Sinne eines Suchens nach neuen Herausforderungen, des Nutzens von Freiräumen und Gestaltens von Rahmenbedingungen liegt Team 4 knapp vor Team 1 und Team 2 (4:3:3 Nennungen), während aus dem Team 3 eine Nennung zu diesem Punkt kommt. Dies kann die relativierende Einschätzung zur Selbstmotivation und zum Stimmungsmanagement unterstützen.

5.3.3 Wie wird das Fehlen von konkreten Vorgaben empfunden, das sich aus der Konzeption des Modellversuches insbesondere in der Anfangsphase ergab?

Zu diesem Punkt war im Leitfaden die Frage vorgesehen: „Wie haben Sie das Fehlen konkreter Vorgaben im Modellversuch erlebt?"

Ganz zu Beginn des Projektes sah sich A „auf dem Stand null" (A, 253) und besorgte sich „empört" erste Informationen zur neuen Rahmenstundentafel (auf der die Grundidee von Diflex in diesem Bundesland aufbaut) beim Schulleiter. Auf Grund der fehlenden Vorgaben wurde von A vor allem befürchtet, dass bestimmte schulische Entwicklungen als Highlights und besondere Qualitäten abgefischt werden, weil auch die Projektleitung als schwimmend und ohne konkrete Linie gesehen wurde. Im Verlauf dieser Anfangsphase „kam in mir so die Idee: Also dieses Rumschwimmen, das ist mir zu wenig" (A, 272), und A ergriff die Initiative. Nach einem Gespräch mit der Schulleitung erhielt A den Auftrag, für die folgende Dienstbesprechung ein Konzept zu erarbeiten. Aus der Unsicherheit, der Unzufriedenheit und dem Frust der Anfangssituation heraus ist dies entstanden, sodass das Fehlen konkreter Vorgaben bei A sicherlich eher als Herausforderung und Entwicklungsmöglichkeit gesehen wurde. Der Interviewer [U. F.] hatte das Team während des Modulworkshops im Juni 1999 eher als unsicher wahrgenommen. A bestätigt diesen Eindruck. Dieser Workshop, relativ früh im Modellversuchsprozess durchgeführt, hat für A vor allem im Hinblick auf Teambildung und Kommunikation etwas gebracht. Sich für die Ideen anderer zu öffnen und „sein eigenes Sein in Frage" zu stellen (A, 336) war interessant, „das habe ich auch hineingezogen" (A, 333). Jetzt sei Begeisterung im Team, und alle arbeiteten daran, weitere Kollegen zu motivieren.

B hat das Fehlen konkreter Vorgaben und die Offenheit der Rahmenbedingungen als solche gar nicht wahrgenommen, war der Meinung, es existierten bereits einige Festlegungen, und fühlte sich entsprechend orientierungslos (ohne diese widersprüchliche Aussage weiter zu kommentieren). „Ich (…) war eigentlich eher entsetzt, enttäuscht, dass es da keine Hilfestellung gibt" (B, 213). Bei den Fragen nach Sinn und Ziel des Modellversuches fühlte sich B, offensichtlich mit Bezug auf die Steuerungsgruppe, bisweilen abgekanzelt und war entsprechend verärgert und frustriert. Wohl daher wurde von B die Anfangssituation als „äußerst unbefriedigend" (B, 142) empfunden, auch weil B „großtuerisches Geschwätz anderer" (B, 145) ernst genommen hatte, „weil ich das grundsätzlich tue. Ich nehme die Menschen immer ernst, das, was sie sagen" (B, 147). Für B war es gerade in der offenen Anfangssituation von besonderer Bedeutung, Begrifflichkeiten zu klären, zu hinterfragen und den (vermeintlichen) Informationsvorsprung anderer Diflex-Teams zu egalisieren. Die Rahmenbedingungen des Modellversuches, so sehr sie auch offen gehalten waren, gaben jedenfalls genügend Struktur, um Kollegen zur Teamarbeit und Innovationen zu motivieren. „Ohne Rahmen scheinen Lehrer scheinbar da nichts zu schaffen. Da möchten sie das nicht" (B, 81). Durch Diflex scheine wohl genau das Maß an Druck entstanden zu sein, das Entwicklung ermögliche. „Bisschen unter Druck zu sein, der Mensch scheint das zu brauchen, ich kann es nicht ändern, auch unter zeitlichem Druck zu geraten, das war scheinbar die Sache" (B, 93). Zusammenfassend hat B konkrete Vorgaben vermisst, die eigene Orientierungslosigkeit aber durchaus auch mit dem eigenen späteren Einstieg in Diflex in Zusammenhang gebracht.

Das Fehlen konkreter Vorgaben im Modellprojekt sieht C geradezu als eine Voraussetzung für die Teilnahme. „Hier konnte ich tun und lassen was ich wollte. Das passt sehr gut zu meiner kreativen Vorgehensweise" (C, 429). Den allzu schnellen Hinweis auf mögliche formale und rechtliche Beschränkungen schulischer Aktivitäten empfindet C als blockierend, will Gesetze leben und Freiräume nutzen. „Deswegen war ich sehr froh, dass mir keine Vorschriften gemacht worden sind" (C, 441). Die aus diesen Freiräumen resultierende Unsicherheit ist für C kein wirkliches Problem. Die grundlegenden Fragen, was das, also der Veränderungsprozess, die entwickelten Module, die beginnende Teamorientierung, mit Berufsschule zu tun habe, werde geklärt, wenn Probleme auftauchten. „Und sollte keines auftreten, dann haben wir auch keines. (…) Wer dann noch ein bisschen Mut aufbringt und sicher auch etwas wagt, der gewinnt" (C, 463).

„Für mich gab es keine Anfangsunsicherheit", bringt D es auf den Punkt (D, 180). Die Diflex-Gruppe hat schnell versucht, vom Standpunkt der Schule aus etwas „in diesen Titel hineinzuinterpretieren" (D, 182). Ausgangspunkt waren die „Interessen des Standortes", also das vorhandene Schulprofil und die relativ weit fortgeschrittene Schulprogrammentwicklung. All dies habe „dann recht schnell zu einem Konzept, zu einer Idee geführt" (D, 185), die konsequent und rationell weiterentwickelt wurde. Unmut kam aus Sicht von D in die Gruppe, als im Zuge der Prozessorientierung der Projektleitung „dann immer wieder so Grundsatzdiskussionen geführt wurden" (D, 191). Auch persönlich sei D an diesem Punkt „genervt" gewesen, war der Unmut für D auch selbst spürbar. „Verrückterweise" habe es in der Gruppe keine Unklarheiten gegeben: „Ein offener Titel oder offene Themenstellung und dann alles klar, das ist irgendwie dubios. Aber ich habe es genossen" (D, 201).

Das Fehlen konkreter Vorgaben hat E als „sehr gut, also das habe ich als positiv empfunden" (E, 160). Enttäuschung sei bisweilen für E von den Sitzungen der Steuerungsgruppe (E spricht von „den Sitzungen", meint aber offensichtlich nicht das Diflex-Team an der Schule) ausgegangen, da es „mir zu wenig ergebnisorientiert vorangeht" (E, 163). Die Arbeitsaufträge habe das Team immer gut abgearbeitet. Ziele seien bestimmt worden, den Weg dahin werde schulspezifisch jedes Team finden müssen. Die Offenheit der Anfangssituation wurde nicht nur als Herausforderung oder Chance begriffen. Das Team, und hier spricht E ausdrücklich im Plural, sei verunsichert gewesen auf Grund der (in der Steuerungsgruppe) immer wieder gestellten Frage, was denn überhaupt die Aufgabe konkret sei. „Es war für mich nervtötend" (E, 205), dass dort auch nach mehreren Treffen immer noch darüber diskutiert wird, was Diflex eigentlich will. „Das war eigentlich unser Frust. Wir haben uns ja selbst gefunden, wir haben uns ja selbst die Ziele vorgegeben, und wir haben auch versucht, den Weg zu beschreiben" (E, 210).

Mit der anfänglichen Offenheit, dem Fehlen konkreter Vorgaben im Projekt, tat F „sich ein bisschen schwer". „Ich habe am Anfang gar nicht verstanden, muss ich Ihnen ehrlich sagen, worauf soll das Ganze hinaus. (…) Ich tue mich heute manchmal noch schwer" (F, 334). Als problematisch wird das Spannungsverhältnis von der einerseits kreative Lösungen ermöglichenden weiten Rahmensetzung und der andererseits Unklarheiten schaffenden Beliebigkeit empfunden. F hat dabei den Eindruck, dass unter dem „großen wissenschaftlichen Titel Diflex" (F, 429) einfach ohnehin bestehende Verordnungen zum Wahlpflichtangebot umgesetzt werden. Dabei habe für F eigentlich ein Modellversuch vor allem etwas „Visionärhaftes" (F, 441). Mit Blick auf die positive Resonanz seitens einiger regionaler Unternehmen sieht F auch gute Seiten an dieser konzeptionellen Offenheit: „Das sind also dann wieder erfreuliche Sachen, die man erlebt. Deshalb bin ich einerseits froh, dass der Rahmen dann breit ist" (F, 552).

Das Fehlen konkreter Vorgaben zu Beginn des Modellversuches stellte aus G's Sicht für das Team „wahrscheinlich kein großes Problem" dar (G, 197), da ja hier sehr früh feststand, zum Teil ja vor der offiziellen Laufzeit, „wo der Weg langgeht". Ein wenig verwirrend und verunsichernd sei es allerdings schon gewesen, bis zu dem Zeitpunkt, an dem „klar feststand, es soll so sein, es soll so offen sein, also diese Freiräume sind ganz bewusst gemacht worden. (...). Danach war es ganz o. k." (G, 209).

Die anfängliche relative Offenheit des Projektes empfand H als „schrecklich [Lachen] schrecklich" (H, 77). Anfangs hatte H die Vorstellung, Bisheriges fortführen zu können, „und vielleicht ist es auch werbemäßig so an mich herangebracht worden" (H, 82). Es war dann wie ein Leere, in der H zunächst „gar nicht mehr wusste, was ich da soll". Es sei ernüchternd gewesen, in das Projekt zu kommen, etwas machen zu wollen und dann von der Projektleitung zu erfahren: Wir haben aber nichts. „Aber gut, es hat sich ja alles entwickelt und wurde dann ja auch immer wieder enger gefasst" (H, 93). Es sollten eben Konzepte entwickelt werden, aber jeder sein eigenes. Mit der „Leere" beschreibt H den Umstand, eigentlich in einem Schulversuch von den Initiatoren bestimmte Vorstellungen, Ideen vermittelt zu bekommen, wie dieser Versuch aussehen könnte. „Und das ist so überhaupt nicht durchgedrungen" (H, 108). Auch seien bestimmte Voraussetzungen gar nicht klar gewesen, wie beispielsweise die Verordnung zu den Wahlpflichtfächern, „da wussten wir gar nicht, was das ist [Lachen]" (H, 114). Das Schreckliche war für H, in das Projekt zu kommen mit der Absicht, etwas ordnen zu können, und dabei dort vor einem Chaos zu stehen. „Das war wirklich die Empfindung am Anfang [Lachen]" (H, 120). Da H es „von Grund her gewohnt ist", frei von Vorgaben zu arbeiten, war es kein Problem, die Konzentration auf das eigene Team, das eigene Angebot zu lenken und nicht mehr danach zu schauen, was an anderen Diflex-Standorten entwickelt und organisiert wird. Dabei hat H schon festgestellt, dass dies eine für Lehrer atypische Arbeitsweise ist. „Es wundert mich zwar immer wieder (...), selbst wenn ich Lehrpläne habe, muss ich mich [als Lehrer] ja an der Wirklichkeit orientieren" (H, 140). H verlangt von sich selbst eben deshalb, auch konzeptionell denken und arbeiten zu können.

Das Fehlen konkreter Vorgaben hat I anfangs als „grauenhaft [Lachen]" (I, 146) erlebt, „aber das ist die alte Erwartung. Man glaubt, die anderen wissen halt einfach, genau so macht man es." Rückblickend sei es vielleicht sogar positiv, diese Erfahrungen gemacht zu haben. Obgleich es schon „nervig" gewesen sei, bestimmte Arbeiten mehrmals zu machen und so lange über die Bedeutung bestimmter Begriffe zu diskutieren. „Effektive Arbeit war dadurch nicht so gegeben" (I, 154). Man habe bei manchen Begriffen doch zunächst sehr aneinander vorbeigeredet, „weil die Begriffe in dem Umfeld, in dem man selbst tätig ist, mit [anderem] Inhalt gefüllt sind" (I, 173). Nervig sei „dieses Schwimmen" gewesen, dass man nicht genau wusste, wo es lang geht, und keiner es so genau wusste.

Diese Phase war für I nicht eigentlich entmutigend. „Nur war es eine Phase, wo man doch schon mal auch zu Kollegen gesagt hat: verdammt noch mal. Wenn die das nicht wissen, woher sollen wir es jetzt wissen, wie es weitergehen sollte" (I, 196). Rückblickend sieht das anders aus, „ist es halt einfach dann doch befriedigend, wenn man merkt, es ist anscheinend etwas Richtiges rausgekommen [Lachen]" (I, 207).

Mit dem Fehlen konkreter Vorgaben habe J – und spricht an dieser Stelle wohl aus eigener Sicht für das Team – „weniger Probleme" gehabt. Das Team habe schnell die Ideen zusammen gehabt und wusste, „was wir wollen" (J, 269). Problematisch ist für J die schriftliche Fixierung der Ergebnisse und des Prozesses (Zwischenberichte, Zielvereinbarungen, Modulbeschreibungen). „Im Nachhinein hätte es vielleicht einen schnelleren Weg gegeben, aber ihr habt es ja extra offener gelassen, um zu sehen, was alles zusammenkommt" (J, 277).

K hat das Fehlen konkreter Vorgaben zu Beginn des Projektes als verwirrend und undurchsichtig erlebt. In dieser Anfangssituation habe man „so das Gefühl gehabt, man möchte sich nach was richten und dahin gehend was tun" (K, 63). In vielen Diskussionen hat das Team Lösungen entwickelt, „sich die Köpfe heiß geredet" (K, 73) und dann doch wieder einiges verworfen. Dabei entstand „schon mal ein bisschen" (K, 83) Ärger darüber, dass man, im Nachhinein gesehen, durchaus sehr viel zielstrebiger hätte arbeiten können. K selbst ging in dieser Situation sehr pragmatisch vor, steigerte sich nicht hinein, sondern „ich hake so was immer schnell ab, muss ich sagen" (K, 79). Hier folgt dann auch die durchaus selbstkritische Bemerkung, dass „ich ja auch mal hätte nachfragen können" (K, 85).

Zu Beginn der eigenen Arbeit im Diflex-Team stand für M das Bemühen, den dort bereits erreichten Stand der Diskussion im Team, der entwickelten Ideen und Vorhaben für sich nachzuvollziehen. So war die Anfangsphase für M geprägt von Zuhören und Zurückhaltung, „weil die Ziele wusste ich ja erst nicht" (M, 145). Es habe die Möglichkeit gegeben, eigene Ideen einzubringen, „das wird sehr offen gelassen, man kann da schon Wünsche äußern".

Nimmt man die Häufigkeiten von Nennungen in den einzelnen Katalogen als ein Indiz für die Wichtigkeit der dort thematisierten Gefühlslagen, können sich – auch eingedenk der in Kapitel 2 vorgebrachten Argumente zur Unschärfe solcher Kataloge – doch Hinweise zu den emotional konnotierten, subjektiven Wahrnehmungsweisen ergeben. Nicht sehr überraschend finden sich die meisten Nennungen (14) im Angst/Unsicherheitskatalog sowie bei Pessimismus/ Frust und Ärger (je 12). Deutlich weniger werden Grundgefühle aus den Katalogen zu Interesse/Herausforderung (6) und Freude (5) angesprochen.

In einer teamspezifischen Auswertung wird deutlich, dass die Hälfte der Nennungen in den Katalogen Pessimismus/Frust und Ärger aus dem Team 4 stammen, das auch insgesamt mit Abstand die meisten Nennungen zu dieser Fragestellung leistet (18 von 49). Die wenigsten Äußerungen zu Emotionen in der Anfangssituation des Projektes kommen von Team 1 mit 8 Nennungen, die beiden anderen Teams liegen genau im rechnerischen Durchschnitt.

Grundgefühle	Aussagen der Akteure
Angst	Befürchtung (A); Unsicherheit (A, C, E, G, H, I); Entsetzen (B); keine Unsicherheit (D); Verwirrung (G, K); schrecklich (H); grauenhaft (I); undurchsichtig (K)
Freude	Freude (C, F); Genießen (D); als positiv empfunden (E); Zurückhaltung (M)
Interesse	Herausforderung (A, E); wussten, was wir wollen (D, G, J); Köpfe heiß geredet (K)
Pessimismus	Frust (A, B, E, I); Unzufriedenheit (A); Enttäuschung (B, E); unbefriedigend (B); hat sich schwer getan (F); ernüchternd (H); nicht eigentlich entmutigend (I); fühlte sich bisweilen abgekanzelt (B)
Ärger	Empörung (A); Ärger (B, I, K); Konkurrenz gegenüber anderen Diflex-Standorten (B); Mut (C); etwas wagen (C); Unmut (D, E); nervig (D, E, I)
Andere	das Fehlen nicht wahrgenommen (B); Orientierungslosigkeit (B); passte gut zur kreativen Vorgehensweise (C); konsequentes, rationelles Arbeiten (D); problematisches Spannungsverhältnis von weitem Rahmen und Beliebigkeit (F)
Kritik an Steuerungsgruppe (erneut aufgelistet)	fühlte sich bisweilen abgekanzelt (B); Grundsatzdiskussionen waren nervig und haben Unmut ausgelöst (D, E); enttäuschend, da zu wenig ergebnisorientiert, verunsichernd, frustrierend (E); zu viele schriftliche Ausarbeitungen (J)
Späterer Verlauf	Begeisterung (A); Motivation (A); ganz o.k. (G); kein Problem (H)
Rückblickende Einschätzung	vielleicht sogar positiv, diese Erfahrung gemacht zu haben (I); uneffektive Anfangsphase (I, J, K); befriedigend (I)

Abbildung 27:
Fehlen konkreter Vorgaben in der Anfangsphase

Es fällt auf, dass die Ineffektivität bzw. Ineffizienz der Anfangsphase, bezogen auf die *eigene Teamarbeit*, ausschließlich von den drei interviewten Mitgliedern des Teams 3 festgestellt wird. Diese drei haben in 5.3.2 bereits einheitlich wie kein anderes Team den Schulleiter als Initiator für den Modellversuch – und damit letztlich für die Bildung dieses Teams – genannt. Möglicherweise spiegelt sich hier eine starke Top-down-Organisation in der schulischen Umsetzung wider, da das Team zunächst Zeit und Energie darauf verwenden musste, für sich die Aufgabe zu strukturieren und die Zielsetzungen des Projektes zu erfassen. Die Kritik an der Ineffektivität bzw. Ineffizienz der *Lenkungsgruppe* kommt ausschließlich aus Team 2.

Die im Team 4 gezeigte, vergleichsweise starke persönliche Motivation über die Gestaltung von Freiräumen steht in einem gewissen Kontrast zu der ausgeprägten Thematisierung von Unsicherheit, Frust und Ärger in der Anfangssituation. Möglicherweise ist dies Ausdruck einer fehlenden Übereinstimmung von Erwartungen an den Modellversuch, mit klaren Zielsetzungen und Strukturen als Unterstützung bei der Gestaltung schulischer Handlungsspielräume dem Team zu helfen, und das Projektkonzept, das ganz stark auf das Expertenwissen „vor Ort" und die Entwicklung von Problemlösungen aus dem Team heraus setzte. Denkbar sind auch retrospektive Umdeutungen der eigenen Motive und Befindlichkeiten und Auswirkungen der vergleichsweise großen personellen Fluktuation in der Anfangsphase dieses Teams.

5.3.4 Werden auf Grund des Modellprojektes Veränderungen der persönlichen Handlungsspielräume wahrgenommen?

Diese Frage zielt auf die Aufgaben und Ergebnisse der Teamarbeit. Die angestrebte Teamarbeit ist im Projekt kein Selbstzweck, sondern ein Mittel, um in der Organisation Berufsschule flexibilisierende Veränderungen zu ermöglichen. Die subjektive Zufriedenheit mit der Arbeit im Team wird auch durch die Qualität des Output und der wahrgenommenen Wirksamkeit beeinflusst sein. Weiterhin ist in einer zweiten Momentaufnahme nach der gleich lautenden Fragestellung in der Erhebung ein Jahr zuvor eine mögliche Entwicklung beobachtbar. Zu diesem Punkt war im Leitfaden folgende Frage vorgesehen: „Haben Sie den Eindruck, dass durch Diflex der Handlungsspielraum in der Schule für Sie größer geworden ist?"

Für A konnte sich der persönliche Spielraum durch Diflex eigentlich nicht mehr verändern, da dieser seit vielen Jahren als besonders groß, ja mit Bezug auf den technischen Fachbereich als „eine absolute Freiheit" (A, 8) gesehen wird. Die Rahmenbedingungen des Modellprojektes legitimierten diesen Zustand noch zusätzlich. Die Schulleitung habe das früher „mit Argusaugen" (A, 17) beobachtet. Heute sei das Vertrauensverhältnis so, dass sie, die Schulleitung, über die Ziele der Aktivitäten informiert und überzeugt sein will und darauf achtet, entsprechende „Mehrwerte" wieder im schulischen Rahmen nutzbar zu machen. Handlungsspielraum sei hier vor allem bezogen auf die Möglichkeit einer engen Kooperation mit externen Partnern. (Kommentar: A sieht sich selbst wohl als einen „Macher", ausprobierend, riskierend, vorausschauend und ideenreich.) „Ich mache gerne. Ich frag nicht großartig" (A, 520). Aus früheren Anfängen entwickelte sich unter anderem ein Leonardo-Projekt, an dem sich bereits mehrere Kollegen beteiligten. Dies war „interessanterweise auch der psychische Durchbruch im Kollegium" (A, 83), bei dem auch anderen klar wurde, nicht weiter nur auf den kommunalen Schulträger warten zu können, wenn man Arbeitsbedingungen und Handlungsspielräume verändern will. (Kommentar: Handlungsspielräume sind also für A fester Bestandteil des professionellen Selbstverständnisses, ihr Nichtvorhandensein würde vielleicht sogar einen Arbeitsplatzwechsel nach sich ziehen. A ist dabei ein sehr unternehmerisch denkender und handelnder Mensch, für den solche Handlungsspielräume und das Fehlen konkreter Vorgaben nichts Verunsicherndes oder gar Beängstigendes haben. Vielmehr sind sie wohl ein herausforderndes, kreatives, ja sogar ein notwendiges Element der Lehrertätigkeit.)

Für B hat sich der Handlungsspielraum sehr verändert, da Diflex erstmals die Teambildung ermöglicht und damit etwas geschaffen habe, das im schulischen Alltag ernst genommen werde. Eine „sehr starke Wirkung" (B, 63), die B auch für sich persönlich als sehr positiv einschätzt. B sieht sich selbst als „wahrscheinlich sehr teamfähig" an, habe aber bisher Teamarbeit als Lehrer nicht erleben dürfen (B, 70). Frühere Initiativen sind nach B's Einschätzung daran gescheitert, dass sie sich zwar toll anhörten, „aber die Kollegen wollten einfach nicht" (B, 80).

Die Frage nach dem erweiterten Handlungsspielraum beantwortet C spontan: „Den Eindruck habe ich auf jeden Fall" (C, 6), vor allem auf Grund der Lehrtätigkeit in drei Angeboten, die bisher nicht unterrichtet werden konnten. Die eigenen Interessen und das eigene Engagement fänden sich hier sehr viel besser wieder, das eigene Auftreten ändere sich dadurch vermutlich auch. Als Ergebnis sieht C sowohl eine höhere Zufriedenheit bei den Lernenden als auch bei den Lehrenden. Dies sei das tragende Moment, „denn manchmal bekommt man nicht so viele positive Rückmeldungen, dann schon gar nicht konkret gesagt. Und das hört man jetzt von den Schülern. Das ist eine tolle Geschichte, die da läuft" (C, 24). Sowohl in der didaktischen Gestaltung als auch in der Bestimmung der Inhalte „kriegt man freie Hand in allen Belangen" (C, 30). „Ich muss sagen, ich habe Schule sich noch nie so schnell bewegen sehen. (…) Was jetzt im letzten Dreivierteljahr passiert ist, das ist enorm" (C, 58). Durch die verbesserte Kommunikation innerhalb des Kollegiums, die C als „offener" und „freier" bezeichnet (C, 89), lernt man sich schneller und besser kennen. Dabei würden auch bisher unbekannte und ungenutzte Kompetenzen bei Einzelnen deutlich, die jetzt mit einbezogen und weitergegeben werden, „vor allen Dingen zwanglos. Das ist eine ganz dolle Geschichte" (C, 73).

D sieht es als schwierig an, Veränderungsprozesse an der Schule danach zu trennen, ob sie durch Diflex initiiert und/oder ermöglicht wurden oder auf Grund des ohnehin stattfindenden Wandels ablaufen. Klarer sei jedenfalls die Rollenverteilung geworden. Es habe sich eine Gruppe gebildet und etabliert, die sich regelmäßig mit bestimmten Themen beschäftigt. „Der Rahmen, den Diflex gibt, hat sicherlich Dinge beschleunigt (…), ein Großteil hätte sich über einen längeren Zeitraum auch so entwickelt" (D, 31). Das Entscheidende und Wertvolle an Diflex ist für D, dass das Projekt „einen Freiheitsgrad mehr für alle" Beteiligten bringt, für Lehrende genauso wie für Schüler und externe (duale) Partner (D, 339). Das habe D „eigentlich ganz aus den Augen verloren in der Arbeit der letzten Monate" (D, 343).

Für E hat sich der schulische Handlungsspielraum dahin gehend verändert, dass Diflex Rahmenbedingungen geschaffen hat, „die es uns ermöglichen, mehr Dinge zu tun, die wir vorher nicht tun konnten" (E, 11). Konkret zeigt sich dies in drei Bereichen: Externe Lernende können in die Module hineingenommen werden. Diese Angebote sind zweitens aus Sicht der Lehrenden normale Arbeitszeit (Deputat) und könnten unter bestimmten Bedingungen den Kunden in Rechnung gestellt werden. Drittens ist die Schule nunmehr in der Lage, Zertifikate für die absolvierten Lernangebote eigenständig auszustellen und damit die Akzeptanz zu erhöhen.

„Ja, ja, unbedingt ist er größer geworden" (F, 5), stellt F auf die Frage nach der Veränderung des Handlungsspielraumes sofort fest. Es sei nunmehr erstmalig möglich, Lernende verschiedener beruflicher Schulformen und sogar externe Teilnehmende in einer Lerngruppe zu versammeln. Damit sei ein erster Schritt zur Loslösung von der starken Strukturierung in Klassenverbände geleistet. Inhaltliche und methodische Änderungen finden jetzt in diesen Angeboten statt.

Auf die Frage, ob der Handlungsspielraum an der Schule durch Diflex sich verändert habe, antwortet G: „Der Handlungsspielraum in der Schule nicht, würde ich also nicht sagen" (G, 7). Gerade in der ersten Hälfte der Laufzeit sei das Team „wie so auf einer einsamen Insel in der Schule" gewesen.

Das Arbeiten an der Schule sei anders geworden, schätzt H ein. Selbst habe H „sowieso schon (…) relativ frei arbeiten" können (H, 20) (H ist im EDV-Bereich eingesetzt), vor allem nach der Unterrichtszeit. Bisher musste H Konzeptionen gegen feste Lehrpläne in Fachkonferenzen und Dienstbesprechungen durchsetzen, „musste dagegen immer argumentieren (…), das fällt ja weg" (H, 28). Die Handlungsspielräume seien sogar deutlich größer geworden, da u. a. das Fortbildungsengagement nunmehr direkt auch für Unterrichte produktiv werde. „Dazu braucht man Freiräume" (H, 41).

Im Vergleich zu anderen Diflex-Standorten sieht I den Handlungsspielraum an der eigenen Schule als „noch viel zu wenig eröffnet oder vergrößert" (I, 9). Es gebe noch eine ganze Reihe von Sachzwängen, feste Terminabsprachen und Zusagen an Firmen etc., ab den Herbstferien werde es aber erneute Gespräche u. a. mit der Schulleitung geben. Gemessen an den eigenen Erwartungen – und nicht im Vergleich mit anderen Schulen – arbeiten noch zu wenige andere Kollegen im Team mit, „bei den Kollegen ist es halt noch ein bisschen zäh" (I, 40). Dies hänge wohl auch sehr an organisatorischen Fragen.

K sieht zurzeit keine Veränderung im persönlichen Handlungsspielraum durch den Modellversuch. Grundsätzlich schätzt K Diflex insofern als etwas anderes ein, als dass hier die Möglichkeit bestanden habe, ein eigenes Konzept komplett zu entwickeln. Im Konzeptionellen habe grundsätzlich die Möglichkeit bestanden, mehr Ideen einzubringen, mehr zu entscheiden, was K auch für wichtig erachtet. Den täglichen Unterricht – und damit wohl auch die Diflex-Lernangebote – erlebt K nicht anders als bisherige Unterrichte auch. Dies werde sich K's Meinung nach allenfalls dann ändern, wenn über eine verbesserte Organisation ein echtes Wahlpflichtangebot aus Sicht der Lernenden entsteht. K persönlich würde dann „vielleicht auch noch mal ein anderes Gefühl [haben], (…) anders an die Sache rangehen, noch mehr machen können oder wollen" (K, 40).

Nach M's Ansicht hat sich der Handlungsspielraum an der Schule insofern verändert, „dass wir jetzt freier sind, hier Angebote [zu machen], also Zusatzqualifikationen" (M, 5). Vor allem die Möglichkeit, Klassen mit externen Teilnehmern auffüllen zu können, ist dabei von Interesse. Gerade die Bedeutung eigener Fächer sei dadurch aufgewertet worden, sodass M mit bestimmten eigenen Qualifikationen und Interessen nunmehr auch prüfungsrelevante Themen anbieten kann, „und das freut mich eben jetzt, dass man das mehr einbinden kann" (M, 27).

Veränderungen in den persönlichen Handlungsspielräumen werden von der Hälfte der Interviewten wahrgenommen und positiv eingeschätzt. Bei zwei weiteren gehen die Aussagen auf Grund des hohen Niveaus bisheriger Freiheiten bzw. der auch unabhängig von Diflex laufenden Schulentwicklung ebenfalls in die Richtung größerer Handlungsspielräume. Es fällt auf, dass zwei der drei negativen Einschätzungen aus dem Team 3 stammen, das die Veränderung von Handlungsspielräumen bereits in der Fragebogenerhebung vergleichsweise skeptisch beurteilte. Aus diesem Team liegt zugleich die Einschätzung vor, die eigene Schulleitung habe den Modellversuch initiiert und vorangetrieben. Möglicherweise ist dies ein Indiz für die Gestaltung des Modellversuches an dieser Schule in der traditionellen „Top-down"-Struktur von Vorgaben durch Leitungen und Vorgesetzte, die von den KollegInnen lediglich nach diesen Maßgaben um-

zusetzen sind. Die stärkste Wahrnehmung von Veränderungen in den Handlungsspielräumen liegt aus Team 4 vor. Die Aussagen beziehen sich auf die inhaltliche, methodisch-didaktische Ebene von Lernangeboten ebenso wie auf die
Entwicklung der Schulorganisation. Diese Einschätzung ist konsistent zu den
sehr hohen Werten im Antwortverhalten zu diesem Thema im Fragebogen.

Eher wenig Veränderung der Handlungsspielräume
... da sie *bisher schon sehr groß waren.* Vertrauensverhältnis zur Schulleitung sichert eigene Experimentierfreude ab (A). *Kooperation* mit externen Partnern ... der Handlungsspielraum nicht, v. a. in der ersten Hälfte der Laufzeit war das Team eine Insel (G) Organisationsentwicklung an der eigenen Schule im Vergleich zu anderen Diflex-Teams noch zu wenig (I) noch zu viel Sachzwänge v. a. in *organisatorischen* Fragen; Mitarbeit anderer Kollegen noch zäh keine Veränderung (K), grundsätzlich gab es die Möglichkeit, konzeptionell Neues zu erarbeiten, den täglichen *Unterricht* aber erlebt K unverändert
unklar, ob sie auf Diflex oder die ohnehin weit vorangeschrittene Schulentwicklung zurückzuführen sind (D) Rollenverteilung; Teambildung
Deutliche Veränderung
starke Wirkung des Modellversuchs, die sehr positiv eingeschätzt wird, auf Teambildung und -arbeit (B)
auf jeden Fall! Eigene Interessen und Engagement können sich jetzt in der inhaltlichen und didaktisch-methodischen Gestaltung von Lernangeboten wiederfinden, die darüber hinaus bisher nicht unterrichtet wurden. Höhere Zufriedenheit auch bei Lernenden. Kommunikation im Kollegium ist offener und freier. Das schafft neue Spielräume, da bisher unbekannte Kompetenzen genutzt werden (C).
erweiterte Rahmenbedingungen: Externe Lernende können Kurse auffüllen; für die Kollegen sind diese im Deputat, und die Schule kann eigenständig zertifizieren (E).
ja, unbedingt! Lernende aus verschiedenen Schulformen und auch Externe in einer Lerngruppe. Inhaltliche und methodische Veränderungen in diesen Modulen (F).
sogar deutlich! Freiere Konzeptionen müssen nicht mehr gegen Lehrpläne etc. durchgesetzt werden. Eigenes Fortbildungsengagement wird für Unterricht produktiv (H).
ja! Können Zusatzqualifikationen anbieten und Kurse mit Externen auffüllen. Dadurch steigt die Bedeutung der eigenen Fächer, und die eigenen Interessen fallen nun in prüfungsrelevante Angebote (M).

Abbildung 28:
Veränderung der persönlichen Handlungsspielräume

5.3.5 Wie wird die Teamarbeit subjektiv wahrgenommen?

Die Arbeitszufriedenheit der Akteure ist ein zentrales Qualitätskriterium für die Evaluation. Im Interview werden die Lehrenden deshalb zu Stellungnahmen im Hinblick auf zwei entsprechende Ergebnisse des Fragebogens aufgefordert. Positiv wie negativ kann dabei die persönliche Arbeitszufriedenheit mit unterschiedlichstem emotionalen Erleben und Empfinden verbunden sein, das in Verbindung mit dem der anderen Gruppenmitgliedern möglicherweise die einzelnen Teams in je typischer Weise charakterisiert. Zu diesem Punkt waren im Leitfaden folgende Fragen vorgesehen: a) „Der Fragebogen hat vor knapp einem Jahr hohe Werte für die Zufriedenheit mit der Teamarbeit und der Möglichkeit für offene Kritik im Team ergeben. Wie schätzen Sie dieses Ergebnis aus heutiger Sicht ein?" sowie b) „Wie empfinden Sie die Teamarbeit?"

Zu Frage a) zustimmend

B ist sich zunächst unsicher, wem gegenüber diese Zufriedenheit mit der Teamarbeit (Leitfrage) gesehen werden soll: gegenüber sich selbst, dem Team oder der Verpflichtung, die man mit Diflex eingegangen ist. Mit dem Erreichen jedenfalls ist B zufrieden (B, 575), und mit den im Interview vorhergehenden Schilderungen der Teamarbeit kann eine positiv zustimmende Einschätzung des Fragebogenergebnisses unterstellt werden.

Auf die hohe Zufriedenheit als Ergebnis der Fragebogenerhebung angesprochen, antwortet C spontan: „Das kann ich nur bestätigen" (C, 252). Über die unterschiedlichen Personen ist viel Erfahrung und großes Fachwissen im Team auf neue methodische Ansätze und neue Ideen getroffen. Alle Teammitglieder seien in ihren Bereichen im Moment hervorragend, „da können wir uns so austauschen und so ergänzen" (C, 266). Dabei besteht gegenseitiges Vertrauen in die Qualität der Arbeit des jeweils anderen. Das ist auch ein erleichternder Prozess, in dem Arbeit abgegeben, delegiert werden kann. Insbesondere durch die Verantwortung, die mit der Gestaltung dieses Modellversuches einhergeht, fühlt sich C „unglaublich akzeptiert, an einem so hochrangigen Thema wie ‚Schulentwicklung' bereits jetzt schon [mit wenigen Dienstjahren] teilhaben zu können" (C, 285).

Die hohe Zufriedenheit mit der Arbeit im Team ist für D auf Grund der „Relativität der Zufriedenheit" (D, 67) erklärlich. Hier sei in kurzer Zeit eine äußerst produktive Gruppe entstanden, die schnell und effektiv Entscheidungen treffen könne. Schneller, produktiver und handlungsfähiger jedenfalls „als das, was üblicherweise anzutreffen ist" (D, 76), da jeder an schnellen Ergebnissen interessiert sei. Die eigene Einschätzung beschreibt D als „äußerst zufrieden" (D, 84), wobei weiter zu diskutieren sei, ob die erreichte Qualität weiterhin ausreiche „oder ob es noch eine andere Dimension geben muss" (D, 86). Mit der bisherigen Arbeitsweise sieht D allerdings die Gruppe, so wertvoll das Erreichte einzuschätzen ist, an eine Grenze stoßen. Eine Weiterentwicklung erfordere einen Prozess, „der mehr in Richtung Ideenvielfalt (…), mehr nach außen geht und nicht nur in sich geschlossen ist, sondern mehr von außen hineinlässt" (D, 103). An einer frühen Stelle im Interview trifft D für sich eine interessante Unterscheidung zwischen Gruppe und Team (s. u., D, 50).

Die hohen Zufriedenheitswerte aus der Fragebogenerhebung zur Arbeit und Kritikmöglichkeit im Team kann G voll unterstreichen. „So wie ich die Teams einschätze (…), man hat sich ja schon einigermaßen gut kennen gelernt, glaube ich das auch, absolut" (G, 167). Auch in der Steuerungsgruppe sei das spürbar, alle seien für Kritik offen, keiner sei gekränkt, „finde ich toll". Auch auf Nachfrage kann G für das eigene Team keine Situation schildern, in der es sehr konflikthaft zugegangen wäre. „Das klingt jetzt blöd, aber gab es wirklich nicht, gab es einfach nicht. (…). Vielleicht auch, weil es eigentlich schon sehr früh klar war, wohin der Weg geht" (G, 182).

„Ich würde dem auch zustimmen" (I, 227). Da es in diesem Projekt um Neuentwicklungen gehe und somit klar sei, dass nicht jeder Vorschlag mit Begeisterung angenommen wird, „ist es praktisch zwingend, dass eine offene Kritik möglich sein muss" (I, 235). Das müsse nicht immer negativ ausfallen, aber wenn man nicht bereit sei, auch kritisiert zu werden, sei Arbeiten im Team nicht möglich. „[Das] fällt vielleicht manchmal ein bisschen schwer, wenn es an die eigene Wäsche geht" (I, 243). (I allein hebt bei dieser Frage zuerst und ausschließlich auf die Möglichkeit der Kritik ab, alle anderen befassen sich auch mit der Zufriedenheit in der Teamarbeit. Im Fragebogen hat das entsprechende Team die höchsten Einschätzungswerte zur Möglichkeit offener Kritik gegeben. Zugleich wurden die Fragen nach der Zufriedenheit mit der Teamarbeit und dem Einfluss eigener Vorstellungen auf Teamentscheidungen mit den relativ niedrigsten Werten aller Teams eingeschätzt.)

Zu Frage a) keine Überraschung

Die hohen Zufriedenheitswerte aus dem Fragebogen sind für F „nicht überraschend". Bei der Auswahl von KollegInnen für das Team sei ja bereits darauf geachtet worden, dass die Personen zueinander passen. „Das ist, wie wenn man in

Urlaub fährt und nimmt jemand mit" (F, 153). F selbst sei zuerst, „vielleicht auch ein bisschen diktatorisch handgestrickt ausgewählt" worden (F, 146) und konnte so möglicherweise die weitere Zusammensetzung des Teams selbst mitbestimmen. „Das heißt, man hat schon die Leute sich ausgewählt, wo man sagt, mit denen kann man das machen" (F, 148). „Kritik, da gibt es keine Probleme" (F, 202).

Die positive Resonanz, die sich in den Fragebogenergebnissen widerspiegelt, ist nach H's Auffassung vor allem ein Ergebnis der Tatsache, „dass sich die Teams ja organisch gebildet haben. Man hat von Grund her niemanden gefragt mitzumachen, wenn man mit dem nicht klargekommen ist" (H, 184). Dies sei kein Vorteil des Modellversuches, sondern „ein Plus der einzelnen Schule", dass es solche Gruppen von KollegInnen gibt, die gut zusammenarbeiten können. „Obwohl es da natürlich Differenzen geben kann", wie H im Hinblick auf andere Diflex-Teams anmerkt (H, 206).

K hält das Fragebogenergebnis zur Zufriedenheit für selbstverständlich. Allein die freiwillige Beteiligung am Projekt ließe ja den Wunsch und die Bereitschaft zur Teamarbeit erkennen, eine hohe Zufriedenheit damit sei eher selbstverständlich. Es bleibt unklar, ob die Bemerkung von K über Teams, „die bröckeln, wo sich Veränderungen ergeben, weil es nicht richtig läuft – aber im Endeffekt könnte und sollte da ja auch eine gute Zufriedenheit herauskommen" (K, 130), auf das eigene Team und seine Geschichte gemünzt ist.

Zu Frage a) eher relativierend

A gibt hier eine persönliche Einschätzung der Zufriedenheit aller Diflex-Teams in diesem Bundesland (A, 182). Das eigene Team wird ausschließlich mit positiven Aussagen eingeschätzt, die anderen drei durchaus auch kritisch bewertet.

Angesprochen auf die hohen Zufriedenheitswerte aus dem Fragebogen antwortet E eher zurückhaltend. „Ja gut, wir haben natürlich durch unsere Schulstruktur klare Hierarchien, delegieren von vielen Aufgaben, die die Schulleitung schon gar nicht mehr wahrnimmt" (E, 56). So bereiten beispielsweise einzelne Gruppen, Expertenteams, Entscheidungen über die Verwendung von Haushaltsmitteln vor, die von der Schulleitung in aller Regel auch so akzeptiert werden. „Von daher gesehen haben wir, was Teamarbeit anbelangt, auch mit Kritikfähigkeit im Rahmen vom Team noch nie große Probleme gehabt" (E, 66). Dabei kommt der Teamzusammensetzung eine große Bedeutung zu, ebenso der klaren internen Arbeitsteilung, „sonst macht (…) ein Team gar keinen Sinn. Und das haben wir, glaube ich, im Rahmen von Diflex hier gut gelöst" (E, 76).

Zu Frage b) Wie empfinden Sie die Teamarbeit?

Im Team fühlt sich A, „entschuldigen Sie das Wort, sauwohl" (A, 841). Dies nicht zuletzt wegen der größeren Einflussmöglichkeiten, der Chance, in der Schule auch was zu bewirken. Für das Team wünscht er sich weiterhin die gute Mischung aus mitnehmen und von den Kollegen mitgenommen werden. Gerade von den jüngeren „dynamischen" Kollegen erhofft sich A, „dass die mich auch bei ihren Gedanken mitnehmen, das macht ein Team aus. Nur so werden wir das, was wir erarbeitet haben, weiterführen können" (A, 879). Als unangenehm in der Arbeit des eigenen Teams empfindet A gar nichts. Die offene Atmosphäre ermögliche bei Konflikten ein lösendes Gespräch. Gerade die Beiträge jüngerer Kollegen werden als angenehm und befruchtend empfunden. Es mache geradezu Spaß, zuzuhören und Anregungen für die Arbeit zu überlegen. Besonders wichtig sei das Feedback innerhalb des Teams und die Vielzahl von Ideen, die durch die Teamarbeit entstehen, darauf reagierten „die Alten – sehr intensiv sogar" (A, 227). Insgesamt werden im Team neue Ideen und langjährige Erfahrungen sehr produktiv und in menschlich bereichernder Weise miteinander verbunden.

Für B stellt Diflex erstmals einen Rahmen zur Verfügung, nach 20 Berufsjahren einmal Ideen verwirklichen zu können, die schon lange Herzenswünsche waren. Als wichtigster Baustein dafür wird von B die Teamarbeit gesehen, die gemeinsame Arbeit und das gemeinsame Absprechen, „etwas, das vorher nie vorgekommen war" (B, 20). Gerade der große Handlungsspielraum habe dazu beigetragen, diesen positiven Prozess zu ermöglichen, der B auch „persönlich gut getan hat. Auch nicht mehr allein zu sein" (B, 43). Erstaunlich sei es gewesen, wie kreativ gerade die ersten Ideenfindungsgespräche, die z. T. bei B zu Hause stattfanden, verlaufen seien, „wie viel Esprit von anderen kam, wenn sie mal frei sprechen durften, wenn sie mal frei ihrem Herzen freien Lauf lassen konnten" (B, 36). Die Zusammenarbeit mit jungen Kollegen im Diflex-Team versetzt B in eine „beneidenswerte Lage" (B, 273). B empfindet diese Zusammenarbeit als „für mich persönlich sehr wichtig" (B, 282) und äußerst befruchtend. Rückblickend sieht B diese als einen „wichtigen Lieferanten von (…) Mut und Zuversicht" (B, 300). Der eine Kollege sei der Mutige, der andere der Ideenreiche. Sich selbst sieht B dabei als „Kopf", als Denkenden, sehr viel weniger als „Herz". „Ich muss das mit dem Kopf angehen. Ich kann das nicht ändern" (B, 378). Das Team sei ein gelungenes, ein gutes, Kopf, Herz und Hand arbeiteten hier zusammen. Sich selbst sieht B, wenn es nicht vorwärtsgeht, schon als ungehalten, ungeduldig, ja auch schon mal als böse werdend.[33] Die Teamarbeit in Diflex wird von B allerdings nicht nur als etwas Gewinnbringendes gesehen, sondern auch als eine große, zusätzliche Belastung, und B sieht es als „dummes Geschwätz" an, Lehrer würden mittags auf der faulen Haut liegen.

Die eigene Rolle im Team beschreibt C als „sehr kreative" (C, 300). Dabei gilt das Interesse neben der inhaltlichen Mitgestaltung über eigene Modulangebote auch der Schaffung von Transparenz in das Kollegium hinein. Die größte Aufgabe jedoch sei es, „Ideen einzubringen, die neu sind, Unbequemes meistens". Beständig werde weiter experimentiert, werden in vielen informellen kleinen Besprechungen – meist im Dreierteam – Ideen und Erfahrungen für die weitere Arbeit ausgetauscht. „Zum Teil ist das Zwang, man muss einfach mal hören, was machen die anderen, um Selbstsicherheit zu bekommen" (C, 47). Das mache nicht nur sehr viel Spaß, sondern sei auch eine neue Form der Zusammenarbeit und des Austausches.

D arbeitet „prinzipiell gern" im Team. Ob diese Form der Arbeit Spaß mache, sei jedoch sehr von den beteiligten Personen abhängig. Sollten da nicht in etwa gleiche Vorstellungen zusammentreffen, ist es D lieber, „man arbeitet relativ konzentriert und reserviert an bestimmten Problemen und versucht, die rational zu lösen. Dann spart man viel Zeit" (D, 122). So gesehen ist es für D in Ordnung, dass beide Arbeitsformen, Team- und Einzelarbeit, ihre jeweilige Berechtigung haben, „dass es auch das andere gibt" (ebd.). D sieht sich nicht als Teil eines echten Teams in der schulischen Arbeit, eher in anderen Modellversuchen oder im Privaten sei dies der Fall. D differenziert zwischen Gruppe und Team. Team sei etwas sehr Integratives, eine enge, auch persönliche Zusammenarbeit Ermöglichendes. In einer Gruppe, „da ist jeder Einzelne stärker separiert, so empfinde ich das auch bei uns. (…) Man trifft sich, um sich (…) abzustimmen, aber man entwickelt nicht gemeinsam (…) in einem kreativen Prozess [neue] Dinge" (D, 50). Mit der bisherigen Arbeitsweise sieht D allerdings die Gruppe, so wertvoll das Erreichte einzuschätzen sei, an eine Grenze stoßen. Eine Weiterentwicklung erfordere einen Prozess, „der mehr in Richtung Ideenvielfalt (…), mehr nach außen geht und nicht nur in sich geschlossen ist, sondern mehr von außen hineinlässt" (D, 103). Die Dynamik eines solchen Prozesses soll den Austausch auch von Personen und Meinungen erleichtern.

Die Teamarbeit empfindet E eher als konfliktfrei, da alle Diskussionen auf einer fachlichen Ebene laufen. Im Diflex-Team selbst sieht E keine Notwendigkeit für die Beachtung der Beziehungsebene, „weil da die Probleme ja alle ohne große

203

Beziehungsebene zu lösen sind (…), das ist vielleicht auch wieder ein persönliches Problem" (E, 521). Darüber hinaus seien bestimmte Sachzwänge innerhalb der Schule zu beachten, „die waren so gravierend, dass sich alle anderen Dinge einfach erübrigt haben" (E, 100). Auch Fragen der Finanzierung und personellen Besetzung von Modulen waren (und sind?) strittig, waren Konflikte. „Ich denke, wir haben die Konflikte gelöst. Ja, durch Überzeugungsarbeit" (E, 132). Selbstverständlich gebe es auch Situationen, in denen nicht alle einer Meinung sind, bestimmten Entscheidungen nicht zustimmen. „Da geht es dann in die Psychologie rein. Und da bin ich dann so fair und sag den Leuten: Wir probieren es einfach mal. Seid so nett, und wir machen es einfach mal" (E, 139). Es ist für E ein ganz wichtiges Element in der Teamarbeit, dass Konsens nicht die 100 %ige Zustimmung aller sei, sondern das experimentiert werden könne, Entscheidungen von allen mitgetragen würden, auch wenn Einzelne ihr nicht voll zustimmen könnten.

„Das ist ein ganz tolles Klima, auch mit der Arbeitsteilung, (…) und menschliches Verständnis ist da. (…) Es ist klimatisch schon was Schönes, obwohl jeder sehr unterschiedlich ist" (F, 164). Um Innovationen in Gang zu setzen, etwas zu bewegen, brauche es eben ein Team, das aus unterschiedlichen Leuten zusammengesetzt und gut zusammenpasst, sonst „können Sie das vergessen, weil da sofort Futterneid auftritt oder sonst was" (F, 176). „Kritik, da gibt es keine Probleme" (F, 202). Im Vergleich zur sonstigen Lehrertätigkeit ist für F die Arbeit im Diflex-Team „eine schöne Begleiterfahrung, die ich hier machen kann" (F, 236).

G empfindet die Arbeit im Team als sehr positiv. „Ich persönlich arbeite (…) sehr gerne im Team, weil für mich dann immer was bei rauskommt, durch Gespräche, durch die gemeinsame Arbeit" (G, 237). Das sei besser, als ständig alleine vor sich hin „zu wurschteln", schon seit dem Studium arbeitet G gerne in Teams. Das eigene Verhalten im Team beschreibt G als „eher zurückhaltend" (G, 250). „Es bringt mir trotzdem viel, komisch. Das klingt jetzt paradox, aber es ist so." Es komme einfach ein produktiveres Ergebnis dabei heraus, schon allein der Austausch mit den Kollegen bringe das mit sich.

H empfindet die Teamarbeit als „sehr gut", wobei zu bedenken sei, dass die KollegInnen des Diflex-Teams „immer schon sehr offen miteinander umgegangen sind" (H, 154). Somit habe das auch menschlich von Anfang an gut zueinander gepasst, was ja am Arbeitsplatz nicht selbstverständlich sei. Schulhierarchien sind im Team kein Problem, und die gute Verständigung im Fachlichen trägt mit zum guten Teamempfinden bei. Teamarbeit habe auch den positiven Effekt, dass Kollegen auch untereinander geschult werden. „Man merkt das sofort, wenn jemand im Team gearbeitet hat, der ist viel offener gegenüber bestimmten Fragestellungen" (H, 639). Gerade Schüler forderten es ein, dass Lehrer enger zusammenarbeiteten, bzw. spielten Kollegen gegeneinander aus, wenn sie merkten, dass zwischen ihnen keine guten Absprachen greifen würden. So sieht es H „fast wie eine Versicherung für einen Lehrer, wenn er mit anderen eng zusammenarbeitet im Unterricht" (H, 663). Schwierige Situationen, schlecht gelaufene Stunden mit entsprechenden deprimierenden Stimmungen würden im Team „direkt wieder aufgearbeitet" (H, 675). Lehrer sei nun mal ein kommunikativer Beruf, „wir leben nur mit der Kommunikation mit den Schülern" (H, 680). Dementsprechend wollen „Kollegen, die im Team arbeiten und gearbeitet haben, wenn das Team funktioniert, (…) immer wieder Teamarbeit" (H, 691).

Bei bestimmten organisatorischen Aufgaben, die I auf Grund der teaminternen Arbeitsteilung zufallen, fühlt I sich „ein bisschen als Störfaktor, als Antreiber. (…) Wenn man immer so ganz vorsichtig, um nicht ins Fettnäpfchen zu treten, wenn man so vorsichtig sein muss, dass man keinen verletzt und nie ein Wort zu viel sagt, dann nervt das eigentlich auch. Das ist kein Diflex-Problem" (I, 300). Hier deutet I offensichtlich doch einiges an Konflikten und Ärger in der Teamarbeit an. Lediglich die fachübergreifenden und organisatorischen Fragen werden im Diflex-Team angesprochen und entschieden. Trotzdem sei es nicht wie normaler Unterricht, da allein über den Austausch in der Steuerungsgruppe genügend Anlass und Notwendigkeit zur Reflexion und in gewisser Weise auch zur Stellungnahme und Rechenschaft da sei. Diese Arbeitsweise ist zwar aufwendig, aber für I trotzdem ein Gewinn. Denn es gibt „dann das Selbstvertrauen, wenn man so weit ist und sagt: So, wie auf dem Lehrplan, die Sachen kann ich weglassen, weil andere wichtiger sind" (I, 378). Dies empfindet I als eine große Bereicherung.

Die Umsetzung der Konzeption des Moduls in Unterricht, die J in einem Lehrertandem erarbeitet und durchgeführt hat, war sehr zeitintensiv, kleinschrittig und fest geplant. J „genießt" es jetzt, dass im neuen Schuljahr dies nicht mehr zu leisten ist, nicht mehr enge Absprachen einzuhalten sind und Unterricht „wieder aus dem Gefühl" gemacht werden kann, „wie ich meinen ganzen Unterricht aus dem Gefühl mache (J, 478). Ohne die enge Absprache seien für J wieder eher Schülerbedürfnisse in den Vordergrund gerückt. „Ich fühle mich freier, es macht mir Spaß" (J, 493). J sieht in der Zusammensetzung des Diflex-Teams zwei grundverschiedene Typen in der Arbeitsweise, „wir sind Extreme" (J, 709). Sich selbst zählt J auf dieser Ebene gemeinsam mit einem weiteren Kollegen eher in der Richtung: „vielleicht zu penibel, kleinschrittig (…), zu brav und zu angepasst" (J, 711). Die andere Hälfte des Teams löse sich eher von Vorgaben und Vorlagen, „sodass wir also schon ein bisschen Probleme haben, vielleicht einen Mittelweg zu finden. Es ist vielleicht gut, dass wir so Extreme sind" (J, 718). Die Arbeit im

Team selbst empfindet J für sich als „locker entspannt", was aber auch damit zusammenhängen könne, dass „ich (…) ja nur hier unten in einem letzten Glied [sitze]" (J, 731) und beispielsweise keine Verantwortung für die Organisation der Teamarbeit und den Kontakt zur Projektleitung zu tragen sei.

K empfindet die Teamarbeit als „sehr angenehm". Im Team herrsche die gleiche Wellenlänge, man tausche sich aus und habe „sowieso einen guten Kontakt" untereinander. Wichtig sei auch die gemeinsame Arbeit an „der Sache", die zusammen besprochen wird und „prima läuft" (K, 99). Auf die Nachfrage, ob es auch unangenehme Sachen in der Teamarbeit gäbe, kommt prompt und ohne weiteren Kommentar ein „Nee" (K, 97–103).

M sieht gemeinsame Teamarbeit bei der Verwirklichung der allgemeinen Ziele von Diflex. Die Konzeptentwicklung für das Modul und dessen unterrichtliche Umsetzung wird von M alleine geleistet. Besonders positiv hat M die Unterstützung anderer Kollegen, auch von solchen, die nicht an Diflex teilnehmen, empfunden, als es um die Durchführung einer aufwendigen Präsentation ging. „Das waren dann schon unheimlich viele Leute, die da mit an einem Strang gezogen haben. Und es gab ja dann auch ein positives Ergebnis" (M, 217). Auch außerhalb von Diflex hat M Teamerfahrung sammeln können, und schildert ein konkretes Beispiel, wie es gelungen ist (auf M's Initiative hin), über gemeinsamen Ausbau, Pflege und Wartung eines PC-Pools positiv in Kontakt mit Kollegen zu kommen. Vorher gab es über die ständigen Ausfälle und technischen Pannen viel Ärger und Streit, Verantwortung sei reihum geschoben worden. „Es war keine Kontrolle, und das hat nicht funktioniert. Das hat sich jetzt eigentlich sehr positiv entwickelt" (M, 629). Es habe sich ein Team gebildet, in dem sich jeder verantwortlich fühlt, „und das hat ja zusammengeschweißt" (M, 638). Das sei jetzt angenehm und positiv, und alle hätten die vielen Stunden Mehrarbeit „auch wirklich gerne gemacht".

Die Einschätzung der Ergebnisses des etwa ein Jahr zurückliegenden Fragebogens wird aus den persönlichen Erfahrungen heraus überwiegend zustimmend eingeschätzt (B, C, D, G, I).[34] Der erreichte Stand, die Qualität der Arbeit, die Produktivität der Gruppe, der kollegiale Austausch und die gegenseitige Anerkennung sind hierbei wesentliche Gründe. Keine Überraschung ist dieses Ergebnis für ein Viertel der Interviewten (F, H, K). Bereits im Vorfeld des Modellversuches haben schon menschlich gute Kontakte bestanden, das Team sei organisch gewachsen, und schließlich sei bei einer freiwilligen Teilnahme an Teamarbeit ohnehin eine positive Einschätzung selbstverständlich. Eher relativierend sind die Äußerungen in zwei Interviews (A, E). A gibt eine Einschätzung aller vier Diflex-Teams aus persönlicher Sicht und nennt dabei positive Seiten nur beim eigenen.

Die anderen drei werden kritischer betrachtet. Bei E klingt an, dass das Team schon stark in die Schulorganisation eingebunden ist und bestimmte Funktionen dezentral für die Schulleitung übernommen werden. Warum aus dieser Konstellation heraus Kritik im Team kein Problem sein soll, wird nicht schlüssig dargestellt, wenn man nicht unterstellen will, die Hierarchie zeige sich im Team dergestalt, dass Kritik am Arbeitsklima selbst nicht möglich ist.

Positiv	Relativierend
Empfindungen	
fühlt sich sauwohl (A)	große zusätzliche Belastung (B, G, I)
unangenehm ist gar nichts (A, K)	Spaß hängt von den beteiligten Personen ab (D)
Spaß (A, C, D, G)	prinzipiell gerne im Team (D)
Teamarbeit ist Herzenswunsch (B)	keine besondere Bedeutung der Beziehungs-
(sehr) gut/positiv/gerne (B, G, H, M)	ebene (E)
nicht mehr alleine arbeiten (B)	ständige Vorsicht in der Kommunikation nervt (I)
Mut und Zuversicht durch jüngere Kollegen (B)	für das Tandem: zeitintensiv, kleinschrittig,
konfliktfrei, da auf fachlicher Ebene (E)	feste Planung (J)
angenehmes Klima/Atmosphäre (F, K)	Arbeit im Tandem hat Unterricht nach Gefühl
menschlich bereichernd (A, F, H)	verhindert (J)
schafft Selbstvertrauen (I)	
Gewinn, große Bereicherung (I)	
Gesamtteam insgesamt locker und entspannt (J)	
Eigene Rolle	
Ideen einbringen/verwirklichen (A, B)	sieht sich nicht als Teil eines echten Teams,
langjährige Erfahrung einbringen (A)	sondern einer Gruppe (D)
Kreativität, Ideen einbringen, auch	fühlt sich als Störfaktor (I)
Unbequemes (C)	vielleicht zu penibel, zu brav, zu angepasst (J)
schöne Begleiterfahrung (F)	
Team	
bessere Chancen, in der Schule etwas zu	Austausch ist z. T. Zwang, aber wichtig, um
bewirken (A)	Selbstsicherheit zu bekommen (C)
Feedback (A)	wenn nicht gleiche Vorstellungen, dann lieber
gegenseitige Verantwortung (M)	konzentriert, reserviert und rational an Themen
offener Austausch mit KollegInnen (C, G, H)	arbeiten (D)
Vielzahl von Ideen (A, B)	Ideenvielfalt und Öffnung des Teams fehlen
experimentieren (C, E)	noch (D)
Unterschiedlichkeit der Teammitglieder (A, B, F)	Mehrheitsentscheidungen müssen auch von
produktiv (A, B, G)	Einzelnen getragen werden, die nicht zustimm-
kreativ (B)	ten (E)
gemeinsame Arbeit und Unterstützung (G, K, M)	
gegenseitige Schulung (H)	
schwierige Situationen gemeinsam aufarbeiten (H)	
Schüler fordern Teamarbeit der Kollegen (H)	

Abbildung 29:
Empfinden der Teamarbeit

207

Die Teamarbeit wird von fast allen Interviewten als positiv, bereichernd, menschlich und angenehm empfunden. Relativierende Aussagen kommen aus dem Team 2. Die Bedeutung der Beziehungsebene – und damit werden Empfindungen impliziert – ist im Arbeitsklima der Gruppe relativ gering geachtet. Nach Aussage von D sei es deshalb auch kein Team, sondern eine Gruppe, weil Offenheit und zwischenmenschlicher Kontakt fehlten. Auch aus dem Team 3 kommen skeptischere Einschätzungen. Diese beziehen sich auf eine offensichtlich belastende und negativ empfundene Vorsicht in der Kommunikation, um „unnötige" Konflikte zu vermeiden. Die Arbeit in der Modulkonzeption im Tandem wird rückblickend eher negativ eingeschätzt, zum Zeitpunkt des Interviews wurde so nicht mehr gearbeitet. Es gab auch einige Aussagen über das jeweils eigene Team, denen ein Verständnis des Wortes *empfinden* als *wahrnehmen* zugrunde liegt. Auch in diesem Sinne werden aus allen Teams positive Einschätzungen und Beschreibungen gegeben. Relativierend sind Äußerungen aus Team 2 zu werten, in denen unter anderem die Unterschiedlichkeit der Teammitglieder als Grund zur Vermeidung einer engeren Zusammenarbeit genannt wird, deren Fehlen aber zugleich aus dem Team eine Gruppe macht.

5.3.6 Welche persönlichen Wünsche haben die Akteure für sich selbst als Lehrende und für die Teamarbeit?

Antworten auf diese Frage können unter dem Aspekt der Zufriedenheit und subjektiven Wahrnehmung der Gruppenarbeit Informationen ergeben über mögliche Defizite, aber auch besondere Stärken des Teams sowie zu persönlichen Einstellungen und Sichtweisen der Akteure. Zu diesem Punkt war im Leitfaden folgende Frage vorgesehen: „Wenn Sie zwei Wünsche frei hätten, was würden Sie sich wünschen – egal wie unrealistisch das auch sein mag: a) für die Arbeit im Team und b) für sich ganz persönlich als Lehrer/in?"

a) Wünsche für die Teamarbeit

Die Frage nach den Wünschen beantwortet A spontan: „Ich wünsche mir einfach, dass der Prozess, den wir hier im Team begonnen haben, dass der sich noch beschleunigt" (A, 821). Dabei geht es A auch darum, weitere Kollegen, die noch skeptisch, kritisch und/oder abwartend beiseite stehen, ebenfalls von der Sinnhaftigkeit des begonnenen Veränderungsprozesses zu überzeugen und zu begeistern. Für das Team wünscht er sich weiterhin die gute Mischung aus mitnehmen und von den Kollegen mitgenommen werden. Gerade von den jüngeren „dynamischen" Kollegen erhofft sich A, „dass die mich auch bei ihren Gedanken mitnehmen, das macht ein Team aus. Nur so werden wir das, was wir erarbeitet haben, weiterführen können" (A, 879).

Für das Team sieht B eine optimale Größe erreicht, denn mehr als drei, vier Akteure „könnte ich mir von der Einbindung in mein Gedankengut schon kaum mehr vorstellen" (B, 1398). Auch inhaltlich sei das Team an einem Optimum angelangt, „viel mehr werden wir auch nicht auf die Beine stellen können" (B, 1408). Problematisch ist für B im Moment der Gedanke, das Erreichte nicht verstetigen zu können.

Für das Diflex-Team wünscht C sich eine Vergrößerung und eine bessere Transparenz im Hinblick auf das gesamte Kollegium. C will vor allem die Begeisterung verstärken und im Gesamtkollegium gegen die bestehenden Vorbehalte besser durchsetzen. Einige schützten sich doch noch davor, als Neuerer zu gelten, der mit Ideen noch eher rumspinne. „Das trauen sich gerade ältere Kollegen, die früher ganz anders geredet haben, die aber jetzt ein positives Gefühl haben, die trauen sich noch nicht, das zu sagen" (C, 1064). Weiterhin wünscht sich C, dass noch mehr Kollegen als selbstbewusste Fachleute auftreten, auch nach außen hin, auch gegenüber Ministerien etc.

Die Wünsche für das Team seien der schwierigere Teil der Frage. „Mehr Zeit zur Verfügung, sich mit den Leuten auseinander zu setzen. Das würde fast schon reichen" (D, 605). Spontan fällt D noch der Wunsch nach mehr jüngeren Kollegen ein, weil diese sich noch auf mehr einließen. „Die sind offener, und m. E. gucken die auch nicht so auf die Uhr wie die älteren Kollegen. (…) Letztendlich hängt vieles mit dem Zeitbegriff zusammen" (D, 613).

In Bezug auf das Diflex-Team ist es für E wünschenswert, „dass sie denken, der hat seine Arbeit ordentlich gemacht, war in gewisser Weise auch offen. Ja natürlich spielt auch mit, dass man das Bedürfnis hat, gemocht zu werden. (…) Das reicht mir, das ist eigentlich auch schon sehr viel" (E, 548).

Für das Team, „muss ich ehrlich sagen (…), kann ich mir nichts wünschen. Wir haben ein gutes Klima, was könnte ich mir wünschen? Spontan fällt mir wirklich nichts ein" (F, 1225). F kann sich allerdings vorstellen, dass noch andere in diesem Team mitarbeiten. F schätzt auch die anderen Diflex-Teams so ein, „dass der Prozess von meinem Gespür her überall so ein bisschen stimmt. Das Menschliche sage ich einfach mal."

In Bezug auf das Team ist G „wunschlos glücklich", will, dass die Zusammenarbeit so gut bleibt, wie sie ist. Insgesamt wünscht sich G allerdings, dass es noch in mehr Bereichen zur Teamarbeit kommt, „dass man als Lehrer einer Klasse mehr zusammenarbeitet, das wäre schön" (G, 663). Auch wenn diese Arbeitsweise zeitaufwendiger und anstrengender ist, „würde das, glaube ich, mehr Spaß machen". In einzelnen Fächern und Bereichen sieht G auch schon mehr als erste Ansätze. „Und was ich immer bewundere, das sind die Religionslehrer, die machen das regelmäßig bei uns, solche Teamsitzungen. Das finde ich ganz toll" (G, 700).

Bezogen auf das Team ist H „wunschlos glücklich [Lachen]" und „weiß nicht, wie es besser laufen soll" (H, 632).

Für das Team wünscht sich I, „es müsste einfach größer werden. Und wenn dies größer wird, hätten wir auf jeden Fall eine größere Akzeptanz" (I, 792). Dies würde wohl zu noch mehr Motivation führen, und Diflex würde „letztlich so laufen, wie es vielleicht in kühnen Vorstellungen dann auch existiert" (I, 798).

Als Erstes wünscht sich J für die Arbeit im Diflex-Team, „die Fee sollte mir diese schrecklichen Sachen vom Hals schaffen, diese Dokumentationen" (J, 979).

Für das Team bzw. die Arbeit im Team wird die Entwicklung neuer Ideen sowie eine weitere gute und konstruktive Zusammenarbeit erwünscht (K).

Für das Diflex-Team sieht M eine „sehr positive" Entwicklung (M, 718). Mehr Fortbildung untereinander wäre wünschenswert, damit beispielsweise nicht in bestimmten Bereichen nur eine(r) die aktuelle Software kennt und damit die ganze Arbeit tragen muss. M möchte sich diesbezüglich gerne als Multiplikator betätigen. So könnte auch weitere Teamarbeit entstehen, in der Auseinandersetzung mit neuer Software zum Beispiel. M würde auf alle Fälle wieder an Diflex teilnehmen.

b) Wünsche für sich persönlich als Lehrer/in

Für sich persönlich hofft A, „dass ich noch lange die Möglichkeit behalte, von den Kollegen als Kollege betrachtet zu werden" (A, 826). So käme eine Funktionsstelle nicht in Frage, „damit bin ich nicht mehr im Team". Und gerade da fühlt sich A, „entschuldigen Sie das Wort, sauwohl" (A, 841). Dies nicht zuletzt wegen der größeren Einflussmöglichkeiten, der Chance, in der Schule auch was zu bewirken.

Für B gibt es persönlich ausschließlich einen Wunsch: die Gesundheit zu erhalten.

Für sich persönlich als Lehrer wünscht sich C, „dass es so weitergeht wie bisher, und zum anderen, dass ich noch mehr mit auf meine Seite ziehen könnte" (C, 1048), also für ganzheitliche, projektorientierte methodische Ansätze begeistern. Man müsse Idealist sein als Lehrer, und das sei C auch einige Jahre nach dem Referendariat geblieben, entgegen den Vorhersagen vieler Kollegen. „Im Gegenteil, ich lasse mir die einfach nicht nehmen, diese Ideale, um weiterhin auch daran arbeiten zu können. Das ist ganz wichtig. Wer die aufgibt, hat eigentlich als Lehrer verloren" (C, 1102).

Für sich persönlich wünscht sich D eine geringere Unterrichtsbelastung bei gleich bleibender Vergütung, um dann sagen zu können, „ich geh wirklich zum Spaß in die Schule. Mit 12 Stunden tollen Unterricht machen, relativ entspannt, das wäre genial." Das sei aber intim, „das darf mein Schulleiter nicht hören" (D, 598).

In Bezug auf die Schüler ist der „Traumwunsch" von E, dass diese mal sagen werden: Der war vielleicht nicht so ganz in Ordnung, wir wurden geärgert und gepiesackt, aber bei E haben wir unheimlich viel gelernt. Diesen Wunsch teilt E auch den Schülern mit.

Bei der Frage nach den persönlichen Wünschen für das Team und sich selbst überlegt F erst eine Weile. Weniger Stress ist der Hauptwunsch von F, „das geht wieder auf die emotionale Ebene" (F, 1037). Weiterhin steht „mehr Freiheit" auf der Wunschliste, Freiheit bei der Stundeneinteilung und in der Gestaltung. Als Stressoren nennt F vor allem Unterricht in großen Klassen, teilweise bis 34 SchülerInnen. An zweiter Stelle stehen bürokratische Hemmnisse und Regelungen. Drittens nennt F das Besitzstandsdenken vieler KollegInnen, beispielsweise wenn es um die Organisation des Stundenplans geht und einige möglichst viele unterrichtsfreie Tage einfordern bzw. behalten wollen (F, 1100). F wünscht sich eine stärkere Übertragung von Verantwortung an Lehrer. Es sei entwürdigend, beispielsweise Kollegen der Besoldungsstufe A14, die in Ämtern damit Abteilungsleiter sein könnten, auf mangelhafte Klassenbucheinträge hinweisen zu müssen. (Insgesamt ist also der dritte Stressor die behördliche Personalführung und -entwicklung.) Stress abbauend wirke vor allem Lob, sei es von Kollegen oder positive Rückmeldung von Schülern zu einzelnen Stunden, oder wenn ehemalige SchülerInnen mit wichtigen Fragen sich bei F meldeten. Solche Situationen gebe es wenige, „aber es passiert auch mal" (F, 1198).

Für sich persönlich wünscht G sich, immer guten Unterricht machen zu können, „dass ich das auch rüberbringen kann, was ich rüberbringen will. (…) Weil, das ist mir eigentlich das Wichtigste" (G, 644).

Für sich selbst wünscht sich H, bis zur Pensionierung körperlich und geistig gesund zu bleiben, um „in Topform Lehrer sein" zu können (H, 629).

Für sich als Lehrer wünscht sich I noch mehr Freiheiten und Schüler, „die mit diesen Freiheiten auch umgehen können" (I, 803). Freiheiten im dem Sinne, dass es in der schulischen Hierarchie mehr Vertrauen in die Entscheidungskompetenzen der Lehrer gibt, dass auch beispielsweise Teamarbeit stärker möglich wird. Von den Schülern erwartet I vor allem weniger Konsumhaltung im Unterricht, dass sie sich mehr selbst einbringen und nicht lediglich eine „Bring-mir-Mentalität" vorherrscht (I, 820). Die Erfahrungen aus der Projektarbeit zeigten ja, dass Schüler eine Menge Ideen, Wissen und Kompetenzen einzubringen in der Lage sind, „wovon wir als Lehrer letztlich nur träumen können".

Für sich persönlich wünscht sich J, auch weiterhin die Kraft zu haben, „positiv Dinge zu sehen". Manchmal sei es schon so, dass „je nachdem, was für Schüler man da hat, da können die einen runterziehen durch ihr eigenes Negatives" (J, 991).

K nennt für sich persönlich keine Wünsche. Allein die Frage danach wird als schwierig empfunden, „da müsste ich derart kramen" (K, 228).

Für sich persönlich wünscht sich M mehr Möglichkeiten in der Lehrerfortbildung. Vor allem in den Bereichen neue Technologien und Software sei man ja „immer fünf Jahre zurück" (M, 706), da es nur sehr schwer möglich sei, Firmenschulungen zu besuchen. Die Kosten und der Zeitaufwand seien ja dann privat zu tragen, die Angebote des Landesinstitutes sind dagegen zu wenige.

Überwiegend wird die große Zufriedenheit mit der geleisteten Teamarbeit deutlich, in einigen Aussagen schwingen auch Stolz, Erleichterung und Freude darüber mit. Das Bestmögliche in Bezug auf das Team insgesamt oder auf zentrale Bereiche wie Gruppengröße, inhaltliche und produktbezogene Arbeit und die Zusammenarbeit als solche erreicht zu haben kommt in der Hälfte der Interviews zur Sprache (A, B, F, G, H, K). Die Wünsche nach Verstetigung des Erreichten und weiterer Beschleunigung des Prozesses bekräftigen diese Einschätzung. Die Perspektive zur Vergrößerung des Teams erscheint als Wunsch oder positive Möglichkeit in einem Drittel der Interviews (C, D, F, I). Die Wünsche nach verbesserter Transparenz und Ausstrahlungskraft der Teams ins Kollegium hinein sowie mehr Zeit für Auseinandersetzung mit KollegInnen zu haben (C, D) sind Indizien für reale Defizite in der bisherigen Arbeit. Weitere KollegInnen zu motivieren und Teamarbeit auch in anderen Bereichen zu etablieren sind weitere Wünsche, die das positive, motivierende Erleben der Arbeit im Team unterstreichen (A, C,

G, M). Das Optimum erreicht zu haben und deshalb keine weiteren Wünsche an die Arbeit des eigenen Teams nennen zu können wird für Team 4 und Team 1 deutlich, bei letzterem sogar in der übereinstimmenden Formulierung „wunschlos glücklich". Bei der Hälfte der Interviewten wird der Erhalt der eigenen physischen und psychischen Ressourcen thematisiert. Mehr Freiheiten, Spaß und Freude bei der Arbeit sind weitere persönliche Wünsche.

Persönliche Wünsche für die Teamarbeit	
Interne Arbeit des Teams	Außenwirkung
Teamprozess noch beschleunigen, weiterhin gute Mischung aus Mitnehmen und Mitgenommenwerden (A) optimale Größe erreicht, inhaltlich Optimum erreicht, das Erreichte verstetigen (B) optimales Klima (F) mehr Zeit für die Zusammenarbeit, mehr jüngere Kollegen im Team, Offenheit (D) *wunschlos (glücklich)* (F, G, H) weniger schriftliche Dokumentationen (J) Entwicklung neuer Ideen, weiter gute, konstruktive Zusammenarbeit (K)	weitere Kollegen überzeugen/begeistern/motivieren (A, C, I) Erweiterung des Teams (C, I) Offen für Erweiterung (F) bessere Transparenz, mehr Kollegen als selbstbewusste Fachleute (C) mehr Akzeptanz (I)
Persönliche Wünsche für sich selbst	
eigene Ressourcen: körperliche und geistige Gesundheit (B, H); Idealist bleiben können (C); weniger Stress (F); weiterhin Kraft haben, Dinge positiv zu sehen (J); keine Wünsche formuliert (M)	
Organisation und Kollegen: weiter als Kollege gelten (A); Kollegen begeistern (C); geringere Unterrichtsbelastung, mehr Spaß (D); mehr Entscheidungsfreiheit (F, I); mehr Teamarbeit (G, I); mehr Verantwortung (F); mehr Vertrauen in die Entscheidungskompetenz (I); weniger Besitzstandsdenken bei den Kollegen (F); mehr technische Fortbildung (M); Lob (F); in der Einschätzung der Kollegen gute Arbeit gemacht zu haben, gemocht werden (E)	
Schüler/innen: dass sie sagen, bei dem haben wir viel gelernt (E); positive Rückmeldungen (F); guten Unterricht machen können (G); weniger Konsumhaltung (I)	

Abbildung 30:
Persönliche Wünsche für die Teamarbeit und für sich selbst

5.4 Typisierung der Teams

In Auswertung aller eingesetzten Erhebungsinstrumente werden nunmehr – vor dem Hintergrund emotionaler Leistungsfähigkeit – Muster beschrieben, die die Benennung subjektorientierter fördernder und hemmender Bedingungen für die Teamentwicklung in Bezug auf die Zielerreichung ermöglichen. Dabei handelt es sich um die Zusammenschau verschiedener „Blitzlichter" auf den Teamentwicklungsprozess, die selbst wiederum eine Momentaufnahme darstellt. Gleichwohl können aus dem Blickwinkel subjektorientierter Indikatoren von Prozessqualität, die in engem Zusammenhang mit Emotionalität stehen, analysierende und orientierende Aussagen zur Qualität dieser Prozesse getroffen werden. Die Teams werden in ihrer typischen Arbeitsweise, ihrem Selbstverständnis charakterisiert und im Hinblick auf die Zielerreichung bewertet.

Ziel dieser Beschreibung ist es, eine Typisierung vorzunehmen, in der Stärken und kritische Punkte in der Teamarbeit von Lehrenden sichtbar und für den möglichen Transfer nutzbar gemacht werden. Dass es dabei nicht um die definite Beschreibung von kausalen Zusammenhängen gehen kann, ist mehrfach ausgeführt worden. Allein der Projektkontext ist zu komplex, um ihn aus der Beschreibung lediglich des „subjektiven Faktors" heraus erklären oder gar reproduzieren zu können. Es lassen sich aber Hinweise für die Arbeit in solchen Entwicklungsteams ableiten: auf deren Zusammensetzung, ihren Arbeitsprozess und nicht zuletzt auf die Beachtung emotionaler Kompetenzen der Akteure.

Team 1: Das emotionale Näheteam (F, G, H)

Anhand der Analyse der Fragebogenerhebung kann gezeigt werden, dass es den Akteuren in diesem Team – das vollständig an der Befragung teilgenommen hat – in besonderer Weise gelingt, positive Emotionen für die Teamarbeit und das Erreichen des gemeinsamen Zieles zu mobilisieren. Auch in umgekehrter Richtung kann dieser Zusammenhang gesehen werden: Die Arbeit an einem gemeinsamen Ziel in einem Team aus KollegInnen, die sich gut kennen und gegenseitig schätzen, kann positive Emotionen auslösen. Insbesondere ist die Zufriedenheit mit der Arbeit im und des Teams am stärksten ausgeprägt.

In diesem Team scheinen die Beziehungsebene der Zusammenarbeit, die Kommunikation und Motivation deutliche gefühlsmäßige Komponenten auszuprägen. In dieses Bild fügen sich die im Vergleich zu den anderen Teams hohen Werte für negative Emotionalität. Die niedrigen Werte für Perseveration und Rigidität zeigen, dass es in dieser vertrauensvollen, menschlich nahen Teamarbeit insgesamt genügend Mut und Zuversicht, Kreativität und Optimismus gibt, die bisherigen Wahrnehmungsweisen und Handlungsmuster gezielt zu verlassen. Der sehr niedrige Wert für die Rigidität spricht im Umkehrschluss für ein große Flexibilität der Akteure. Bei der Interviewfrage zur Bedeutung emotionaler Leistungsfähigkeit für das professionelle Handeln von Lehrenden allgemein gibt es insgesamt aus diesem Team die ausführlichsten und differenziertesten Statements. Kennzeichnend für die „gute Atmosphäre" ist weiterhin, dass in diesem Team die Möglichkeit, eigene Vorstellungen in den Teamentscheidungen wiederzufinden und Kritik im Arbeitsprozess üben zu können, gleichzeitig mit den höchsten Werten im Antwortverhalten belegt sind.[35] Offensichtlich führen kritische Anmerkungen, Anregungen und Veränderungsvorschläge im Rahmen der Arbeitsweise des Teams eher zu gemeinsam getragenen Entscheidungen.

Knapp ein Jahr nach der Fragebogenerhebung haben alle Interviewten des Teams die hohen Werte für Selbstmotivierung und Stimmungsmanagement zustimmend eingeschätzt. Die Begründungen sind zum einen die gute Arbeitsatmosphäre im Team, zum anderen der sich einstellende Erfolg in der Durchführung der Module und bei der Nachfrage nach ihnen durch Schüler/innen, Externe und einzelne regionale Betriebe.

Bei den persönlichen Motiven für die Teilnahme am Modellprojekt wurden insbesondere die Gestaltung von Rahmenbedingungen und das Nutzen sich bietender Freiräume in der Schulentwicklung genannt. Gleichwohl wurde die Anfangsphase des Projektes auch mit Unsicherheit und Ängsten erlebt. Eine Erweiterung des persönlichen Handlungsspielraumes wird von zwei interviewten Akteuren „unbedingt" und „deutlich" wahrgenommen. Diese beiden haben es in der internen Arbeitsteilung des Teams übernommen, die koordinierenden (innerschulischen) und werbenden, kooperativen (außerschulischen) Aufgaben zu übernehmen. Der Moduldurchführende nimmt dies nicht so wahr, sieht das Team sogar eindeutig als eine Insel innerhalb der Schule an. Die Arbeit im Team wird zwar insgesamt als zusätzliche Belastung gesehen, ist aber vor allem durch den offenen Austausch mit den KollegInnen menschlich bereichernd.

Die große Zufriedenheit und Harmonie innerhalb des „Näheteams" wird in der Beantwortung der Leitfrage nach persönlichen Wünschen überdeutlich. „Wunschlos glücklich" waren die Statements aller interviewten Teammitglieder. Die dadurch spürbar werdende Nähe und Vertrautheit untereinander steht nicht im Widerspruch zum Inseldasein der Gruppe. Dieses ist einerseits als Eigenständigkeit des Teams von der Schulleitung und Selbstgenügsamkeit zu beschreiben. Andererseits kann dieser Abgrenzung auch eine mehr oder weniger bewusste Strategie der Konfliktvermeidung zugrunde liegen, um die Harmonie und Zufriedenheit zu bewahren. Ein wichtiges Indiz dafür ist die Platzierung der entwickelten Lernmodule ausschließlich außerhalb des normalen Stundenplanes der Schule. Somit wird die ansonsten unumgängliche Konfrontation mit den Rahmenbedingungen der Schulorganisation und den von Verlegungen etc. eventuell betroffenen Kollegen ausbleiben, schärfer formuliert: vermieden. Hier zeigt sich als Gegenstück zum starken inneren Zusammenhalt eine idealisierende Abgrenzung des Teams nach außen gegenüber dem restlichen Kollegium. In diesem wechselseitigen sozial-kommunikativen Prozess kann dann beim Team der Eindruck entstehen, eine Insel zu sein, bei den Kollegen keine Akzeptanz und wenig Verständnis zu finden. Umgekehrt reagieren womöglich KollegInnen befremdet auf Aktivitäten der Gruppe, auf Grund mangelnder Information, Kommunikation und der intransparenten Arbeitsweise. Damit wird allerdings ein Ziel des Projektes, die nachhaltige Entwicklung der schulischen Organisation, nicht optimal umgesetzt. Mit Blick auf die emotionale Leistungsfähigkeit des Teams ist es interessant, dass diese Diskrepanz wahrgenommen und reflektiert und als eine Lösungsmöglichkeit die Öffnung bzw. Erweiterung des Teams zumindest gesehen wird.

	Fördernde Faktoren	Hemmende Faktoren
	Subjektorientiert	
Indikatoren für Prozessqualität	Starkes positives emotionales Engagement Gutes Stimmungsmanagement Der emotionalen Leistungsfähigkeit wird einheitlich eine große bis sehr große Bedeutung für das professionelle Handeln zugesprochen Hohe Flexibilität der Akteure	– – –
	Gruppenorientiert	
	Sehr hohe Zufriedenheit mit der Arbeit im Team und des Teams Hohe Wertschätzung für die Beziehungsebene der Kommunikation Arbeitsprozess und Stellung des Teams in der Organisation werden reflektiert Starkes „Wir"-Gefühl, die einzelnen Rollen sind geklärt	Idealisierung und Zufriedenheit nach innen („wunschlos glücklich") entwickelt keine Ausstrahlungskraft nach außen und erschwert Akzeptanz und Veränderungsbereitschaft im Kollegium Transfer und Nachhaltigkeit der Innovationen werden behindert
	Aufgabenorientiert	
	Sehr gute Möglichkeit zur Kritik Sehr hoher eigener Anteil an den Entscheidungen des Teams Motivation der Teammitglieder über die Gestaltungsmöglichkeit von Rahmenbedingungen	Wenig offensive Auseinandersetzung mit schwierigen Rahmenbedingungen, eher Ausweichen

Abbildung 31:
Typisierende Faktoren für das emotionale Näheteam

Team 2: Das „coole" Performing-Team (D, E, M)

Zunächst ist es auffallend, dass das Team in den Skalen des Fragebogens zur positiven Selbstmotivierung, Stimmungsmanagement und Zielvergegenwärtigung jeweils die niedrigsten Werte aufweist. Dies kann insgesamt als relativ geringe emotionale Beteiligung der Akteure interpretiert werden. So werden einerseits im geringeren Maß positive Emotionen für die Zielerreichung mobilisiert. Andererseits führt dies zu der gering ausgeprägten Neigung der Akteure in diesem Team, nach Misserfolgen in unproduktivem Grübeln zu verharren. Das Vertrauen in die eigenen Fähigkeiten und die Bewältigung von Misserfolgen sind stark ausgeprägt. Hierfür können ebenso die Interviewaussagen zur persönlichen Motivation herangezogen werden. Neben die fachliche Motivierung treten hier in besonderer Weise die Nutzung von Gestaltungsmöglichkeiten und die Schaffung von Freiräumen für das Lehrerhandeln. Beides kann als Hinweis auf Mut, Entschlossenheit und die Bereitschaft, im Team auch ein gewisses Risiko einzugehen, interpretiert werden. Das Fehlen konkreter Vorgaben für das Modellprojekt wurde in diesem Team am deutlichsten als positiv und nicht verunsichernd empfunden. Für die eher sachliche, aufgabenbezogene Arbeitsweise sprechen als weiteres Indiz die im Vergleich zu den anderen Teams niedrigsten Fragebogenwerte zur Möglichkeit der offenen Kritik. Offensichtlich sind die Rollen im Team geklärt und akzeptiert, und Konflikte bzw. Kritiken werden zurückgenommen, um das zielorientierte Arbeiten nicht zu beeinträchtigen. Jedenfalls ist der Wert für die Zufriedenheit mit der bisherigen Teamarbeit knapp der höchste, wird in den Interviews aber vergleichsweise stark relativiert. In dieses Bild fügt sich die Unzufriedenheit mit der Arbeit der Steuerungsgruppe, die ausschließlich aus diesem Team heraus kritisiert wird. Als nervig, frustrierend, enttäuschend wird dort vor allem die Arbeitsweise empfunden, die als zu wenig ergebnisorientiert bewertet wird. Möglicherweise wurde diese Ungeduld mit der starken Prozessorientierung in der Steuerungsgruppe auch dadurch bestärkt, dass sie eine ungewohnte Arbeitsweise darstellt, auf die sich die Akteure dieses Teams nur schwer einstellen konnten. An diesem Punkt bekommt die emotionale Ebene in dem Entwicklungsteam – denn als solches hat die Steuerungsgruppe selbst auch gearbeitet – eine große Bedeutung, ohne dass dies aber in den Interviewstatements reflektiert würde.

Für die Einschätzung der Bedeutung emotionaler Leistungsfähigkeit für das Arbeitshandeln von Lehrenden kommen aus diesem Team die wenigsten Statements, zugleich auch stark relativierende. Unter diesem Aspekt sei der Lehrberuf nicht von anderen gleichen Bildungsniveaus unterschieden, es habe sich da schon jede(r) im Griff, und insbesondere in technischen, computernahen Fächern sei Emotionalität ohnehin kein Thema. Zugleich werden in den Interviews zum Teil hohe moralische Maßstäbe an das eigene Handeln formuliert.

	Fördernde Faktoren	Hemmende Faktoren
	Subjektorientiert	
Indikatoren für Prozessqualität	Überwiegend fachliche Motivation Persönliche Motivation der Mitglieder über die Gestaltungsmöglichkeit von Rahmenbedingungen	Relativ geringe emotionale Beteiligung der Akteure Geringe Akzeptanz für prozessorientiertes, auf Nachhaltigkeit setzende Arbeitsweisen Vergleichsweise geringe Relevanz emotionaler Leistungsfähigkeit für das professionelle Handeln
	Gruppenorientiert	
	Starke Zielorientierung Offensives Austesten bestehender Rahmenbedingungen Klare Arbeitsteilungen und Rollen	Keine Reflexion des Gruppenprozesses Relativ geringe Zufriedenheit der Akteure
	Aufgabenorientiert	
	Überdurchschnittliche Einschätzung des eigenen Anteils an Entscheidungen im Team Gute Klärung der unterschiedlichen mentalen Modelle v. a. bezüglich der Handlungsspielräume Fehlende Vorgaben im Projekt positiv empfunden	Starke Einbindung des Teams in die Schulhierarchie (top down) Unterdurchschnittliche Einschätzung der Möglichkeit zur Kritik im Team Arbeitsklima ist weniger kreativ

Abbildung 32:
Typisierende Faktoren für das „coole" Performing-Team

Insgesamt zeigt das Team eine stark durch Schulstruktur und Organisationsentwicklung der Schule geprägte Arbeit. Mutig Grenzen dieser Schulentwicklung austestend, ist es sehr auf die Sachebene der Zusammenarbeit bezogen. Die überwiegend fachlich motivierten Mitglieder und wenig Interaktion in der Ideenentwicklung sind weitere Merkmale. Das Team arbeitet an der Umsetzung des bisherigen, vergleichsweise weit entwickelten Schulprofils und hat bereits ein Jahr vor Ende der Laufzeit erste Entscheidungen über die gemeinsame Weiterarbeit getroffen. Es ist sehr stark an Strukturen und deren Herstellung interessiert und in der Selbstbewertung der Qualität stark outputorientiert. Es kommt nicht zu einer eigentlichen Teamarbeit, und die Umsetzung der Modellversuchsinhalte geschieht letztlich in einem Top-down-Modell. Die Betonung von Vernunft und Sachlichkeit, der Wunsch nach effizienter Arbeit auch in der Innovation von Lehrangeboten, könnte auch als Vermeidung engen zwischenmenschlichen Kontaktes interpretiert werden. Denn in der bisherigen Arbeitsweise bleibt im gewissen Sinne vieles so, wie es sich in den letzten Jahren entwickelt hat. Eine mutmaßliche Tendenz bei den Akteuren dieses Teams, die sich in den vergleichsweise höchsten Testwerten für perzeptive Rigidität und Perseveration andeutet.

Team 3: Das spannungsreiche Sicherheitsteam (I, J, K)

Für die Skalen des Fragebogens zur positiven Selbstmotivierung, Stimmungsmanagement und Zielvergegenwärtigung erreicht das Team die höchsten Werte im Projekt. Es ist durch ein hohes emotionales Engagement und innere Beteiligung charakterisiert. Aus den Interviews ergibt sich klar, dass die Akteure in gewisser Weise als die „ungewollt Freiwilligen" auf Initiative der Schulleitung hin am Projekt teilnehmen und zugleich die möglichen Handlungsspielräume sehr skeptisch beurteilen. Dies führt möglicherweise zu dem im Antwortverhalten deutlich gewordenen Spannungsfeld zwischen der hoch eingeschätzten Möglichkeit zur Kritik im Team und der geringen Relevanz, die diese offensichtlich für die Entscheidungen hat. Zwanghafte Züge dominieren insgesamt. Schriftliche Protokolle spielen im Prozess eine große Rolle, und eine kleinschrittige Lehrplanung für das Modul, Rückversicherung bzw. Erleichterung unterrichtsbezogener Entscheidungen durch Legitimierungen des Modellversuches sind Indizien für das Bedürfnis nach Absicherung. Alles muss überprüfbar und „gesetzestreu" sein, also beispielsweise in enger Übereinstimmung mit den Zielen des Modellprojektes stehen. Damit in Zusammenhang können die vergleichsweise hohen Werte für Perseveration und Rigidität gesehen werden, die keine große Flexibilität in der Problemwahrnehmung und Handlung vermuten lassen. Wenig Zuversicht und Vertrauen in die eigene Initiative, die spürbar werdende „Angst vor der eigenen Courage", können auch als resignative Reaktion auf die gegebenen Rahmenbedingungen interpretiert werden. Schon zum Zeitpunkt der Fragebogenerhebung wird die Vergrößerung des schulischen Handlungsspielraumes von den Akteuren dieses Teams mit Abstand am geringsten eingeschätzt. Eine Ansicht, die sich am zweiten Erhebungszeitpunkt ein Jahr später ebenso deutlich in den Interviews finden lässt. Die Chance zur Gestaltung von Rahmenbedingungen wird nur in einem Interview als persönliche Motivation genannt. Das Fehlen konkreter Vorgaben wird in den Interviews von Akteuren dieses Team mit Unsicherheiten, Verwirrung und Ärger beschrieben. Wie in keinem anderen Team wird dabei die eigene Anfangsphase reflektiert und einhellig als uneffektiv bzw. ineffizient und nervig eingeschätzt. Retrospektiv gibt es dagegen positive Einschätzungen des Prozesses als einer wertvollen und guten Erfahrung. Insgesamt überwiegen jedoch die vergleichsweise skeptischen Bewertungen und eher negativen Empfindungen der Teamarbeit. Am niedrigsten fällt auch die Zufriedenheit mit der eigenen Arbeit im Modellversuch aus. Sowohl im Fragebogen als auch in den Interviews wird dies deutlich. Die höchste Einschätzung für die Möglichkeit von Kritik im Team (bei allen Befragten: „trifft ausgesprochen zu") steht hier im Kontrast zur geringsten Einschätzung des Anteils der jeweils persönlichen Vorstellungen in den Teamentscheidungen.[36] Dieser Konstellation kann auch eine große Verschiedenheit an mentalen Modellen innerhalb des Teams zugrunde liegen, die – solange sie nicht in einem sozial-kommunikativen Prozess verhandelt sind – zu unrealistischen (gegenseitigen) Erwartungen führen können, an denen dann die jeweils eigene Zufriedenheit gemessen wird.

Als Indiz für ein besonderes Bedürfnis nach Sicherheit und Vorsicht kann interpretiert werden, dass aus diesem Team die überhaupt einzigen Vorbehalte gegen die Tonbandaufzeichnungen der Interviews geäußert wurden. Emotionalität in ihrer Wechselhaftigkeit und Unsicherheit, für manche auch Bedrohlichkeit, spielt für die Akteure dieses Teams überwiegend keine reflektierte Rolle, sie ist kein Thema, das angesprochen wird oder werden könnte (mit Ausnahmen bei J). Dadurch sind auch Begeisterungsfähigkeit, gegenseitiges Vertrauen, Entscheidungsfreude etc., die es für Entwicklungsteams eigentlich braucht, nur kurzfristig vorhanden. Somit ergibt sich ein spannungsreiches Nebeneinander von Einzelnen in diesem Team.

Das Wohlbefinden hängt hier möglicherweise stark davon ab, dass sich letztlich nur wenig ändert, die Zusammenarbeit mit den KollegInnen im Team und im restlichen Kollegium, nicht zuletzt mit der Schulleitung soll überschaubar und wohl geordnet bleiben. Grundlegende Neuerungen könnten „ausufern", unüberschaubar und nicht mehr kontrollierbar werden. Kontrollbedürfnis und Angst vor Veränderungen können letztlich dazu führen, dass der innovative Ansatz, die Motivation der Teammitglieder schnell erschöpfen und das Projekt Episode bleibt.

Gleichwohl ist ein starker Eindruck an Beständigkeit und Verlässlichkeit charakteristisch für die Arbeit und Außenwirkung dieses Teams. Beharrlich und mit großem Engagement wird an der Umsetzung der Ideen gearbeitet, Misserfolge wie teilweise negatives Feedback von den Lernenden und noch mangelnde Ausstrahlung des Teams als verändernde Kraft in das Kollegium hinein werden bewältigt. Insgesamt scheinen aus Sicht des Beobachters neben den deutlichen „zwanghaften" Kontroll- und Beharrungstendenzen eben auch Kriterien der Storming-Phase von Gruppenprozessen zuzutreffen. Konflikte werden ausgetragen, die Teamleitung wird kritisiert und die Aufgabenstellung – vor allem da sie top down durch die Schulhierarchie kam – emotional nicht begrüßt. Daraus kann sich die eigentümliche, emotionsreiche Spannung in diesem Team ergeben. Im Sinne der emotionalen Leistungsfähigkeit steht hier der kompetente Umgang, das Nutzen dieser Spannung für die gemeinsame Zielerreichung oder zumindest -klärung noch aus. Erschwerend könnte sich auswirken, dass die bewusste Beachtung emotionaler Komponenten auf allen Ebenen des Lehrhandelns in diesem Team extrem unterschiedlich wahrgenommen und eingeschätzt wird. Denn bisher konnte das Team die Unterschiedlichkeit der Akteure nur begrenzt wirksam werden lassen.

Fördernde Faktoren	Hemmende Faktoren
Subjektorientiert	
Hohes emotionales Engagement und innere Beteiligung	Gestaltung von Rahmenbedingungen ist nur vereinzelt das Motiv zur Teilnahme Niedrigste Zufriedenheit mit der eigenen Arbeit Relativ geringe Flexibilität in Problemwahrnehmung und Handlung Bedeutung von Emotionalität wird nur wenig reflektiert
Gruppenorientiert	
Teamprozess wird reflektiert Kontroverse Diskussionen führen zu Austausch über die unterschiedlichen mentalen Modelle	Anfangsphase mit Unsicherheit, Verwirrung und Ärger wird auch retrospektiv als uneffektiv, ineffizient und nervig gesehen Die unterschiedlichen individuellen Stärken werden zu wenig eingebracht und für die Zielerreichung genutzt Teamarbeit wird insgesamt am wenigsten positiv empfunden
Aufgabenorientiert	
Hohe Einschätzung der Möglichkeit von Kritik Beständigkeit und Verlässlichkeit	Niedrige Selbstbewertungen zum eigenen Anteil an Entscheidungen Starke Top-down-Struktur auch innerhalb des Teams, Schwerpunkt liegt auf der Umsetzung von Vorgaben, nicht in der Gestaltung Schulischer Handlungsspielraum wird als wenig veränderlich gesehen

(Zeilenbeschriftung links vertikal: Indikatoren für Prozessqualität)

Abbildung 33:
Typisierende Faktoren für das spannungsreiche Sicherheitsteam

Team 4: Das emotional kompetente Veränderungsteam (A, B, C)

Bereits zum ersten Erhebungszeitpunkt konnte für dieses Team, dessen Zusammensetzung sich erst relativ spät im Projektverlauf stabilisierte, der höchste Wert in der Einschätzung der Vergrößerung des schulischen Handlungsspielraumes im Fragebogen gemessen werden. Diese Einschätzung wird zum zweiten Erhebungszeitpunkt in den Interviews bestätigt. Die Akteure dieses Teams weisen im Fragebogen den niedrigsten Wert bei der Entfremdung von den eigenen Zielen auf. Dies legt bezogen auf das Projekt die Vermutung nahe, dass hier die Übereinstimmung der Projektziele mit grundsätzlichen Werten und Haltungen der Akteure ausgeprägt ist. Zugleich wurde in der Prozessbegleitung deutlich, dass in langen, gründlichen, z. T. als quälend und mühsam empfundenen Diskussionen ein Austausch über die jeweiligen mentalen Modelle stattgefunden hat und auch weiterhin kontinuierlich betrieben wird. Insbesondere für die offene Anfangsphase werden aus diesem Team die meisten Statements emotionalen Inhalts gegeben. Unsicherheit, Frust und Ärger habe den Beginn der Zusammenarbeit geprägt. Offensichtlich wurde die „Forming"-Phase intensiv erlebt – mit durchaus positiven Folgen für das Arbeitsergebnis. Eine förderliche Bedingung für diese austausch- und konsensorientierte Arbeitsweise ist die hohe Flexibilität der einzelnen Akteure. In den entsprechenden Skalen des Fragebogens liefern sie die niedrigsten Werte aller Teams zur Perseveration und Rigidität.

Im Team gibt es eine gute Mischung aus Jung und Alt, die als begeisternd (mitnehmend bzw. mitgenommen werdend) beschrieben wird. Zwei im Team bezeichnen sich selbst als (ehemalige) „Exoten", die ihre Stärken als Individualisten nunmehr in die Teamarbeit einbringen. In diesem Team gibt es eine visionäre, lebendige Grundstimmung, die ausdrücklich die Unterschiedlichkeiten der Einzelnen begrüßt und fördert. Diese Grundstimmung ist kaum durch Ängste beeinflusst, die etwa im „vorauseilenden Gehorsam" auf Verordnungen, Vorgesetzte oder begrenzende Rahmenbedingungen würden achten lassen. Dadurch ergibt sich ein nur sehr wenig ängstlicher, vorsichtiger Umgang mit sich bietenden Möglichkeiten – im Gegenteil. Selbstbewusst, um die eigenen Stärken, aber auch Schwächen wissend, geht dieses Team gezielt und offensiv Veränderungen an.

Aus diesem Team gibt es die meisten Nennungen zur persönlichen Motivation für die Teilnahme am Projekt auf Grund neuer Herausforderungen sowie dem Nutzen und Gestalten von Freiräumen. Für die Akteure dieses Team spielt Handlungsfreiheit eine große Rolle im professionellen Selbstverständnis. Für sie ist es wesentlich, wichtige Entscheidungen für die Schule und / oder den eigenen Unterricht, für und in der Kooperation mit externen Partnern etc. selbst bzw. im Team treffen zu können.

Die im Team 4 gezeigte vergleichsweise starke persönliche Motivation über Gestaltung von Freiräumen steht in einem gewissen Kontrast zu der ausgeprägten Thematisierung von Unsicherheit, Frust und Ärger in der Anfangssituation des Projektes. Hier gab es weite Gestaltungs- und Entscheidungsfreiräume innerhalb des Modellversuchsrahmens. Sicherlich spiegelt sich hier die anfänglich große personelle Fluktuation im Team wider, durch die sich der Aufbau zuverlässiger Strukturen für Kommunikation und Arbeit im Team verzögerte und mit entsprechenden schwierigen Situationen, Unsicherheiten und Unklarheiten einherging. Möglicherweise hat diese Phase der Teamentwicklung eine tiefer gehende inhaltliche Auseinandersetzung mit dem Modellversuch erfordert und gefördert, weil die Gruppe den Anspruch hatte, viel zu gestalten und sich stark zu engagieren. In diesem konfliktreichen Prozess sind Vertrauen, Zuverlässigkeit und Verständnis füreinander gewachsen, die das Team prägen. Kennzeichnend ist die

Haltung im Team, für getroffene Entscheidungen die Verantwortung zu übernehmen und zugleich das Vertrauen der Schulleitung zu haben, um „Wege zu gehen, die noch keiner gegangen ist". Ähnlich wie in Team 1 wird die Teamarbeit hier trotz der großen zusätzlichen Belastung durchweg als positiv empfunden. Die Akteure fühlen sich „sauwohl", haben Spaß an der Teamarbeit, empfinden sie menschlich bereichernd und gar als Erfüllung eines Herzenswunsches. Emotionalität spielt dabei für das Team insgesamt eine große Rolle. Sowohl in Bezug auf methodisch-didaktische Überlegungen finden sich in den Interviews detaillierte und sprachlich differenzierte Darstellungen innerer Prozesse und emotionaler Kompetenz als auch in emphatischen Beschreibungen von Schüler/innen und KollegInnen.

	Fördernde Faktoren	Hemmende Faktoren
	Subjektorientiert	
	Die Bedeutung emotionaler Anteile wird für das professionelle Handeln (sehr) hoch eingeschätzt Emotionale Kompetenz wird reflektiert und zum Teil auch in didaktisch-methodische Konzepte integriert Hohe Zufriedenheit und Spaß an der Teamarbeit	Individuell teilweise sehr hohe Belastung durch die Arbeit im Projekt
	Gruppenorientiert	
Indikatoren für Prozessqualität	Wertschätzender Umgang miteinander trotz großer Unterschiede der Persönlichkeiten, Berufserfahrungen, Fachkulturen und im Dienstalter Nutzen die individuellen Stärken und Erfahrungen der Akteure Starke Zielorientierung Starke Prozessorientierung	Starke Fluktuation in der Anfangsphase Zum Teil großer Zeitaufwand
	Aufgabenorientiert	
	Schulische Handlungsspielräume werden wahrgenommen und selbstbewusst genutzt Offenheit der Anfangsphase brachte Unsicherheit, Frust und Ärger, wurde aber zur intensiven Diskussion über die jeweiligen Vorstellungen und Ideen genutzt; im Sinne eines Abgleichens mentaler Modelle Die Möglichkeit zur Kritik wird hoch eingeschätzt Der eigene Anteil an den Teamentscheidungen wird hoch eingeschätzt	– – –

Abbildung 34:
Typisierende Faktoren für das emotional kompetente Veränderungsteam

223

5.5 Resümee

Am Ende des empirischen Teils der Studie werden nunmehr die eingangs formulierten zentralen Fragestellungen vor dem Hintergrund der erhobenen Daten und den daraus abgeleiteten Ergebnissen resümierend in den Blick genommen. Ob die Akteure der emotionalen Leistungsfähigkeit eine besondere Bedeutung für ihr allgemeines Arbeitshandeln einräumen, ist differenziert zu beantworten. Auf Grund der Interviewaussagen reicht das Spektrum der Antworten von „gar nicht" bis hin zu „ja, ausgesprochen". Die häufigste und ausführlich genannte Ebene ist dabei der Kontakt zu Schülerinnen und Schülern, für den Empathie, Verständnis für deren Situation und die Gestaltung der Beziehungsebene von Kommunikation als relevanter Bereich emotionaler Kompetenzen von Lehrenden gesehen wird. Deutlich geringer wird dies für die Ebene des Umgangs der Lehrenden untereinander im Kollegium bzw. im Team gesehen. Auf der persönlichen Ebene des „Privatlebens" ist der Stellenwert, der dem Umgang mit Emotionen zugesprochen wird, nicht deutlich geworden. Da einige Akteure bewusst und zum Teil auch sehr konsequent Privat- und Berufsleben trennen, kann hierzu keine Aussage getroffen werden. Insgesamt scheint jedoch – sowohl in der Häufigkeit und Ausführlichkeit als auch in der sprachlichen Differenziertheit der Statements – das Thema Emotionalität aus Sicht der Lehrenden keine besondere Relevanz zu haben. Die Reflexion auf diesen Teil des professionellen Handelns war für viele neu oder zumindest ungewohnt. Erschwerend – und den Erkenntnisgewinn dieser Studie möglicherweise begrenzend – kommt die nachvollziehbare Zurückhaltung hinzu, sich zu diesen Fragen in einem offiziellen und zur Weiterverarbeitung bestimmten Interview zu äußern. Die subjektiven Wahrnehmungen, persönlichen Einstellungen und Selbsteinschätzungen der Akteure in Bezug auf den Teamentwicklungsprozess und die Teamarbeit zeigen ein differenziertes Bild vor dem Hintergrund einer großen persönlichen Zufriedenheit. Bei vielen hat zunächst die Offenheit der Anfangssituation Unsicherheit, Verwirrung, Erschrecken und Unzufriedenheit auch dann hervorgerufen, wenn sie über die Möglichkeit zur Gestaltung und dem Ausfüllen von Handlungsspielräumen zur Teilnahme am Projekt motiviert waren. Insgesamt wird die Teamarbeit als menschlich bereichernd, abwechslungsreich und mit Spaß verbunden beschrieben. Dabei gestalten sich die verschiedenen Teamprozesse durchaus konfliktreich und mit kontroversen Diskussionen in der Auseinandersetzung um das gemeinsame Vorgehen, die Entwicklung gemeinsamer Ziele und deren Verfolgung.

Aus Sicht des außen stehenden, aber über die Prozessbegleitung auch teilnehmenden Forschers haben die beteiligten Teams unterschiedliche und je spezifische, charakteristische Merkmale und Strukturen ausgeprägt. In der Evaluation lassen sich vor dem Hintergrund emotionaler Leistungsfähigkeit Muster finden bzw. Typen bilden, die die Benennung fördernder oder hemmender Bedingungen in Bezug auf die Zielerreichung ermöglichen. So lassen sich „systemische Druckpunkte" identifizieren, an denen entweder externe Beratung der Prozessbegleitung, Interventionen der Projektleitung oder aber auch (einzelne) Akteure der Teams gezielt auf den jeweiligen Entwicklungsprozess Einfluss nehmen.

Zunächst ist zu sehen, dass alle Teams auf einem hohen fachlichen Niveau arbeiten, das es ihnen erlaubt, die im Projekt gestellten Innovationsziele auf dieser Ebene zu erreichen. Gleichwohl sind diese Ziele nicht mehr, wie in der traditionellen Lehrerarbeit üblich, auf Anordnung von Ordnungsmitteln oder Schulleitungen durch „einzelkämpferisch" arbeitende Individualisten umsetzbar. Es bedarf der Kompetenzen und der Verantwortung eines Teams, die angestrebten Veränderungen und Entwicklungen im Lehr-/Lernangebot der Schulen umzusetzen. Die dabei von den verschiedenen Teams durchlaufenen Entwicklungen und Wachstumsprozesse werden gemeinsam durchlebt – mit hohen Anforderungen an die sozialen und emotionalen Kompetenzen. Gerade auf der Beziehungsebene der Kommunikation liegen die „Stolpersteine" für das gemeinsame Wachstum der Akteure im Team, ihren Erfolg und ihre Zufriedenheit. Die produktive Wendung von Konflikten und Kontroversen, die Orientierung von individuellen Stärken, Einstellungen und Motiven auf die gemeinsame Aufgabe unterscheidet sie in ihrer Wirksamkeit und in der möglichen Nachhaltigkeit ihres Erfolges.

Relativ geringe emotionale Beteiligung und die vergleichsweise geringe Relevanz, die der emotionalen Leistungsfähigkeit zugesprochen wird, ist kennzeichnend für einen „coolen" Teamprozess. Dieser verläuft auf Sachziele hin orientiert und wird von Menschen getragen, die für sich überwiegend eine fachliche Motivierung reklamieren. Der Gruppenprozess als solcher wird wenig reflektiert, das Arbeitsklima wird als wenig kreativ eingeschätzt, und die persönliche Zufriedenheit ist relativ gering. Die Charakteristika des spannungsreichen Sicherheitstypes zeigen dagegen ein relativ hohes emotionales Engagement und innere Beteiligung und Reflexion des Teamprozesses, und der emotionalen Ebene wird eine Relevanz für die eigene Arbeit beigemessen. Trotzdem wird die Teamarbeit als solche wenig positiv empfunden und ist die Arbeitszufriedenheit gering. Bei diesem Typ zeigen sich starke individuelle Unterschiede in den Ausprägungen dieser Merkmale und zugleich eine klare Top-down-Struktur innerhalb des Teams und bei dessen Einbindung in das organisationale Umfeld. Die Gestaltung von Rahmenbedingungen ist nur bei einigen als persönliches Motiv zu erkennen, sodass es insgesamt zu einer auf Sicherheit bedachten, vorsichtigen Arbeitsweise tendiert. In diesem Typus gelingt es nur bedingt, die hohe Motivation und individuellen Stärken produktiv werden zu lassen. Im Typus des emotionalen Näheteams finden sich zum hohen Engagement, zur starken inneren Beteiligung und der großen Relevanz, die der emotionalen Leistungsfähigkeit zugesprochen wird, auch ein wertschätzendes Diskussionsverhalten sowie sehr hohe Arbeitszufriedenheit. Hier werden kreative Lösungen entwickelt und umgesetzt. Gleichwohl neigt dieser Typ zu einem sehr starken „Wir-Gefühl", das idealisierend nach innen und wenig offensiv in der Auseinandersetzung mit äußeren Faktoren und Rahmenbedingungen dazu neigt, diesen Zustand bewahren zu wollen. Konflikte mit Außenstehenden werden tendenziell vermieden, es bildet sich eine „Insel". Die Nachhaltigkeit der dort entwickelten Innovationen dürfte sehr stark von dem Weiterbestehen des Teams als solchem bzw. dessen Zusammensetzung abhängig sein. Der emotional kompetente Typus paart die fördernden Eigenschaften des Näheteams mit einer selbstbewussten, offensiven Herangehensweise an Rahmenbedingungen und Außenstehende, die ihrerseits zur Mitarbeit und Verantwortungsübernahme motiviert werden. Dieser Typus ist ziel- und prozessorientiert, nutzt Schwierigkeiten, Unsicherheiten und Konflikte zum gemeinsamen Lernen. Die vorhandenen großen Unterschiede in den individuellen Motiven, Erfahrungen, Persönlichkeitsstrukturen und Fachkulturen werden bewusst für den Innovationsprozess genutzt, Kontroversen und Diskussionen werden produktiv.

6   Ausblick

Emotionale Leistungsfähigkeit gewinnt im Kontext beruflicher Bildung in verschiedensten Bereichen an Bedeutung. Auf der Ebene der Führungskräfte ist sie genauso erforderlich für Leistungsorientierung und erfolgreiches Handeln wie auf der Ebene der Facharbeit, die auf Grund neuer Dienstleistungsorientierung und systemischer Rationalisierungskonzepte die Mobilisierung persönlicher Qualitäten für die Arbeitswelt einfordert, wie überhaupt der Umgang mit Emotionalität in den verschiedensten Facetten zur Gestaltung von Biografie und der Bewältigung ihrer Brüche und Unplanbarkeiten unabdingbar geworden ist.

Dieser Entwicklung sind auch Lehrende in der beruflichen Bildung ausgesetzt, in ihrer persönlichen Biografiegestaltung, aber vor allem auch in ihrem professionellen Handeln. Letzteres nicht allein im „Kerngeschäft" von Schule, dem Unterrichten in Gruppen, sondern vermehrt auch im außerunterrichtlichen Bereich. Dort werden auf Grund der vielfach beschriebenen gesellschaftlichen und arbeitsweltlichen Veränderungen und Anforderungen im Rahmen der Modernisierungsstrategien von Differenzierung und Flexibilisierung eine neue Qualität von Kooperationen und verstärkte Teamarbeit eingefordert. Damit wird die Organisationsentwicklung des Systems Schule, aus den immer noch stark behördlich geprägten Strukturen und Leitbildern hin zu dienstleistungsorientierten, regionalen (Non-Profit-)Kompetenzzentren, angestrebt. Für die einzelne Schule und die einzelnen Lehrenden bedeutet dies ein nur bedingt freiwillig aufgenommenes „Change-Projekt", um es in der Sprache der Organisationsentwickler zu beschreiben. Teamarbeit ist sicher ein großer Veränderungsprozess für Lehrende, die in einer langen, stark formalisierten Ausbildung und in einer sehr hierarchisch strukturierten „Unternehmenskultur" beruflich sozialisiert wurden – und diesen Weg ja auch als Berufsziel bewusst beschritten haben. Dieser, wie alle organisationalen Veränderungsprozesse, trifft letztlich auf konkrete und sehr individuelle Menschen mit ihren unterschiedlichsten Erfahrungen, Motiven, Interessen und emotionalen Stilen. Sie reagieren mit sehr differenzierten und sich ebenfalls ändernden Gefühlen auf die anstehenden Veränderungen, seien sie nun erwünscht, gewollt, erhofft oder erzwungen. Initiieren, Gestalten, Begleitung und Unterstützung solcher Prozesse muss sich demnach auf die verschiedensten emotionalen Themen einstellen: von Enthusiasmus, Selbstvertrauen und optimistischem Selbstbewusstsein über skeptische Sorge bis hin zu Gefühlen der Überforderung, Unsicherheiten, Ängsten und Widerständen. Der Erfolg von Teamarbeit hängt in besonderer Weise von der emotional kompetenten Gestaltung von Kommunikation und Zusammenarbeit innerhalb des Teams und zum organisationalen Umfeld ab. Gleichwohl sind die Lehrenden, als Subjekte dieser „Change-

Projekte", überwiegend noch nicht mit den entsprechenden Prozesskompetenzen ausgestattet – woher auch. Zu diesem aktuellen Aspekt pädagogischer Professionalität, dem Stellenwert von Emotionalität auf den verschiedenen Ebenen pädagogischen Handelns, gibt es bisher nur vereinzelte Forschungsarbeiten. Im Anschluss an die vorliegende explorative Studie sind folgende weiterführende Fragen in Bezug auf die emotionale Leistungsfähigkeit von Lehrenden in der beruflichen Bildung zu stellen:

Wie müssen Maßnahmen zur Stärkung der personalen Kompetenzen von Lehrenden und Schulleitungen für die Projekt- und Teamarbeit gestaltet sein, um sie auf Basis ihres großen Fach- und Erfahrungswissens zu einfühlsamen, leistungsorientierten Teammitgliedern, Projektleiter/innen und Führungskräften zu qualifizieren? Wie sind die hier eingesetzten Diagnoseinstrumente und „Prozesswerkzeuge" zur Unterstützung der Teams sowie das Evaluationskonzept so weiterzuentwickeln, dass sie verbreiteten Einsatz finden können?

Darüber hinaus fehlt bisher eine Professionstheorie, die den emotionalen Anteil am professionellen Handeln, im professionellen Selbstverständnis und nicht zuletzt in der Aus- und Weiterbildung systematisch gleichberechtigt neben Wissenserwerb und -verwendung sowie Statusfragen stellt. Zugleich ist die Qualifizierung emotionaler Leistungsfähigkeit unabhängig von der Zielgruppe selbst ein professionalisierungsbedürftiger Prozess.

Anmerkungen

[1] „Differenzierung und Flexibilisierung als Beitrag zur Regionalisierung beruflicher Bildung (Diflex)" ist ein Modellversuch im Programm „Neue Lehr-/Lernkonzepte" der Bund-Länder-Kommission für Bildungsplanung und Forschungsförderung (BLK). Laufzeit: 11/98–10/01. Intentionen, Konzepte und Ergebnisse des Modellversuches sind veröffentlicht (Faßhauer u. a. 2001).

[2] Im Weiteren werden psychoanalytische (Kast 1995; Krause 1995), kulturtheoretisch-anthropologische (Bollnow 1956, Plessner 1975), phänomenologische (Schmitz 1995) oder Emotionskonzepte aus behavioralen (Lutz/Giesemann 1995; Schauer 1995) und handlungsregulationstheoretischen Ansätzen (Volpert 1982), wenn überhaupt, nur am Rande erwähnt werden.

[3] Die Autorinnen werten eine Reihe nordamerikanischer Studien aus, die mit unterschiedlichen Methoden, Hypothesen und Fragestellungen in verschiedenen Feldern gearbeitet haben.

[4] Für die Moralerziehung in der beruflichen Bildung liegt eine Studie von Monika Reemtsma-Theis (1998) vor, die in Anlehnung an die Begriffe *hot cognitions* und *cold cognitions* von Zajonc (1984) die besondere Bedeutung der Emotionskontrolle beschreibt. Aus einer hohen Emotionsintensität und starkem Einfluss der Person-Umwelt-Beziehung, die eine situations- und personübergreifende Überlegung verhindern, ergeben sich moralpädagogische Konsequenzen. Eine sachliche Beurteilung von moralisch bedeutsamen Situationen unter Berücksichtigung aller Handlungsalternativen sind im Falle kalter Kognitionen möglich. Andernfalls ergibt sich eine starke Tendenz, auf ein routiniertes, relativ enges Handlungsrepertoire zurückzugreifen oder ungünstige und falsche Optionen zu wählen. Die Wahl unangemessener Handlungsalternativen unter dem Eindruck hoher emotionaler Aktivierung zu vermeiden ist ein Ziel der Moralerziehung.

[5] Petzold (1995, 208) liefert folgende Übersetzung: „Emotion ist ein komplexes, von neurohumoralen Systemen vermitteltes Interaktionsmuster von subjektiven und objektiven Faktoren, welches (a) affektive Erfahrung, zum Beispiel ein Empfinden der eigenen Angeregtheit oder Lust/Unlust, entstehen lassen kann, (b) kognitive Prozesse und emotional bedeutungsvolle Wahrnehmungseffekte hervorbringen kann, (c) auf erregungsauslösende Bedingungen physiologische Anpassungsleistungen zu aktivieren vermag und (d) zu Verhalten führt, das oft – wenn auch nicht immer – expressiv, zielgerichtet und adaptiv ist."

[6] Weitere Bewertungskategorien waren „trifft bedingt zu" und „trifft weniger zu".

[7] Die „psycho-emotionale Kompetenz" wird als Subkategorie der „sozial orientierten Kompetenzen" abgefragt. Daraus resultiert womöglich die wechselnde, synonyme Schreibweise mit „sozio-emotionaler Ebene".

[8] Einschränkend für den wissenschaftlichen Blick könnte sich zudem das Theoriedefizit der TZI auswirken (Raguse 1992; Reiser 1995).

[9] Der Autor bezieht sich auf Perls/Hefferline/Goodman (1979).

[10] Diese bezeichnet Ciompi in enger Anlehnung an Piaget als eine „besondere Art übergeordneter Affekte", zu denen auch Wünschen, Begehren, Verlangen und Sehnen zu zählen seien. Dabei geht er über Piaget hinaus, der für Affekte lediglich energetisch-mobilisatorische Effekte angenommen hatte.

[11] Hinzu kommt eine negative Konnotation bei *Affekt*: Aus der philosophischen Tradition entstammend als Oberbegriff zu verschiedenen emotionalen Zuständen gesetzt, ist im Deutschen semantisch, vor allem alltagssprachlich, ein mit Affekten einhergehender Kontrollverlust mit gemeint.

[12] TIMSS: Third International Mathematics and Sciences Study, die auf zehn Jahre angelegte OECD-Vergleichsuntersuchung. PISA: Programme for International Students Assessment, ermittelt „reading, mathematics and science literacy" sowie „cross curriculum competencies".

[13] Es folgt an dieser Stelle keine nähere Bestimmung des Begriffes Persönlichkeit. Allein in der akademischen Psychologie gibt es eine Vielzahl von Persönlichkeitstheorien und Definitionsversuchen, ebenso in der Psychotherapie mit ihrer Vielfalt an Schulen und Richtungen. Gleichberechtigt stehen bildende Künste, Literatur und Theater mit ihren Sichtweisen, Fragestellungen, Ausdrucksformen und Methoden zum Thema Persönlichkeit daneben.

[14] Dies belegt beispielsweise eine breit angelegte internationale Studie, bei der im Verlauf von zehn Jahren etwa 100 000 Führungskräfte und Mitarbeiter / innen in Unternehmen und Regierungsorganisationen zu Anforderungen an erfolgreiche und effektive Arbeit befragt wurden. Wichtigste Faktoren waren solche, die als starke Gruppenorientierung und soziale Verantwortung zu beschreiben sind (Bar-On 2000, 384).

[15] Der Begriff der Schlüsselqualifikationen, von dem Bildungsökonomen Mertens 1974 geprägt, wurde vor allem am Ende der 1980er und den beginnenden 1990er Jahren in der Berufs- und Wirtschaftspädagogik umfassend diskutiert. Diese Debatte, seit einigen Jahren merklich abgeflaut, soll an dieser Stelle nicht rekonstruiert werden.

[16] Die in Abschnitt 4.4.1 beschriebenen Skalen des eingesetzten quantitativen Erhebungsinstrumentes sind überwiegend kompatibel zu den hier dargestellten Komponenten sozialer Kompetenz. Insbesondere Stimmungsmanagement, Misserfolgsbewältigung und Zielvergegenwärtigung verweisen auf die Reflexionsfähigkeit personaler bzw. situativer Komponenten.

[17] Umgekehrt ist es ebenfalls möglich, durch vermeintliche Ich-Botschaften beispielsweise vernichtende Kritik am Gesagten zu üben. Auf diese Gefahren der Ritualisierung und Instrumentalisierung der kommunikativen Grundsätze hat Ruth Cohn hingewiesen.

[18] Eine Evaluation der umfassenderen Instrumente, die von Goleman u. a. eingesetzt werden, liegt vor (s. u. Abschnitt 4.2).

[19] Interessanterweise ergaben sich in der Auswertung der nordamerikanischen Samples keine signifikanten Hinweise auf ethnische Differenzierungen für soziale und emotionale Intelligenz. Dieses Ergebnis steht im Kontrast zur weit verbreiteten Annahme der Abhängigkeit der IQ-Tests von Ethnie und Kultur.

[20] Methodologisch gilt der für diese Untersuchung zugrunde liegende Ansatz einer rein quantitativen Datenerhebung allerdings als überholt (vgl. Lemkuhl 2000, 304).

[21] Koring 1989; Combe / Helsper 1996 sowie für die Berufspädagogik Nickolaus 1996; Kurtz 1997; Faßhauer 1997; Lempert 1999; Meyer 2000.

[22] Siehe Anmerkung 1.

23 Auch der Fachausdruck des *Feld*zuganges erscheint in einer militärischen Tradition.

24 Mit den unter anderem von Cooper / Sawaf (1997), Brockert / Braun (1998) sowie Goleman (Internet) angebotenen Fragebogen zur emotionalen Kompetenz bzw. Intelligenz erfolgt an dieser Stelle keine Auseinandersetzung.

25 Die wissenschaftliche Begleitung wird von einem Team unter Leitung von Prof. Rützel am Institut für Berufspädagogik der TU Darmstadt durchgeführt.

26 In zwei regionalen Teilprojekten wurden Steuerungsgruppen eingerichtet, zu denen in der Regel neben der Projektleitung jeweils zwei Akteure pro Diflex-Team und die wissenschaftliche Begleitung teilnahmen.

27 Die Begriffe Gruppe und Team werden synonym verwendet. In der Regel sind damit diejenigen Lehrenden gemeint, die sich in den Modellversuchsschulen zu Diflex-Teams zusammengeschlossen haben.

28 Die vollständige Version des Fragebogens enthält 32 Skalen mit 160 Items. Auf eine spezifische Modifizierung der Skalen wurde verzichtet, um eine möglichst gute Vergleichbarkeit mit dem Teststandard zu bewahren.

29 Seiffge-Krenke u. a. (1997, 55) weisen darauf hin, dass wesentliche Merkmale privater Tagebücher in solchen standardisierten Instrumenten oft nicht mehr zutreffen und deshalb von Selbstbeobachtungsprotokollen zu sprechen sei. In dieser Studie bleibt es aber beim Begriff des Projekt-Tagebuches, um nicht unnötig Distanz zur alltagssprachlichen Gewohnheit der Akteure aufzubauen.

30 Die nahe liegende und erprobte Validierung der Gesprächsergebnisse mit Hilfe der Struktur-Lege-Technik kann für diese Studie nicht aufgegriffen werden. Einerseits aus forschungsökonomischen Gründen, denn die dafür nötigen Termine stellten für Lehrer / innen eine große zusätzliche Belastung dar. Andererseits werden Akzeptanzprobleme antizipiert, die von dieser zugleich spielerisch-visuellen und dennoch konfrontativen Methode für die Befragten vermutet werden.

31 Aus den Transkriptionen der Interviews wird wie folgt zitiert: (A, 100) bezieht sich auf die 100. Zeile der Transkription von Interview A, dort beginnt der zitierte Text. Eckige Klammern „[ ]" kennzeichnen Ergänzungen oder Kommentare durch U. F. Runde Klammern mit drei Punkten „(. . .)" kennzeichnen Auslassungen.

32 Kommentar: eine emotional kompetente Lösung des Konfliktes, da F in diesem Zusammenhang gerade die eigene Betroffenheit transparent machte und damit die Möglichkeit für alle eröffnete, diese Situation zu verändern und aus ihr zu lernen.

33 B kritisiert dabei auch eine vermeintlich zu starke Prozessorientierung seitens der Projektleitung. Der Entwicklungsprozess habe doch stattgefunden, man müsse doch beim Transfer nicht noch lange Prozesse abwarten und immer wieder das Rad neu erfinden. Aus den Gruppendiskussionen bei allen dreizehn Diflex-Teams gilt es aber aus Sicht der wissenschaftlichen Begleitung als sicher, dass bestimmte Entwicklungsschritte eben nicht zu überspringen sind.

34 Im Interview J wurde diese Leitfrage nicht gestellt, und M war zum Zeitpunkt der Fragebogenerhebung noch nicht im Diflex-Team.

35 Bei Team 3 stehen die gleichen „Kritikwerte" den niedrigsten Einschätzungen für den eigenen Anteil an Teamentscheidungen gegenüber.

36 Bei Team 1 stehen die gleichen „Kritikwerte" auch den höchsten Einschätzungen des eigenen Anteils an den Teamentscheidungen gegenüber.

231

Literatur

Albrecht, G. (1997): Neue Anforderungen an Ermittlung und Bewertung von beruflicher Kompetenz. In: AG Qualifikations-Entwicklungsmanagement (Hg.): Kompetenzentwicklung 97, Berlin u. a., S. 85–140

Achtenhagen, F. u. a. (1988): Lernen, Denken, Handeln in komplexen ökonomischen Situationen. In: Zeitschrift für Berufs- und Wirtschaftspädagogik, H. 1, S. 3

Arnold, R. (2000): Menschenbildung neu gedacht – auf dem Weg zu einer Schule der emotionalen Bildung. In: Pädagogisches Forum, H. 10, S. 397–399

Astleitner, H. (1999): Emotionale Unterrichtsgestaltung. In: Pädagogische Rundschau, H. 3, S. 307–326

Bachmann, K. (1999): Lust oder Last. Berufszufriedenheit und Belastung im Beruf bei Lehrerinnen und Lehrern an berufsbildenden Schulen, Baltmannsweiler

Baethge, M. (1994): Arbeit und Identität. In: Beck / Beck-Gernsheim: a. a. O., S. 245–264

Bar-On, R. (2000): Emotional and Social Intelligence. In: Bar-On / Parker (Eds.): a. a. O., S. 363–388

Bar-On, R. / Parker, J. D. A. (Eds.) (2000): The Handbook of Emotional Intelligence. Theory, Development, Assessment, and Application at Home, School, and in the Workplace, San-Francisco

Bauer, W. (1997): Bildung unter den Bedingungen der reflexiven Moderne. In: Koch / Marotzki / Schäfer: a. a. O., S 101

Baumann, R. / Hachmann, A. / Roth, W. (1995): Differenzierung in der Berufsschule, Wiesbaden

Baumert, R. / Lehmann, R. u. a. (1997): TIMSS – Mathematisch-naturwissenschaftlicher Unterricht im internationalen Vergleich, Opladen

Beck, H. (1995): Schlüsselqualifikationen, Darmstadt

Beck, U. (1986): Risikogesellschaft. Auf dem Weg in eine andere Moderne, Frankfurt / M.

Beck, U. / Beck-Gernsheim (1994): Riskante Freiheiten, Frankfurt / M.

Beutel, S.-I. / Vollstädt, W. (1999): Leistung ermitteln und bewerten. Einführung in die Serie, H. 1–7/8

Bless, H. (1997): Stimmung und Denken. Ein Modell zum Einfluß von Stimmungen auf Denkprozesse, Bern, Göttingen u. a.

Bollnow, O. F. (1956): Das Wesen der Stimmungen, Frankfurt / M.

Bottenberg, E. H. (1995): Neuer Umgang mit Gefühlen – ein anthropologisch-integrativer Ansatz der Psychologie: Originäres Gefühl, Affektozept, MetaEmotion und Authentizierung der Gefühle. In: Petzold (Hg.): a. a. O., S. 15–46

Boyatzis, R. E./Goleman, D./Rhee, K. S. (2000): Clustering Competence in Emotional Intelligence: Insights from the Emotional Intelligence Inventory. In: Bar-On (Eds.): a. a. O., S. 343–362

Brockert, S./Braun, G. (1998): Das EQ-Testbuch, Stuttgart

Brody, L. R./Hall, J. A. (1993): Gender and Emotion. In: Lewis/Haviland (Eds.): Handbook of Emotions, New York, S. 447–460

Buddrus, V. (Hg.) (1992): Die „verborgenen" Gefühle in der Pädagogik. Impulse und Beispiele aus der humanistischen Pädagogik zur Wiederbelebung der Gefühle, Baltmannsweiler

Bürmann, I. (1998): Gefühle im Lern- und Erkenntnisprozess. Anthropologische Reflexionen aus pädagogischer Sicht. In: Neue Sammlung H. 3/98

Bylinski, U. (2001): Die Förderung von Selbstvertrauen als Qualitätsindikator zur Beurteilung von beruflichen Bildungsmaßnahmen. In: Engruber, R. (Hg.): Berufliche Bildung benachteiligter Jugendlicher. Empirische Einblicke und sozialpädagogische Ausblicke, Marktschwaben (im Druck)

Ciompi, L. (1997): Die emotionalen Grundlagen des Denkens: Entwurf einer fraktalen Affektlogik, Göttingen

Cohn, R. C. (1994/1975): Von der Psychoanalyse zur Themenzentrierten Interaktion, Stuttgart

Cohn, R. C./Farau, A. (1999/1984): Gelebte Geschichte der Psychotherapie, Stuttgart

Combe, A./Helsper, W. (Hg.) (1996): Pädagogische Professionalität. Untersuchungen zum Typus pädagogischen Handelns, Frankfurt/M.

Cooper, R. K./Sawaf, A. (1997): EQ – Emotionale Intelligenz für Manager, München

Craemer-Ruegenberg, I. (1993): Begrifflich-systematische Bestimmung von Gefühlen. Beiträge aus der antiken Tradition. In: Fink-Eitel/Lohmann: a. a. O., S. 20–32

Damasio (1998): Descartes' Irrtum. Fühlen, Denken und das menschliche Gehirn, München

Dewe, B./Ferchoff, W./Radtke, F. O. (Hg.) (1992): Erziehen als Profession. Zur Logik professionellen Handelns in pädagogischen Feldern, Opladen

Dietz, I./Geiselhardt, E. (2000): Lernziel „emotionale Intelligenz": Empathie und Menschenkenntnis. In: Personalführung, H. 8, S. 52–57

Dietzen, A./Kloas, P. W. (Hg.) (1999): Wandel beruflicher Anforderungen. Qualifikationsreport 1, Bielefeld

Döring-Seipel, E. / Sanne, Chr. (1999): Emotionale Intelligenz. In: Gruppendynamik, Heft 1, S. 37–50

Dreitzel, H.-P. (1995): Emotionen in der Gestalttherapie. In: Petzold (Hg.): a. a. O., S. 493–518

Drucker, P. F. (1999): Die Kunst, sich selbst zu managen. In: Harvard Business Manager, H. 5, S. 9

Elias, N. (1988[13] / 1939): Über den Prozeß der Zivilisation. 2 Bde., Frankfurt / M.

Elias, N. (1990[3]): Über die Zeit, Frankfurt / M.

Euler, D. (1997): Sozialkompetenz – eine „Ungefährqualifikation" oder Kernelement einer zukunftsorientierten Bildung? In: Drees / Ilse (Hg.): Arbeit und Lernen 2000, Bielefeld

Euler, D. / Reemtsma-Theis, M. (1999): Sozialkompetenzen? Über die Klärung einer didaktischen Zielkategorie. In: Zeitschrift für Berufs- und Wirtschaftspädagogik, H. 2, S. 168–198

Fach, W. / Ringwald, A. (2000): Blutkörperchen. Oder: was es heißt, ein nützlicher Mensch zu sein. In: Blätter für deutsche und internationale Politik, H. 1, S. 26–38

Faßhauer, U. (1997): Professionalisierung von BerufspädagogInnen. Professionstheoretische Begründungen und empirische Hinweise zur Innovation der Ausbildung von Gewerbelehrenden, Alsbach / Bergstraße

Faßhauer, U. (1999): Emotionale Leistungsfähigkeit vom „Erkenne dich selbst!" zum „Erfinde dich selbst!" In: Neue Sammlung, H. 4, S. 543–562

Faßhauer, U. (2000): Entwicklung und Evaluation von Prozessqualität. In: Rützel (Hg.): a. a. O., S. 89–100

Faßhauer, U. / Bendig, B. / Giebenhain, D. / Rützel, J. (Hg.) (2001): Beweglichkeit ohne Beliebigkeit. Modularisierung und Schulentwicklung in der beruflichen Bildung, Bielefeld

Faßhauer, U. / Rützel, J. (2000): Differenzierung und Flexibilisierung in der beruflichen Bildung – Beweglichkeit ohne Beliebigkeit. In: berufsbildung, H. 62, S. 3–8

Faulstich, P. (1997): Kompetenz – Zertifikate – Indikatoren im Hinblick auf arbeitsorientierte Erwachsenenbildung. In: AG Qualifikations-Entwicklungsmanagement (Hg.): Kompetenzentwicklung 97, Berlin u. a., S. 141

Fink-Eitel, H. / Lohmann, G. (Hg.) (1993): Zur Philosophie der Gefühle, Frankfurt / M.

Flick, U. (1999): Qualitative Forschung. Theorie, Methoden, Anwendung in Psychologie und Sozialwissenschaften, Reinbek

Forberg, A. (1997): Rollen- und Führungsverständnis von Schulleiterinnen beruflicher Schulen. Eine berufsbiographisch-orientierte Untersuchung, Weinheim

Francis, D. / Young, D. (1982): Mehr Erfolg im Team, Hamburg

Friede, Chr. K. (1994): Sozialkompetenz als Ziel der Berufserziehung: begriffsanalytisch betrachtet. In: Zeitschrift für Berufs- und Wirtschaftspädagogik, H. 6, S. 606–625

Fromm, E. (1997/1976): Haben oder Sein. Die seelischen Grundlagen einer neuen Gesellschaft, Frankfurt/M. und Wien

Füg, M./Kirchner, P. (1998): Selbststeuerungsprozesse beim Lernen, TU Darmstadt (Diplomarbeit im Fachbereich 03)

Gamm, H.-J. (1977): Umgang mit sich selbst. Grundriß einer Verhaltenslehre, München

Geißler, K. A. (1992[4]): Zeit leben, Weinheim

Geißler, K. A./Orthey, F. M. (1996): Wandern bildet – Heimweh. Modernisierung und betriebliche Bildungspolitik als Rationalisierung des Pädagogischen im Betrieb. In: Wittwer (Hg.): Von der Meisterschaft zur Bildungswanderschaft. Berufliche Bildung auf dem Weg in das Jahr 2000, Bielefeld

Gerdjikova, N. (1999): Emotionalität des Lehrers aus der Sicht pädagogischer Kompetenz. In: Pädagogische Rundschau, H. 8, S. 755–792

Gerhards, J. (1988): Soziologie der Emotionen, Weinheim/München

Giesecke, H. (1998): Pädagogische Illusionen. Lehren aus 30 Jahren Bildungspolitik, Stuttgart

Giesecke, H. (1999): Kurze Anmerkungen zur „emotionalen Bildung" in der Schule. In: Neue Sammlung, H. 4, S. 583

Gieseke, W. (1996): Der Habitus von Erwachsenenbildern. In: Combe/Helsper: a.a.O., S. 678–713

Giesecke, W. u. a. (1995): Erwachsenenbildung als Frauenbildung, Bad Heilbrunn

Glasersfeld, E. v. (1994): Einführung in den radikalen Konstruktivismus. In: Watzlawick: a.a.O., S. 16–38

Glasersfeld, E. v. (1997): Radikaler Konstruktivismus. Ideen, Ergebnisse, Probleme, Frankfurt/M.

Glasl, Fr. (1997): Konfliktmanagement, Bern

Goleman, D. (1996): Emotionale Intelligenz, München/Wien

Goleman, D. (1999): Emotionale Intelligenz – zum Führen unerläßlich. In: Harvard Business Manager, H. 3, S. 27

Goleman, D. (2001): EQ-Test. www.utne.com/azEQ.tmpl (Stand: 25.01.2001)

Göppel, R. (1999): „Emotionale Intelligenz" als Bildungsziel? In: Neue Sammlung, H. 4, S. 563–582

Gräsel, C. (2000): Ökologische Kompetenz. Analyse und Förderung. Habilitationsschrift, LMU München (in Vorbereitung)

Grimmer, F. (1993): Pädagogik und Empathie. Zur Veränderung der Qualität zwischenmenschlicher Beziehungen als Voraussetzung der „Zukunft von Bildung". In: Pädagogische Rundschau, S. 285–299

Groeben, A. v. d. (1999): Leistung wahrnehmen, Leistung bewerten. In: Neue Sammlung, H. 2, S. 269–281

Hagemann, M. / Rottmann, C. (1999): Selbst-Supervision für Lehrende, Weinheim u. a.

Hahn, A. (1995): Emotionale Kompetenz. Zur deskriptiven Basis einer wirtschaftspädagogischen Zielkategorie, Köln

Harney, K. (1992): Der Trend zum Selbst: das neue Modernitätsverständnis betrieblicher Realität. In: Hessische Blätter für Volksbildung, H. 4, S. 318–325

Haubel, R. / Rastetter, D. (2000): Zeigen ohne Lust. Über Emotionsarbeit. In: psychosozial, H. IV, S. 21–38

Häusel, H.-G. (2000): Das Reptiliengehirn lenkt unser Handeln. In: Harvard Business Manager, H. 2, S. 9–18

Heitger, M. (1994): Schule und Gefühl. Die Verdrängung der Vernunft durch das Gefühl. Irrwege modischer Pädagogik. In: Schaufler, G. (Hg.): Schule der Gefühle. Zur Erziehung von Emotion und Verhalten, Innsbruck / Wien, S. 9–33

Hilke, R. (2000): Ergebnisse der Eignungs- und Leistungsdiagnostik des Psychologischen Dienstes der Bundesanstalt für Arbeit. In: Rützel / Sehrer / Ziehm (Hg.): Berufseignung und berufliche Anforderungen. Handlungsfelder der Berufsvorbereitung und Berufsausbildung, Alsbach / Bergstraße, S. 85–99

Hochschild, A. R. (1990 / 1983): Das gekaufte Herz. Zur Kommerzialisierung der Gefühle, Frankfurt / M.

Hocke, G. R. (1963): Das europäische Tagebuch, Wiesbaden

Hoff, E. / Lappe, L. / Lempert, W. (1983): Methoden zur Untersuchung der Sozialisation junger Facharbeiter (Teil 1). Max-Planck-Institut für Bildungsforschung, Berlin

Hoff, E. / Lappe, L. / Lempert, W. (1991): Persönlichkeitsentwicklung in Facharbeiterbiographien, Bern u. a.

Höhler, G. (1991): Spielregeln für Sieger, Düsseldorf u. a.

Hülshoff, Th. (1999): Emotionen, München, Basel

Junkunz, D. / Kämmerer, Chr. (1998): Kognitive und nicht-kognitive Merkmale der Schülerpersönlichkeit in ihrem Einfluß auf die Schulleistung kaufmännischer Auszubildender. In: Zeitschrift für Berufs- und Wirtschaftspädagogik, H. 3, S. 378–393

Jürgens, E. (1999): Brauchen wir ein pädagogisches Leistungsverständnis? In: Pädagogik, H. 1, S. 47–51

Kant, I. (1977/1798): Anthropologie in pragmatischer Hinsicht, Frankfurt/M. §§ 70–72, S. 580–584

Kast, V. (1995): Emotionen in der analytischen Psychologie und Psychotherapie C. G. Jungs. In: Petzold (Hg.): a.a.O., S. 359–378

Kleininna, P. R./Kleininna, A. (1981): A categorized list of emotion definitions, with suggestions for a consensual definition. Motivation and Emotion 5, S. 345–379

Koring, B. (1989): Eine Theorie pädagogischen Handelns. Theoretische und empirisch-hermeneutische Untersuchungen zur Professionalisierung der Pädagogik, Weinheim

Kramis-Aebischer, K. (1995): Streß, Belastungen und Belastungsverarbeitung im Lehrberuf, Bern

Krause, R. (1995): Psychodynamik der Emotionsstörungen. In: Petzold (Hg.): a.a.O., S. 273–358

Kuckartz, U. (1999): Computergestützte Analyse qualitativer Daten. Eine Einführung in Methoden und Arbeitstechniken, Opladen

Kuhl, J. (1983): Emotion, Kognition und Motivation: Auf dem Wege zu einer systemtheoretischen Betrachtung der Emotionsgenese. In: Sprache & Kognition, H. 1, S. 1–27

Kuhl, J. (2000): Motivation und Persönlichkeit: Koalitionen psychischer Systeme, Göttingen

Kuhl, J./Fuhrmann, A. (1998): Decomposing Self-regulation and Self-control: The Volitional Components Inventory. In: Heckhausen/Dweck (Eds.): Motivation and Self-Regulation Across the Life Span, Cambridge (University Press)

Kurtz, Th. (1997): Professionalisierung im Kontext sozialer Systeme, Opladen

Kurtz, Th. (1998): Profession und professionelles Handeln. Soziologische Überlegungen zur Klärung einer Differenz. In: Peters (Hg.): Professionalität und betriebliche Handlungslogik, Bielefeld, S. 105–121

Lamnek, S. (1988): Qualitative Sozialforschung. 2 Bde., München

Langewand, A. (1995): Bildung. In: Lenzen: a.a.O.

Langmaack, B. (1994): Themenzentrierte Interaktion. Einführende Texte, Weinheim

Lazarus, R. S. (1982): Thoughts on the relation between emotion and cognition. American Pschologist 37, S. 1019–1024

Lehmkuhl, K. (2000): Unbewusstes bewusst machen. Vom Nutzen psychoanalytischer Erkenntnisse in der Vermittlung selbstreflexiver Fähigkeiten zur Bewältigung neuer Formen der Arbeitsorganisation, Universität Hamburg (Habilitationsschrift)

Lehmkuhl, K. / Proß, G. (1996): Die Beurteilung von Sozialkompetenz in der betrieblichen Erstausbildung, Alsbach

Lempert, W. (1999): Der Gewerbelehrerberuf – eine Profession? In: Zeitschrift für Berufs- und Wirtschaftspädagogik, H. 6, S. 403–423

Lenzen, D. (Hg.) (1993): Pädagogische Grundbegriffe. 2 Bde., Reinbek

Lenzen, D. (Hg.) (1995): Erziehungswissenschaft. Ein Grundkurs, Reinbek

Linke, J. (1999): Der Ruf nach Leistung. In: Die Deutsche Schule, H. 2, S. 210–217

Linke, A. / Nussbaumer, M. / Portmann, P. (1991): Studienbuch Linguistik, Tübingen

Löhmer, C. / Standhardt, R. (Hg.) (1992): Pädagogisch-therapeutische Gruppenarbeit nach Ruth C. Cohn, Stuttgart

Lutz, R. / Giesemann, U. (1995): Emotionen in der Verhaltenstherapie und ihren Weiterentwicklungen. In: Petzold (Hg.): a. a. O., S. 551–572

Mandl, H. / Euler, H. A. (1983): Begriffsbestimmungen. In: dies. (Hg.): Emotionspsychologie, München / Wien / Baltimore, S. 5–11

Mayer, J. D. / Salovey, P. / Caruso, D. R. (2000): Emotional Intelligence as Zeitgeist, as Personality and as a Mental Abillity. In: Bar-On / Parker (Eds.): a. a. O., S. 92–117

Mayring, Ph. (1994): Qualitative Inhaltsanalyse. Grundlagen und Techniken, Weinheim

Mees, U. (1985): Was meinen wir, wenn wir von Gefühlen reden? Zur psychologischen Textur von Emotionswörtern. In: Sprache & Kognition, H. 1, S. 2–20

Meyer, R. (2000): Qualifizierung für moderne Beruflichkeit, Münster u. a.

Meyer, W.-U. / Schützwohl, A. / Reisenzein, R. (1993): Einführung in die Emotionspsychologie

Miller, M. / Drescher, K.-J. (1994): Ist der Kaiser nackt? In: Zeitschrift für Berufs- und Wirtschaftspädagogik, H. 3, S. 288–306

Montada, L. (1989): Bildung der Gefühle? In: Zeitschrift für Pädagogik, S. 307

Nickolaus, R. (1996): Gewerbelehrerausbildung im Spannungsfeld des Theorie-Praxis-Problems und unter dem Anspruch divergierender Interessen, Esslingen

Oevermann, U. (1996): Theoretische Skizze einer revidierten Theorie professionalisierten Handelns. In: Combe / Helsper: a. a. O., S. 70–180

Pekrun, R. / Schiefele, U. (1996): Emotions- und motivationspsychologische Bedingungen der Lernleistung. In: Weinert (Hg.): Enzyklopädie der Psychologie; pädagogische Psychologie Bd. 2, S. 153–180, Göttingen

Pekrun, R. / Jerusalem, M. (1996): Leistungsbezogenes Denken und Fühlen: Eine Übersicht zur psychologischen Forschung. In: Möller / Köller (Hg.): Emotionen, Kognitionen und Schulleistung, Weinheim

Perls, F. S. / Hefferline, R. F. / Goodman, P. (1979): Gestalttherapie Bd. 1, Stuttgart

Peters, A. (2000): Das Hay-Beratungskonzept. In: management & training, Heft 8, S. 16–20

Petzold, H. (1995): Das schulenübergreifende Emotionskonzept der „integrativen Therapie" und seine Bedeutung für die Praxis „emotionaler Differenzierungsarbeit". In: ders. (Hg.): a. a. O., S. 191–272

Petzold, H. (Hg.) (1985): Leiblichkeit. Philosophische, gesellschaftliche und therapeutische Perspektiven, Paderborn

Petzold, H. (Hg.) (1995): Die Wiederentdeckung des Gefühls. Emotionen in der Psychotherapie und der menschlichen Entwicklung, Paderborn

Piaget, J. (1995): Intelligenz und Affektivität in der Entwicklung des Kindes, Frankfurt / M.

Plessner, H. (1979 / 1950): Das Lächeln. In: ders.: Zwischen Philosophie und Gesellschaft, Frankfurt / M., S. 225

Quittmann, H. (1996[3]): Humanistische Psychologie, Göttingen u. a.

Raguse, H. (1992): Kritische Bestandsaufnahme der TZI. In: Löhmer / Standhardt (Hg.): Pädagogisch-therapeutische Gruppenarbeit nach Ruth C. Cohn, Stuttgart, S. 264

Rastetter, D. (1999): Emotionsarbeit. In: Arbeit, H. 4, S. 374–388

Reemtsma-Theis, M. (1998): Moralisches Urteilen und Handeln: eine wirtschaftspädagogische Studie, Markt Schwaben

Reiser, G. (1995): Ungefächertes Leben – gefächerter Unterricht. Zur Kritik der Ganzheitsprogrammatik. In: Zeitschrift für Berufs- und Wirtschaftspädagogik, H. 2, S. 164

Roth, St. (2000): Emotionen im Visier: Neue Wege des Change Managements. In: Organisations-Entwicklung, H. 2, S. 14–21

Rudow, B. (1994): Die Arbeit des Lehrers. Zur Psychologie der Lehrertätigkeit, Lehrerbelastung und Lehrergesundheit, Bern u. a.

Rutz, M. (Hg.) (1997): Aufbruch in der Bildungspolitik. Roman Herzogs Rede und 25 Antworten, München

Rützel, J. (1996): Subjektorientierung in der beruflichen Bildung unter den Bedingungen der systemischen Rationalisierung – Näherungen aus Sicht der kritischen Bildungstheorie. In: Eckert / Rützel (Hg.): Didaktische Innovationen. Subjektorientierte Lernsituationen gestalten, Alsbach / Bergstraße

Rützel, J. (1998): Integration und Ausgrenzung durch neue Formen der Arbeit. In: Rützel / Sesink (Hg.): Jahrbuch für Pädagogik – Nach dem Zeitalter der großen Industrie

Rützel, J. (2000): Entwicklung und Umsetzung von Qualitätsstandards in der Berufsbildung. In: ders. (Hg.): Entwicklung und Umsetzung von Qualitätsstandards in der Berufsbildung. Workshopdokumentation zu den 11. Hochschultagen Berufliche Bildung 2000 in Hamburg, Bielefeld, S. 5–17

Rützel, J. / Bendig, B. / Faßhauer, U. / Giebenhain, D. (1999): Differenzierende Lernkonzepte als Beitrag zur Flexibilisierung und Regionalisierung beruflicher Bildung (Machbarkeitsstudie zum gleichnamigen BLK-Modellversuch), TU Darmstadt

Rützel, J. / Faßhauer, U. (1999): Lehrerbildung für berufliche Schulen. Professionalisierung und Reformvarianten. In: berufsbildung, H. 58, S. 3–7

Rützel, J. / Faßhauer, U. / Ziehm, St. (1996): Arbeitssituation der BildungsarbeiterInnen in der Berufsbildung. In: Böttcher (Hg.): Die Bildungsarbeiter. Situation – Selbstbild – Fremdbild, München

Rützel, J. / Schapfel, F. (1997): Grundzüge einer Didaktik arbeitsplatznahen Lernens aus kritisch subjektorientierter Sicht. In: dies. (Hg.): Gruppenarbeit und Qualität, Alsbach / Bergstraße

Salovey, P. / Mayer, J. D. (1990): Emotional intelligence. In: Imagination, Cognition, and Personality 9, S. 185–211

Schapfel-Kaiser, F. (1997): Themenzentrierte Interaktion als Gestaltungsinstrument und Forschungshilfe für berufliche Bildungsprozesse in aktuellen Wandlungsprozessen. Chancen und Grenzen eines pädagogisch-therapeutischen Zugangs im Zusammenhang mit einem betrieblichen Modellversuch. In: Zeitschrift für Berufs- und Wirtschaftspädagogik, H. 5, S. 500

Schauer, G. (1995): Emotionen im Neurolinguistischen Programmieren (NLP). In: Petzold (Hg.): a. a. O., S. 611–676

Scherer, K. (1990): Theorien und aktuelle Probleme der Emotionspsychologie. In: ders. (Hg.): Psychologie der Emotion. Enzyklopädie der Psychologie. Themenbereich C, IV, Bd. 3, Göttingen u. a.

Schmidt, J. U. (1994): Psychologische Meßverfahren für soziale Kompetenzen. In: Seyfried (Hg.): „Stolperstein" Sozialkompetenz. Was macht es so schwierig, sie zu erfassen, zu fördern und zu beurteilen? Bielefeld, S. 117–134

Schmidt-Atzert, L. (1995): Lehrbuch der Emotionspsychologie, Stuttgart u. a.

Schmidt-Atzert, L. / Ströhm, D. (1983): Ein Beitrag zur Taxonomie der Emotionswörter. In: Psychologische Beiträge, 26, S. 125–141

Schmitz, H. (1995): Gefühle in philosophischer (neophänomenologischer) Sicht. In: Petzold (Hg.): a. a. O., S. 47–82

240

Schuler, H./Barthelme, D. (1994): Soziale Kompetenz als berufliche Anforderung. In: Seyfried (Hg.): „Stolperstein" Sozialkompetenz. Was macht es so schwierig, sie zu erfassen, zu fördern und zu beurteilen? Bielefeld, S. 77–116

Schuler, H./Stehle (1992): Assessment Center als Methode der Personalentwicklung, Göttingen

Schultze, A. (1992): Über den Umgang mit Gefühlen in der Themenzentrierten Interaktion. In: Buddrus (Hg.): a.a.O., S. 148–156

Schulz v. Thun, F. (1998): Miteinander reden (3 Bde.), Reinbek

Schwetz, U. (1997): Selbstgesteuerte Weiterbildung von Ausbildern. Eine betriebspädagogische Studie, Pfaffenweiler

Seemann, H. (1997): Tagebuchverfahren – Eine Einführung. In: Wilz/Brähler (Hg.): Tagebücher in Therapie und Forschung, Göttingen, Bern u. a., S. 13–33

Seiffge-Krenke, I./Scherbaum, S./Aengenheister, N. (1997): Das „Tagebuch": Ein Überblick über die Anwendung der Tagebuchmethode in Forschung und Therapiepraxis. In: Wilz/Brähler (Hg.): Tagebücher in Therapie und Forschung, Göttingen, Bern u. a., S. 34–60

Sembill, D. (1992): Problemlösefähigkeit, Handlungskompetenz und Emotionale Befindlichkeit, Göttingen

Senge, P. M. (1996): Die fünfte Disziplin. Kunst und Praxis der lernenden Organisation, Stuttgart

Sennett, R. (2000/1974): Verfall und Ende des öffentlichen Lebens. Die Tyrannei der Intimität, Frankfurt/M.

Sennett, R. (1998): Der flexible Mensch. Die Kultur des neuen Kapitalismus, Berlin

Sokolowski, K. (1993): Emotion und Volition, Göttingen u. a.

Steiner, C. (1997): Emotionale Kompetenz, München

Tausch, R. (1999): Achtung und Einfühlung. Kompass für didaktische und erzieherische Handlungen von Lehrerinnen und Lehrern. In: Pädagogik, H. 11, S. 38

Thorndike, E. L. (1920): Intelligence and its uses. In: Harpers Magazine, Bd. 140, S. 227

Turkle, S. (1998): Leben im Netz. Identität in Zeiten des Internet, Reinbek

Ulich, D. (1989): Das Gefühl. Eine Einführung in die Emotionspsychologie, München

Ulich, D./Mayring, Ph. (1992): Psychologie der Emotionen, Stuttgart u. a.

Ulich, K. (1996): Beruf Lehrer/in. Arbeitsbelastungen, Beziehungskonflikte, Zufriedenheit, Weinheim und Basel

Volpert, W. (1982): Emotionen aus der Sicht der Handlungsregulationstheorie. In: Aktivierung, Motivation, Handlung und Coaching im Sport (Schriftenreihe des Bundesinstitutes für Sportwissenschaft Bd. 52), Schorndorf

Wagner H.-J. (1998): Eine Theorie pädagogischer Professionalität, Weinheim

Watzlawick, P. (Hg.) (1994): Die erfundene Wirklichkeit. Wie wissen wir, was wir zu wissen glauben? München

Watzlawick, P. / Beavin, J. H. / Jackson, D. D. (1990): Menschliche Kommunikation, Bern

Weber, E. (1975): Emotionalität und Erziehung. In: Oerter / Weber (Hg.): Der Aspekt des Emotionalen in Unterricht und Erziehung, Donauwörth

Weiß, R. (1999): Erfassung und Bewertung von Kompetenzen – empirische und konzeptionelle Probleme. In: AG Qualifikations-Entwicklungsmanagement (Hg.): Kompetenzentwicklung 99, Berlin u. a., S. 433–493

Wilz, G. (1997): Tagebücher in Therapie und Forschung: Ein anwendungsorientierter Leitfaden, Göttingen

Winschermann, M. (1992): Es gibt kein Lernen ohne Gefühle: Gestaltpädagogik. In: Buddrus (Hg.): a. a. O., S. 157

Zajonc, R. B. (1984): On the primacy of affect. American Psychologist 39, S. 117–124

Rolf Raddatz

Berufsbildung im 20. Jahrhundert

1999

666L

Eine Zeittafel

wbv

Berufsbildung im 20. Jahrhundert: eine Zeittafel

ROLF RADDATZ
Bielefeld 2000

424 Seiten, DM 79,00
ISBN 3-7639-0136-1
Bestell-Nr. 60.01.276

Die berufliche Bildung in der Wirtschaft hat in Deutschland eine lange Tradition. Im 20. Jahrhundert hat sie insgesamt gesehen eine stürmische Entwicklung genommen. Die Zeittafel dokumentiert die Entwicklung der beruflichen Bildung im 20. Jahrhundert mit dem Schwerpunkt gewerbliche Wirtschaft. Erfasst wurden überwiegend Daten von gesamtstaatlicher Bedeutung, eingeschlossen die der DDR: Gesetze, Beschlüsse parlamentarischer Gremien, Verlautbarungen, Stellungnahmen und Aktivitäten von öffentlichen Stellen, Organisationen, Wirtschafts-, Berufs- und anderen Verbänden, Gewerkschaften sowie Lehrerverbänden.

W. Bertelsmann Verlag, Auf dem Esch 4, 33619 Bielefeld, Tel.: (05 21) 9 11 01-11, Fax: 9 11 01-19, E-Mail: service@wbv.de, Internet: www.wbv.de

wbv

Informationen und Bookshop rund um die Uhr

Aktuelle Information zum Thema Berufsbildung

Produkte und Dienstleistungen auf einen Blick

Bookshop online, schnell und sicher

Tipps und Infos zum Thema **Berufswahl und Jobsuche**

News
Neuigkeiten aus dem Verlag:
Neuerscheinungen, Media-Info, Autoren-Info

Produkte
Lernen Sie unsere Verlagspalette kennen:
Bücher, Zeitschriften, Multimedia-Anwendungen

Dienstleistungen
Was können wir für Sie tun?
Unsere Medienkompetenz im Überblick

Bookshop
Stöbern und kaufen Sie bequem ein:
Unser Verlagsprogramm im Online-Shop

Ratgeber Online
Profitieren Sie von unseren Tipps:
Der Ratgeber rund um Ausbildung und Beruf

Verlagsporträt
Lernen Sie uns als Partner kennen:
Geschichte, Daten und Personen

Kontakt
Nehmen Sie Kontakt mit uns auf:
Ihre Ansprechpartner und wie Sie erreichbar sind

Forum Bildung
Informieren Sie sich aktuell:
Die große Plattform rund um Ausbildung und Studium

www.wbv.de

W. Bertelsmann Verlag, Auf dem Esch 4, 33619 Bielefeld, Tel: (05 21) 9 11 01-11, Fax: 9 11 01-19